田保华 ◎著

道德课堂
理论研究与行动策略

华东师范大学出版社
·上海·

图书在版编目（CIP）数据

道德课堂：理论研究与行动策略 / 田保华著. ——上海：华东师范大学出版社,2024
ISBN 978-7-5760-4655-7

Ⅰ.①道… Ⅱ.①田… Ⅲ.①德育-教学研究-中小学 Ⅳ.①G631

中国国家版本馆 CIP 数据核字（2024）第 045451 号

道德课堂：理论研究与行动策略

著　　者　田保华
责任编辑　王丹丹
责任校对　刘伟敏
装帧设计　卢晓红

出版发行　华东师范大学出版社
社　　址　上海市中山北路 3663 号　邮编 200062
网　　址　www.ecnupress.com.cn
电　　话　021-60821666　行政传真 021-62572105
客服电话　021-62865537　门市（邮购）电话 021-62869887
地　　址　上海市中山北路 3663 号华东师范大学校内先锋路口
网　　店　http://hdsdcbs.tmall.com

印 刷 者　浙江临安曙光印务有限公司
开　　本　787 毫米×1092 毫米　1/16
印　　张　21
字　　数　453 千字
版　　次　2024 年 5 月第 1 版
印　　次　2024 年 5 月第 1 次
书　　号　ISBN 978-7-5760-4655-7
定　　价　78.00 元

出版人　王焰

（如发现本版图书有印订质量问题，请寄回本社客服中心调换或电话 021-62865537 联系）

道德,课堂上空的一面旗帜

成尚荣

最近看到一则故事,写的是一堂美术课。我很想对故事作些压缩和概括,但最终放弃了,因为我怕"压"掉意蕴,使故事因概括而干枯。

故事是这样的:美术课结束了,空空荡荡的教室里只剩下小女孩瓦士缇。她正骑坐在椅子上,下巴搁在交叉的手臂上,眉毛竖得高高的,一副生气的样子。课桌上静静地躺着一张白纸、两支画笔和一个文具盒。哦,原来她正在为画不出画来生气。老师弯下腰看了看那张白纸,让瓦士缇随便画一笔。瓦士缇抓起笔,在纸上狠狠地戳——一个小小的点。老师让她签上自己的名字。一周以后,当瓦士缇走进美术教室的时候,她惊讶地发现老师办公桌的上方挂着一样东西——一个小小的点——是她画的那个点!老师还用波浪形的金色框装了起来。瓦士缇心想:"哼!我还能画出比这更好的点!"她打开了从没用过的水彩颜料,涂啊涂,用好多好多种颜色画出了好多好多个点,还画出了更大的点。几个星期之后,在学校举办的画展上,瓦士缇的点引起了巨大的轰动……

把故事读了几遍,我自然想起了雅斯贝尔斯的话:"在教授读、写、算知识和技巧的时候,精神生活同时展开。"何况这样的美术课,还没有教给瓦士缇具体画画的知识和技能,她却进步了,成功了。故事的结尾是这么写的:"小小的点,点燃了瓦士缇的信心和勇气。让一切梦想和成功从这个'点'开始吧!"这是一个什么样的"点"?这个"点"究竟意味着什么?

我从这个"点"开始,抬头仰望,看到课堂上空有一面旗帜,上面写着"道德"两个字。是道德让这个小小的"点"熠熠生辉,是道德让瓦士缇生长了信心,走向了成功。这是一个伟大的"点"。教学应该从这个伟大的"点"开始,课堂的上空应该飘扬着"道德"这面旗帜。

是的,道德是课堂上空飘扬的旗帜。赫尔巴特说得好,道德是人类的最高目的,道德也是教育的最高目的。既如此,教育事业首先是道德事业,而一个在伦理上有考虑的教师首先是一个有道德的教师。毋庸置疑，课堂首先是道德课堂。道德课堂，绝不仅仅是进行道德教育的课堂，更为重要的是，课堂充溢着道德意义，教学是以道德的方式展开的。道德的方式是人与人交往的方式，尊重、信任、包容、鼓励；道德的方式是文化的方式，正如软实力概念的提出者约瑟夫·奈(Joseph Nye)所说，不是强制的方式，而是谦卑的、吸引人的方式。

道德课堂，让教师尤其是学生有尊严地生活在课堂里。他们虽然坐着，心里却有一个站着的灵魂。这是一种道德生活，是一种幸福生活。这样的生活，让学生真正成为课堂的主人，使他们内在的潜力得到开发，生命的意义得到彰显，创造的个性得到保护和提升。这样的生活，才会改变当代教育改革之父约翰·霍特(John Holt)在《孩子为何失败》一书中的结论："学校，是一个让学生变笨的地方。"

道德课堂，无疑是智慧课堂。我以为，智慧的内核是道德。智慧必然包含着真理和知识，但是智慧并不止于此，智慧还包含着更高的东西，即真正的善或善的理念，而这比真理和知识还要高贵。当然，道德课堂并不排斥知识，而是将知识化为智慧，这是以道德的方式展开的过程。培根说："知识就是力量。"而杜兰特作了补充和修正，他认为唯有智慧才使人自由。其间，不可否认道德带来的转化力量。

道德课堂是对应试教育的否定和改造。应试教育把学生变成训练的机器，变成知识的奴仆，使学生的人性被扭曲，心灵受伤，健康受损。在应试教育的课堂里，生命缺席，智慧消逼，童心泯灭，创造精神不复存在。应试教育是最不道德的教育，应试教育的课堂是最不道德的课堂。道德这面旗帜，驱走了知识至上和分数至上；道德这面旗帜，迎来了素质教育，营造了良好的教育生态。道德让师生关系走向民主、和谐、合作。

我们非常欣喜地看到，郑州市教育局近几年一直在进行道德课堂的研究和构建。他们非常明确地提出：合乎道、至于德。显然，他们不仅构建了道德课堂，而且用"道"的方式、"道"的规律、"道"的创造力实施道德课堂教学，形成了和而不同的课堂教学模式，呈现出生动活泼的教学气象。郑州市的研究和实践虽是初步的，却代表着一种方向。从郑州市道德课堂的研究与实践中，我们对教学改革有了一种特别的期待。

让道德这面旗帜永远在课堂上空飘扬。

《基础教育课程》2011年第5期

"道德课堂"断想

郭振有

"道德课堂",一个鲜明新颖而又严肃厚重的教育概念,一个很有现实针对性和导向性的教育课题。

在"课堂"前冠以"道德"二字,一针见血地指明了现在某些课堂存在的最大弊端,即它是不够道德的、非人性的,它和教育的本来任务、宗旨、目标是背离的。只要看看有多少天真活泼,充满好奇心和求知欲,高高兴兴、蹦蹦跳跳进入学校的孩子,在不长的时间内就变成了厌学的、上课睡觉的孩子;有多少毕业离校撕书烧书,心灵上留下一生除不掉的痛苦印记,以失败者的心态走向社会的孩子……我们就知道这样的课堂是多么不道德。有一次当我讲到我们过去有些课堂是"不把人当人"的时候,一位听者竟然不住地流泪,下课后特地找我,哽咽半天才说:"我在上学的时候,老师就是不把我当人……"有此种感受的人,恐怕不是个别。对这样的一些课堂,教育者、学习者、学生的家长早已熟视无睹,他们反而认为学校似乎就应该是这样的。教育不能不应试,但唯应试教育的课堂,实质就是缺失道德的课堂,所以我们必须进行教育改革。用美国一位教育家的话说,我们必须进行第二次教育革命。

因此,我很赞赏"道德课堂"这个概念。它鲜明地指出了一些课堂的弊病,同时也指出了教育改革、课堂改革的方向和目标,它为课堂革命举起了一面鲜亮的、耀眼的、富有时代精神的、透着人本理念的、闪耀着人性光辉的改革旗帜。

所谓道德课堂,我觉得:

第一,它是人本的。它以人为本,而不是以"分"为本。它敬畏生命,尊重人,相信人,关注和促进人的发展。它把人本身当作目的,而不是工具。它关注每个人的个性特长、兴趣爱好,使课堂适合每一个人的个性特点和成长需求。它发掘每个人的潜能,促进每个人积极向上地发展。

第二，它是"尊道"的。在中国传统文化中，"道"指事物运动的根本规律。课堂教学也必须尊重教育的本质规律，尊重不同年龄阶段学生的身心成长和认知规律，遵循每个人的不同特质。在课堂上使用一个标准、一种模式、一样的内容和要求，是背"道"的。因此，教师必须研究教育教学的科学规律，关注和研究每一个人的不同特点，因材施教。

第三，它是"贵德"的。老子曾提出"尊道贵德"的思想。德，首先指人的立身根据和行为准则，即品德和品格。一切教育都是为了立德树人，都应以德为先，所以课堂教学不管教什么内容，都首先要育德。课堂虽是学习文化科学知识的主阵地，但它首先是培育人的高尚道德、健全人格的主阵地。道德缺失的一大表现是自私狭隘，缺乏团队精神，不善于与人合作共事。现在课堂改革倡导小组合作学习，这样可以有效地提高新一代的团体意识，造就领袖人才，从而整体提高中华民族的道德素养。在中国文字中，"德"和"得"是相通的，有德的人才能真正有所得。课堂教学以德为先的同时，要培养学生的学习能力、实践能力、创造能力，促进学生德、智、体、美、劳全面发展，使其成为社会所需要的人才。

第四，它是展现"师德"的舞台。教师在教育教学中起着决定性的作用。教师不仅应该有丰富的学识，而且首先应该是师德的楷模，是学生阅读的"道德书籍"。"师者，人之模范也。""学为人师，行为世范。"教师在课堂教学中的每一句话、每一个教态，以及对待每一个学生的态度，对待学术问题的态度，对待自己错误、缺点的态度等，都体现着他的道德和人格修养，都在潜移默化地影响着学生。只有优秀的教师队伍，才能造就一代优秀的学生。所以在道德课堂的旗帜下，教师可以树立明确的、高尚的道德目标，激励自己，涵养自己，同时刻苦学习，钻研业务，大力提升教育教学能力，成为无愧于人民的好教师、名师、教育家。

郑州市高高地举起了道德课堂的旗帜，并以此为目标，为标准，改革课堂教学。我们相信它所产生的威力将是十分巨大的，它必将成为郑州市教育教学改革的强大推动力量。

《中国教师报》2010年8月18日

课堂是学生精神成长的家园
——我理解的道德课堂

余文森

课堂不仅是学生学习知识、增长知识的殿堂,也是学生精神成长的家园。传统知识本位的课堂教学过分强化知识的授受,导致了学生精神的萎缩,最后使课堂成为学生恐惧、厌恶的场所。本来是活泼好动、生机勃勃的中小学生,在课堂上却成了没有生气的"容器",本来是培养人的课堂教学活动,却成了"目中无人"的教学,成了学生"心智的窒息机"。强调课堂是学生精神成长的家园,是道德课堂的核心理念,这一理念集中体现在以下三个方面。

一、课堂教学要成为学生自主探究的过程

探究是儿童的本能和天性,是儿童精神生活的基本方式,是儿童精神特别是理性精神发展的基本途径。探究精神是课堂的灵魂,唯有探究才能培养思想者和批判者,没有探究的教学只是训练。当教学不是崇尚求是而是迷信于"确定性"的书本知识,不是崇尚主体自由而是教师的威严,不是崇尚批判而是顺从,不是崇尚探究而是接受,则师生同时被一种知识的复制的教学文化宰制和异化着,而相互攀比的知识竞赛加剧着这种异化,最终教学变成规训的兵营,课堂蜕化为思想的荒漠。为此,要着力弘扬探究精神,让学生在课堂上过有意义的探究生活,在批判性的阅读、观察、操作和思考中发现问题、提出问题,并努力从不同维度解决问题,建构自己的思想和意义,产生和形成自己的观念。

二、教学过程要成为学生一种愉悦的情绪生活和积极的情感体验

孔子说过:"知之者不如好之者,好之者不如乐之者。"学生在课堂上是兴高采烈还是冷漠呆滞,是其乐融融还是愁眉苦脸?伴随着学科知识的获得,学生对学科学习的态度是越来越积极还是越来越消极?学生对学科学习的信心是越来越强还是越来越弱?这一切必须为我们教师所关注,这种关注同时还要求我们教师必须用"心"施教,不能做学科体系的传声筒,要积极关注学生在课堂教学活动中的情绪生活和情感体验。

三、课堂教学要成为学生道德生活和人格养成的过程

课堂教学潜藏着丰富的道德因素,"教学永远具有教育性",这是教学活动的一条基本规律。教师不仅要充分挖掘和展示教学中的各种道德因素,还要积极关注和引导学生在教学活动中的各种道德表现与道德发展,从而使教学过程成为学生一种高尚的道德生活和丰富的人生体验。这样,学科知识增长的过程同时也就成为人格的健全与发展过程,伴随着学科知识的获得,学生变得越来越有爱心,越来越有同情心,越来越有责任感,越来越有教养。

《中国教师报》2010 年 8 月 18 日

目 录

前 言 … 1

第一部分　道德课堂的理论探索 … 1

第一章　道德课堂的缘起 … 3
一、道德课堂的提出是践行新课程理念的探索 … 3
二、道德课堂的提出是为了扭转课堂违道背德的现象 … 3
三、道德课堂的构建体现文化传承的需要 … 4

第二章　道德课堂的理念与主张 … 6
一、道德课堂的内涵 … 6
二、道德课堂的核心理念 … 7
三、道德课堂的基本特征 … 8
四、道德课堂的教学主张 … 9

第二部分　道德课堂的实践形态 … 11

第三章　道德课堂的实践标准与基本形态 … 13
一、道德课堂的实践标准 … 13
二、道德课堂的实践形态 … 14

第四章　道德课堂的实践路径 … 17
一、区域推进 … 17
二、研究引领 … 22
三、课堂构建 … 23
四、评价育人 … 24

第三部分　道德课堂的推进策略　33

第五章　发挥道德课堂实践的主体性　35
　　一、教育决策者的主体性　35
　　二、校长的主体性　37
　　三、教师的主体性　37

第六章　道德课堂的实践推进策略　40
　　一、区域推进策略　40
　　二、学校推进策略　44
　　三、课堂实践策略　48

第四部分　道德课堂的教师行动策略　53

第七章　道德课堂与教师素养能力　55
　　一、道德课堂对教师素养能力的要求　55
　　二、学科教师的八大教学素养　55

第八章　道德课堂的教师行动策略（一）　59
　　一、让教学"回家"　59
　　二、编制导学案　64

第九章　道德课堂的教师行动策略（二）　69
　　一、实施分组学习　69
　　二、运用基本学习方式　80

第十章　道德课堂的教师行动策略（三）　85
　　一、构建"大课堂"概念　85
　　二、课堂流程的再造　89

第十一章　道德课堂的教师行动策略（四）　92
　　一、重视"先学"　92
　　二、突出"展示"　95
　　三、强调"反馈"　99
　　四、制定评课标准　100

第五部分　道德课堂的实践研究案例　107

第十二章　区域实践研究案例　109
- 案例1　指向素养发展的"共生课堂"建构与实践研究　109
- 案例2　守中归原　构建区域"道德课堂有效形态"的中原实践　117
- 案例3　区域"高品质创新课堂"的探索与实践　124

第十三章　学校实践研究案例　130
- 案例1　深度学习视域下"阳光课堂"有效形态实践研究　130
- 案例2　"Tong创"课堂助力学校发展　助推师生成长　137
- 案例3　探索激扬课堂　激扬生命活力——学校课堂形态报告　143
- 案例4　道德课堂有效形态"知课堂"成果报告　150
- 案例5　道德课堂框架下的思悟课堂建设　155
- 案例6　指向学科核心素养的单元学历案教学有效形态　159

第十四章　教师课堂实践案例（一）：小学学段　166
- 案例1　小学数学学科"学本课堂"有效形态的实践研究　166
- 案例2　基于生活情境的"学—用—创"（L‑VOE）英语课堂有效形态　170
- 案例3　探究为抓手　Tong升科学品质　177
- 案例4　"启智"课堂教学形态下"四有一体"体育课堂教学模式的实践探索　183
- 案例5　"驱动—探究"信息技术道德课堂形态报告　187

第十五章　教师课堂实践案例（二）：初中学段　196
- 案例1　"知课堂"形态下的整本书阅读教学模型的构建与应用成果报告　196
- 案例2　基于核心素养的初中数学情境课堂教学的有效形态　200
- 案例3　"知课堂"形态下英语听说课模型的构建与应用　205
- 案例4　探索情景化教学　落实地理核心素养　地理学科"灵·动"课堂教学成果　211

第十六章　教师课堂实践案例（三）：高中学段　215
- 案例1　"体验课堂"理念下的地理实践力教学　215
- 案例2　基于科学思维的高中生物模型与建模课堂教学有效形态　218
- 案例3　高中美术学科的"研究性"课堂教学有效形态研究——尚美课堂在美术研究性课堂的应用　225

第六部分　道德课堂的实践反思　233

第十七章　道德课堂实践的基本经验　235
一、教师是道德课堂实践的真正主体　235
二、校本教研是道德课堂落实的关键环节　235
三、学科建设是高品质道德课堂的保障　236

第十八章　道德课堂的未来发展　237
一、让学科学习成为高尚的道德生活　237
二、让创造成为学习生活的主旋律　242
三、让评价护航学生的健康成长　270
四、还原"听取蛙声一片"的生态之美　288

后　记　320

前　言

始于21世纪初的基础教育课程改革行进了20余年,观念重塑与文化再造始终是进行时。从育分到育人的立场转变,需要重建课程观、课堂观,需要走出一条学科育人的新路。人是教育的最高目的,教育是一项道德事业,课堂是育人的主要场所,充满人文关怀与规律遵循的课堂才是育人应有的生态——这就是以"合乎道、至于德"为价值核心的"道德课堂"。道德课堂是郑州市基础教育课程改革的一项创新成果,就像"课堂上空的一面旗帜",历经十数载,引领着区域课堂变革的前行与深化。

《基础教育课程改革纲要》明确了改革的六大目标,"改变课程过于注重知识传授的倾向,强调形成积极主动的学习态度,使获得基础知识与基本技能的过程同时成为学会学习和形成正确价值观的过程"是课程改革的首要目标。如何落实？推陈出新,不破不立。针对"旧课堂"存在的"只见分不见人""重结果轻过程""高负担低产出"等问题,郑州市在深刻反思的基础上,面向中小学开展了全域化的行动研究和实践探索,每位教师、每个课堂都在追问"我要把学生带到哪里""我怎样把学生带到那里""我怎么知道学生到了那里"。当"人"被立在课堂中央的时候,一切教师眼中习以为常的"合理",都在接受价值追问的再考量。"为道德而教""道德地教"——教师观念的升华催生了课堂的蝶变,新的课堂文化、教学方式得以确立,"化信息为知识、化知识为智慧、化智慧为德性",知识本位向素养本位转变的育人路径逐渐清晰,道德课堂的理论体系与实践范式在探索中得以丰满和完善。

作为教育部首届国家基础教育教学成果评审的获奖和推广成果,道德课堂得到了广泛关注,这也反映了全国中小学在育人导向和课堂研究方面的共识。本书梳理了道德课堂研究的缘起、过程和主要成果,勾勒了道德课堂研究的未来方向,以期对郑州市推进课程改革的实践经验作一个阶段性总结,同时也希望能够为广大教育同仁的新课程探索带来一些启发和思考。

第一部分

道德课堂的理论探索

教育是一项道德事业,课堂是育人的主要场所,价值取向清晰、方式与目的一致的课堂,才能够营建育人的生态——这就是以"德行养成"为价值核心、以"合乎道、至于德"为实践原则的道德课堂。道德课堂,是郑州市基础教育课程改革的一项创新成果,就像"课堂上空的一面旗帜"(成尚荣语),引领着区域课堂变革的前行与深化。

第一章　道德课堂的缘起

　　道德课堂是在郑州市课改的土壤里生长起来的新课程背景下的一种高品质的课堂形态；是以学生为主体，呈现尊重、关爱、民主、和谐学习生态的课堂；是能够很好地实现三维教学目标、培育学生核心素养的课堂；是一种德性化、人性化、生命化的课堂；是教师和学生共同的家园。推进道德课堂建设的目的，是要改善教师的教学生态，改善学生的学习生态，让教师和学生在课堂生活中享受到幸福与快乐，提升教师和学生的生命质量与生命境界。

一、道德课堂的提出是践行新课程理念的探索

　　教育是一种文化的传承，课程改革则是为了更好地实现文化的传承，郑州市基础教育课程改革自行动以来就始终坚持还教育本来的文化生态。

　　新课程改革是教育思想的一次变革，是用新的教育理念和教育实践重建教育体系的开创性事业，是突破应试教育重围、探索素质教育新路的伟大创举，也是改善教育生态、落实立德树人的价值重塑。新课程的核心价值观是以人为本，新课程实施必须倡导学生为本的教育观、主体性的学生观、职业化的教师观、科学化的课程观、现代化的教学观、建构性的评价观、民主平等的师生关系。无论是学生为本的教育观、主体性的学生观还是建构性的评价观，最终都要落实在课堂上。新课程改革在郑州的推行经历了起步探索阶段、整体推进阶段、重点突破阶段和实践引领阶段，成功地探索出了新课程改革的本质就是建构新课堂——道德课堂。自2010年道德课堂进入常态化发展阶段以来，以"构建道德课堂，提升师生生命质量"为目标，郑州市成功完成了对新课程理念的本土化改造，系统构建起一套具有独特意蕴的理论体系、话语体系和实践模式，并在普遍的群众性改革实践中逐渐化为区域教育行政管理者、学校校长、教师的自觉性行动范式。

二、道德课堂的提出是为了扭转课堂违道背德的现象

　　社会生活离不开道德。课堂是生活，同样也离不开道德。课堂即生命，是教师和学生延续、发展生命的地方，若将善待学生生命落实到课堂之中，课堂定然是鲜活的，富于人性的；而道德缺失的课堂却很容易使教学异化为一种机械的、单调的知识传授和行为训练模式，很容易使学生产生枯燥、乏味、疲惫、厌烦、焦虑等感受。长此以往，必将扼杀师生鲜活的生命形式，恶化师生的生存状态。过去长期存在的传统旧课堂教学中应试本位的教学观、知识本位的课堂观、分数本位的评价观,一度导致课堂教学误入了道德缺失、伪道德甚至反道德的歧途。教师教条地传递教材、填鸭式地灌输、绝对权威地统治、数十年如一日地重复劳动带来的一系列教育界"不良反应"——教师职业倦怠、学生厌学、家长不满、高分低能等给教育人敲响了警钟。

教学要以合乎人性、合乎规律的方式开展,这是课堂教学的基本追求。课改初期,学科本位、知识本位和分数本位的课程与教学观直接导致了课堂违道背德的现象:一是内容泛化倾向。不能正确处理课程资源的丰富性与课程资源的恰切性问题,漫无边际地开发课程资源,过分强调与夸大课程的经验、活动、体验取向,否定或弱化基础知识和基本技能的传递与培养,从而造成课程资源泛化的倾向。二是过程形式化倾向。突出表现为"四个满堂"和"四个虚假",即满堂问、满堂动、满堂放、满堂夸;虚假地自主、虚假地合作、虚假地探究、虚假地渗透。三是手段技术化倾向。主要表现为:现代课堂教学对教育技术的过度依赖,造成"技术"对"人"的控制,课堂中教师与学生"人"与"人"的关系被异化为"机器"与"人"的关系,而且运用现代技术对学习进行精确定位、程序控制以及量化分析,有助长应试之风的倾向。综上所述,一条不符合"道"的途径很难达到"德"之目的。针对课改初期普遍存在的课堂教学异化问题,郑州市确立了以"合乎道、至于德"为根本精神来引领学校的课堂变革,实现整体推动区域课程改革的初步构想,并提出了构建道德课堂的课改命题。

道德课堂是基于传统旧课堂教学中的道德缺失、不道德和反道德现象提出的一种教学主张。它要求将学习的主动权还给学生,让学生做学习的主人,全面激发学生本身具备的自学能力、挖掘学生的潜能,让课堂生活成为学生高尚的道德生活和丰富的人生体验,促使学生在获得知识的过程中同时获得向善向上的情感体验和心灵感悟,培养学生成为一个独立自主,不仅具备知识和技能,同时拥有积极向上的心理和自信独立的人格,德智体美劳全面发展的社会主义建设者和接班人。

三、道德课堂的构建体现文化传承的需要

(一)道德课堂的理念根植于我国优秀的文化传统之中

关于道德课堂的理念,我们可以从《道德经》中去寻根:"道",天道,即自然规律;只有合乎自然规律,人类才能健康地生存下去。"德",人德,即人生的行为准则;它要求人类顺其自然地与人共处,合乎社会规律地生存。从事于道者,同于道;从事于德者,同于德。

(二)道德课堂的理念与《说文解字》对"教育"一词的精辟解释相一致

《说文解字》对"教育"一词的解释为:教,上所施下所效也;育,养子使作善也。"教育"必定包含着教人做人、使人为善、使人向上的意图和努力。教人做人、使人为善、使人向上,是教育的根本目的和道德标准;满足了这一标准的活动或影响,才堪称"教育"。总而言之,道德课堂真正体现了"教育"的本真。

教育除了培育下一代,更重要的是对文化的传承,并且课堂本身就是一种文化。道德课

的产生不仅是对新课程理念的诠释和教育实践的改善,还有深厚的文化底蕴。"道"一直是人们征服自然所遵循的逻辑,代表着万事万物的运行规律,即《老子》中所说的"道法自然",自然即是道,而遵守自然法则生成的就是万事万物的自然品行——"德"。道德课堂所主张的生命化、人性化的课堂,就是民主平等的师生关系、多样的教学方法、主体性学习观、多元评价体系,这与《学记》中的教育智慧保持着高度一致,正如《学记》中的"教学相长""藏息相辅""道而弗牵,强而弗抑,开而弗达",更有主张对学生进行综合评价的"比年入学,中年考校。一年视离经辨志,三年视敬业乐群,五年视博习亲师,七年视论学取友,谓之小成"。

通常我们认为"教室在用来进行教学活动时叫课堂,泛指进行各种教学活动的场所",也有学者把课堂作为一种文化空间,认为"课堂"这一人类独特的文化空间正是师生在课程"跑道上跑"的安顿之处,也是生活的活动之流的必经之地。所以我这里的道德课堂的"课堂"并非专指班级授课制下教学活动的场所,而是在现代课程论思想下的一种广义的、抽象的"课堂"概念,是一种符合新课程理念的文化形态,即呈现出"对话、沟通、交往、合作、探究、展示"文化的课堂形态。每一位教师在课堂中都下意识地构建了一种独特的课堂文化,学生在接受这种文化的熏陶与影响中成长。课堂中所存在的问题从本质上说都是文化的问题,创建和谐生长的课堂文化是道德课堂的最终追求。综上所述,道德课堂是对传统文化"道"与"德"的继承与发展,它不仅仅是个场所,更是在建构一种"对话、沟通、交往、合作、探究、展示"的文化场域,让学生在这种文化氛围中进行"合乎道、至于德"的学习。

第二章　道德课堂的理念与主张

一、道德课堂的内涵

道德课堂即"符合道德标准"的课堂，是一种高品质的课堂形态，要求教育者用"合道德"的方式，在充满尊重、关爱、民主、和谐的环境中，在身心愉悦、人格健康、精神自由、生命自主的学习过程中，使学习者获得学业进步和身心全面发展。

道德课堂主张"以合乎道（规律）的途径，至于德之目标（课堂生态）"，让课堂生活成为学生高尚的道德生活和丰富的人生体验，让学生在获得知识的过程中同时获得向善向上的情感体验和心灵感悟，促进学生的思维发展和精神成长，让学生学科知识增长的过程同时成为学生人格健全与发展的过程。

所谓"道"，即规律：教育教学规律、学生的认知规律和成长规律。所谓"德"，即生态：围绕实现师生共同发展、实现国家人才培养目标而建构的课堂生态。教人做人、使人为善、使人向上，是教育的根本目的和道德标准；满足了这一标准的活动或影响，才堪称"教育"。

教育即道德：合乎道，至于德；以合乎"道"的途径，至于"德"之目标。"道"是形而上的，"德"则是形而下的；学道以行德，以道而成德。围绕"道""德"二字，从道德课堂的精髓"道"与"德"两字出发，我们建构了"学道""学德""师道""师德"四个关于"教"与"学"的概念。

学道，即学生的学习规律、认知规律、成长规律。道德课堂，核心是尊重学道，学生是学习的主人，只有真正突出学生学习的主体地位，才是合乎规律、尊重规律的。

学德，即学习生态，构建和谐、生长的学习生态，关注学生的精神成长和情感收获。道德课堂学德的构建是以"小组学习"为形态，以"独学、对学、群学"为基本学习方式，让学生自己的事情自己做；课堂又以展示为手段，激发学生的学习兴趣。道德课堂认为，展示是解决学生学习内驱力的金钥匙。

师道，即教师的角色。道德课堂认为，教师的角色必须重新定位。教师是学生学习的助理，是学生的学长，是学生学习的组织者、引导者、参与者、促进者，与学生是平等的同伴关系。实现了这种角色转变的教师才称其为"道德教师"。角色即人格，离开了"道德教师"这一角色，教师便缺失了"人格"。道德教师的基本品质是发现学生、研究学生、基于学情和指导学法，即从"四学"出发，高度认识并充分相信学生的自主学习能力。

师德，即尊重学生、相信学生。道德课堂认为尊重学生、相信学生就是师德。过去的旧课堂因为施教者不尊重学生、不相信学生，所以不敢放手让学生自主学习，由此造成了教师普遍的包办、代替、灌输和强迫行为。在这种背景下,所谓学生的"学",只能是有限学习。学生是天生的学习者。学习是学生自己的事,教师要敢于放手让学生自主学习,让学习真正发生在学生自己身上。道德课堂的师德,强调师生之间构建"学习共同体",课堂上要处理好与学生、文本、环境、教学资源和经验的关系。

通过"学道""学德""师道""师德"四个概念的重新构建、解读、实施,以达到道德课堂的建构要求,促进教师完成对自身角色的重新审视和师生关系的重新定位,重构起"平等、尊重、信任、民主、和谐"的师生关系,进一步提升教师和学生的生活质量与学习质量。

二、道德课堂的核心理念

道德课堂所尊崇的道德标准是教人做人、使人向善、使人向上。道德课堂主张尊重学道,即尊重学生的认知规律、成长规律;涵养学德,即涵养学习生态;恪守师道,即恪守教师的角色定位;弘扬师德,即热爱学生、尊重学生、相信学生、发展学生。学道以行德,以道而成德。道德课堂就是要把情感、态度、价值观目标的实现,作为课堂育人的立足点,凸显"道德"这一教育的终极追求。

道德课堂要求课堂要"合乎道、至于德",主要包含以下三个理念。

(一) 为道德而教

课堂是立德树人的第一途径,课堂的最终目标是培养学生高尚的品德,强调育人而不只是对学生进行知识传授和方法引导。中国古代教育经典《学记》开篇就明确指出,教育的作用和价值在于"化民成俗","人不学,不知道"。前者将教育的作用指向"人道"化的、具有较高道德水准的社会群体;后者将教育的价值定位于使每一个社会成员成为具有善良品格和道德素养的个人。党的十八大报告要求"把立德树人作为教育的根本任务",要把"育人为本"作为教育工作的根本要求。不管是针对群体还是个体,我国自古至今的教育精神指向的都是受教育者的道德。

(二) 道德地教

要求课堂教学的过程和方法本身是道德的,要以道德的方式达到道德的目的。那种只有认知,缺乏情感的课堂是不道德的;只有枯燥,缺乏兴趣的课堂是不道德的;只有教师主导性,缺乏学生主体性的课堂是不道德的;只面向部分学生,不面向全体学生的课堂是不道德的……另外,极少数教师在教学活动中对学生的强制、压抑、言语暴力、体罚等行为也是不道德的。可以说,凡是违背儿童天性、违反长远育人目标的课堂教学行为都是缺乏道德的。

(三) 合乎规律地教

教师的教要以学生的身心发展规律、学习规律、教学规律为基础而进行。只有合乎规律的课堂教学才能促进儿童的健康成长和发展。当前教育存在的一个最大问题,就是没有把学生当"人"看,没有把孩子当成孩子,我们总是拿四十多岁、五十多岁人的思维模式来要求未成年孩子的想法,用我们成人的思维框架来规范未成年孩子的行为。道德课堂认为,不尊重学生的身心发展规律和教学规律,任意加速或延缓学生的学习进程与成长速度都是不道德的课堂教学。

三、道德课堂的基本特征

道德课堂作为高品质的课堂形态,是以学生为主体呈现的一种综合化的课堂生态文化,主要有以下四个基本特征。

(一) 成长性

道德课堂倡导在教学过程中,教师和学生双方实现生命质量的共同提升与成长。对学生而言,道德课堂强调以学生的发展为本,把学生"今天的健康成长"与"明天的幸福发展"有机地统一起来,让学生在充满尊重、关爱、民主、和谐的氛围中得以健康、自主地发展。对教师而言,课堂是教师生命延续的舞台,是教师追求卓越和实现幸福的过程,同时也是教师自己生命价值的体现和自身发展的组成,而不只是为学生成长所作的付出,也不只是对别人交付任务的完成。

(二) 情感性

在课堂教学中,如果教师能兴高采烈并满怀激情地走上讲台,那么学生就很容易带着希望与憧憬听课;如果课堂中所要解决的问题与学生的日常生活直接相关,那么他们就会更加快乐并满怀兴趣地参与课堂学习;如果教学富有挑战性并能激起学生的求知欲而不仅仅是死记硬背,那么他们就会敢于创新并逐渐善于创新……如果教师冷漠、毫无激情地讲课,学生也必然会冷漠、毫无激情地听课。道德课堂强调教师在课堂教学中不仅要遵循学生身心发展规律和教学规律,更要以自身为媒介使学生在学习中能体验到愉快和幸福,能感受到学业进步的价值和意义,能享受到自身全面发展的乐趣。

(三) 开放性

道德课堂更多的是一种优质的教育理论,而非固定的教学模式。它是对工业化时代那种整齐划一、固定僵化、崇尚模式的教学理念的反动。它倡导在"统一理念"下的"百花齐放",即在"通用原则"和"基本方法"之下,提倡各教师基于教学内容和学生特征探究最适合的课堂形态,各学校基于校情和学情探索各具特色的课堂教学形式。

(四) 文化性

道德课堂的文化性,不只是从教育教学的内容方面而言,更是从教师在课堂上营造的一种课堂文化氛围而言。因为教育本身就是一种文化的传承,推进课程改革就是为了更好地实现文化的传承。每一位教师都在课堂上营造着一种课堂文化氛围,构建着一种课堂生态,学生都在进行着某种"文化适应"和自然成长。课堂中面临的问题实质上就是文化(生态)的问题。可以说,构建和谐的课堂生态是道德课堂的必然要求,也是现代学校文化的最高境界。准确地讲,此处的文化性,即课堂教学文化,它是"教师和学生作为集体主体在教学互动中构成的生活方式"。道德课堂倡导学生在这种文化氛围和生活方式中进行着某种"文化适应"和自然成长。

道德课堂倡导以新课程的理念,从道德自觉的高度,去重新审视课堂,审视那些不道德的教育现象，努力地加以改进和完善，使教师在道德的环境中进行有道德的教学，努力使教学过程成为学生一种高尚的道德生活和丰富的人生体验，使学科知识增长的过程同时成为学生人格健全和发展的过程，使课堂教学过程和结果都合乎道德的要求，让课堂生活充满生命的活力。

四、道德课堂的教学主张

道德课堂作为一种高品质的课堂形态，是以学生为主体呈现的一种综合化的课堂生态文化。教育是基于理念的行为，绝不是简单的操作行为。道德课堂是以"以人为本"为核心价值取向的课堂形态；是以学生为主体，呈现尊重、关爱、民主、和谐学习生态的课堂；是有效实现三维教学目标的课堂；是德性化、人性化、生命化的课堂。其首要涵义是"为道德而教"，指的是课堂是立德树人的第一途径，课堂的最终目标是培养学生高尚的品德，而不仅仅是知识与技能的传授。其次是"道德地教"，即要求课堂教学的开展、过程和方法本身是道德的，要以道德的方式达到道德的目的。最后是"合乎规律地教"，也就是教师的教要以学生的身心发展规律为基础而进行。

基于此，我们明确提出了道德课堂新教学的四项教学主张：

1. 以学生为主体，课堂呈现尊重、关爱、民主、和谐的学习生态；

2. 以发展为导向，使学科知识增长的过程成为学生人格健全和发展的过程；

3. 以育人为宗旨，教学组织形式要对学生形成合作、包容、平等的人文素养起到潜移默化的作用；

4. 以有效为底线，遵循基于课程标准的"教—学—评"一致性原则，减负增效。

总之，道德课堂要求教师要学会提炼自己的教学主张（教学思想、教学信念、教学观），并促使教师提炼教学主张的过程成为教师自己教育教学艺术和生命品质不断提升的过程，促进教师教学主张的人格化研究，把教学观进一步升华为教师自己的人生观、价值观，并转化为教师自己的思维方式、行为方式和生活方式。教师不仅要成为一名教学艺术家，更要努力成为学生的人格楷模。

第二部分

道德课堂的实践形态

理论的构建是为了指导实践。在道德课堂的实践中,我们要求教师重视凝聚教育教学精神,提升教育教学品质,提挈教师生命的成长和专业发展的自觉。为此,我们在课程改革实践中探索了道德课堂的实践模式。

第三章　道德课堂的实践标准与基本形态

在道德课堂"合乎道、至于德"的宗旨之下,道德课堂的具体形态是开放的、包容的。道德课堂的建设,遵从"先理论、后实践"的原则,即"先内化理念,后外化为行为","先对照理论检视自己,后结合理论建构新的自我",一步一个脚印地实施。

一、道德课堂的实践标准

教学过程不是枯燥的知识传授的过程,而是一种情感的交流。让学生在获得知识技能的过程中同时获得向善向上的情感体验和心灵感悟,促进学生的精神成长。道德课堂从理念到实践有一个过程,遵循的原则是"从理念内化到行为改善、从自我诊断到自我建构"循序渐进地实施。构建道德课堂,说到底是为了学生能在健康和谐的环境中得到最好的成长,而教师在教育学生的同时,自己的生命也得到了完善,并在其中获得情感体验,实现自我价值。因此,结合道德课堂的理念与一线学校实际情况,我们提出了道德课堂的实践标准:有形、有灵魂、有习得(生长)。

(一)"有形"的课堂:凸显学校办学理念、教学思想和课堂主张的课堂践行

课堂是一种生活,课堂形态就是教师和学生在课堂上的生活状态。课堂是师生延续和发展生命的地方,若将善待学生生命落实到课堂之中,课堂定然是富有人性且充满生命活力的,这是对师生课堂生命状态的描绘。如何使课堂有形呢?一是在学校办学理念、教学思想、课堂主张的指导下,结合大多数教师的课堂教学实践情况,总结、生成学校课堂形态的"名称"。这个"名称",要有自己的内涵解读。解读课堂形态是对课堂生态的综述与描绘,要契合学校的办学思想,最好不是某种学习方式方法的解读。如果真的是由某种学习方式方法演变、生成而来的,那么就一定要从生态的层面上加以解读与描绘。二是进行"理论依据"的详细阐述,要契合学校的办学思想和课堂形态的内涵解读。三是课堂流程所承载的是学习规律。对课堂流程的解读,既要符合课堂学习规律,又要契合学校的办学思想,是对课堂形态的内涵解读和理论依据的阐述。四是彰显课堂变革的价值取向与学习方式的创新。课堂变革既是一种价值追求,又是一种文化建设。现代学校文化建设,既需要物质文化作基础,又需要制度文化作支撑,更需要课堂文化作底蕴。

(二)"有灵魂"的教学:强调基于学科思想方法的教学(核心素养)

知识、技能、思想是学科教学的三大要素,学科思想则是学科教学的精髓与灵魂。学科思想是形成学生情感、态度、价值观的重要因素,是赋予学生"价值生命"的营养要素。教师在学

科思想方法的指导和统领下，突破过去以"双基"教学为单一目的的浅层教学，让学生在获得知识的过程中，领悟并掌握相应的学科方法和能力，开展深入学科本质与核心的教学。

一是解决对学科思想方法的认识问题，把长期颠倒了的学科教学重心重新颠倒过来，以学科的基本观念、方法论原理为核心，以学科思想方法来组织和建构学科知识体系，把教学从浅表的知识教学和技巧训练的层面，推进到深入学科本质与核心的思想教学和方法教学的层面上来，更有效地促进学生学科能力和学科素养的提升与发展。二是明确目标指向，将学科思想方法置于学科教学的中心地位，实现课程教学内容"量"的压缩和"质"的精选，提升学生的学习质量和学科学习能力，促进学生创造性思维和学科综合素养的发展与提升。三是把握教学的基本维度，在学习目标上突出学科思想方法，在学习内容中挖掘学科思想方法，在学习情境中蕴含学科思想方法，在学习过程中使学生体验和领悟学科思想方法，在学习方法上帮助学生归纳和总结学科思想方法，在练习与作业中让学生应用和反思学科思想方法。四是转变教学方式，改变过去"部分—部分—整体"的教学模式，实践探索"整体—部分—整体"的教学方式，适宜推进单元教学；教师要根据不同学科、不同内容，来选择不同的教学组织方式。

（三）"有习得（生长）"的学习：强调学有所得，突出学生知识技能的获得、能力的提升与精神的成长

如今的课堂变革正从"教本"持续走向"学本""习本"，每一堂课都要让学生有实实在在的收获与成长，彰显教育的"知识、技能、人格、文化"四大元素，以达成"知识与技能、过程与方法、情感态度价值观"的三维课堂教学目标，使教学过程成为学生认知发展和情感丰富的过程，使学科知识增长的过程成为学生人格健全和发展的过程。创客教育的理念与精神，是推动课堂变革持续走向深层变革的动力源泉。

教师要勇敢地拥抱创客运动，并保留其最精彩的部分，即在教学过程中始终保持以学生的学习为中心的态度，课堂要真正从以知识传授为中心的场所，转变成以实践应用和创造为中心的场所，把学生看作是知识的创造者而不仅仅是消费者。在扩展学生的学习空间、课程内容的同时，既要改变学生的身份，更要改变学生获得新知识、新技能的方式。让学生经历"做中学、创中学"的过程，实现从知识内容的学习者向知识内容的学习者兼传播者、创造者转变，让学生从被动学习走向主动学习，从浅层学习走向深度学习，让学生有确确实实的获得感。这样的课堂生活，才能真正成为学生高尚的道德生活和丰富的人生体验；才能让学生学科知识增长的过程成为学生人格健全和发展的过程。

二、道德课堂的实践形态

结合学校和一线教师的实际情况与需求，道德课堂的实践要求是：教师要建立新的课堂教学价值观，根据道德课堂"成长性、情感性、开放性、文化性"的四大基本特征，使自己的教学做到"有灵魂、有同理心、有诗意"。通过研究和解决课堂教学中的"育德、课堂教学行为的有效、

课堂教学目的行为与结果的一致性"三大问题,重建"教与学、师与生、目的行为与结果"三大关系,实现"低碳有效、促进学生的思维发展、促进学生的精神成长"三大目标,从而使课堂有形、有灵魂、有习得(生长)。

(一)有灵魂:从规训式课堂到人本化课堂

2012年,郑州市提出"要做有灵魂的教育"。所谓有灵魂的教育就是具有正确价值追求的教育。那么,有灵魂的课堂就要明确课堂教学的价值追求,在课堂中要实现教育的回归——回归教育本质、回归学生心灵、回归教育道德,用文化浸润孩子的心灵。其实,"有灵魂"也是在审视传统"规训式课堂"各种危害的基础上,努力构建的"人本化课堂",是以尊重人的灵魂、符合人的天性及其发展规律并以促进人的健康发展为直接目的而展开教学的课堂。在这样的课堂里,学生被看作"具体人"而非"抽象人",是鲜活的生命体而不是千人一面的工厂模具。然而,在现实的教育环境中,有许多课堂教学其实不是在教学,而是在规训。何谓规训?就是用既定的模式框定人、宰制人的思想,统一人的语言和行为,从而培养顺从者。在规训式课堂里,教师扮演着真理代言人的角色,学生只是接受者和倾听者。这样培养出来的学生,只能是现有社会规范的顺从者,一旦面对复杂的道德现象需要作出选择时,就会不知所措,甚至可能会走向反面。在规训式课堂上,教师期望学生按照教案的设想作出回答,教师的任务就是努力引导学生直至得到预定的答案;学生在课堂教学中,实际上扮演着配合教师完成教案的角色。

推进道德课堂建设,就要打造有灵魂的课堂,改造规训式课堂,创造人本化课堂,这也是判断是否为道德课堂的首要标准。有灵魂的课堂意味着:第一,教师要做有灵魂的教师,即做"人师"而不做"经师",能关注并关心每一个学生的现状和发展,能以自身的学识、性情、人格和思想去影响每一个学生自觉成长。第二,教师要推进有灵魂的教学,不只关注学生的知识、分数和认知的发展,更要关注学生的学习态度、情绪生活和情感体验。教师要努力把课堂打造成学生愉悦的情绪生活和积极的情感体验的场所。第三,要培养有灵魂的学生,关注学生独立人格的发展和道德素养的提升,努力使每一个学生成为独特的、有追求的、有思想的人。

(二)有同理心:从单向传授的课堂到多方互动的课堂

所谓"有同理心",指的是能易地而处,能设身处地理解他人的情绪,感同身受地明白及体会他人的处境及感受,并适切地回应其需要。课堂是师生共同学习的场所,教学就是沟通与互动的过程,在这个场所或过程中,充满着师生之间、生生之间的人际互动,这些互动的实现与否、和谐与否在很大程度上会影响到课堂教学的效果以及师生身心的发展。道德课堂是抛弃师生之间单向知识传授,而实现多方互动、充满同理心的课堂。教师要具备对学生的同理心,理解学生都具有发挥自身主体性的要求和渴望展示自我的心理趋向。教师要树立正确的教育观、教学观和学生观,把自己看作是学生学习的组织者、引导者、参与者和促进者,把表演的舞台让给学生,把展示的空间留给学生,从而在课堂中实现多维互动,让学生自主学习、合作探究、体验感悟、生成新知,让课堂成为知识的"超市"和生命狂欢的"舞台"。这是课堂之道,更是课堂之德。

(三) 有诗意：从工具主义主宰的课堂到充满人文精神的课堂

所谓"有诗意"，主要指人是一种诗意栖居的产物，正如德国诗人荷尔德林（Friedrich Hölderlin）的诗句："人充满劳绩，但还诗意地栖居于大地之上。"诗意的课堂意味着课堂教学活动的自然、优雅、浪漫品性，以及师生充沛的、向善的生命力量所体现的人文精神。然而，在当前的许多课堂中却充斥着工具主义的迷雾。何为工具主义？它是把世界作为工具来看待和理解的一种思维倾向，即把世界的构成要素，包括人、物和行动本身都看成器具或手段，凭借它们可以达到人所祈求的目的。反映在课堂中，就是把教学过程理解为一种技术过程，把教学目标确定为分数和实用，把课堂看成车间、作坊，试图用一种完美的技术来控制这个空间，以提高整个教学工作的效率。它的最大危害是把人当成手段和工具，失落了人性的光辉和人文精神。

有诗意的本质是有人文精神，而教育的灵魂就在于人文精神。是不是道德课堂，就要看在课堂中和校园里是否高扬人文精神，是否追寻教育的诗意。随着道德课堂实践的深入，浓郁的人文精神的种子一定会在校园里生根、发芽，真正走进每一位学子的灵魂深处，走出一条"有道德的教育"的生态文明之路。

道德课堂实践模型的建构，在一定程度上解决了课程改革理念不落地的现实问题。道德课堂建设成果，以"基于标准的专业化方案设计——基于标准的有效性教学实施——基于标准的发展性学生评价"为操作策略，厘清了国家课程校本化的实践办法，构建了道德课堂的实践模型：以课程改革的顶层设计为指导，围绕学校教育的核心要素，从全面落实课程改革的目标、任务出发，以负责的态度和专业的方式，从建构课堂文化生态、加强课程建设、实施基于标准的有效教学、开展教育质量综合评价等层面系统推进课程改革，通过影响教育教学质量的关键要素的有效互动，整体优化育人生态，提升育人质量。

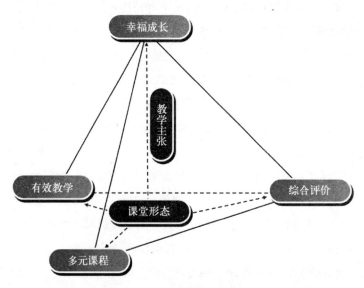

图 3-1 道德课堂实践模型

第四章 道德课堂的实践路径

道德课堂实践遍及郑州市1 600多所中小学,成为郑州市区域推进课程改革的有力抓手,形成了"以道德课堂理念建构新教学框架,区域推进课程改革"的郑州模式。遵从先理论后实践的原则,先内化为理念再外化为行为,先对照理论检视自己,后结合理论建构新的自我,一步一个脚印地实施。

一、区域推进

2001年,郑州市金水区被确定为全国首批国家级课改实验区,拉开了郑州市的课改大幕。

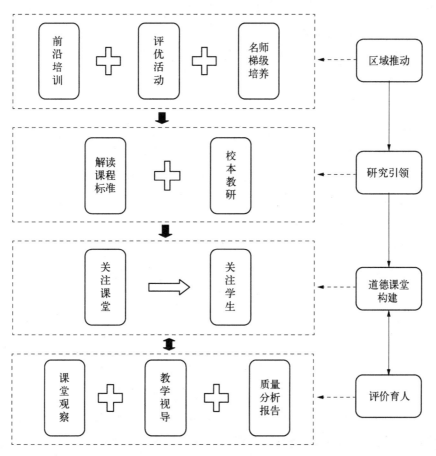

图4-1 郑州市道德课堂发展模式图

郑州课改围绕破解"课堂,究竟该拿什么献给学生?"这一课题展开立论与实践,课堂教学改革从关注课堂方向、课堂道德,走向了关注课堂文化(课堂生态),一以贯之的改革行动最终将郑州课改的视野和精神推向了"道德"的高度,使郑州课改有力地迈向了构建道德课堂的常态化发展阶段。

(一) 区域推进历程

郑州市自进入课程改革以来,以金水区为代表的郑州课改经历了从试水探索到整体推进、从校本教研到课标解读再到构建道德课堂的过程。我们在实践中探索,在研究中前行,在反思中发展,历经了起步探索阶段、整体推进阶段、重点突破阶段和实践引领阶段,逐步形成了符合郑州实际的、具有地域特色的课程改革思路:以校本教研为支撑,以课堂教学改革为突破口,以细化解读课程标准为重点,以行政推进为保障,强力推动,走过的是一条问题持续解决、注重成果积累、不断生成提升的持续生长之路。如果以时间来界定,2001—2005年以前为起步探索阶段,围绕校本教研确立了"理论先行、制度跟进、机构重组、方式创新、区域联动、基地带动"的行动策略;2005—2007年为整体推进阶段,构建了校本教研的基本框架和学科建设的基本要求;2007—2010年为重点突破阶段,在课标解读与课堂教学模式构建方面寻求突破;2010年之后为实践引领阶段,以"构建道德课堂,提升生命质量"为目标,注重价值引领、专业引领、文化引领,培育教育生态,努力走好教育生态文明之路。

1. 起步探索阶段(2001—2005年)

这一阶段主要是统一了对"推进校本教研是有效实施新课程的重要保证"的基本认识;明确了校本教研"个人反思、同伴互助、专业引领"的三个基本要素;确立了"理论先行、制度跟进、机构重组、方式创新、区域联动、基地带动"的行动策略;印发了《关于加强校本教研工作的意见》,意见明晰了校本教研工作的指导思想,对教研部门、学校提出了基本的工作要求,制定了服务和保障措施。

2. 整体推进阶段(2005—2007年)

该阶段重在形成校本教研"四四五三三"的基本框架,即全力推进校本教研,必须"明确四个观点,澄清四种糊涂认识,把握五个要点,做好三项基础工作,抓好三个点",并就校本教研的模式、评价、专业引领、成果呈现等四个问题达成了共识,确立了校本教研工作的四个关注点:关注课堂、关注问题、关注效果、关注文化。明确了学科建设"五三二二"的基本要求,即加强学科建设、提高学科能力,要抓五项建设,提高三种基本能力,关注两个问题,做好两项基础工作。印发了《关于加强中小学学科建设工作的意见》,意见明确了学科建设工作的指导思想,对各级教研部门、各学校、学校学科组、学科教师都提出了具体的工作要求,也制定了服务和保障措施。印发了《郑州市基础教育教学质量监控与评价方案》,及时准确地把握教学质量情况,及时地对教学过程进行有效监控,引导各项教育教学改革健康协调发展,确保教育教学质量稳步提高。

3. 重点突破阶段(2007—2010年)

该阶段把学科建设作为校本教研工作的重点,把加强学科建设、提高学科能力作为核心任务,把"细化解读课程标准,整合教材(学材),科学设置学习目标"作为学科建设的第一要务;把课堂教学模式的改革与创新作为重要突破口,并把2009年定为"课程改革突破年"。印发了《关于全面推进细化解读课程标准工作的指导意见》,指导意见阐明了细化解读课程标准的重要意义和作用,明确提出了"合作研究,资源共享,形成细化解读课程标准工作的整体效应""明确思路,规范程序,积极探索细化解读课程标准的方法和途径""明确责任,加强管理,确保细化解读课程标准工作有序有效"的基本要求。

4. 实践引领阶段(2010年—　)

以"郑州市进一步深化基础教育课程改革工作会议"为标志,郑州市道德课堂建设于2010年6月进入常态化发展阶段。以"构建道德课堂,提升生命质量"为目标,全力推进道德课堂建设,走好教育生态文明之路。印发了《关于进一步推进基础教育课程改革的意见》:落实育人为本核心理念,构建道德课堂;把课堂还给学生,重建教学关系;促进教师专业成长,提升教研品质;强化学校文化建设,办有灵魂的学校。制定了《郑州市构建道德课堂的实践研究课题实施方案》,该方案明确了课题研究的目标和内容、方法和实施步骤、保障措施。重点指导帮助学科教师高质量地编制"学科课程纲要""作业建设规划设计"和"导学案",夯实学科教师的教学基本功。

(1) 注重价值引领,重塑教育道德

任何改革都有其核心价值追求,它决定了改革的目标和方向。作为教育行政部门,作为区域课程改革的策源地,我们始终关注课改的价值思考,以实现价值引领。我们紧紧抓住课堂建设、校本教研、质量监控等三个关键环节,致力于课程新体系的校本化建构,教学新理念的行动化落实,评价新导向的整体化实施。

校本教研研究课堂,质量监控监控课堂,推进了课堂的改革与创新,促进了新课程实施品质的持续提升。校本教研,从理论建设、制度建设的层面上,回落到了"课堂教学问题的解决"这一"粗糙的地面"。质量监控,从单一的成绩分析,提升到了对学生获得知识的方法与过程、学习状态和师生精神共同成长的关注。课堂教学,从课改初期的无所适从甚至盲从,一步步走向了成熟与理性;从关注课堂方向,到关注课堂道德、关注课堂生命状态,再到关注课堂文化(课堂生态)的重建,一步步走上了"构建道德课堂,提升师生生命质量"这一教育生态文明之路,确立了新课程课堂教学的目标和方向。郑州市的基础教育课程改革走过的是一条问题持续解决、注重成果积累、不断生成提升的生长之路。

(2) 注重专业引领,激发教育活力

教育的活力源于教师,教师的专业化程度决定了新课程改革的"震级"和"烈度",因为只有专业才能释放更大的推进改革的能量。引导教师经历专业的生活、成为反思性实践者,是我们一直关注的问题。我们以郑州教育信息网为平台开设教育博客,每年都举行教育博客大赛,以此引导教师记录日常教育教学生活中有意义的故事、感悟,展示行动研究成果,从而使反思成为自己的生活常态。

在推进校本教研工作的进程中,我们遵循"整体推进、双轮驱动(行政与教研)、搭建平台、典型引路、阶段总结、生成提升"的工作思路和"理论先行、制度跟进、机构重组、方式创新、区域联动、基地带动"的基本策略,连续十六年召开全市校本教研工作推进会,一年一会、一会一地、一地一题、一题一解。即,一年选定在一个县(区)召开;一次会议确定一个主题;针对一个主题进行研讨交流,提出解决办法,全市贯彻落实。

为了将学校工作聚焦到教学上来,教育局各部门统一"对焦":督导室对学校的课程规划逐一进行评估审议,并把《教育质量综合评价改革方案》列为了2015年督导评估审议的重点内容;市教研室在全市开展教师课堂教学达标评优活动、以专业方案设计推进基于标准的教学研究、教—学—评一致性研究、以课堂观察为手段的专业化观评课范式研究、"运动处方"体育教学模式研究、中小学学业评价分析报告系统的开发与应用研究等;市教科所把课程研究、课堂研究、评价研究列为课题立项的重点,每年立项的课题达2 000余项,重点课题100余项,并逐步促进研究方向从"教师的教"向"学生的学"转变。

(3) 注重文化引领,培育教育生态

教育本身就是一种文化传承,推进课程改革就是为了更好地实现文化传承。站在文化变革、文化重构的高度,来审视学校的一切教育活动,应该是作为课程改革的实践者、引领者的中小学校校长必须具备的基本素质。二十多年来,我们一直引领校长站在文化变革的高度来审视自己的实践,遵循着"以学校文化建设为核心,强化内涵建设,不断提升学校文化品位"的基本思路,致力于学校文化的打造。要让文化浸润每一位校长和师生的心灵,让文化从高高的神坛走向粗糙的地面,从形式上的虚化走向具体而细微的日常生活,既需要思想的引领,更需要行动的引领。

在行动引领方面,一是每年"三大会",即德育建设会、校本教研推进会、课程与教学会。德育建设会侧重研究文化建设,校本教研推进会侧重研究教研方式创新和问题解决,课程与教学会侧重研究课程建设与课堂建设,重在方向把握。二是每年"两诊断",即每年三月份和九月份的道德课堂建设诊断交流活动。全市中小学每校一人,分成40多个小组,深入学校进行为期一周的课堂诊断交流活动,重在把脉课堂。三是每期"一展示",即每个学期期末道德课堂建设展示交流活动。县区负责教育教学和体卫艺的副局长、教育科和体卫艺科科长、教研室和教科室主任,市区初高中学校的校长、副校长、教务主任、德育主任、科研主任,一岗一专题,同岗同专题,重在成果展示、经验分享。

(二) 区域推进措施

在道德课堂的区域推进实践中,郑州市通过教研平台建设、知名专家督导、前沿专业培训、教学达标评优活动、专业梯队建设等途径,推进课程改革的落实和道德课堂的建设。

1. 教研平台建设

为促进区域间交流与分享,我们搭建了市级校本教研平台,每年选择一个区县召开全市校本教研会议,根据道德课堂建设目标,确定会议主题,总结、展示、分享阶段实践成果;举办专题分论坛,聘请专家答疑解惑,引领大家深入探讨道德课堂实践过程中遇到的新问题。不同层面的校本教研活动均遵循"个人反思、同伴互助、专业引领"的基本原则,保证了活动的实效性。校本教研长效机制的建立,一方面促进了每一个区县践行道德课堂的探索,另一方面有效总结了前一阶段的工作,并为后续的探索明确了方向。

2. 知名专家督导

为保障郑州市域范围内道德课堂建设的落实、有效、科学,我们还建立了专家督导制度。郑州市聘任了31位全国知名的教育专家担任市政府兼职督学,目的就是"借脑"解决教育教学管理中的重大决策问题,增强督导工作的权威性和实效性,切实提高我市教育督导的专业水平。中国教育学会常务副会长、国家督导团原副总督学郭振有,教育部中学校长培训中心前主任、华东师范大学终身教授陈玉琨等专家亲自参与了学校三年发展规划督导评估工作。实践证明,外聘督学从理念和文化层面提升了郑州市的教育督导水平,通过透视各县(市、区)的教育工作和市教育主管部门直属学校的教育教学工作,各位督导提出了他们的基本判断,并对各县(市、区)和市教育行政主管部门直属学校在教育改革、发展、创新中出现的问题进行了理性分析,提出了应对策略,有效推进了道德课堂建设。

3. 前沿专业培训

举行多层次的前沿培训,引领改革实践落实。请进来——无论是朱慕菊、曹志祥、刘坚、有宝华等教育部课程中心的领导,崔允漷、余文森、吴刚平等课改专家,还是崔其升、赵桂霞、唐江澎、王军、万辉等知名校长,王磊、刘道义、彭前程等学科领域的课程专家,都应邀来郑州与我们分享过他们的真知灼见和成果经验。走出去——组织教研员到华东师范大学教研员研修中心参加研修,提高他们的专业影响力;委托华东师范大学课程与教学研究所对校长、主任进行培训,提升他们的课程领导力。引进来——与美国哈佛大学教育研究院合作,组织全市骨干教师开展"为理解的教学"课程研修,提高教师的课程实施能力。

4. 教学达标评优

通过举行新课程课堂教学达标评优活动,促进道德课堂理念的落实与推广。我们组织实施了提高教师专业素养和学科能力的"质量工程"——郑州市中小学教师课堂教学达标评优活动,构建教师专业成长的平台和通道。达标内容包括笔试(以新课程理念、教育学常识、学科素养、教案设计为考试内容)、基本功考核(以普通话、现代教育技术、教学示范能力等为考核内容)、说课评比、教学公开课评比。活动层级分为校级达标、县(市、区)级达标、市级评优三个阶段。校级达标方能获得晋级资格,县(市、区)级达标才能参加市级评优,而省级优质课比赛的参赛选手必须通过市级评优活动产生。目前,课堂教学达标评优活动已成为我市提升教师专业素养的一项常规工作,教师设计教学、实施教学、评价教学等学科基本能力得到了整体提升。

5. 专业梯队建设

实施名师梯级培养工程,提升教师队伍素质。面向全体教师职业道德培训,提高教师职业道德水平;开展新任教师岗前培训,促使教师尽快适应教学工作;面向全体教师岗位培训,提高教师教育教学能力;开展学历提升培训,提高教师学历水平,改善教师学历结构;面向全体教师开展现代教育技术培训,开展"班班通"培训,提高教师利用现代化手段开展教学的能力。实施名师梯级培养工程(学校首席教师——市级骨干教师——市级学科带头人——郑州市名师——郑州市杰出教师——郑州市教育名家),发挥骨干引领作用,带动整体教师专业发展。

二、研究引领

在道德课堂建设中,重视通过教育教学改革问题的研究,厘清实施问题,探索改革模式,提升改革成效。

(一)强化标准引领

郑州市鼓励各学校花大气力解读国家课程标准,明晰课程的育人目标和方向,教学中对标课程标准设置教学目标,使教学指向性明确,育人方向不走偏。对课程标准的深度解读,使教师们真正明白国家培养人才的目标,避免单纯育分的错误走向,构建道德的课堂,真正做到"立德树人"。

理想的课堂学习必须是有目标的学习。我们把"细化解读课程标准、整合学材(教材)、科学设置课堂学习目标"作为教师实施新课程的第一要务。工作目标是:各学科教师针对本学科的特点,细化解读课程标准,把握学科思想,掌握学科知识体系,明确学科课程目标,形成各学年、各学期、各学时具体的学习目标。以目标为主导进行课堂教学,对照学习目标时时调整教学环节,确保学习目标有效达成。成立了课标解读领导小组和专家指导小组,制定了各学科教学指导意见,选择了重点推进县区、重点推进学校和重点推进学科,定期进行全市、县区、协作区、学校等不同层面、不同学科的研讨交流,分享成果,共同提高。

(二)优化校本教研

为实现专业引领,我们把"学科建设"作为校本教研工作的重点,把"加强学科建设、提高学科能力"作为校本教研的核心任务,提出了"五三二二"的基本要求,即抓五项建设(课程建设、教师建设、学科组建设、学科教学模式建设和学科特色建设),提高三种基本能力(设计教学的能力、实施教学的能力、评价教学的能力),关注两个问题(关注校长、提高校长的课程领导力,关注研究学生、提高学生的学科学习能力),做好两项基础工作(弄清楚学科建设的内涵,细化解读课程标准)。校本教研从关注理论建设、制度建设,走上了关注、聚焦课堂教学问题的解决的轨道。

（三）开展专题研究

通过设置研究专题，对道德课堂的理论与实践问题进行了专题研究。结合道德课堂实践主要开展了以下专题研究。

一是对道德课堂的策略和规律的研究。此项研究是在道德课堂理念的指引下，对课堂的基本要素如教学目标、教学内容、教学策略、教学关系、教学检测与教学反思等进行整体研究，在行动中探寻道德课堂的实践策略和规律，实现教育教学理念的根本转变。

二是对道德课堂实施模式的研究。各学校和各学科教师结合实际，积极探索道德课堂实施的途径和策略，呈现出丰富多彩的道德课堂模式和文化。在道德课堂实践中，通过课堂观察、教学回顾、访谈与调查等，总结和积累成功的教学案例，并通过对案例材料的分析和研究，促进成果物化和推广。

三是对道德课堂中师生关系的研究。在教学结构的诸要素中，师生关系是最重要、最灵动的一组关系。道德课堂强调教学是师生交流和沟通的过程，在和谐的师生关系下，师生思维碰撞、情感交融，使不同层次和个性的学生都能得到发展。因此，师生关系、生生关系是道德课堂研究的重要范畴。

四是对道德课堂教学评价体系和保障制度的研究。构建道德课堂离不开教学评价体系的改进和完善，在对传统课堂教学评价的扬弃中，研究和探寻符合道德课堂要求的评价标准和办法，通过评价促进教师全面地诊断教学过程，调节矫正教学行为，实现道德课堂的目标。构建道德课堂也离不开制度的保障，所以研究和建立道德课堂的保障机制，改进现行的学校管理制度和教学管理制度，才能保障道德课堂建设的顺利实施。

五是相关理论与实践研究。建设道德课堂必须以扎实的理论为基础，构建有特色的课堂文化也必须提升到理论层面。我们鼓励一线教师从事与道德课堂相关的理论和实践问题研究，如开展"回归学科教学本质"的研究。知识是人类的德性和智慧生成的，知识的内涵包括"信息、理解、技能、价值观、态度"，一门学科就是一种世界观，知识承载着育人功能，学科教学是立德树人的主渠道。加强回归学科教学本质的研究，是学科教学的应有之义，有助于引导教师思考"去功利化"教学，推进"有灵魂的教学"（即基于学科思想和学科方法的教学），从"双基教学"走向"四基教学"，实现新课程、新课堂倡导的三维教学目标，涵养课堂学习生态，培育学生核心素养，让学生学科知识增长的过程同时成为学生人格健全与发展的过程，落实立德树人的根本任务。

三、课堂构建

道德课堂的根本在于实践，实践的基地在课堂。课堂理念与模式的建构实施，是道德课堂落实的基础，也是实现道德课堂目标的关键。

（一）关注课堂

郑州市课程改革最先从提升教师综合能力着手，通过区域推进，采取培训交流、名师梯级培养、课堂教学达标评优等系列措施，着力于培养一大批适应课程改革、能力突出、综合素质优良的教师队伍。通过不懈的努力，郑州市塑造了一大批素质较高的教师队伍，延续多年的经验将教师素质提升作为一项常态化工作开展。随之便是对课堂的高度关注，关注学生在课堂上的学习表现，道德课堂的落实情况。勤力将课堂新样态打造良好，符合道德课堂的要求。

课堂质量决定了教学质量，而听评课是课堂教学研究最常见的形式，虽然以多人参与的状态呈现，但传统的听评课缺乏民主交流、平等对话，不注重合作，不注重证据，仅是"听听说说"而已。为此，我们积极倡导以合作互惠、共同发展为指向的专业的听评课方式——课堂观察，引领教师组建课堂观察共同体，以专业的视角、专业的方法评价课堂教学的实施质量，关注学生的学习状态、学习过程和学习效果，为改进教学行为进行真正的合作，开展真实的研究。

（二）关注学生

如果说对课堂的关注是从整体发展的角度来统筹谋划的话，郑州市道德课堂已经逐渐从关注全体学生的健康成长、全部学生的育人视角，进一步发展到关注每一个学生个体、关注每一个学生的个体独特性，在全员育人的同时突出对具有某方面特长的学生的培养，使学生的培养呈现出多样化的趋势，努力让每一个学生的天赋得以绽放，实现人生的追梦价值。

如郑州九中的体育运动项目特色发展，2015年郑州九中建立河南省首个校园足球实验班，探索校园足球的发展路径，为体育特色发展开辟新路径。郑州市第九中学还开设有"海航班"，在课程建设上开发18类海航校本课程；在体能训练上，专门为海航班学生建立健康跟踪档案；在教室布置上突出海军氛围和军人精神。郑州市第十一中学创新发展，为学生搭建多维成长空间。通过建设机器人实验室、星空探索实验室、智能飞行器实验室、物联网生物园地等，深入推进创客教育，发挥学生自身优势、展示特长，实现自身特色发展；通过开设多样化的校本课程，形成可供学生自由选择的校本课程"超市"，凸显多样化发展；通过建立高中体育选项教学模式，让学生能根据自己的兴趣、爱好、身体条件选上体育课，达到因材施教、人人有发展的目标。郑州市第十四高级中学立足学校实际，以促进学生全面而有个性的发展目标，优化课程设置，开设了体育舞蹈、民族舞蹈、啦啦操、足球、乒乓球等特色品牌课程，努力打造中原地区"扬长教育"品牌，实现人才培养的多样化，促进学生基本素质、社会适应能力、心理健康同步发展。

四、评价育人

基于道德课堂的教育理论和实践，从传统基础教育评价的状况来看，我们必须彻底走出"育人即育分"的误区，积极确立和践行"评价即育人"的教育观念。

（一）确立践行"评价即育人"教育理念

课程、教学、评价是学校育人的核心要素，也是学校内涵发展、品质提升、本质彰显的关键环节。评价体现育人导向，落实育人功能，在推进道德课堂建设过程中，为促进育人模式的转变，我们必须站在立德树人的高度对教育质量综合评价改革进行规划、设计和实践。

1. 审视反思传统基础教育评价状况

随着教育规模的快速扩展,面对学生个体成长和社会快速发展的需求,提高教育质量成为学校教育的核心。"如何评价学校教育质量"引起了人们的高度关注。为了更好地认清这个问题,需要全面分析传统基础教育评价的基本状况。

教育质量的优劣反映了学校办学水平的高低。在基础教育领域,传统的基础教育质量评价多以一种源于外部的学校评价方式为主。学生的学业表现通常成为社会各界关注的焦点。因此,人们往往会将教育质量简单地等同于学生的学业成就。从初中、高中和高等院校招生的角度来看,人们又常常用升学率的高低来评判学校教育质量的优劣。这种单一的学业成就型基础教育质量评价,导致了中小学校打着"提升教育质量"的幌子来做"育分"的教育的现状。

教育既是关乎未来的事业,又是一项道德事业,须"合乎道、至于德"。为了推动基础教育的健康发展,我们必须对传统基础教育质量评价形成正确的认识。我们谈"评价"问题的时候,首先要厘清质量观的问题。从学校教育的现实状况来看,考试是教育评价的主要存在形式。仅就学校平时的考试而言,考试是教学评价的一种方式,也是学校教育教学的重要环节,同样也承担着育人的基本功能。但现实并非如此,考试的功能已经被窄化,甚至被彻底异化为管控教师与学生的工具。过去一个时期,教育质量的评价显然偏离了它应有的方向和轨道。一方面我们倡导素质教育并主张学生德智体美劳全面发展,另一方面评价学生时往往只片面地以"分"论成败。这是违背教育目的和教育规律、违背人的成长规律、违背评价规律的评价。在很长一段时期,它误导了学生、家长乃至社会的价值取向,致使评价应有的育人功能完全缺位,我们称之为"道德缺失的评价"。这种评价方式不利于学生综合素质的培养,不利于学生未来的成长,亟待改革。

2. 明确遵循道德课堂理念下的教育评价价值取向

"教育"一词内涵丰富,学界定义繁多。其中,在《说文解字》中,"教育"一词便有着非常精辟的解释,即"教,上所施下所效也;育,养子使作善也"。基于此,我们从道德课堂的研究视角来看,"教育"必定包含教人做人、使人为善、使人向上的意图和努力,而"使人为善、使人向上"既是教育的道德目的,也是判断一种活动或影响是否属于教育的道德标准。评价是学校为实现教育目的、达成培养目标而设计的重要的关键性的教育活动,也是学校向学生施加的重要的关键性的教育影响,当然应该满足教育的道德标准。

在郑州市基础教育课程改革实践中,道德课堂作为实践新课程理念的有效载体,其基本内涵就是"学道以行德,以道而成德"在课堂教学中的实践和体现。本着学校教育要满足学生明确或潜在需要的目的,道德课堂建设一直致力于提升教师和学生的生命质量、生命境界,道德课堂倡导的教育质量观应涵盖学生的做人质量、学业质量、身体质量和生活质量等多个方面。

教育实践表明,教育质量的提高离不开科学的教育评价。在道德课堂理念下,我们主张教育评价应该遵循评价标准与培养目标一致的评价原则,用多元、综合的评价促进学生德智体美劳的全面发展。这种遵循教育规律、服从教育目的的评价，才是"有道德的评价"，才能促进学生正确的世界观、人生观和价值观的形成，才能给社会以正确的教育价值导向，真正发挥评价的育人功能。

学校教育以育人为本。学校育人其实就是文化育人。学校的物质文化建设、制度文化建设、精神文化建设都应该体现学校的价值追求。目前，教育评价相关研究不断深入，发挥评价的育人功能，促进学生主动发展，已成为新课程改革的重要理念之一。让教育评价回归正途，充分发挥其育人功能，将是道德课堂建设实施"有道德的评价"的重要目标和追求。

3. 道德课堂评价既要关注学业成就又要关注精神成长

面对传统基础教育评价的不足，我们在道德课堂建设过程中要始终坚持推进基础教育质量综合评价改革。

一是树立正确的学生学业成就评价观。目前，学生的学业成就中的主要问题不是该不该测评的问题，而是如何基于课程标准，以促进学生能力发展为导向来建立学生学业成就评价体系，并在此基础上开展对德育、体育等领域的评价。这几年，我们一直把对学业成就的评价改革视为教育质量综合评价改革的突破口。当前，最重要的是如何有效地使用"绿色评价"与"增值评价"项目实验报告来诊断和改进教学，既关注学生学业成就，也关注学生学业成就背后的相关因素，诸如学生的学校归属感、师生关系、教师的教学方式、学生获得学业成就所付出的成本等。

二是从对单一的知识获取方式的关注，延伸到对学生精神成长的关注。在实施教育评价的过程中，我们也务必要搞清楚"育人"到底要"育什么"和"怎么育"的问题。学科教育的终极目的是让学生获得知识背后的"知识"，也就是要让学生掌握学科思想和学科方法。这既是由学科教育的本质所决定的，也是落实三维教学目标、发展学生核心素养的必然要求。通过课堂教学让学生在获得知识和提升能力的过程中，同时获得"向善向上"的情感体验和心灵感悟，从而促进学生思维的发展、思维品质的提升和精神的成长。这既是课堂教学的"道"和"规律"，也是课堂教学的大"德"，更是郑州市一直致力于推进道德课堂建设的价值追求。

因此，在对教学质量的评价中，我们不但要关注学生获得知识的方式，更要关注其在获得知识的同时，是否获得学科思想方法，是否实现精神成长。我们倡导在"道德的环境"中进行"有道德的教学"，让课堂生活成为学生高尚的道德生活和丰富的人生体验，让教学的过程和结果都合乎道德的要求，让学生学科知识增长的过程同时成为学生人格健全和发展的过程。正所谓道德课堂要达到的三大目标"低碳有效、促进学生的思维发展、促进学生的精神成长"和道德课堂的实践标准"有形、有灵魂、有习得（生长）"的精神实质。

（二）建立和完善学校教育质量综合评价体系

中国学生发展核心素养体系的建立，配置以《关于推进中小学教育质量综合评价改革的意见》要求，中招、高招考试录取模式（评价标准），以及综合素质评价的改革等，从"育人"目标的明确,到中招、高招新的"选人"标准的确立,可以说以"人的发展"为核心、从"育分"走向"育人"的基础教育新的发展模式的整体架构已经形成,从市、县区到各中小学校都必须建立起与之相适应的评价体系。

郑州市评价改革的总体思路是:逐步建立政府层面(市、县区)的基础教育质量综合评价体系和以校为本的教育质量综合评价体系。目前,郑州市基本上架构起了政府层面(市、县区)的评价体系框架。我们的目标是:通过对小学五年级"绿色评价"、小升初"综合素质评价"、初中八年级"绿色评价"、高中招生考试评价、高中"增值评价"、全省学业水平考试评价和全国高校招生考试评价等七组学业质量评价数据的跟踪分析,建构一个针对郑州学生的涵盖小学、初中、高中三个阶段的学业质量标准(模型),以更为有效地优化教育过程,提升育人质量。依据总体架构,建立以校为本的教育质量综合评价体系的架构。以校为本的教育质量综合评价体系的架构应该是:

一是"教师评价"。学校要建立促进教师发展的评价体系,评价体系必须有利于促进教师课程观、学习观、学生观、评价观的转变,有利于激发教师的主动性、积极性和创造性。

二是"班级评价"。学校要建立促进班级建设、学习小组建设的评价体系,评价体系必须有利于促进班级文化建设和班级精神打造,有利于促进班级的共同发展与全面发展。

三是"学业评价"。学校能够有效利用"区域教育质量健康体检(绿色评价)报告"和"高中增值评价报告"改进教学,通过对影响学业质量相关因素的分析、干预,改进管理和教学,提升学生学业质量,促进学生的全面发展。

四是"综合评价"。学校以校为本的"教育质量综合评价体系",要符合教育部《关于推进中小学教育质量综合评价改革的意见》要求,出台可操作性强的《学生综合素质评价方案》,将学生综合素质评价工作向常态化、科学化、智能化、可视化方向推进。

五是"学生创新成果评价"。学校《学生创客成果评价方案》,必须体现"去精英化"评价指向,体现"面向全体、注重过程、注重分享"的评价理念,从科学、技术、工程、艺术、数学等多维度进行评价。

以校为本的教育质量综合评价体系和机制的建立与有效运行,是评价改革的关键环节。其中"学业评价"与"综合评价"是重心所在。学校对教师评价的改革和"促进教师发展的评价体系"的建立,是促进"以校为本的教育质量综合评价体系和机制的建立与有效运行"的核心动力。各中小学校应该把对教师的评价改革置于这场改革的核心地位。

(三) 全面落实评价过程育人的功能

评价是北斗系统。评价引领发展,评价促进发展,评价实现发展。评价既是一种价值追求,又是一种文化建设。评价既是一个育人的环节,又是一个育人的过程。评价的改革,要有效地解决"我们似乎总是离评价的现场很近,有时看似就在评价的现场,但却离评价的本质很远"的问题,就必须解决好"评价标准育人、评价过程育人、评价结果育人"这一关键问题。

1. 落实评价标准育人

首先,要厘清评价标准,回答"培养什么样的人"这一本源问题。在"立德树人"根本任务的指引下,学生发展核心素养是育人目标的集中体现,是检验和评价教育质量的重要依据。建立基于核心素养的学生发展质量标准,明确学生完成不同学段、不同年级、不同学科的学习内容后应该达到的表现程度要求,把学习的内容要求和质量要求结合起来,才能有力推动核心素养的落实。就学校而言,要结合学段、校情,以核心素养研究成果为依据,重新梳理学校的教育哲学和培养目标,并以此指导学校的课程建构、教学实践和评价设计。只有这样,立德树人根本任务才可能在学校落地,我们的教育才可能让学生"拥有未来"。

其次,要厘清核心素养与课程标准、三维目标、综合素质评价的关系。学生发展核心素养是以学生发展为核心的完整育人目标体系,需要通过"课程设计、教学实践、教育评价"等三个方面进行落实。课程标准所明确的是学生完成不同学段、不同年级、不同学科的学习内容后应该达到的表现程度,属于课程设计方面需要落实的。核心素养与三维目标之间,所体现的是育人目标与学习方式的深度融合,核心素养并非要替代三维目标;要形成核心素养,就要落实三维目标,属于教学实践方面需要落实的。核心素养与综合素质评价之间,所体现的是育人目标与评价体系的价值统一,核心素养是对学生综合素质具体的、系统化的描述,综合素质评价结果要反映学生核心素养发展的状况和水平,属于教育评价方面需要落实的。

最后,要开发设计"可靠有效"的测量工具。评价,可以说是教育改革中专业化程度要求最高、改革进程最容易变形、改革成效体现最为缓慢的一个领域,但无论从学生发展,还是从民族未来的角度看,评价都到了不实现突破不行的时候。评价工具的可靠性、有效性,在整个评价中具有至关重要的作用。无论是课堂上的随堂练习、课后作业、单元测试,还是期末考试等,都是评价的一种方式,同样需要内容的选择、标准的制定、工具的开发设计,同样需要解决这一至关重要的问题。这就是郑州市致力于推进了10多年的"细化解读课程标准"工作和以落实"教—学—评"一致性为核心的课堂教学改革要解决的问题之一。要较好地解决评价工具的"可靠有效"问题,就必须坚持内容、标准与目标的一致性原则。10多年来的课改实践和评价项目实验,全国那么多的专家手把手地教我们,尽管有的人学艺不精,但是有的教研员和教师还是有一定积累的。郑州市的各级教学研究部门、教育科研部门,正在扎实推进与第三方专业机构的合作,期望能够尽快在一定程度上解决专业人员"专业不专"问题,锻造一支有较高水平的专业化人才队伍,以引领各学段在解决评价工具"可靠有效"问题方面取得突破性进展。

2. 落实评价过程育人

无论是学校的平时考试,还是升学考试,都是评价的一种方式,都是学校教育的重要内容,同样承担着育人的基本功能,考试的过程就是育人的过程。学校通过考试这种评价方式,既用以发现教与学方面的成绩和不足,同时也是对学生的诚信、遵守规则等品德的检验。教育学生诚信做人,正确面对考试、面对成败得失,培养学生良好的心理素质,是考试的育人本质要求。

但是，一些学校考试的这种激励导向功能逐渐丧失，只剩下了筛选的功能，异化成了统治教师和刺激学生的工具，教师和学生都成了考试与分数的奴隶和机器。这种现象掩盖了教育本质的规律性东西，忽视了教育过程中教师和学生劳动的个性特点，掩盖了学生的个性差异和教育活动的复杂性，忽略了教育的差异性和不平衡性，是对教育的简单粗暴的践踏和蹂躏。

考场上，监考老师像看守所里的警察面对犯人一样，近乎苛刻地要求学生，唯恐学生有一丝一毫的所谓的"不轨行为"。这种对学生的极度不信任，忽略了学生自我管理能力的培养，是对学生自我约束和自我控制能力的极度不尊重。而学生为了应付老师，想出了各种各样的主意，和老师玩"猫抓老鼠"的游戏，使得我们平时对学生的思想品德教育的功效丧失殆尽。如果再有一些师德不够高尚的教师，不择手段地教学生作弊，那就更偏离了我们教育的目的，违背了教育的道德标准。学校考试，除了让学生获得优良的学业成绩，还应当让学生获得学业成绩背后、考试这种方式背后的什么东西？这才是我们亟待解决的问题。

学校里的所有时空都是育人时空，没有"道德飞地"，考试的时空，更不可能例外。考试的过程，是学生展示学习成果的过程，是教师验证教学成果的过程，也是教师分享成果、享受幸福的过程。如何转变考试观念，营造适宜学生展示学习成果的考试生态，让考试过程成为学生人格健全与发展的过程，是我们的功课、我们的修行。我们应该警醒！

3. 落实评价结果育人

教育是点燃，不是抹杀。学校生活中评价无处不在。简单化、单一化、功利化地使用纸笔形式的学业成就评价结果倾向的不断加剧，导致了评价育人功能的逐渐丧失，致使教育在被异化的道路上越走越远。课堂上对学生回答问题或者提出问题的评价，对随堂练习结果的评价，对课后作业的评价，对平时考试结果的讲评，在家长会上对学业表现和班级发展情况的评价，对学生升学成绩的评价，凡此等等，点燃还是抹杀？怎样把"揭短"的试卷讲评变为"扬长"与激励，怎样让每一次考试结果的评价都成为孩子的一个新的起点，是我们的功课、我们的修行。一句激励的话，一个激励的眼神、表情、手势，改变孩子的一生，此类范例比比皆是。要把使用评价结果的过程变为分享的过程、激励的过程、点燃的过程。创造与分享，是创客教育的两大核心理念；分享育人，是我们必须确立的评价理念。

世界上的大多数人都是具有独立个性的人，也都是靠自己的长处得以享受生活。大多数情况下，一个人的成就来自自己所喜欢、感兴趣的领域。从本质上讲，教育就是个性化的教育、扬长的教育。生活不止眼前的苟且，还有诗和远方……长安何处在，只在马蹄下。我们要凭借着评价的魅力，在奔向未来的道路上，逢山开路，遇水搭桥，让我们的孩子在打好共同基础、全面发展的前提下，实现个性化发展、扬长发展，从而拥有属于自己的未来。

（四）道德课堂三级累进评价体系

评价与课程、课堂一起被称为教育内涵发展、品质提升、本质展现的三大建设。郑州市评价改革的总体架构，通过开展道德课堂教学诊断交流活动、道德课堂评价标准大讨论活动，探索建立了郑州市道德课堂三级累进评价体系。

1. 评价标准

"学得有效、学得愉快、学得幸福"是"道德课堂三级累进评价标准"。

2. 评价方式

道德课堂注重采取多元化评价方式，全方位评估学校教育教学的实施成效。道德课堂的主要评价方式包括以下几种。

（1）课堂观察

课堂质量决定了教学质量，而听评课是课堂教学研究最常见的形式，虽然以多人参与的状态呈现，但传统的听评课缺乏民主交流、平等对话，不注重合作，不注重证据，仅是"听听说说"而已。我们积极倡导以合作互惠、共同发展为指向的专业的听评课方式——课堂观察，引领教师组建课堂观察共同体，以专业的视角、专业的方法评价课堂教学的实施质量，关注学生的学习状态、学习过程和学习效果，为改进教学行为进行真正的合作，开展真实的研究。

（2）教学视导

每年的三月和九月，分别组织一次全市性教学工作视导，对学校教学系统的运行状况进行全面评估，教学管理是否到位、教学规范是否落实、教师发展是否有规划、校本教研是否有主题等，都是视导的内容。学期初的视导，旨在帮助学校查摆、解决影响教学系统运行的问题，确保教学工作步入正轨。

（3）质量分析报告

一般的质量分析，往往按照常规数据统计，以平均分、分数段等指标对各班各学科进行分析评价，这样的质量分析不能把教学中存在的问题具体分析出来，其评价指向更侧重于问责。而教学质量分析的目的在于客观地评估教与学的现状，肯定成绩和有效的做法；找出问题，并弄清问题产生的原因，制订出科学可行的改进措施。为此，我们建立了质量分析报告制度：对于每次全校性考试，教务处必须向校长提供一份质量分析报告；市、县、区教研室每学期必须要向教育局局长提供一份质量分析报告。从郑州市到县区、到乡镇、到学校、到年级、到学科，从高中到初中、到小学都建立了教学质量分析报告制度，并在实践中不断完善，从而对教学工作实行有效监控，充分发挥教育评价所具有的诊断、反馈和促进发展的功能，为行政决策和学校改进提供了依据，最终以问题解决的方式不断提升教育教学质量。

3. 评价措施

鼓励学校和教师根据校情、师情、学情，依据道德课堂"三问"、实践标准"三有"、评课"三看"，制定不同学校、不同学科、不同课型的评价标准和评价细则。

（1）"三问"

在课堂上，每一次启迪生命的道德之旅，都要回答好三个问题：一是你要把学生带到哪里？即确定什么样的学习目标，学什么，学到什么程度；二是你怎样把学生带到那里？即采用什么样的学习策略,怎样优化学习过程;三是你如何确信已经把学生带到了那里？即怎样进行学习效果的评价。

理想的课堂学习是一种有目标的学习。先有了"目的地",才选择去的方式,才有可能产生路程。学习目标是对学习者通过教学以后将达到何种状态的一种具体的明确的表述。预期要达到的学习目标是否明确、可操作、可评价,直接影响着学习的效果,课堂学习目标是课堂学习活动的出发点和归宿。知识内容决定着学习方式,不同的学习内容需要采取不同的学习方式方法。学习策略是学生在学习过程中,为达到一定的学习目标,有意识地调控学习环节的操作过程,是认知策略在学生活动中的体现形式,它在一定程度上表现为学习方法和技巧。教师要在一定的学习条件下寻求合理的学习方案,以使自身和学生花最少的时间与精力获得最好的教学效果,使学生获得最好的发展。学习策略的选择、学习过程的优化,要有利于激发学生的兴趣,有利于基础知识和基本技能的落实,有利于智力开发和能力培养,有利于思维发展和精神成长。没有评价的课堂教学,是不完整的课堂教学。不重视课堂学习效果评价、不懂评价、不会评价,就只是做了教学的一半。"教—学—评"一致性,是教学设计的奥秘所在。"课堂评价"在本质上,是为了课堂教学活动的检点与修正,就其性质与功能而言,是一种不同于"选拔性评价"的"教育性评价"。评价的发展,在经历了"教与学的结果评价"阶段和"为了教与学的评价"阶段之后,已经进入了"作为教与学的评价"阶段。此阶段,作为教与学的一部分评价,不可或缺。要开发、设计"可靠有效"的测量工具,评价工具的可靠性、有效性、科学性在整个评价中,具有至关重要的作用。开展课堂评价,应着眼于人格的整体性、教学内容的层级性以及教学过程的连贯性,关注"我们正在做得如何",而不是"我们已经做得如何",打破那种机械固化的高利害的终结性评价垄断课堂教学的局面。应该先是在"评价即教学"的层面上进行实践,把课堂评价镶嵌在教学环节之中,运用课堂评价促进调节课堂教学;继而在实践中发现"评价即学习"的本质,利用师生共定评价规则开展探究性学习,将基于标准的教学,提升到素质教育的高度。

(2)"三有"

即有形、有灵魂、有习得(生长)。所谓"有形",即有结构,要以结构体现认知过程的科学性。所谓"有灵魂",即要凸显课堂教学对于"人"的意义与价值。所谓"有习得(生长)",即学生学有所得,要突出学生知识技能的获得、能力的提升与精神的成长。

(3)"三看"

"三看"即看学习状态、看学习过程、看学习成果。

学习状态是指学生在学习时的心理、情感、态度、思维等活跃、积极、接纳、参与状态的综合。学习过程是指学生在学习情境中通过与教师、同学以及教学信息的相互作用获得知识、技能和态度的过程。对课堂学习效果(成果)的评价,主要是对学生知识与技能方面的评价、过程与方法方面的评价、情感态度与价值观的评价。

在课堂教学中,让学生主动全员参与、全程参与整个教学过程,从"要我学"走向"我要学",这是每一位教师孜孜以求的方向和目标。学生的学习状态包括:参与状态、交往状态、思维状态、情绪状态、生成状态。五方面的状态较为全面地反映了课堂学习目标的落实情况,其中生成状态反映知识与技能的掌握情况;参与状态和交往状态主要反映学习过程中学生学习方式的转变,集中体现了过程与方法中的学习目标;思维状态重点反映学生非认知领域目标的发展情况;情绪状态和生成状态中的一部分评价指标主要反映情感和态度目标的落实情况。从学生"学"的角度来分析,情绪状态和交往状态显示学生学得是否轻松;思维状态和生成状态显示学生有没有学会;参与状态主要显示学生是怎样学的。这样,既重视学生学习的结果,又重视学生学习的过程,还重视学生的情感、态度在学习过程中的生成状况,能客观、公正地反映学生的学习效果。

学生的课堂学习状态,既是教师教的效果体现,也是教师的教能够发挥作用的基础条件之一,是一个复杂的综合体。大致上可以包括学生精神集中于学习的程度、与教师活动的协调程度和自主学习的思悟程度等三方面。这就要求从学生的参与状态来观察课堂上学生能否积极主动地探索和思考,从学生的交往状态来观察课堂氛围是否民主、平等、和谐并能使学生的身心处于一种愉悦、放松的状态,从学生的思维状态来观察学生能否对教师提出的问题进行积极独立的思考、对已解决的问题是否敢于提出自己的见解、所提出的解决方案是否具有独创性,从学生的情绪状态来观察学生对课堂的注意力,从学生问题的生成状态来观察学生是否高效率地完成了学习任务。关注学生学习的状态,调节学生的学习状态,调适课堂氛围;关注学生学习的过程,适切学习方式,优化学习过程,优化学习(结果)成果,引导学生有效地总结自己的学习过程,让学生正确的学习结果和科学的学习过程得到和谐统一。

第三部分

道德课堂的推进策略

道德课堂坚持以"有道德的课堂文化"构建对抗课堂异化现象，强调以"课堂三问"为基点自觉开展课改实践行动。道德课堂建设的成败根本地取决于作为课程改革的主体——教师——在多大程度上实现了"有道德的课堂文化"的自觉。教师的"文化自觉"意味着教师关于课程改革的认识、信念、立场、思维方式、态度、能力和行为、方法的改变，这种"文化自觉"同样适用于课程改革中教育政策的制定者和决策者，且必须以保障"文化自觉"的支持性环境建设和落实教师实施课程改革能力的促进性环节为基础。

第五章　发挥道德课堂实践的主体性

道德课堂的实践策略在一定意义上可以转化为课堂文化自觉的策略,一方面是主体性策略,体现为对"问题一:你要把学生带到哪里?"涉及目标和方向的文化自觉的观照,侧重解决课程改革承担者适应新课程的认识、信念、意识及行为准则问题;另一方面是实践中的策略,体现为对"问题二:你怎样把学生带到那里?"和"问题三:你如何确信已经把学生带到了那里?"涉及过程与结果的理性行为的观照,侧重解决课程实施者参与新课改的内部动力和行动支持问题。突出主体性是道德课堂的基本行动原则,具体表现为突出教育行政部门、学校、教师的主体性。

一、教育决策者的主体性

这里的教育决策者主体性是指区(县)域教育行政部门作为课程改革决策主体在政策制定、行政力量发挥中所表现出的道德自觉和专业自觉。在我国国情下,自上至下的行政推动是促进课程改革中教育活动承担者文化自觉的可靠的、有效的外部力量,是课改总体方向不动摇的重要保障,行政力量能否合理、持续地发挥作用是课改能否取得成功的关键。

教育决策者主体性策略主要体现在四个方面。

(一) 制定教育改革政策须以人发展的多样性和理论基础的多元性为基础

人的兴趣与能力的多样性和发展的差异性、不确定性是毋庸置疑的,而建基于某一种人性观和发展观的课程理论必然不能够成为绝对可靠的教育改革基础,坚持单一的、割裂的、对立的课改逻辑与思维当然是不符合事物发展规律的,例如简单化地要求用一种理论、一种模式来推动整个区域或学校的课堂教学改革,过分夸大学生的主体作用,全盘否定传统课堂教学等,都是不可取的。必须坚持以整体性的、系统性的、均衡性的、辩证性的思维来实施课改才是合"道德"的理性行为。在道德课堂建设过程中,发挥行政力量推动课改始终坚持以"既要……,又要……"的言说方式,既肯定传统课堂教学的优势,也承认新课程实施的现实困境;既注重知识的系统性学习,也更强调知识与情感、价值的内在联系;既强调学生个体地位与个性差异,也重视社会需要与统一规范。

在课改初期,明确提出了课堂教学改革的"四个坚持",即坚持以基础知识和基本技能为基础,在此基础上追求三维教学目标的落实。坚持教材是基本的资源,既要重视利用教材文本,又要超越教材;既要联系生活实际,又要注重抽象升华,灵活运用、扩展、开发、构建多种教学资源。坚持教师主导下的"学生"主体性,既要尊重学生的独特见解(体验),又要尊重教材的本意;既强调学生的自主性,又不可忽视教师的引导性(价值引领);既要尊重和赏识学生,又要对学生进行正面教育。坚持以启发探究式讲授为主,追求教学方法的多样化。"四个坚持"有助于正确把握课堂教学改革的正确方向。

(二)行政推动须表现出前后贯通的一致性和持续性

二十年来,郑州课改始终把课堂教学改革作为课改的核心和突破口,并把正确把握课堂教学改革的方向作为主线,先后印发了《郑州市基础教育教学质量监控与评价方案(试行)》《关于加强校本教研工作的意见》《关于加强中小学学科建设工作的意见》《关于全面推进细化解读课程标准工作的指导意见》《关于进一步推进基础教育课程改革的意见》,并制定了《郑州市构建道德课堂的实践研究课题实施方案》。从确定校本教研的基本框架,到提出学科建设和细化解读课程标准的基本要求,从把校本教研作为实施新课程的基本保证,到把学科建设作为校本教研工作的重点、把"细化解读课程标准,整合教材(学材),科学设置学习目标"作为学科建设的第一要务,凸显了行政推动的贯通性和一致性。通过一以贯之的制度建设和专业引领,不断深化教师对课改理论和基本理念的准确认识与把握,强化合道德的教学规范,提升教师的理论自觉和专业自觉。

(三)行政力量发挥必须有所为,有所不为

道德课堂建设坚持"只给理念,不给模式"的实践思路,不对微观的"课堂教学"进行直接干预,不主张确立道德课堂的固定模式,只设立了基本的课堂教学"通用原则"和"基本方法",充分赋予学校和教师课改的自主权,激发了具体课改主体的创生热情。道德课堂倡导各学校基于校情和学情探索具有校本特色的教学模式,在不同学校、不同学科、不同教师、不同学习内容、不同教学情境下都可以呈现出不同的课堂形态。郑州市第一〇二高级中学的"网络环境下的自主课堂"、第一中学的"主体课堂"、第七十四中学的"理解课堂"、第五十二中学和郑州师范学院附属小学的"生命课堂"、荥阳三中的"全参与课堂"、第一〇七高级中学和中原区的"生本课堂"、金水区纬三路小学的"情智课堂"、惠济区的"和谐课堂"等都是道德课堂有效的呈现形态。

(四)行政作用的发挥与调整必须以科学的评估为依据

"合道德"的教育决策,不仅要以多元化的理论为基础,还要以科学的监测评估为依据。道德课堂建设始终把质量监控作为推进课改的关键环节,强调在区(县)域、学校和课堂层面构建立体化的监测评估体系,为开展高质量的实践行动提供真实有效的反馈信息,确保课改行动的结果与目的的一致性。二十多年来,质量监控从开展课堂观察到建立教学视导制度、质量分析报告制度,从只关注单一的成绩分析,提升到了对学生获得知识的方法与过程、学习状态和师生精神共同成长的真切关照,逐渐成为引领教师走向专业自觉、解决课改一致性问题的持续性行动。同时,郑州自2010年开始以行政推动的方式在全市相继开展"高中增值评价"项目和

"中小学生学业质量绿色评价指标体系"项目实验,标志着郑州教育向"合乎道德的结果"迈进了重要一步。项目的开展为区(县)域教育行政部门、学校和教师提供了自觉检视与反思和持续优化教育教学的工具,创造着实现教育公平和个性化、人性化教育的可能性,也奠定了郑州课改走向卓越的坚实基础。

二、校长的主体性

作为学校的灵魂人物,校长"对于全校师生的需求、学校的特色能够进行整体的把握,可以更好地了解教育的趋势,掌握各种信息和资源,更有条件引入教育变革的新思路和新做法,引导和激励广大教职工形成共识,通力合作,努力提高学校教育的质量,逐步建立学校的教育哲学传统和办学特色"。"校长的主要作用在于实现教育思想的领导,从而实现学校集体在教育理念上的统一,使学校具有独特而又鲜明的教育哲学。"校长的教育哲学和行为气质体现为校长文化,校长文化的自觉是指校长对其教育理想和价值追求理性把握并自觉落实到学校文化建设中的文化信念与行为准则。

因此,在学校层面推进道德课堂建设,重在促进校长文化自觉。道德课堂明确提出要建设"校长文化",要求校长要正确把握课改方向,理性确立学校的教育哲学和价值追求,自觉提升道德品质和精神境界,强化课改的专业影响力,重点关注教师文化构建和教师生命质量提升,积极营造教师发展支持性环境和民主开放的组织机构与管理氛围,在学校变革与发展的三大支柱——课程、课堂、评价的建设行动中发挥独一无二的作用。

三、教师的主体性

课程改革的本质是一种文化重建,我国当前基础教育课程改革在文化上的内在要求是形成一种"合作探究文化",而教师才是这种文化建设的实际承担者。因此,要有效推进道德课堂建设,构建德性化、人性化、生命化的课堂,形成"尊重、关爱、民主、和谐、利于人之德性生长"的课堂文化,教师就必须成为课堂文化建设的真正主体,并实现"为道德而教、道德地教和合乎规律地教"。这需要教师在育人意识和精神气质、新课程理念和教育教学规律、课程实施能力以及角色定位方面做好充分准备。

第一,教师必须理性坚持以人为本的理念,自觉提升育人意识。新课程改革坚持以人为本的指导思想,以发展人的主体性为宗旨,将实现学生充分的、有个性化的发展放到了突出的地位,尊重每个学生做人的尊严和价值,关注每个学生的个性差异,鼓励学生多样化、个性化的学习。道德课堂是以人为本的课堂,教师的课堂教学首先要以"育人"为本,而不是以"育分"为本,要以传递"思想情感"为本,而不是以灌输"确定性知识"为本;道德课堂是"尊道"的课堂,"道"即规律,在课堂教学中就表现为教学的教育性规律、教育教学规律、不同学生的身心发展规律、认知与学习规律、人的不同特质。教师采用统一的标准和单一的模式实施教学,是背

"道"而行,是不"道德"的。教师应使用多样化的方法和多元化的标准,关注和研究不同特点的学生,因材施教;道德课堂是"贵德"的课堂。课堂是学习文化科学知识的主阵地,但首先是培育人的高尚道德和健全人格的主阵地;教师是学生获取知识、认识世界、解决困惑的引导者,但首先是学生道德生命的引导者。教师需要提升个体道德能力和道德教育能力,成为与学生平等的道德主体,积极关注和引导学生在教学活动中的各种道德表现与道德发展,自觉成为学生德性成长的引领者,从而使教学过程成为学生高尚的道德生活和丰富的人生体验,使学生学科知识增长的过程同时也成为人格健全与发展的过程。最后,以人为本不是放纵人的本性,让学生为所欲为。学生的一切学习行为和课堂生活必须以教师合规律性的设计和引导为前提,特别是学生价值观念的形成问题,教师决不能以尊重学生、发展学生的个性为由而丧失对学生积极正面的价值教育。

第二,教师必须坚守"传道、授业、解惑"的职业使命,自觉提升"学为人师"的道德修养与精神境界。"古之学者必有师。师者,所以传道受业解惑也。"唐代思想家韩愈对教师职业的诠释,很好地呈现了教师的身份形象和存在价值。传道,即传"为人之道";授业,即授"成才之业";解惑,即解"未知疑难之惑",这是古往今来亘古不变的真理。教师选择了"教书"一职,就是选择了一种生活、一种追求和一种信仰。每一位教师都应具备高度的身份认同和把教学作为一种德性实践的价值认同,必须具有"教书育人""立德树人"的使命担当精神,要把教学当作一种新奇的生命之旅和丰富的人生体验的一部分,看作是教师和学生共同建构的一种有意义的生活,从而坚定理想信念,做到不忘初心,不断丰富自己的学识,提升内在修养。同时,教师还应该成为师德的楷模和学生阅读的道德书籍。"学为人师,行为世范。""教师在课堂教学中是否民主,是否科学,乃至他的每一句话,每一个教态,对待每一个学生的态度,对待学术的态度,对待自己错误的态度等等,都体现着他的道德和人格修养,都在潜移默化地影响着学生。"所以,在推进道德课堂建设背景下,教师应树立明确的、高尚的道德目标,激励自己,修养自己,感染学生,激励学生,努力使自己符合"人师""世范"的形象气质。

第三,教师要尽快完成由传统"旧教师"向"新教师"的蜕变,有效践行"师道"与"师德"。一些教师的职业倦怠、职业疲惫甚至职业痛苦,主要来自教师的"心理贫困"和"不会教"。"心理贫困"主要来自过去"强势、惰性、竞争"的"传统的"教师文化,"不会教"主要来自"不专业"。道德课堂要求教师必须摒弃过去"传统的"教师文化,建立"民主、积极、合作"的新型的教师文化,必须清除传统教学中控制者、主导者、传递者的角色认知,形成组织者、引导者、参与者、服务者、促进者的角色定位,充分相信学生、依靠学生和发展学生,这样才能有效形成平等、合作、和谐的师生关系。民主化教学是道德课堂教学最好的落脚点,唯有民主,才有生动活泼,才有个性解放;唯有民主化教学,才能唤醒"沉睡的巨人大脑",发挥人的最大潜能,才能建构师生和谐的学习共同体,达到共享知识、共享智慧、共享人生的价值和意义。唯有真心诚意地服务学生,真正地相信学生、发挥"学生"的主体性,教师才能获得真正的心灵感悟、自在澄明和境界提升。

第四，教师必须深刻而正确地把握新课程理念，并具有有效地实施教学的能力。"关注学生发展、强调教师成长、重视以学定教"是新课程改革的三大基本理念，也是进行"道德地教"的重要行动依据。为开展"有道德的教学"，道德课堂提出了教师必备的八项教学基本素养。一是回答好三个问题（你要把学生带到哪里？你怎样把学生带到那里？你如何确信已经把学生带到了那里？）。二是具备三种基本的教学能力：设计教学的能力（编写学习指导书、编制导学案、编制学习卷）、实施教学的能力（构建课堂生态）、评价教学的能力（达标测评、跟踪发展）。三是把握三个前提（把握学科思想、掌握学科知识体系、明确学科课程目标）。四是做到三个读懂（读懂课标与学材、读懂学生、读懂课堂）。五是完成六个转变（教师变学长、讲堂变学堂、教室变学室、教材变学材、教案变学案、教学目标变学习目标）。六是明确课堂方向（有效落实三维教学目标，避免教学目标虚化；有效把握和利用课程资源，避免教学内容泛化；既要充分发挥学生的主体性，又要把握教师的引导性，避免教师使命缺失；既要追求教学方式的多样化，又要力求避免教学过程的形式化）。七是细化解读课程标准，整合学材，科学设置学习目标。八是营造道德课堂生态，重建课堂文化。同时，道德课堂还要求教师要遵循十项行动策略：一是"唯学"，让教学"回家"，变"先教后学"为"先学后教""少教多学"；二是编制导学案（学习卷、学习指导书、学案、调节教学案），为学生提供学习的线路图和导航仪；三是实施小组合作学习，打造小组学习的"动车组"（同质异组、异质同组、组内结对）；四是实施"独学、对学、群学"三种基本学习方式；五是抓好"课前、课中、课后"课堂三段，建构"大课堂"；六是建构具体的学习流程，"先学、展示、反馈"；七是重视"先学"；八是突出"展示"；九是强调"反馈"；十是制定课堂评价标准，即评课三看，看状态、看过程、看成果。

第五，主动构建道德课堂生态。重构课堂文化，实现从"应试型教学"向"素养型教学"转变。教育本身就是一种文化的传承，推进课程就是为了更好地实现文化的传承。任何一位教师在课堂上都在"营造"着一种课堂文化氛围和课堂生态，学生都在进行着某种"文化适应"和自然成长。课堂中面临的问题实质上就是文化（生态）问题；可以说，道德课堂生态是现代学校文化的最高境界。构建道德课堂生态，必须进行课堂教学模式的改革和创新：开展教师、学生、文本三者之间互动的教学活动，实现从"单向型教学"向"多向型教学"转变；倡导以问题为纽带、进行启发探究式教学，实现从"记忆型教学"向"思维型教学"转变；通过倡导合作学习，在教师之间、师生之间、生生之间形成和谐的人际关系，实现从"应试型教学"向"素养型教学"转变。

第六章　道德课堂的实践推进策略

"课程改革的关键不在于是否实施了改革,而在于是否取得了实质性的效果。但更多的课程改革运动及其倡导者、发起者、实施者,似乎只关心'是否改'的问题,而不关心'是否变'的问题,致使课程改革常常处于未曾'发生'的状态,尤其是教师变化的缺乏造成课程改革的'无效'状况。"①而摆脱课改"未曾发生"状态的教师变化最核心的是教师改革主体地位与自主权的获得以及课程改革素质的提升。原因是课程改革中教师主体地位的缺失、职业权利与职业能力的缺乏往往造成课改常停留于外在化、表面化、形式化。因此,重视转变教师改革权利和能力"虚弱"的支持性环境建设和促进性环节落实,有效激发教师实施课改的愿望、热情和信心成为赢取改革成功的关键。

一、区域推进策略

道德课堂实践的区域推进主要包括平台建设与评价驱动两个方面。

(一)平台建设:形成"人人参与,整体推进"的课改氛围

"一个成功的变革既发端于个人,也落脚在个人身上。一个组织只有在其中的每一个成员都发生变化时,它才会发生整体的变革,换言之,一个组织的变革依赖个体成员的变化。"②改革最忌讳的是把改革的任务或权利仅仅赋予组织中的少数人或个别部门,或干脆将改革的决定权、解释权和指挥权完全交给外来的专家或领导,但在不幸结果的认定和责任的划分方面却对组织内部的所有人进行严苛的指责,这样的策略往往导致课改主体的"虚化"、边缘化和自主权的丧失,造成改革的真正主体产生情感排斥和行为抵制。郑州课改启动至今一直坚持"充分赋权"的课改信条,强调"只给理念,不给模式",充分尊重学校和教师的课改主体地位和权利,注重形成"人人参与,整体推进"的课改氛围,并搭建了展示交流、专业成长、教研科研三大平台予以保障。

1. 展示交流平台

以"三会一诊"(课程与教学工作会、德育建设会、校本教研推进会,道德课堂诊断交流活动)为支撑。十多年来,郑州市一直坚持"一年召开一次全市课程与教学工作会、德育建设会、校本教研推进会;一年选定在一个县(区)召开;一次会议确定一个主题;针对一个主题进行研

---

① 郝德永.超越左与右:课程改革的第三条道路[M].北京:教育科学出版社,2013:133.
② [美]吉纳·E.霍尔,雪莱·M.霍德.实施变革:模式、原则与困境[M].吴晓玲,译.杭州:浙江教育出版社,2004:9.

讨交流,提出问题及解决办法,全市贯彻落实",形成了"一年一会、一会一地、一地一题、一题一解"的课改推进思路。道德课堂建设展示是一个实现"从上至下"平等对话、专业共生的交流机制,它要求每学期开展包括"区(县)业务局长、教研室主任,直属学校校长和副校长、教务主任、政教主任、教科室主任、学科教研组长和班主任等"教育活动主体在内的专题交流研讨,不断强化决策者和实施者的课改理念与意识。"展示交流平台"的创建营造了"上下一致,集体行动"的课改氛围,也有效发挥了改革典型的示范引领作用,消除了各方课改承担者单打独斗、盲目无助和妄自菲薄的现象,避免了各个学校在探索中的中低层次重复,提高了推进效率和品质。

2. 专业成长平台

以"多层次的前沿培训"、"课堂教学达标评优"活动和"名师梯级培养工程"为支撑。决定课程改革能否取得成功的关键因素在于是否拥有一支与改革的使命和精神相适应的教师队伍。[①]"没有这样一支教学水平高、业务能力强和具有远大抱负的专业队伍,任何改革都不会长久。"[②]教育改革、课程改革的素质与能力是教师应具备的重要素质之一。教师是否具备教育改革、课程改革的素质与能力,是决定教育改革、课程改革成败的关键因素。对此,卢乃桂教授等人曾指出:"教师决定学校教育改革的成败是不争的事实……离开教师的积极参与和专业素质的不断提高,任何教育改革都很难取得成功。可以说,教师既是被批评的对象,也是教育改革的希望。"[③]同样,教师是最重要的课程资源,是构建道德课堂的主力军。道德课堂建设始终以"教师的专业发展"为核心,并把教师新课程改革素质与能力的培养作为首要目标。"多层次的前沿培训"分为"请进来,走出去"的专题式培训、"引进来"的项目式培训和"区本化"的基地式培训,致力于提升校长和教师的课程与教学领导力、课程实施与评价能力;"课堂教学达标评优"活动是郑州市自2007年起开始实施的"以达标活动为抓手,以解读课程标准、分解课程目标、撰写课程纲要、实施基于标准的教学与评价为切入点,关注课堂、研究课堂,提高中青年教师专业素养和新课程实施能力,促进专业发展"的"质量工程",采取分层、分级的实施模式,要求"人人参与,人人达标",致力于解决"每个教师如何变革自己课堂的问题";"名师梯级培养工程"为全体教师搭建了由学校首席教师成长为教育名家(学校首席教师——市级骨干教师——市级学科带头人——郑州市名师——郑州市杰出教师——郑州市教育名家)的攀升机制,旨在为教师开启"人人平等,人人发展"的上升通道,通过实施区本化、市本化的教育培训,充分发挥骨干引领作用,提升教师的职业素养和对新课程的适应性。

3. 教研科研平台

以校本教研制度建设和课题研究行动为支撑。教研、科研是教师职业生活最基本的存在方式,是教师生命活动的重要构成内容,因为一切教育教学活动的本质只是一种反思性行动。

[①] 郝德永.超越左与右:课程改革的第三条道路[M].北京:教育科学出版社,2013:139.
[②] 吕达,周满生.当代外国教育改革著名文献(美国卷·第一册)[M].北京:人民教育出版社,2004:252.
[③] 郝德永.超越左与右:课程改革的第三条道路[M].北京:教育科学出版社,2013:139.

否定教科研价值与作用的教育者是不合格的,在新课程倡导教师是课程改革主体的背景下更是如此,课改中出现的道德缺失的现象无不与教师的反思性意识和行为有关。开展基于教学实际问题的研究,实现科学理论与实践的相互转化,是教师成为改革主体和获得职业权利的重要方式,也是实现"有道德的教育"的重要保障;教师支持性环境建设和促进性环节的落实离不开以校为本的教研与科研。十多年来,郑州课改始终坚持以"校本教研"制度建设为引领,通过课题研究整体带动的策略实现改革的整体推进,确立了"校本教研"基本框架、"学科建设"基本要求,形成了"校校有课题,人人有课题;人人参与研究,人人参与实践"的研究文化氛围。"校本教研"要消除"负担论、神秘论、无谓论、对立论"四种错误认识,要以催生新型学校文化为最高境界和终极目标,以"学科建设"为工作重点,把"细化解读课程标准,整合教材(学材),科学设置学习目标"作为学科建设的第一要务,为建设学校学习型文化和实现专业引领指明方向;课改实施以来,郑州市教研室、教科所先后在全市开展了"基于标准的教学研究与实践""'教—学—评'一致性研究""以课堂观察为手段的专业化观评课范式研究""'运动处方'体育教学模式研究""中小学学业评价分析报告系统的开发与应用研究",以及"十二五"国家级科研课题"郑州市道德课堂建设的理念与实践研究"等具有区域性特色的重大课题,从上到下,每一个区县,每一所学校,每一个教师都能够在这些课题研究行动中找到自身的存在,形成了"上下联通,左右联动"的研究格局,实现了"人人研究道德课堂,人人践行道德课堂"的良好氛围,生成了一系列有形和无形成果。

(二)评价驱动:树立"基于数据,关注生命"的行动逻辑

评价的本质是一种价值判断,体现行动主体的价值追求。作为一种合主体目标、愿望和内在需求的反思性、批判性、改进性实践,评价本身即具有主体唤醒、行为检视、道德关怀的价值与作用。营造教师支持性环境和落实促进性环节决不能离开正向评价文化的建设。郑州自课改实施以来始终把质量监控作为推进改革的重要环节,从课堂观察到教学视导,从实施基于标准的教学到校本化的教育质量综合评价体系建设,从教学质量分析到"绿色体检""增值评价"项目,从关注单一的成绩分析,到对学生获得知识的方法与过程、学习状态和师生精神成长的关注,逐步构建起遵循教育规律、服从教育目的的"有道德的评价"系统。这个系统深刻影响着教师合"道德"的精神生活建构与教学行为选择,也成为推进道德课堂建设的重要利器。

1. 树立正确的教育质量观和学业评价观

学业质量是教育质量的重要标志,但不是唯一的标志,要摆脱"分数控制论"质量观,树立"全面发展论"质量观。在此基础上,要摆脱学业成就该不该测评这一"假命题"的纠缠,建立学生能力发展导向的学业成就评价体系和包括学生品德发展与身心发展等多个维度在内的"以校为本、基于过程、重在改进"的综合评价体系。

2. 引领教师组建课堂观察共同体

积极倡导以合作互惠、共同发展为指向的专业的听评课方式——课堂观察,引领教师组建

课堂观察共同体,以专业的视角、专业的方法评价课堂教学的实施质量,关注学生的学习状态、学习过程和学习效果,为改进教学行为进行真正的合作,开展真实的研究。

3. 建立教学质量分析报告制度

建立从学科到学校、从教务到教研、从乡镇到区(市)涉及全层级、全领域、全部门的教学质量分析报告制度,克服"平均分主义"的传统教学分析与评价心理,建立"基于标准达成度"的双向分析与评价思维,即开展教师分析、学生分析,知识块、能力层和学情的综合分析,学习环节和非智力因素的分析。实现教学质量分析"三个转变":即从重"数据"向重"成因"转变,从重"教师"向重"学生"转变,从重"学业质量"向重"全面质量"转变,充分发挥教学评价诊断、反馈和改进教学的功能与作用。

4. 建立教育质量监测与评估报告制度

首先,开展"区域教育质量健康体检与改进提升"项目实验研究,建立义务教育学业质量评价的基本框架、技术基础、监测工具,构建义务教育学生学业质量综合评价体系(健康指标),依据学生学业水平指数、学生学习动力指数、学生学业负担指数、师生关系指数、教师教学方式指数、校长课程领导力指数、学生社会经济背景对学业成绩的影响指数、学生品德行为指数、身心健康指数和跨年度进步指数 10 个标准对教育质量进行全面评估。该体系既关注学生学业成就,也关注学生学业成绩背后的相关因素,诸如学生的学校归属感、师生关系、教师的教学方式、学生获得学业成绩所付出的成本等。其次,开展高中"增值评价"项目,该体系关注学生的进步程度和学校的努力程度,尊重差异,注重起点,关注过程,强调发展。通过对学生学业水平影响因素(包括家庭、学习适应性、学习方法、学习风格、学习动机等情况)的分析,多维度把握学生个体的学业成长状况和实现学校效能的公平比较。最后,形成区(县)、学校教育质量综合评价报告,建立评估报告反馈和交流制度,强化评价育人意识,指导教育主管部门、学校和教师正确运用评估结果,为教育科学决策、学校内涵发展、教师专业提升与教学改进提供"数据"支撑。

5. 进行教学视导

每年的三月和九月,分别组织一次全市性教学工作视导,对学校教学系统的运行状况进行全面评估,教学管理是否到位、教学规范是否落实、教师发展是否有规划、校本教研是否有主题等,都是视导的内容。学期初的视导,旨在帮助学校查摆、解决影响教学系统运行的问题,确保教学工作步入正轨。

通过建构区域推进的有效模式,实现以道德课堂文化内核引导教师明确价值取向,增强改革的主动性;通过具体项目的实施,引导道德课堂各层面的实践走向深入;紧扣学校教育的核心要素,以调研视导、问卷访谈、学业测评、课题研究为手段,对发现的问题、经验及积累的数据进行深入分析,强化问题解决指向,不断完善符合道德课堂价值取向的实践策略,做到文化引领探索,理论指导实践,评价校准方向,专业保证实效,从而使认识、目标、行为、结果实现有机统一。

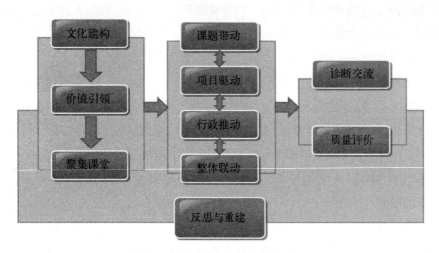

图 6-1 道德课堂区域推进机制示意图

二、学校推进策略

道德课堂在学校层面的推进主要涉及学科建设、评价建设、文化建设三个方面。有研究认为,职业能力的缺乏造成教师客观上不适应改革,致使课程改革形式上变化较多、实质性进步很小。[①] 所谓职业能力,是作为一名教师应具备的对课程、教材、课堂、教学方法等方面的思想认识与价值认同、内容选择与有效实施、生成改进与变革创新的能力,可以概括为课程改革能力、课程驾驭能力,亦即学科能力。学科能力体现着教师的育人能力,决定着教师参与课改的深度、自觉程度和主体权利的发挥程度,是教师课改适应性的重要影响因素,更是实施"有道德的教学"的基础和前提。因此,提升学科能力应当成为学校落实教师促进性环节的核心,新课程背景下学校提升教师学科能力的根本途径在于推进以学科建设为重点的校本教研;同时,学校是教师课程改革主体性和自主权发挥的主要场域,如何通过学校内部的改革促使教师主动谋求学科能力的提升,激发和维持实施课改的热情与持续性,则是教师支持性环境建设所要思考的重要问题,最根本的解决方案是构建契合学校实际的、校本化的综合评价体系和民主、合作、支持、分享的学校环境,提升学校文化的适应性。

(一) 以学科建设为重点推进校本教研,提升教师学科能力

加强学科建设,绝不仅仅是研究怎样把教材教好。它需要透彻理解学科的价值、目标、体系,构建学科知识基础,开发学科相关课程资源,开展相关的教学活动,建立对这门学科"教与学"的全面的评价体系,最后落实在学生对这门学科的学习产生广泛的兴趣,并取得良好的效果,为后续的学习和发展奠定良好的学科基础。在重点突破阶段(2007—2009 年),郑州课改把

---

① 郝德永.超越左与右:课程改革的第三条道路[M].北京:教育科学出版社,2013:138.

"学科建设"作为校本教研工作的重点,提出了"五三二二"的学科建设基本要求,即抓五项建设(课程建设、教师建设、学科组建设、学科教学模式建设和学科特色建设),提高三种基本能力(设计教学的能力、实施教学的能力、评价教学的能力),关注两个问题(关注校长、提高校长的课程领导力,关注研究学生、提高学生的学科学习能力),做好两项基础工作(弄清楚学科建设的内涵,细化解读课程标准),把"细化解读课程标准,整合教材(学材),科学设置学习目标"作为学科建设的第一要务;把课堂教学模式的改革与创新作为重要突破口。

提升学科能力,主要从以下三个方面入手。

1. 细化解读课程标准

《可见的学习——最大程度地促进学习》总结了六个通往卓越教育的路标,其中之一就是"教师和学生需要知道他们课上的学习目的和成功标准,知道学生对这些标准实现得如何了,以及知道下一步去哪里。下一步的行动应当依据学生的已有知识和理解与成功标准的差距而定。成功标准涉及'你要到哪里?''如何到那里?''下一步去哪里?'"[1]同时它也指出,"了解并与学生分享学习目的和成功标准是增强教师对学生的作用的强有力方式"。[2] 无疑,教师要使自己的教学走向卓越,就必须在上课之前弄清楚"课堂教学的目标是什么"和"目标达成的标准是什么",这就需要教师对课程标准有较高程度的认识和解读。对于学生来讲,"一旦学生清楚了学习目的和成功标准,他们就更有可能朝着掌握成功标准的方向不断前进,更有可能了解他们在通往成功学习轨迹上的确切位置,更有可能学会自我监控和自我学习的方法。"[3]这样的教师的"教"才能够形成学生"学"的良好生态。除了掌握和科学设置教学与学习目标,细化解读课程标准的另一个优点在于,它也是教师整合课程或学材的前提,有助于实现对国家课程的二次开发,并帮助教师恰切地选择学科相关的课程资源。

可以说,细化解读课程标准是教师设计教学、实施教学、评价教学的基础和依据,是教师备课的核心环节,更是教师学科能力的最基本展现。

2. 强化技能,全面提升实施能力

实施教学的过程即是落实教学目标的过程,这需要找到落实教学目标的具体方法和有效途径。对此,道德课堂认为"每一位学科教师必须回答好三个问题:一是你要把学生带到哪里(学习目标)? 二是你怎样把学生带到那里(过程与方法)? 三是如何确信你已经把学生带到了那里(学习结果评估)?"细化解读课程标准,整合教材(学材),科学设置学习目标,要

---

[1] [新西兰]约翰·哈蒂.可见的学习——最大程度地促进学习(教师版)[M].金莺莲,洪超,裴新宁,译.北京:教育科学出版社,2015:21.
[2] [新西兰]约翰·哈蒂.可见的学习——最大程度地促进学习(教师版)[M].金莺莲,洪超,裴新宁,译.北京:教育科学出版社,2015:76.
[3] [新西兰]约翰·哈蒂.可见的学习——最大程度地促进学习(教师版)[M].金莺莲,洪超,裴新宁,译.北京:教育科学出版社,2015:76.

解决的就是"你要把学生带到哪里"的问题,接下来就需要解决"怎么带"的问题和"如何评估"的"评价"问题,这需要每一位教师都提高"设计教学的能力、实施教学的能力和评价教学的能力"。

提升实施教学能力的核心是课堂教学模式的改革与创新,这要求教师要转变教师角色,实现"先学后教"。课堂教学模式体现为一种上课的"流程"。"要有这样的'流程',就必须满足几个基本前提。首先就是要有好的备课……此外,还包括理想的学习环境、师生话语的比例、教师对学生的了解,以及教学方法的选择等。"① 营造平等公正的课堂氛围和建立师生间的信任关系,教师有意识地进行"对话"和"倾听",利用小组成员间的差异实施合作学习,实施有效提问以及根据学生学习能力和兴趣、风格差异选择合适的教学方法,清楚学科知识体系与掌握学科思想方法等,这些也是教师正式上课前必须掌握的技能。正式上课后,教师则更多处于一种学生学习的服务者、干预者或建议者、促进者的角色,其最重要的任务便是时刻关注学生的学习水平(思维、动机、状态所处的不同阶段和水平以及学习的不同进展)和基于学生学习的相关证据(理解什么、知道什么、感受什么、思考什么)对其进行有效的反馈或评价,提供恰如其分的学习策略,从而有效缩短学生"所在的此地"与"要去的彼地"之间的差距;同样,教师也需要从这类评价中获得关于自身教学的反馈,不断修正自己的教学。"对老师来讲,评价即反馈,评价提供即时的形成性反馈,或者说评价即教学。"② 因此,反馈可以说是教师实施教学的一项极其重要的技能,"反馈是成功教与学最常见的特征之一","它可以作为一种信号引起个人注意,帮助其聚焦之后的任务;它能够使注意力对准完成任务所需的过程;它能够提供有关被误解的观念的信息;它能够驱动学生,使其在完成任务的过程中更加努力或投入更多技能"。③ 结课后,教师需要及时了解达成学习目的的程度和与成功标准的匹配度,并确定"处在哪里"和"下一步要去哪里",这就需要通过形成性的或总结性的测验来实现。同理,测验设计或作业设计同样是教师必备的一项重要教学技能。

综上所述,全面提升教师实施教学的能力,必须加强教师教学相关技能的研究与实践,这应是校本教研的核心。

3. 加强监控评价,保障目标的达成

教育质量监控与评价不仅仅是教育行政部门、教研部门的任务,更应该成为学科教师的一项基本技能。要获得有质量的学业成就,实现培养目标,必须加强对教师的"教"和学

---

① [新西兰]约翰·哈蒂.可见的学习——最大程度地促进学习(教师版)[M].金莺莲,洪超,裴新宁,译.北京:教育科学出版社,2015:78.
② [新西兰]约翰·哈蒂.可见的学习——最大程度地促进学习(教师版)[M].金莺莲,洪超,裴新宁,译.北京:教育科学出版社,2015:131.
③ [新西兰]约翰·哈蒂.可见的学习——最大程度地促进学习(教师版)[M].金莺莲,洪超,裴新宁,译.北京:教育科学出版社,2015:130.

生的"学"的监控与评价。通过监控教师的"教",了解教师是否以正确合理的方式成功地将目标传递给了学生;通过监控学生的"学",掌握学生参与课堂的方式、状态、程度以及实现的进展与效果;通过质量分析与评价,教师可以获得及时的教育诊断,及时改进教学,实现专业成长。

(二) 构建以校为本、基于过程的教育质量综合评价体系

教育的改革与发展,在走过了仅仅依靠分数指标、物质计量、工具价值来判断教育效益的阶段之后,必须对学生全面发展、学校内涵建设、教育人本价值作深度审视和实践突破。内涵发展"深水区"的攻坚难题之一就是评价改革。郑州市评价改革的总体架构是:逐步建立政府层面(市、县、区)的基础教育质量综合评价体系与以校为本的教育质量综合评价和保障体系。道德课堂建设的根本推动力就是以面向学生全面发展和师生生命质量提升为核心的评价项目为主要内容的。

首先,开展"区域教育质量健康体检与改进提升"项目实验研究,建立义务教育学业质量评价的基本框架、技术基础、监测工具,构建郑州市义务教育学生学业质量综合评价体系(健康指标)。其次,横向延伸,在义务教育学业质量综合评价的基础上,增加对教师和对学校的评价,并结合高中"增值评价"项目的研究成果,推广普通高中,逐步形成基础教育质量综合评价体系。最后,纵向深入,构建以校为本、基于过程的教育质量综合评价体系。

评价改革是以校为本的。最重要的是解决"学业质量评价体系校本化"问题。将"学业质量评价体系校本化",制定合适的方案,需要三个方面的支撑:一是指标的选择。"健康指标"内容丰富,校本化实施中首先需要根据不同的办学水平、办学现状,不同的学情、师情,有针对性地选择研究指标。二是数据的获得。对于学生在学习过程中所表现出来的负担、压力、兴趣、态度、观念等状态,基于过程的真实性评价才是有效获得真实数据的途径之一。因此,学校应该开辟和利用有效途径获得学生的真实数据。三是结果的分析与运用。评价的主要功能,不是"证明""排队",而在于正确引导、合理分析、科学改进,让管理、教研、教学架构到科学的评价信息上来,解决学业成就背后的关键问题。以校为本、基于过程的综合评价体系能够关注教师和学生的努力程度与进步程度,为教师实施课程改革减轻心理负担和精神压力,并提供强有力的变革工具,是教师支持性环境建设的重要环节。

(三) 构建民主、合作、支持、分享的学校文化

课程改革首先要解决的是"教育者"的文化适应问题,基本策略是构建以参与为主的民主管理文化和建立以"学习完善教育、合作产生智慧、研究提升价值"为取向的校本教研文化。

1. 构建以参与为主的民主管理文化

"研究表明,来自学校内部的改革支持是影响教师适应性的一个重要因素。那些对新课程适应良好的教师普遍认为'学校对自己的发展很重视和支持,自己能感受到在学校发展中的作用和价值,民主的教研氛围和有效的校本教研活动给予自己的专业提升'。反之,那些对改革

适应不良的教师常常对学校的支持与帮助感觉较弱。"[①]课程改革的实质是文化变革,旨在形成民主、平等、合作、对话的教育文化生态。在"强势、惰性、竞争"的传统教育文化中成长起来的教育者,在心理和能力两方面都很难适应新型文化的要求,从而导致对新课程理念和方法的"适应不良"问题。

构建民主、合作、支持、分享的学校文化,旨在提升教师对课改的适应性。道德课堂的理想追求是实现文化重构,它要求教育活动的所有承担者都应站在文化变革的高度来审视一切教育活动,这是教师和学校领导者专业素养的根本体现。良好的学校管理文化是尊重教师、赋予教师充分自主权的文化,能够催生学校教育者自觉的改革行动。学校要形成以教师和学生参与为主的管理氛围,充分发挥师生的主体性以参与学校各项事务的建设与变革,让教师和学生真正成为学校的主人,而不只是学校的无关紧要的"雇佣者"和"观光客"。

2. 建立以"学习完善教育、合作产生智慧、研究提升价值"为取向的校本教研文化

校本教研是教师专业发展的根本途径,也是教师的基本生存方式,它以最富成效的方式关照着主体——教师的生命质量和价值尊严,学习、合作、研究应该成为教师的工作常态。学校推进校本教研必须以增进教师在活动中的存在感为前提,以构建教师"学习共同体"为核心,增强教师团队意识,让教师群体在尊重、平等、理解、信任、分享的环境中展开对话和建议,要力求避免形成专制、强势、紧张、歧视的氛围,真正发挥教师同伴的互助力量反馈、评价和改进教学,激发教师的生命活力。

在构建道德课堂的过程中,始终坚持"理念引领、自主探索、实践创生"的原则,激励学校的主动性和创造性,让道德课堂构建的过程成为价值认同的过程、方法生成的过程、问题解决的过程。

在道德课堂实践模型框架下,全市1 350所中小学进行了深入探索,许多区域、学校形成了道德课堂理念下的课堂形态,如基于学生主体的郑州市第一中学的"主体课堂",基于促进思维发展的郑州外国语学校的"思悟课堂",基于目标建构的郑州市第一〇二高级中学的"网络环境下的自主课堂",基于教师风格的二七区的"多彩课堂",基于品质品位提升的中原区的"品质课堂"。截至2019年,全市共评估认定了近200所学校的课堂形态为"道德课堂有效形态"。2022年又评估认定了236项"道德课堂有效形态教学成果",其中区域成果12项,学校成果49项,学科成果175项。课堂形态的构建过程使教学生态明显改善,学业质量显著提升。

三、课堂实践策略

实施基于标准的教学是道德课堂的具体落实保障。道德课堂倡导进行"有道德的教学",即指向道德、合乎规律、达成标准的教学。标准驱动是我国第八次基础教育课程改革的重要特

[①] 中国教育科学研究院课程教学研究中心.中国基础教育课程改革十年[M].武汉:湖北教育出版社,2013:104.

征。课程标准是教学的根本依据,规定了学科课程的育人目标、内容选择、实施方式和评价要求,基于课程标准理应成为国家课程落实的基本原则。因此,新课程理念下,"有道德的教学"必须是基于标准的教学,教师应当尽力发挥课程标准在教学过程中的统领性作用,而尽力避免出现教学与课程标准、评价与学习目标"两张皮"的现象。任何一位教师在开启道德课堂之旅前,都必须认真回答好"三个问题":一是你要把学生带到哪里?即确定什么样的学习目标,学什么,学到什么程度;二是你怎样把学生带到那里?即采用什么样的学习策略,怎样优化学习过程;三是你如何确信已经把学生带到了那里?即怎样进行学习效果的评价。基于这种信念,道德课堂为教师提出了开展"基于标准的教学"的有效步骤。

(一)设计明确的学习目标,实现有目标的学习

理想的课堂学习是一种有目标的学习。"有目标的学习分为两个部分:一个是弄清要从课堂中学到什么(学习目的);另一个是设法知道是否达成了所期望的学习(成功标准)。有目标的学习指的是教师了解他们要把课堂带向何处,保证学生知道他们身处什么位置。这些路径对学生一定要透明。对此,教师做到清晰化是至关重要的,这里清晰化既指教师所做要清晰,也指学生所见要清晰。教师需要了解如何保证整个班级都在达到学习目的的轨道上,如何评价他们在此过程中成功与否。透明的学习目的还可以提升师生之间的信任程度,这样双方都能更加投入于设定的挑战,更加融入实现目标的过程。这并不是意味着要知道学生是否或何时完成学习活动,而是意味着要知道学生是否获得了与课的目的有关的概念和理解。"①

因此,教师应做好三项工作:首先,分解课程标准,基于校情和学情将整个学段的目标分解为年级目标和学期目标,再将学期目标分解为单元目标、课时目标,使学段学习目标呈现层级性、连贯性、一致性,建构学科知能网络。其次,根据学科特点、学习规律及课程标准的要求,设定学习目标达成的评价标准,选择适当的教学内容与课程资源。最后,综合前两项工作的结果形成课程方案。在布鲁姆、加涅等的目标分类理论指导下,我们用"三分析原则",分析学情,找到起点;分析课标,明确终点;分析学材,明确重点。引导教师用"呈验性分解技术"规范叙写学习目标,即用外显的可观察的行为动词呈现认知心理动词,用具体可描述的知识名词呈现笼统的整体知识,用与行为动词相匹配的行为条件呈现教学策略,用先于教学活动设计的评价任务验收目标达成情况。

(二)建构教学框架,开展"教—学—评"一致性教学

课程标准具体化解决了学习进阶的问题,规划进阶路径的问题则成为新的工作重心。按建构主义的说法,规划进阶路径,就是为学生搭建学习的"脚手架",搭建的原则即"教—学—评"一致性。目标是什么,教学就应该选择相应的策略加以促进,课堂评价也应与之配套。如

---

① [新西兰]约翰·哈蒂.可见的学习——最大程度地促进学习(教师版)[M].金莺莲,洪超,裴新宁,译.北京:教育科学出版社,2015:53.

果教学不能与评价适配,教师的教学本领即便再高超也无法显示其业绩;如果评价与目标不相干,评估的结果也无法反映目标的要求,"教—学—评"一致性一直被认为是教学设计的关键所在。

为此,教师需要从以下三个方面着手。

首先,逆向设计教学。逆向设计教学,即从"想要的结果"这个教学终点开始,根据标准所要求的学习证据和用以协助学生学习的教学活动形成教学。教学设计始终围绕学习结果展开:学生"应知"与"应会"的是什么?怎么知道学生"已知"与"已会"?用什么策略能够促使学生"学会"与"掌握"?教学目的、手段指向表征问题、解决问题等高级能力的培养,把实现学生成长与进步的教学效益作为最高价值追求。

其次,注重课堂评价。日本教育实践家东井义雄说:"儿童是出错的天才。"在他看来,儿童是根据一套法则出错的,把这些错误类型化、本质化,让学生研究、发现、修正,是形成性评价的根本特征,也是素质教育的内涵所在。所谓形成性评价就是在学习过程中可带来反馈的评价,而反馈的目的在于使学生认识到错误是迈向成功的基础,进一步明了"所处的位置"与所要实现的标准之间的差距,并及时调整或改进相关策略与方法。形成性评价着眼于人格的整体性、教学内容的层级性及教学过程的连贯性,关注"我们正在做得如何",而不是"我们已经做得如何",打破了机械、固化、具有高利害风险的终结性评价垄断课堂教学的局面。"评价即教学",把课堂评价融入教学环节,有助于教师运用评价及时改进教学。

最后,突出作业建设。作业是对课堂教学内容的提升、综合,是知识的应用和迁移;作业更是对学习结果和教学有效性的一种检验手段。缺乏效度的作业设计往往造成学生学业负担过重的问题,这是教师不完全理解教学本质及学生学习的结果,也是教师不完全领会学科教学思想及教育哲学的结果。基于标准的"教—学—评"一致性教学,在提高教学有效性的同时,着重解决的就是作业质量问题。教师应在作业设置上强调目标一致性、学习针对性、内容层级性、能力迁移性和整体连贯性,以作业建设为突破口切实减轻学生的作业负担。

(三)开展课堂观察,向评价要证据

格雷厄姆·纳托尔(Graham Nuthall)倾尽了数十年心血在课堂中听课。他展现了学生的三个世界:教师看到并管理的公共世界、同伴关系持续发展的半私人世界和学生心灵的私人世界。纳托尔发现大约70%的学生互动都不为教师所见或知晓。[1] 这里我们肯定要停下来思考一下,那些对教师"认为"发生了的情境进行的反思是否有用,那些复习巩固教师所见的专业学习循环是否有价值。为什么只有30%的部分是得以看见的?我们要更加注意那些证明我们对学生的影响作用的证据,并依次调整我们的思维、教学、期望和行动。这些出自多个来源的证

---

[1] [新西兰]格雷厄姆·纳托尔.学习者的隐秘生活——让课堂学习看得见[M].宋其辉,译.上海:华东师范大学出版社,2024.

据要成为我们反思和进行专业性批判的源头。因此,教师要能够迅速做出教学调整和适应,就必须在生成意义、看清模式、参与决策和监控课堂等方面提高自己的能力。

可以从两个方面入手。一方面是形成"情境意识",要学会不去注意什么,从而发展观测审视能力,识别学习的机会和障碍的能力,分类和评价学生行为的能力,从教学决策相关而非课堂管理相关的角度诠释情境的能力。教师要注意倾听学生的问题,借助评价举措来获得各种有价值的信息等,从而获得关于"不容易发现的现象"的问题根源,提出可行性的解决方案。

另一方面是实施"课程策略逆推"。在教师教学、学生学习、课程性质、人文环境四个课堂教学维度中选出"课程性质"一维,采用由结果到过程的逆推方式进行课堂观察,即以"学生学得如何"为逻辑起点,反推学习活动安排、方法选择、资源配置、内容定位、评价设计、目标设置等各种课程因素的适配性、合理性、科学性,实证"教—学—评"一致性的内在法则。在教师亲睹、亲历、亲为的教学现场,采取"用事实说话"的研究方式,在"教什么""怎么教""教到什么程度"等教学事件背后,挖掘"为什么教"的教学理性与教学哲学,锤炼教师在复杂的教学情境中选择、判断、组织、实施课程的能力。

第四部分

道德课堂的教师行动策略

道德课堂,不仅仅是研究解决课堂教学中的育德问题,也不仅仅是研究解决课堂教学行为的有效问题,而且是研究解决课堂教学的德性问题、人性问题,研究解决课堂教学的目的、行为和结果的一致性问题,研究、解决、落实课堂育人、学科育人的问题。

第七章　道德课堂与教师素养能力

教师是道德课堂的实践者,道德课堂的成效最终是通过教师的课堂行动实践来体现的。教师的素养与能力是道德课堂实践落实的关键。

一、道德课堂对教师素养能力的要求

道德课堂要求教师以新课程的理念,从道德自觉的高度,重新审视自己的课堂,审视那些不道德的教育现象,努力加以改进和完善;使自己在道德的环境中进行有道德的教学,使课堂教学成为学生高尚的道德生活和丰富的人生体验,使课堂教学的过程和结果都符合道德要求,使学生学科知识增长的过程同时成为学生人格健全和发展的过程,让课堂生活充满生命的活力。让课堂学习既合乎道德的要求,体现道德的关怀,又孕育道德的心灵,洋溢道德的光辉。

道德课堂要求教师在教学过程中,秉承道德的准则,使用"合道德"的方式,在充满尊重、关爱、民主、和谐的环境中,在身心愉悦、人格健康、精神自由、生命自主的学习过程中,使学生体验到学习的愉快和幸福,获得学业进步和身心全面发展。课堂上,让学生在获得知识、技能的过程中,同时获得"向善向上"的情感体验和心灵感悟,促进学生的思维发展和精神成长,就是最大的课堂道德。这正是教师职业道德水准的具体体现。

道德课堂要求教师把课堂还给学生,还学生学习的主体地位,还学生学习的主权;通过实施分组合作学习,实施"独学、对学、群学"三种学习方式,抓好"课前、课中、课后"课堂三段,构建"先学、展示、反馈"的课堂流程,来实现课堂教学的重建,提升每一堂课的课堂质量。

道德课堂最终要实现质的飞跃:教师的教学变非理性为理性,变体力劳动为智力劳动、智慧劳动,教师的课堂变知识课堂为情感课堂,变"教本"为"学本";学生的学习变被动为主动,变苦学为乐学,变单纯依赖教师为自主、合作、探究;最终形成"师亦生,生亦师,师生相长""兵教兵,兵练兵,兵兵互动"的课堂生态,实现学生学习品质和精神品质的共同提升。

二、学科教师的八大教学素养

推进道德课堂建设,要求学科教师具备以下八大教学素养。

(一)具备博雅教育的思想,能够理解儿童,把握儿童成长规律

教师手中掌握的是世界上最宝贵的财富——人。教师如同雕刻家雕琢大理石那样在塑造人。每个学生都是一个独立的、有思想的个体,他们渴望得到尊重,有权利获得发展。只有相信学生的教师,才能成为真正的教育能手。《博雅教育》一书中,把"博雅教育"归纳为五个要素:一是博,即文理融合,学科交叉,在广博的基础上求深度;二是雅,即做人第一,修业第二;三是以学生为中心,坚持育人教书为本;四是鼓励学生质疑,培养学生的质疑精神;五是丰富第二课堂,实践研学,做到知行合一。作为教师应该具备健全的人格、健康的身体、广博的学识、卓异的能力、优良的习惯、优雅的气质、高雅的生活情趣、外表美和心灵美统一的追求,这样才能够潜心研究学生、理解学生、学习学生,把握学生成长规律,落实立德树人。

(二) 教师要做到三个"读懂"

即读懂学生、读懂课堂、读懂学科课程标准和学材(教材)。不懂得"课堂,究竟是谁的?",既是师道问题,又是师德问题。

学生是学习的主体,关注每一位学生的发展是新课程改革的核心理念。教师作为学生学习的促进者,其教学决策和课堂教学是根据自身对学生已有知识、思维水平等的了解,然后再实施于教学的。读懂学生的首要前提是尊重学生;在分析学生的思维过程中读懂学生,关注学生问题解决的认知层面;在课堂情境中读懂学生,检查学生的理解;在互动交流中读懂学生,倾听学生并有效提问。研究学生、了解学生、读懂学生,走进学生的心灵,教师的教学才能有的放矢,才能真正地实现"以学论教",扎实有效教学的基础。读懂学生,成为懂得学生学习需求的人,成为设计学生"学的专家",是教师成长的核心竞争力。

课堂是学生在校学习的主要场所,学生处于主体地位。课堂教学的改革,其核心是教师教的方式和学生学的方式的改革。课堂变,教育则变。在一定程度上说,课堂改革是教育改革成败的关键。课堂是一种生活,课堂学习方式就是生活方式、成长方式。课堂教学改革的最终目的,就是要营造学生愉快学习、幸福成长的课堂文化。课堂文化是现代学校文化的至高境界。读懂课堂,是教师获得职业幸福和幸福成长的标志。

学科课程标准,是国家制定的有关基础教育课程的基本规范和质量要求,是课程计划中每门学科以纲要的形式编定的、有关学科教学内容的指导性文件。它规定了学科的教学目的与任务,知识的范围、深度和结构,教学进度以及有关教学法的基本要求。教材(学材)是课堂学习知识的载体,是教师教学的基本材料和学生认识世界的媒体,也是师生双边活动的主要依据。教材(学材)作为课程的重要组成部分,是课程目标得以体现并最终实现的一种重要方式和途径。它不仅仅是一种信息资源,更是促进学生发展的工具和手段,是学生发展的"文化中介",是师生进行对话的"话题"。教材(学材)的基本属性和特征,决定着教师必须读懂教材(学材)。教师是课程的开发者、决策者和创造者,教师应抓住教材(学材)的本质,读懂教材(学材)的内容与结构,读懂教材(学材)蕴含的学习方式,读懂教材(学材)承载的思想方法,这样才能对教材(学材)进行适度开发,进而激发学生学习的兴趣和潜能。读懂教材(学材)是教师必备的基本功,是教师使用教材(学材)、有效教学的基础。

(三) 把握三个有效教学的前提

即把握学科思想、学科知识体系、学科课程目标。学科思想是灵魂,学科知识体系是结构,学科课程目标是准则。把握不好这三个前提,教学设计就无从谈起。

学科思想,是指能够反映学科知识本质、学科思维特点和学科学习规律,对分支学科发展和学生学科综合素养发展起着决定性作用的那些基本观念、思想和见解,是"知识"背后的"知识",是涵养学生价值观的重要营养要素。知识、思想和能力是学科教学的三大要素,学科思想则是学科教学的精髓和灵魂,它在很大程度上决定了学生知识储存和能力发挥的状况,同时在学生以后的学习、生活和工作中发挥着作用。学科知识体系,是学科知识构成的系统,是学科领域内各个知识单元之间通过相互联系、相互制约而构成的整体。学科课程目标,是指课程本身要实现的具体目标和意图。它规定了某一教育阶段的学生通过课程学习以后,在发展品德、智力、体质等方面期望实现的程度,是确定课程内容、教学目标和教学方法的基础。从某种意义上说,所有教育目的都要以课程为中介才能实现。事实上,课程本身就可以被理解为使学生达到教育目的的手段。所以说,课程目标是指导整个课程编制过程最为关键的准则。

(四) 具备三种基本教学能力、回答好三个问题

任何一位学科教师都必须具备三种基本的教学能力,即设计教学的能力、实施教学的能力、评价教学的能力。设计教学的能力是基础,实施教学的能力是关键,评价教学的能力是保障。不具备这三种基本教学能力的教师,一定不会是一位合格教师,也一定不会是一位好教师。回答好三个问题,即在设计教学时,首先能够回答好学什么、怎么学、怎么评价学习效果这三个根本问题。任何一位学科教师的任何一节课都必须回答好课堂学习目标问题(学什么、学到什么程度)、课堂学习策略和学习过程问题、学习效果的评价问题。回答好这三个问题的课堂,才会是一节好课、有效课。

(五) 完成六个转变

即教师变学长、讲堂变学堂、教室变学室、教材变学材、教案变学案、教学目标变学习目标。站在学生的立场上来思考和设计教学,既是新课程的要求,又是师道的要求。没有学生立场,就不会是真正的教育。学校教育是直面人的生命、通过人的生命、为了人的生命质量的提高而进行的社会活动,是以人为本的社会中最体现生命关怀的一种事业(叶澜语)。学生是学习的主人,教师要站在学生的立场上观照自己的教学,关注学生的学习体验,让有效的教与学真正发生,让学生的学习看得见,让学生的学习发生在学习的过程中,让课堂教学从体力劳动走向智力劳动、智慧劳动,涵养自己的学习生态场域,让学生在尊重、关爱、民主、和谐的环境中获得知识、提升能力、促进情感态度价值观的协调发展。坚守学生立场,是判断一节好课的重要标准,也是成就优秀教师的有效路径。

(六) 明确和把握课堂改革的方向

道德课堂实践要求避免目标虚化、内容泛化、教师使命缺失和教学方式形式化。课堂教

学,要有效地落实三维教学目标,避免教学目标的虚化;有效地把握和利用课程资源,避免教学内容的泛化;既要充分发挥学生的主体性,又要把握教师的引导性,避免教师使命的缺失;既要追求教学方式的多样化,又要力求避免教学过程的形式化。课堂教学,要坚持以基础知识和基本技能为基础,在此基础上追求三维目标的全面落实;坚持教材是基本资源,灵活运用、扩展、开发、构建多种教学资源;坚持真正"学生"的主体性,也就是教师主导下的主体性;坚持以启发探究式教学为主,追求教学方法多样化。

(七) 能够细化解读课程标准

教师要能够深刻理解课程标准精神,能够进行国家课程校本化、生本化的专业开发。细化解读课程标准,整合教材(学材),科学设置课堂学习目标,是教师专业成长的重要标志,是学科课程建设的首要内容,也是推进课程改革的当务之急。如果不进行学科课程建设,课程改革就是一句空话。细化解读课程标准,整合学材(教材),从基于学生学习的认知规律出发,科学设置符合"学情"的学习目标,是教师的基本功,是教师进行教学设计的前提条件。细化解读课程标准,整合教材(学材),科学设置课堂学习目标,实质上就是国家课程的校本化开发(二次开发)问题,也就是国家课程在本校的有效实施问题,更是学科教师的学科能力问题。不会对国家课程进行校本化开发(二次开发)的教师,就不会是合格的教师。

(八) 主动构建道德课堂生态,重构课堂文化

道德课堂要求教师主动构建道德课堂生态,重构课堂文化,实现从"应试型教学"向"素养型教学"转变。教育本身就是一种文化的传承,推进课程是为了更好地实现文化的传承。任何一位教师在课堂上都在"营造"着一种课堂文化氛围和课堂生态,学生都在进行着某种"文化适应"和自然成长。课堂中面临的问题实质上就是文化(生态)问题;可以说,道德课堂生态是现代学校文化的最高境界。

构建道德课堂生态,必须进行课堂教学模式的改革和创新:开展教师、学生、文本三者之间互动的教学活动,实现从"单向型教学"向"多向型教学"转变;倡导以问题为纽带、进行启发探究式教学,实现从"记忆型教学"向"思维型教学"转变;通过倡导合作学习,在教师之间、师生之间、生生之间形成和谐的人际关系,实现从"应试型教学"向"素养型教学"转变。

第八章　道德课堂的教师行动策略(一)

道德课堂实践的关键在教师,教师的行动决定着道德课堂的实际成效。我们在道德课堂的推进中,通过教师行动十大策略的落实,把道德课堂的实践落实到具体的教育教学工作中。

一、让教学"回家"

让教学"回家",即变"先教后学"为"先学后教""少教多学"。"先学"就是把学习的主动权还给学生,让学习成为学生自己的事情,也就是学习方式的重建。"后教"就是以学论教,即根据学生的学而教,是对学的再创造;在这个过程中,促进学生的"学"是教师的准确定位,教师必须超越学生的"先学"而使学生实现由"学会"到"会学"的"质"的飞跃。道德课堂变"先教后学"为"先学后教",其核心是学习观和学习方法的变革,实质是把学习的主动权还给学生,一切从学生的"学"出发,是学习方式的重建和课堂教学重建的支点。要达到的目的是"少教多学"。

(一) 确立以学定教的方式

所谓"以学定教"就是依据学生现有的情况来确定教学的起点、目标、方法和策略。这里的学情包括学生的知识、能力基础,学生的年段认知水准,学生课前的预习程度,学生对新知的情绪状态等学习主体的基本情况。你确定的起点就是学生的现有水平,你确定的目标要让学生跳一跳能够得到,你确定的方法和策略要符合学生的认知水平与学习基础。以学定教最大的优点是目中有人,以人为本。它要求我们至少要做好以下两点。

首先要有为学生服务的观念。教师所做的一切事情都是为学生的成长、成才、发展服务的,而不是完成教学任务就完事。教师只有树立了为学生服务的观念,才能发自内心地去了解学生到底需要什么,然后想尽一切办法去满足学生的需求。当有了为学生成长服务的观念之后,教师的眼睛就不再只是盯着学生的成绩,而是看到学生的成长和进步。这就是学生第一、学习第二的观念。

其次需要了解学情,学生现有的实际情况。哲学云,一切从实际出发。我们的教学工作自然也要从实际出发,这个实际就是学生现有的情况。维果茨基的最近发展区理论告诉我们,要知道学生现有的水平,然后制定学生可能达到的目标,现有水平和预期目标之间的区域,就是最近发展区。学情也是我们教学的起点,如果连学生的基本水平都不知道,盲目地进行教学,可能出现的情况有两种:一是学生学不会,一是学生已经会了不需要再学。这样我们的工作可能就是无效的。这里还有一个需要注意的事情,就是学生的先学,先学之后的水平是什么样子,需要有一个评估。其实,教师的工作本应该是评估学生的行为、现状、水平,然后对症下药,制定相应的教学策略。可实际上,我们差得很远。

(二) 厘清学会与会学的关系

学会与会学,二者之间是量变和质变的关系。从小到大,我们学会了很多东西,如果有人问,你会什么,你可能会滔滔不绝地讲个不停,每个人都是学会了很多。但是这些东西有多少是有用的,或者说,在时代发展变化之后,你已经学会的东西是否还有用武之地,是否还能站得住脚跟。这就不得不逼着我们去学习新的东西,这个"学习"怎么学,就要涉及"会学"的问题。

"授之以鱼,只供一饭之需;授之以渔,则终身受用无穷。"如果上帝一手拿着真理,一手拿着寻找真理的能力,任凭选择一个的话,我宁要寻找真理的能力,而不要真理。学会了什么只是暂时的,会学才是永恒的。一个人只有掌握了获取知识的知识和方法,才有可能获取无限的知识和技能。

"学会",我认为是重在掌握知识、积累知识,以提高解决当前问题的能力,是一种适应性学习;而"会学",重在掌握方法,主动探求知识,目的在于发现新知识、新信息以及提出新问题,是一种创新性学习。很显然,在当今这个时代,个人所拥有的知识是永远跟不上社会发展的节奏的,我们必须不断丰富自己。新技术革命中知识翻新的惊人速度要求人们必须学会怎样学习。唯有如此,才能不断学会新知,适应社会变革的需要;教育的现状也要求人们改变以传授知识为主的教育观念,改革一切不利于学会学习,不适应自身持续生存与发展需要的做法。自然而然地我们缺不了"会学",但换个角度,没有之前积累的那些知识,在我们完全看不懂、弄不明、听不了的情况下,我想,"会学"也只是枉然的。所以,应在"学会"的基础上去处理"会学"的问题。

"学会"是一个人生存所必须的要求。农民在种地的时候,何时播种、何时撒肥、何时除草等一系列的活动都是在前人的基础上学来的。技术工人、政府要员、街边小贩等所有的人都或多或少学会了一些生存的技巧。不同的是,有些是在不知不觉中的,而有些是刻意而为的。也许有很多人没有学习书本上的知识,但是依然活得好好的,或者还生活条件比较优越。那是因为他在另外的一个方面学会了更多的东西,这些不光是来自书本上的。

现在让我们来总结一下,有哪几类东西难于从书本中学到呢?首先是操作性强而学理性少的东西,如游泳、体操,与其靠书本不如靠示范,更要靠自己摸索实践。其次是不那么高雅不那么美妙的东西。再次是全新的东西,如中国特色社会主义制度下的市场经济、文艺新流派新手法的探索等,都是书本上所没有的。

我们还可以说,书本上有的就不再是创造,创造就必须在依靠书本的同时离开书本、突破书本,到实践里边去另辟蹊径。这就是"会学"。

"学会学习"可以分三个层次来定义。第一层次是狭义的学会学习,仅指学生掌握运用学习策略、学习方法和技巧,养成良好的学习习惯,提高学习效率的过程。第二层次是指学生在教师或他人的指导下,在开放的环境中,充分发挥主体作用,积极培养兴趣和学习意志力,自主、自觉地调控学习情绪和学习策略、学习方法及学习技术。让学习不再仅仅是储存知识、形成某种技能的过程,而更加重视身心发展与思维方法、学习策略和方法的探索,更加注重创造潜能的开发。第三层次是广义的,是学习主体冲破教育框架的束缚,在开放的环境中,积极、主动、自由地学习。学习者能自主选择学习内容,自主支配学习时间,自我评价学习效果,调控学习过程中的情绪、策略、方法和技能。

有人说,未来的文盲不再是不识字的人,而是没有学会学习的人。学会学习、终身学习的观念我国自古有之,如"授人以鱼"不如"授人以渔",送你金子不如教你"点金术","吾生也有涯,而知也无涯","活到老学到老,学到老学不了",等等。

未来的社会将是学习化的社会。要学会生存,就要学会学习。"学会学习"是从学习方法的意义上说的,即"善学"与"不善学"的问题。"不善学,虽勤而功半";"善学者,师逸而功倍"。善于学习与不善于学习、学习得法与学习不得法会导致两种不同的学习效果。由此可知,"会学"之于"学会"是至关重要的。那么如何架起这一座连接"学会"与"会学"的桥梁呢?

皮亚杰的研究说明:儿童的大脑不是"白板"一块,他们是有思维能力的人,经过培养,逐步发展,接近成人。而且,由于儿童对世界充满好奇心,凡事有疑必问,常常能提出种种天真却不失哲理的问题。所以,请保持你的天真和好奇。会学的人,肯定是善于思考的人。注重内在联系,世界是处于联系之中的,而影响事物变化发展的根本原因是内因,抓住本质,去伪存真。从学到的东西里筛选出真正的精华,加以提炼,得以升华。从学会到会学!

总的说来,"学会"是"会学"的前提和基础。"学会"是对知识掌握的量的积累。"会学"必须先经过"学会"的准备。"会学"是"学会"的发展和升华。"学会"的最终目的不仅仅是由少到多、由浅入深地掌握更多更深的知识,更重要的是促成"学会"的升华,达到"会学"这一目的。

(三)学习方式的变革

学生学习方式的转变迫在眉睫!它关系到我们的教育质量,关系到师生的校园生活质量。我们今天必须倡导的新的学习方式,是自主学习、合作学习、探究学习。这也是实施新课程最为核心和最为关键的环节。我们之所以特别强调倡导自主学习、合作学习和探究学习,其理由在于:教育必须着眼于学生潜能的唤醒、开掘与提升,促进学生的自主发展;必须着眼于学生的全面成长,促进学生认知、情感、态度与技能等方面的和谐发展;必须关注学生的生活世界和学生的独特需要,促进学生有特色地发展;必须关注学生终身学习的愿望和能力的形成,促进学生的可持续发展。在我的解释框架中,自主学习(意义学习)是相对于被动学习(机械学习、他主学习)而言的,是指教学条件下学生的高质量学习。合作学习是就教学条件下学习的组织形式而言的,相对的是"个体学习"与"竞争学习"。探究学习(发现学习)则是相对于接受学习而言的。

1. 自主学习

根据国内外学者的研究成果,概括地说,自主学习就是"自我导向、自我激励、自我监控"的学习。具体地说,它具有以下几个方面的特征:学习者参与确定对自己有意义的学习目标,自己制定学习进度,参与设计评价指标;学习者积极发展各种思考策略和学习策略,在解决问题中学习;学习者在学习过程中有情感投入,学习过程有内在动力的支持,能从学习中获得积极的情感体验;学习者在学习过程中对认知活动能够进行自我监控,并作出相应的调适。

这里所说的自主学习是指教学条件下学生的高品质学习。所有的能有效地促进学生发展的学习,都一定是自主学习。大量的观察和研究充分证明,只有在如下情况下,学生的学习才会是真正有效的学习:感觉到别人在关心他们;对他们正在学习的内容很好奇;积极地参与到学习过程中;在任务完成后得到适当的反馈;看到了成功的机会;对正在学习的东西感兴趣并觉得富有挑战性;感觉到他们正在做有意义的事情。要促进学生的自主发展,就必须最大可能地创设让学生参与到自主学习中来的情境与氛围。

2. 合作学习

合作学习是指学生在小组或团队中为了完成共同的任务,有明确的责任分工的互助性学习,它有以下几个方面的要素:积极承担在完成共同任务中个人的责任;积极的相互支持、配合,特别是面对面的促进性的互动;期望所有学生能进行有效的沟通,建立并维护小组成员之间的相互信任,有效地解决组内冲突;对于个人完成的任务进行小组加工;对共同活动的成效进行评估,寻求提高其有效性的途径。

合作动机和个人责任,是合作学习产生良好教学效果的关键。合作学习将个人之间的竞争转化为小组之间的竞争。学生如果长期处于个体的、竞争的学习状态之中,就很可能变得冷漠、自私、狭隘和孤僻,而合作学习既有助于培养学生合作的精神、团队的意识和集体的观念,又有助于培养学生的竞争意识与竞争能力;合作学习还有助于因材施教,可以弥补一个教师难以面向众多有差异的学生教学的不足,从而真正实现使每个学生都得到发展的目标。

在合作学习中由于有学习者的积极参与,高密度的交互作用和积极的自我概念,使教学过程远远不只是一个认知的过程,同时还是一个交往与审美的过程。研究表明,如果学校强调的是合作而非竞争,既不按智力水平分班又不采取体罚的措施,那么这种学校就不太会发生以大欺小、打架斗殴以及违法犯罪等事件,同时也不会因为强调竞争而降低学习成绩。事实证明,要提高一个孩子的学习成绩,更有效的办法是促进他的情感和社会意识方面的发育,而不是单纯集中力量猛抓他的学习。

合作学习可以帮助学生通过共同工作来实践其亲社会技能。在合作式的小组学习活动中可以培养学生的领导意识、社会技能和民主价值观。

3. 探究学习

所谓探究学习即从学科领域或现实社会生活中选择和确定研究主题,在教学中创设一种类似于学术(或科学)研究的情境,通过学生自主、独立地发现问题、实验、操作、调查、搜集与处理信息、表达与交流等探索活动,获得知识、技能,发展情感与态度,特别是发展探索精神和创新能力的学习方式和学习过程。

探究学习相对的是接受学习。接受学习将学习内容直接呈现给学习者,而探究学习中的学习内容是以问题的形式来呈现的。和接受学习相比,探究学习具有更强的问题性、实践性、参与性和开放性。经历探究过程以获得理智和情感体验、建构知识、掌握解决问题的方法,这是探究学习要达到的三个目标。"记录在纸上的思想就如同某人留在沙上的脚印,我们也许能看到他走过的路径,但若想知道他在路上看见了什么东西,就必须用我们自己的眼睛。"德国哲学家叔本华的这番话很好地道出了探究学习的重要价值。探究学习也有助于发展学生优秀的智慧品质,如:热爱和珍惜学习的机会,尊重事实,客观、审慎地对待批判性思维,理解、谦虚地接受自己的不足,关注好的事物,等等。

4. 新学习方式下的有效教学

所有能有效地促进学生发展的学习,都一定是自主学习。但并不是所有的学习领域和学习主题都需要用合作学习的组织形式,也不是所有的学习领域和学习主题都需要用探究学习的方式来进行,其实接受学习对一些学习内容来说也是必要的。过去,由于种种原因,特别是教学大纲规定了过多的知识点,教师只能用简单的"授—受"的方式来进行教学。今天,从教学大纲到课程标准的重要变化之一就是减少了知识点,给教师的教和学生的学留出了更多的空间,我们有必要也有可能更多地强调合作学习与探究学习的方式。而真正的合作学习和探究学习一定是自主学习。只有自主学习才能帮助学生确立自主的尊严和获得可持续发展的动力。

基于自主学习的观念,有效教学应具有如下几个方面的特征:让学生明确通过努力要达到的目标,并且明白目标的达成对于个人成长的意义;设计具有挑战性的教学任务,促使学生在更复杂的水平上理解;通过联系学生的生活实际和经验背景,帮助学生达到更复杂水平的理解;适时与挑战性的目标进行对照,对学生的学习有清楚的、直接的反馈;能够使学生对每个学习主题都有整体的认识,形成对于事物的概念框架;能够迁移并发现和提出更为复杂的问题,有进一步探究的愿望。一言以蔽之,有效的教学能够唤醒沉睡的潜能,激活封存的记忆,开启幽闭的心智,放飞囚禁的情愫。这必定不可缺少学生的自主学习、合作学习与探究学习。

(四) 课堂文化的重建

"文化"就是"人化",有了人就有了"文化"。课堂文化是指师生在长期的课堂教学活动中形成的并为师生所自觉遵循和实践的价值观念、教学理念、教学规范、教学行为以及教和学的整合体。课堂文化以价值和假设为核心,包含于课堂诸要素中,是师生秉承的价值取向和行为动机的统一体。课堂文化作为课堂教学的基本背景强烈地影响着教师和学生的课堂生活与行为。课堂文化是课堂教学的"土壤",是课堂教学的活力之根和动力之源。实施素质教育,全面提高教学质量,必须进行课程改革,必须进行课堂教学改革,必须进行新课堂文化重建。

新课程改革最终发生在课堂。课堂一般被认为是教学活动的场所。课堂指的不仅是新教育情境氛围和师生交往互动的心理空间,还是以教师为代表的成人文化和以学生为代表的未成年人文化进行交融的场所。叶澜教授认为,从高一个层次——生命的层次,用动态生成的观念,重新全面地认识课堂教学,构建新的课堂教学观。她所期望的实践效应是:让课堂焕发出生命的活力。新课程课堂是一种新时空、新行为、新状态。新课堂是学生自学成果的展台,是心灵对话、情感交流的舞台,是学生合作学习、创造奇迹、唤醒各种沉睡的潜能的窗口,是向未知方向挺进的旅程,是一次发现问题、探究问题、解决问题、体验生命的经历。新课堂是学生愉悦生长的地方,是充满阳光的地方,是点燃学生智慧的火把,是向每一颗心灵敞开温情双手的怀抱,是师生舒展灵性的空间。用知识激活知识,用心灵激动心灵,用人格激励人格,用智慧启迪智慧。

新课堂的变化是一系列的变化。教室变为学室,空间、时间、中心、情景、角色、教师教学行为、学生学习行为、信息材料、课堂制度、课堂秩序、人和人的关系、组织单元等都发生了变化。

很显然,道德课堂就是一种课堂文化的重建,他要求我们更新教学理念,改进教学评价制度,转变学习方式,优化师生关系,让教学回家,倡导先学、合作、展示,注重学生的学习过程、状态、结果,这些都是课堂文化重建的实践路径。新课堂形态,新型课堂教学模式,新的教学方法,新的教学手段,让课堂教学成为师生人生经历中一段具有生命意义的、焕发生命活力的人生体验。

二、编制导学案

导学案,是课堂教学的抓手,一开始是学生学习的"学步车",然后慢慢过渡到成为学习的路线图和导航仪,也可以称作教学指导书、学案、调节教学案、学习卷。编制导学案的实质是国家课程的校本化实施(二次开发),核心是"教材"变"学材",解读课程标准的成果即生成导学案。

(一)导学案的含义及其基本元素

导学案,顾名思义,即教师编写的用来引导学生学习的方案,也叫学案。它是经教师集体研究、个人备课、再集体研讨制定的,以新课程标准为指导、以素质教育要求为目标编写的,用于引导学生自主学习、主动参与、合作探究、优化发展的学习方案。它以学生为本,以"三维目标"的达成为出发点和落脚点,配合教师科学的评价,是学生学会学习、学会创新、学会合作、自主发展的路线图。它至少要包括学习目标、学习流程、学习活动、学后检测等基本要素,每一个要素都要有相对具体明确的指导语。

有人把导学案称为学生学习的风向标、导航仪等,说的都是导学案的引导作用。其实,我个人更主张直接称之为"学案",或者叫作"学习方案",简明扼要,就是学生自主学习的方案。之所以这样认为,是因为我倡导任课教师在编制导学案的同时,提高学生在编制导学案过程中的参与度。说白了,就是在使用了一段时间的学案教学方式之后,学生拿到一课时的内容,自己就已经明白了应该学什么、怎么学、学到什么样。当然,这是学案教学发展到一定程度之后才能实现的。

（二）导学案的编制原则及使用

导学案是教师精心指导学生进行自主学习、自主探究、自主创新的材料依据，从教师备课的角度来看，编写导学案是一种创造性劳动。我在查阅了相关资料后发现，导学案的编写应遵循以下四个原则。

一是课时性原则，即尽可能地将一课时的内容写成一个学案，也就是我们常说的一课一案。按课时内容确定导学案的内容编写，这样有利于调控课时学习的知识量，加强授课的计划性、针对性、时效性，构建高效课堂。

二是问题性原则。教师要将教材中的知识点隐入创设的一个个具体的材料情景（生活场景）或课堂活动中，通过一个个具有探索性的问题，引导学生进入自主学习状态。在问题的解决过程中，培养学生的能力。问题的设置，应当由浅入深、由易到难，充分考虑学生的个性和认知规律，学科信息要准确，问题的针对性要强；既有利于扎扎实实打好基础，又有利于加强知识的拓展，强化与生活的联系，具有较强的思考性，从而有效地把学生引入课本，把生活纳入课堂，激发学生自主学习，引导学生交流讨论又学会自主看书。

三是方法性原则。在学生读书、思考、解答问题等环节中，教师都要站到学生的角度去考虑问题，以便能够及时、适时地点拨学生应该如何去做。学案中的学习目标设计、疑难问题提示、解题思路、方法、技巧等指导性内容和要素，构成一条明晰的学法线，也就是我们一再反复强调的学法指导。用我们经常引用的词语，那就是"授人以渔"。

四是层次性和递进性原则。导学案的设计，要体现教师对学生的因材施教，要让优等生看到挑战，中等生看到激励，学困生看到鼓励。不同层次的学生都能得到发展。无论在哪个层面上，都要让学生在"最近发展区"内去自主探究，获取知识。设疑应首先考虑学生知识的层次性和个性的差异性，导学导练要有适当的梯度。做到这一点，教师必须对自己学生的学习水平和知识状况有一个清楚的了解。

导学案的使用是导学案实施高级目标（学习能力的培养）和基础目标（文化知识的掌握）的关键。它的实施可以分为三个环节：课前预习，课堂探究与成果展示，课后拓展。

课前预习是培养学生自学能力的重要手段，在自学中发现、思考、生疑、再思考、获得新知。课堂探究与成果展示是培养学生合作能力的重要方式，也是达成学习目标的关键过程。学生在合作探究的过程中，体验合作的乐趣，体验获知的快意，体验方法和技能的重要性；同时在展示和互相质疑的过程中不断获得新的提高；再加上教师适时的点拨，更能达成教师"导学"功能的落实。课后拓展是落实基础目标（文化知识的掌握）的重要保障，是检验不同层次的学生是否都有提高的一个重要环节。

（三）学案教学中的备课方式

我们经常喊"向四十五分钟要质量"的口号，却往往忽视了台上一分钟台下十年功。优化教学过程,减少无效或低效教学活动,实行精细化教学等,这些都需要我们在上课之前就已经成熟在胸。这就是备课的功夫,学案的备课方式主要有以下四种。

一是集体备课。这是目前这个阶段各学校喊得比较多的一个词,喊是喊了,但做得到底怎么样,其实际情况可能不尽如人意。集体备课要解决的问题主要是学科知识体系、学科课程标准、学科教材以及学生的学情。如果备课组甚至教研组不能很好地组织集体备课和集体教研,那就意味着备课组甚至教研组名存实亡,其备课效果可想而知。提醒一点,备课组长要提前两周召集全体组员就一周内所要讲的内容进行说课,着重围绕如何确定教学目标、选择教学方法、设计教学流程、分析学生情况等方面内容进行。

二是轮流主备。集体备课的事情做好了,接下来的任务就是轮流主备。在集体研讨的基础上,备课组长将内容进行分工,主备教师提前一周拿出"导学案"初稿,并交给备课组长审查修改;备课组长将一周的"导学案"草稿交分管领导审定,制成正式文本。要提醒一点,轮流主备,不是一人一单元,一人一章,大家分头去备课就完事了,而是轮流分节、分课时主备,这样才能做到真合作。

三是课前备课。这是进入使用的环节了,任课教师在上课前一天将"导学案"发给学生,在正式上课前收齐"导学案"并适度批阅,任课教师再次对"导学案"进行阅读理解和补充完善。一般来讲,这叫作二次备课。当然,如果你对学情了解得非常透彻,这一环可以省去,当堂发放,当堂使用也未尝不可。但一般来讲还是提前发放,让学生课前先自主学习。

四是课后备课。导学案的课堂教学使用效果到底怎么样,这需要课后教师对导学案再进行一次备课,以作检验。简单一些处理,那就是课后教师在"导学案"的有关栏目或空白处填写"课后记"。

(四)学案教学的意义与使命

学案教学是以学习方案为载体,学生依据学习方案在教师的指导下进行自主探究的教学活动。它的功能是通过引导学生自主学习、自主探究,确保学生在学习中主体地位的落实,实现学习的最大效益。学案教学作为一种教学形式,是课程改革发展到一定阶段的产物,但作为课改历程发展的一个组成部分,有其产生自然也就有其消亡,这是一个过程。

可以说直到目前为止,学案教学依然是科学的教学方式之一。它帮助学生系统全面地把握知识内容,克服盲目和片面,减少教材阅读和作业中的困难,有利于准确理解教材内容,提高学习效率,对学习新课作用尤其明显。学案好比半个家庭教师,能提供及时、关键的指导和人性化的服务。教师通过对学案的验收检查(二次备课),可以方便、清楚地知道学生理解了什么,解决了哪些问题,不理解什么,存在什么问题和困难,从而使教学更具有针对性,效率更高。它为课堂教学提供丰富、具体的内容材料,师生互动的基础得以夯实,可操作性增强。来自学生的原汁原味的思想、观点、解释、解答、设计、作品、表现方式等,对提升教学生动性能产生可以预期的作用。同时学案教学也为评价学生学业成就与教学状况提供了方便、有效的手段和方法。

只不过,学案教学最大功能的有效发挥,必须要以学案教学的科学实施为基础。然而,现实与理想之间往往存在较大的差距,很多学校的学案教学还远不能称之为科学实施。有的把学案当成了练习题,有的把学案处理成了教案,更有甚者,有学案却根本不用,这都是学案与教学"两张皮"的表现。为了更好地落实学案教学这一理念,使之发挥应有的功效,我们十分有必要对学案教学这一教学方式的发展过程以及未来的趋势进行梳理和展望,以期拨开迷雾,让教师更加清楚地看到前进的方向,以增强课改的勇气和决心。

为顺应课改的潮流,适应学生主体性的发挥,学案教学应运而生。它直接表现为教与学关系的根本转变,这一转变让教师感到措手不及、难以适应。相信经过一段时间的努力、推广、实践、尝试,教师还是会慢慢接受这个看似不够友好的家伙的。接受学案教学,并尝试编写学案,这就迈开了课程改革学案教学进程中革命性的一步。

接下来,就是在教学中的使用问题。实践中的学案教学和理想设计中的学案教学有着遥远的距离,它具体表现为:一是不习惯,教惯了、讲惯了,一下子放手给学生,真有点不适应;二是不会用,最直观的现象就是拿着学案当教案,继续大讲特讲,似乎课堂无关乎学案;三是被动接受和抵制,毫无疑问,在最初的阶段有很大一部分教师是不愿意使用学案来组织教学的;四是担忧,这个担忧与成绩直接关联。当然,面对种种问题,我们仍然继续努力。终于,学案作为一种教学载体出现在了所有的班级、所有的学科、所有的课堂中,这是一个可喜的成果。它标志着绝大多数教师已经主动接受了学案教学这一教学方式,并开始尝试探索其正确、科学的使用方法。

在改革的进程中,问题总是要伴随出现的。在课改的初期,问题丛生是自然现象。教师发现,学案上的很多地方设计得都不够科学,或者说不合理、难以操作、无法实施。这就促使教师自发或者自觉地去慢慢提升学案编写的质量。此时,学校的意志也由促使教师接受学案教学、推广学案教学转变为提升学案质量。这个时候,可以说,学校的意志和教师的共同理想合二为一了。这是学案教学实践的关键时期,是成果出现的最佳时期,也是进展速度提升的时期。事实证明,当学校的理念、精神转化为全体教师的共同理想的时候,课程改革便不再是神话。

接下来我们围绕目标设计、程序设计、检测设计等内容开展了一系列的或试点或全面发动的工作,这一切都是促进学案质量提升的必要举措,学案成册是学案质量大幅度提升的一个重要标志。学案成册与其说是人为推动的结果,倒不如说是学案教学实践进程中的一个必然。当然,成册的学案并非完美的教学载体,它还需要继续完善,这个路需要走得时间更长一些。

再往后,便会有教师有意或者无意地将国家必修教材内容与学案相结合,把学习的内容设计到学案之中去,让学习内容(学材、教材)和学习指导(学案导学)通过共同的形式来体现,这就是新的学案。新的学案上不仅有学生学习活动的具体的指导和要求,更重要的,它是教师经过精挑细选提炼出来的最适合我们的学生的学习内容(教材、学材),学习内容的选择可以参照不同版本的教材(比如人教版、苏教版),这个过程是将教材和学习方案合二为一的过程。合二为一的新学案就是国家课程校本化的雏形,我们可以把它叫作校本必修教材。这个时候,学案教学作为一个专有名词,在它已经充分地发挥完自身应有的功能之后,可以退出课程改革的历史舞台了。它带着痛苦来到这个世上,走的时候却很安然,甚至是悄无声息的、不知不觉的。

  再继续下去,就是要提升校本必修教材的质量,在实践的过程中,反复地修订,反复地验证。这个教材要既能直观地体现国家课程标准,又能切合地适应我们自己的学生。它要在实践中不断完善,直到形成学校特色的课程体系。我想这应该是学案教学发展到最高阶段的必然结果吧。

第九章　道德课堂的教师行动策略（二）

一、实施分组学习

围绕学习小组构建"动车组"系统，同质异组，异质同组，组内结对。实现"兵教兵、兵练兵"。分组学习其实就是小组合作学习。

（一）小组合作学习的基本概念和作用

要弄明白什么是小组合作学习，首先要弄清楚什么是合作。合作是指两个或两个以上的学生或群体，为了达到共同的目的而在行动上相互配合的过程。它是在一个人自主解决问题遇到困难而需要他人帮助的时候发生的。

小组合作学习是班级授课制背景下的一种教学方式，即在承认课堂教学为基本教学组织形式的前提下，教师通过构建合作学习小组并指导小组成员展开合作，发挥群体的积极功能，提高个体的学习动力和能力，达到完成特定的教学任务的目的。小组合作学习改变了教师垄断整体课堂的信息源而学生处于被动地位的局面，从而激发了学生作为学习主体的积极性、主动性、创造性。

小组合作学习有利于培养学生的社会适应性。学生是未来的社会成员，必须具备社会人的主体性，而主体性并非是游离于社会的，它必须将个体融入群体之中，并自觉地为这个社会贡献自己的力量。当学生进入班集体时，就已经进入了一个特有的小社会，他们必须在集体中发挥个人的能动性，在吸取集体的帮助教益和服务集体的活动中，使自身得到发展与提高，从而适应这个小集体。小组合作学习，首先使学生在小集体中相互适应，从适应小集体，逐步过渡到适应大集体，从而培养学生的社会适应性。

小组合作学习，之所以说它有利于培养学生的社会适应性是因为：一是它可以创造学生互相认识、相互交流、相互了解的机会。在合作学习中，学生可能学会把自我融入群体之中，小组的成员成了他或她的好朋友，一起学习，一起活动；使学生感觉到自己难以离开这个可爱的群体，从而培养他们的合群性。这也是一个人具有社会适应性所具备的基本素质。二是它可以培养学生善于听取别人的意见的好品质。要想适应社会，与别人密切交往，其中重要的一点就是对他人能热心帮助、真诚相待。通过小组合作学习，学生感到要想在学习上有所收获，必须做到小组的每一个成员之间相互帮助、相互取长补短、相互虚心听取意见，从而培养善于倾听别人的意见、帮助本组成员共同提高的好品质，这将成为他们在适应社会中所必备的条件。

小组合作学习有利于促进学生的社会性发展和健康个性的养成。社会心理学认为，人的心理是在人的活动中,尤其是在人和人之间相互交往的过程中发展起来的。小组合作学习提供了成员之间合作的机会,增加了课堂上学生之间合作、互助的频度和强度,从而有力地促进了儿童社会化程度的提高。

小组合作学习有利于培养学生的自主性和独立性。一个具有自觉能动性、自主性和独立性的人,是一个对事物有自己独创的思维与见解,敢于发表自己的意见,具有社会交往能力的开放型人才。小组合作学习是培养这类人才的有效途径,小组成员能够在小组内进行充分的语言、思维及胆量的训练。通过小组成员之间的交流,他们能够大胆地将自己的见解通过语言表达出来。在交流中逐步培养学生主动与别人交往、形成自己独立见解的能力。

小组合作学习为学生提供了更多的锻炼机会,促进了学生的全面发展。"需要满足论"认为,学校是满足学生需要的最主要场所。学生到学校里学习和生活,主要的需要是自尊和归属。小组合作学习在课堂教学中为学生创设了一个能够充分表现自我的氛围,为每个学生个体提供了更多的机遇。人人都有自我表现的机会和条件,在小组中相互交流、彼此尊重,共同分享成功的快乐,每个学生都能进一步发现自我、认识自我,他们的主体地位被大大地肯定与提高。

小组合作学习有利于提高学生学习的正确率。在问答式的课堂教学中,教师提出问题时,经常会出现以下几种情况:一是不思考,二是结果完全错误,三是结果正确但方法单一。小组合作学习,可使思考结果不正确的学生及时得到纠正;不愿思考的学生在小组学习的氛围中不得不去思考、讨论。小组合作学习不仅有助于学生找到问题的答案,激发学生的学习兴趣,还会使组内的每一个学生都树立起集体中心意识,增强学生为捍卫集体荣誉而学习的强烈动机,这种学习积极性的提高,正是发挥个体主观能动性的具体体现。

(二) 小组建设与合作学习的价值取向

在班级的管理和建设中,小组历来是基本单位之一。但小组建设的合理性及其功效却历来为教育者所忽视。譬如小组构建主要依据学生的身高、视力等生理因素所导致的不合理问题,小组成员角色设置简单(只设组长一个角色)所导致的学生的小组认同感、归属感、责任感差和参与积极性低的问题,这些都限制了小组建设促进班级管理和班级学习的功效的发挥,也不利于学生素质的全面发展。

中共中央、国务院《关于深化教育改革全面推进素质教育的决定》明确提出"以培养学生创新精神和实践能力为重点"。为促使素质教育落到实处并力争取得突破性进展,自 2001 年 6 月教育部颁布《基础教育课程改革纲要(试行)》,提出调整和改革基础教育课程体系、结构和内容之后的 20 多年来,中共中央、国务院以及教育部出台了一系列文件,促进了改革的不断深化。在素质教育的不断深化和新课程改革的推动下,基于建构主义理论的合作探究学习模式和发展性学生评价体系的构建已经在研究和实践方面取得了一定成果。其中,合作探究学习模式的基本特征之一,是强调自主探究和合作学习,要求以学生个别化自主学习为主导、以学习小组合作式学习为补充、以教师导学为辅助。而根据基础教育课程改革"面向全体学生,为学生全面发展和终身发展奠定基础"的基本精神构建的发展性学生评价体系,在评价内容方面不仅要求重视学生的学科学习目标,而且要求重视学生的一般发展,即包括道德品质、学习的愿望和能力、交流和合作、个性与情感。不难理解,无论是学习模式的创新还是评价体系的构建,都对小组建设提出了新的要求。在新课程理念下,围绕"为了每位学生的发展"这一基本精神,如何推动和改进小组建设,使其更多更好地为教学模式的创新和评价体系的构建提供支持与服务,从而促进学生全面发展,是深化素质教育的重要命题。

第一,合作学习能体现学生学习的主体地位,调动学生的学习积极性,增强学习的自信心。转变学习方式,就是促进学生由被动听讲向主动自主学习转变。小组合作学习给每个学生提供了参与学习的机会和权利,每个学生都能在小组中承担一部分任务,随着参与程度的提高,自身的潜能就能得到发挥;调动了不同层次学生学习的积极性和主动性,把学生切实地推向学习的主体地位。在这样的教学观念影响下,课堂上学生同伴群体的资源得到了充分重视。学生在小组合作的具体实践活动中,用心去体验合作的无穷魅力,用心去感悟集体的伟大力量,体验到合作成功的快乐,体验到实现自我价值的自信。经过每节课反复多次的内心积极体验,唤醒并树立学生的主体意识,使他们认识到"我真行!""我并不比别人差!"

第二,合作学习能提高语言表达能力,提高学习效率。现在,很多学生在课堂上发言的积极性不高,甚至有些学生的语言表达能力也存在问题。在小组合作学习中,学习任务由大家共同分担,小组中每个成员都积极参与到学习活动中,人人都尽其所能,集思广益,各抒己见,通过互相解释来学习。当学生们在给其他组员作解释的时候,他们就必须想办法组织自己的思路,还必须详尽地阐述一些认知的细节。这样一来,学生对知识进行挖掘的深度和广度得以拓宽,对教材内容理解深刻,记忆牢固且应用自如。学习效率自然而然就会提高。

第三,合作学习能显著改善学生的学习自控力,并逐步养成良好的学习习惯。有些中学生有自己的思想,但自控力差,不能约束自己,经常"开小差"。在传统教学方式中,这些现象会直接影响学生的听课效果,学生经常需要教师及家长的督促和帮助才能勉强完成学习任务,这对良好学习习惯的养成非常不利,时间长了就会增加变成学困生的可能性。而在合作学习的氛围里,小组成员组成一个团结的集体,齐心协力完成小组的学习任务。如果有一个成员的心思没在课堂上,其他成员就会提醒他,其自控力在集体的影响下会逐渐提高。在良好的互助学习氛围下,每个学生都可以尽情地表达自己的想法或者向别人寻求帮助,有助于学生自我教育与自行调节,从而养成良好的学习习惯。

第四,合作学习能增进同学间的感情交流,改善学生间的人际关系,有助于健全人格的培养。学生之间,大多能够做到互相帮助,但是还不能上升到共患难的合作阶段,很多学生之间的交往也具有明显的功利性特点,他们也会喜欢和志同道合、有相同兴趣爱好的同学交往。而合理的分组使合作学习建立了一个和谐团结的集体。在组内虽然有分歧,但每个小组成员为了维护集体的荣誉,会相互鼓励、相互学习、相互帮助,这样有助于共同进步,增进情感交流,改善人际关系,同时有助于学生提高自我认识和塑造乐观向上的精神。

第五,合作学习有助于学生学会解决问题的方法、培养合作意识。在合作学习的过程中,学生会遇到一些疑难或自己难以解决的问题,他们共同思考,寻找方法,得到答案。在讨论不同方法优缺点的争辩过程中,在知识的相互碰撞中,学生的思路会越清晰,能多角度、全方位地寻求问题解决的方法。虽然他们在观点及观点的检验方面可能会产生分歧,但解决分歧的过程也是建构知识体系、提高推理能力、问题解决能力的过程,在这个过程中学生认识到集体的力量与智慧,从而愿意进行合作,并培养合作意识与合作方法,这为获得终身学习的能力奠定了基础。

合作学习不仅是一种高效率的学习方式,而且通过开展合作学习,可以更有效地提高学生的综合素质,发展学生的信息能力、组织能力、沟通能力、语言表达能力,同时有助于学生们的团队协作意识和竞争意识的形成,从而增强集体的凝聚力。

(三) 如何建设合作学习小组

"小组合作学习"是课堂教学中充分发挥学生主体作用的一种有效方法,也是引导学生主动学习的重要途径。课堂中利用小组合作学习可以提高学生学习、交往、表达的能力,有利于培养学生的探究意识和合作精神,但是目前的小组合作学习存在一定的问题,难免会影响整体的有效性。目前有两种现象值得注意,一是只把小组合作作为一种学习方式,而未作为学习过程的组成部分;二是想起来就用,不用就放一边了,没有把小组合作变成常规教学方式。究其原因,在于认识不到位,或者方法不正确。

如何建设合作学习小组,我认为需要从合作学习时机、合理的小组结构、有序的合作规范、宽松的学习环境、多样化的评价机制几个方面着手。

第一,选择适当的合作学习时机。合作学习是课堂教学的一种重要方式,但不是唯一的方式。教师根据教学内容、学习环境等合理安排合作学习的时机。在教学中教师应做到两个切忌:一是切忌为了合作学习而合作学习;二是切忌处处小组合作,什么问题都由小组讨论来解决,教师应根据教学内容和学生的实际情况选择恰当的时机,创设合适的合作情境进行合作学习。只有这样,才能充分发挥其最大作用。那么,什么时候需要进行小组合作学习呢?一是在进行类比学习时,需要学生对相关知识进行比较,教师可引导学生进行小组合作学习。二是在学习重难点时,教师应当充分发挥学生的主体作用,调动学生的积极性,通过小组合作,全员参与,共同探究,共同攻克教与学的重难点。三是对知识进行整理复习,构建知识体系时,可以由学生分小组自主整理,小组成员通过互检、互评、互测,进行互教、互学、互助,从而达到查缺补漏的目的。

第二,构建合理的合作学习小组结构。合理划分小组,使学生充分地参与到合作中来,在教学中可以根据学生基础、爱好特长、性格特点、性别的不同,本着"组内异质,组间同质"的原则,把学生分成若干个学习小组,一般4—6人为一组,每个小组都要有学习能力、实践能力相对较强的学生,以确保组内互相学习的效率、参与实践活动的可行性,同时有利于组内成员取长补短、共同提高。比如有的班主任老师按小组内包含优、中、差三类学生把学生分成若干个小组,在分组的同时充分尊重学生的选择权,小组内分1、2、3、4、5、6号,不同号的学生承担不同的责任。这样有利于优势互补,互相促进。从我了解的不少班主任老师的实践来看,四人小组似乎是最有效的。

第三,构建一套有序的课堂合作常规。有序的课堂合作常规包含两个方面的内容。一方面要合理分工,明确职责。比如有的班级采取的是六人组,这六人中选一位能力强的学生作为组长,每次由他安排其他几位成员的任务,并及时进行反馈。为了使小组的每位成员都能得到真正的锻炼与提高,小组成员的分工是相对固定的。1号为组长,承担小组内的监督、组织和助弱的责任,1号同学不一定是学习最好的同学,而应是责任心最强和管理才能最好的学生。2号同学学习最好、有一定的表达能力,承担问题汇总与发言。3号、4号同学学习中等,承担分工讨论、记录、搜集资料等学习任务,5号、6号是学习相对较弱的同学。在合作学习时,小组成员的分工并不是一成不变的,合作一段时间后进行微调,依次轮流担任,这样小组成员都可能在各方面得到锻炼。但要把握好各小组在学期初建立学习小组责任制,明确各自职责,完成小组任务和班内分给的任务;特别要解决小组交流中的互相监督、互相补充、真正讨论的问题,真正解决个别同学在小组交流中的被动参与和全班交流中无所收获的问题。另一方面是培养学生良好的学习习惯。一是独立思考的习惯,避免"人云亦云"盲目跟从的现象;二是踊跃发言的习惯;三是认真倾听的习惯。当然,习惯的养成需要我们实施一些有效的策略,尤其是评价,用评价来引导学生养成习惯,很有效果。

第四,营造宽松的学习环境。合作学习也是自主学习的一种表现。培养学生自主学习能力,其前提是学生的自主意识,因此,教师要为小组合作学习创设一个民主、和谐、宽松、自由的学习氛围,尊重和保持学生的学习热情,采用多种形式鼓励学生尤其是学习后进生积极参与活动。同时,教师也应平等地参与到交流中去,并对各小组的学习情况进行把握、判断、鼓励、引导和帮助,让学生充分体验合作学习的快乐。

思想是行为的先导,在小组合作学习中,我们必须使学生充分认识到合作精神、合作能力是现代人应具备的基本素质,而小组合作学习是培养这一素质的重要途径。因此,我们应该在教学中让每个学生充分认识到小组合作学习的重要性,并且进行熏陶、强化,培养和发展学生团队合作的意识,进而内化成稳定的道德品质。我们要培养学生学会倾听、学会表达、学会欣赏、学会合作、学会反思的优秀品质。

第五,采用多样化的评价和奖励机制。评价和奖励机制要让学生感兴趣,能够激发他们的积极性、主动性和创造性,能够激起他们的竞争意识和合作精神。这是目前比较困难的问题,需要探索一个比较有效的评价方式。例如,设计一个评价表格,让教师在上课的过程中根据小组成员的表现进行打分,教师每节课必须评选出本节课的优秀学习小组和本节课的学习之星。每天下午第四节课后,根据当天各课的情况,评选出当日全班优秀学习小组和学习之星,在"班级之星"展示栏中公布,并做好记录。每周利用集中时间,评选出本周优秀学习小组和学习之星并报年级管理小组。学校每学期对优秀学习小组和学习之星进行表彰鼓励。但随着时间的推移,这些评价的效果会逐渐减弱。我的基本理解是,人是不想、也不能总被量化的。初期的量化打分是为了促进习惯的培养,随着时间的推移和习惯的初步养成,需要探索其他更为有效的评价方式。

小组合作学习的有效实施,不是一朝一夕能够达到的,要通过一点一滴的积累和不断的实践才能逐步走向成熟。通过一段时间的教学实践,不同学生在合作精神和学习方法上都会有不同程度的提高。教师需要持续不断地关注如何提高小组合作学习的有效性,以期让课堂真正成为全体学生的课堂,让每个孩子都成为课堂的主人。

(四) 开展合作学习需要解决的问题

鉴于小组合作学习的诸多好处,愈来愈多的教师在教学中自觉采用它,甚至把它当成上公开课的点缀。但由于缺乏正确的引导,经常会发现学生未能如开始所设想的那样开展合作学习,经常是组内较优秀的学生包揽了所有的学习任务,将原来由教师所主导的"满堂灌"变成由优秀学生所主持的"一言堂",不能真正起到应有的效果;有的合作学习小组因教师要上公开课而临时凑合,在合作学习时,小组成员间不具备合作的心理倾向,无法进行有效的互动交流;有的小组的合作学习则成了优生发挥自己潜能、表现自己才能的舞台;有的合作学习小组还未做好必要的前提准备就匆忙展开讨论,小组合作次序混乱,学生发言七嘴八舌,没有中心;有的合作学习小组的问题、内容过于简单,缺乏讨论、研究、交流的价值,学生在合作时无所事事,浪费课堂时间;等等。出现这些问题的关键在于小组合作学习的组织者——教师的组织、引导、指导不到位。教师是课堂教学的组织者、引导者和合作者,组织学生开展丰富多彩的学习活动,引导学生进行自主、合作、探究学习,与学生合作共同解决学习中碰到的困难,是教师义不容辞的责任。因此,要想切实有效地开展小组合作学习,以下几个问题是无法回避的。

1. 学生合作学习的意识问题

出于教师传统教学观念的更新和对新课程理念的理解、内化等方面的原因,目前不少情况下学生的合作学习是在教师的要求下进行的。但事实上,小组合作学习应该是学生学习的自发性行为,而不应该是教师的要求性反应。因此,要想有效地开展小组合作学习,我们应首先着重培养学生的合作意识。

对于学生合作意识的培养,可用以下三种方法:第一,建立"四人转向"合作小组。即前后桌4个人为一个小组,转过来就可以开展合作学习。经过长期的合作学习之后,小组各成员感觉到他们是一个学习小集体,每个人都是这个小组的一员,在潜移默化中培养了学生的合作意识。第二,进行学习方式培训,向学生介绍各种先进的学习方式。如:介绍小组合作学习方式的优点、一般的操作方法,让学生产生自主、合作、探究的欲望。第三,举行小组合作学习竞赛活动,定期与不定期地进行评优,激发学生合作的积极性,养成合作学习的习惯。

2. 学生自主学习能力的问题

自主、合作、探究是新课程积极提倡的有效学习方式,自主学习应该是基础。学生的合作学习也是如此,如果小组成员没有一定的自主学习能力,那么他们的合作也是无实效的。因此,要想有效地开展小组合作学习,我们还应注重培养学生的自主学习能力。

第一,激发情感,提高自主学习兴趣。在学习中,学生的认知、情感、技能、态度等诸多方面应获得和谐发展。心理学研究表明,学生真正积极参与的关键是教学方法情感化,因此,教师应千方百计地激发学生的学习情感,使学生的学习过程有内在动力的支持,提高自主学习的兴趣。

第二,自学思考,激励自主尝试。读书离不开思考,自学更是如此。"学而不思则罔。"要使书本上的知识成为自己的知识,自学就是两者的桥梁,这是自主学习的前提。因此,教师要创设自学氛围,提供自学空间,提出自学要求,要尽量找到新知识的生成点,直接或间接提供与新知识有关的旧知停靠点,让学生带着问题有目的地自学,为学生自主尝试创造条件。

第三,质疑问难,培养自主学习能力。学贵有疑,"疑"是学习的需要,是思维的开端,是创造的基础。质疑问难是学生自主学习知识的重要环节。教师要鼓励学生质疑问难,让学生敢问、会问、善问,培养学生敢于质疑问难的勇气和精神。因此,教师首先要从思想上更新观念,把"你今天学到了什么知识?"转变为"你今天向老师提出了几个问题?"明确提问不仅是教师的权利,更应该是学生的权利。其次,把课堂变成学生交流学习问题的场所,让学生在学习过程中随时提出问题。每一节课,根据学生的表现,评选出"最佳提问人"和"最佳问题",以调动学生参与获取知识的积极性,从而达到培养学生"多思多问"的问题意识。

3. 合作学习时机的问题

为了使学生尽快适应小组合作学习,在平常的教学中,我们经常开展小组合作学习,然而学生的合作热情似乎并不高。原本以为是在方法上出了问题,后来终于有一名学生道破了天机:老师,这些问题我们不用讨论也都知道嘛!为什么还要讨论?原来如此,学生在学习时,不是任何内容都需要进行小组合作学习的,只有当内容在学生个人确实无法解决的情况下让学生进行的小组合作学习,才有意义、有价值,学生才有合作的热情。因此,我们在进行课堂教学时,要善于洞察学生的合作需要,抓住时机,恰如其分地让学生进行小组合作学习。对于那些学生力所能及的问题,让学生独立解决,那些力所难及的问题,让学生合作解决,而那些力所不及的问题,则需要教师引导解决。

总之,小组合作学习是一种行之有效的学习方式,是培养学生良好学习品质的学习方法。合作学习一定要和其他学习方式尤其是自主学习有机地结合起来,在培养学生合作精神的基础上让学生有自己的独立见解,真正地做到各抒己见,取长补短,集思广益。这样,才能使小组合作学习真正地落到实处，真正地为学生的发展起到切实的作用。

(五) 合作学习中教师作用的发挥

组织学生进行有效的合作学习，要求施教者有较强的管理和调控能力，主要体现在分组、合作规则的培养、合作过程中的主导与参与、组织小组竞赛、效果评价等方面。

第一，科学分组。科学合理地分组，可以使小组成员之间产生积极的相互促进作用。对于合作小组的组建，我们需要通盘考虑两个因素，即"注意组内学生的个性、气质、兴趣、爱好、习惯、意志品质等各方面的合理安排，要考虑学生的学习能力、调节人际关系的能力"，既要依据学生的共同兴趣、特长等个性倾向，也要考虑学生的个性差异，让每个学生在小组中都能发挥独特的作用。只有让每个学生都觉得"我是小组的成员，我也很重要""我也能为小组出力""小组的伙伴需要我"时，学生学习的自动性、自发性、责任感才能自然而然地焕发出来，凝成一股百折不挠的合力，从而更有效地合作，提高学习效果。

第二，合作规则的培养。没有经过训练的合作小组是散乱的，这样的学习效果肯定是欠佳的。合作学习意识的形成是有过程的，合作精神也是逐渐培养的。一开始学生不会分工，就要教给他们怎样分工；一开始学生不会交流记录，就要教给他们怎样交流记录；一开始学生不善于控制，就要提醒他们学会控制。当他们有了这样的经验，也就逐渐地形成了习惯和提升了能力。学习过程是一个由学会到会学再到创造的过程，学生经过一段时间的熟练操作，经历了从被动到主动的磨炼过程，此时教师会发现他们自主、合作、探究学习的能力增强了。

第三，合作过程中的主导作用。合作的过程要体现教师的主导作用，具体表现在教师的疏导和点拨。教师要实时监控学生小组学习的状况，及时介入和解决冲突与矛盾。学生在小组学习过程中，不可避免会与学习伙伴发生意见冲突，如果没有正确的引导，小组成员间往往会争得"你死我活"，从而造成了学习的偏离。这就需要教师的及时疏导。在小组合作学习中学生遇到学习障碍时，教师要适当点拨；在合作学习过程中，教师要运用各种点拨方式使学习能进一步地深入，组织学生在充分发表自己意见的基础上学会分析、学会判断、学会归纳整理；在合作学习时，教师需引导学生注意倾听其他学生的发言，并从中鉴别哪些看法与自己的相同，哪些与自己的不同，避免交流时过多的内容雷同，从而提高学习的效率。

第四，教师参与。教师要参与到学生的合作过程之中，及时发现问题，促进合作的实效性。教师站在讲台上，让下面的学生一组组开展学习与讨论，在看似热闹的场景中，实质上学生有没有开展有效性的学习活动，上面讲台上的教师是不知道的。从这个意义上说，全员参与也包括教师参与，教师的角色不要局限于讨论的组织者，教师要能经常性地参与到学生的探讨之中，和他们一起学习，并指导他们如何发表自我见解，或者以自己的发言暗示诱导学生如何发言，引导学生说出自己的观点，和学生一起讨论，逐渐培养学生发言的习惯和兴趣。

第五，组织小组竞赛。以小组竞赛的形式开展教学活动，有利于提高小组合作的效率。合作和竞争是一种客观存在的社会现象。合作学习主张"组内合作，组间竞争"。合作是以优良人品作前提的,相互信任、相互尊重、相互谦让、相互欣赏是其主要的精神品质。合作学习中的竞争是外向的,一般有两种情况:一是学生个体之间的学习竞争,这种竞争大多是分层次进行的。二是组与组之间的学习竞争,这种竞争能强化小组结构,促进小组成员之间的合作,促进学生之间的互动,使学生更认真、更投入地参与学习活动。在合作中竞争,在竞争中合作,这是教学组织的有效教学方式。

第六,学习效果评价。学习效果评价是对合作学习动机进行强化从而提升反射水平的必要环节。我们主张从合作技巧、合作效果、合作是否愉快、进步程度等四个方面对合作小组和个人进行评价,并做好记录,同时不定时、不定比进行表扬性的强化,以激励学生再接再厉,更上一层楼。评价可分层次进行,主要包括学生的自我评价、小组成员之间的相互评价、小组与小组之间的相互评价、教师对小组或个人的评价。一般以小组之间的评价为主,个体评价为辅。强调发展性评价,鼓励人人得到进步。

(六) 关于合作学习的一些其他问题

小组合作学习自20世纪90年代在欧美国家率先提出以来,迅速蔓延到全世界的各个角落。在我国,合作学习小组的建设也在如火如荼地进行着。总的来说,我们在很长一段时间的探索中,取得了很好的成绩。但同时,在合作学习小组的建设与合作学习的实施过程中还存在着一些问题,亟需我们注意。

第一,概念上的误解。现在,有相当一部分的教师认为,合作学习就是小组讨论。由于合作学习通俗易懂,加之其传入我国的时间不长,很多人只是在形式上认识了合作学习,并没有在深层次上深刻理解合作学习的内涵,所以认为合作学习简单易学,容易运用。他们往往把合作学习混同于小组讨论。实际上,小组讨论与合作学习之间只不过是表面上的相似而已,它们远不能相提并论。小组讨论是一种比较经典的教学方法,而合作学习则是一种现代的教学理论与策略体系。真正区分了这一点,才能正确地给我们的合作学习分组。

第二,分组的简单化。前面已经较为详细地介绍了有关合作学习小组建设的一些基本问题,比如,如何分组、如何分工、小组建设应该遵循什么样的原则等。但是在当前的实践中,小组成员基本按座位组成,出现了简单分组、分工不明确的现象。通过对日常教学的观察,我们发现,很多教师在课堂教学过程中让学生合作讨论,往往是在前后桌同学之间进行的,并没有根据学生的性别、气质、兴趣、成绩等特点进行科学分组。这样的合作小组的组成太过简单,不够科学。另外,小组成员没有合理分工也是一个明显存在的问题,在很多问卷调查中,学生普遍反映合作学习没有具体分工,出现合作无序、随意化倾向,无法真正发挥合作学习的作用。

第三,部分教师缺乏合作学习的分组技巧。一个不可否认的现实是,我们的教师也是在缺乏合作的传统教育体制下成长起来的。他们在做学生时,合作学习的能力和技巧就没有得到充分的培育与提升;他们进入师范院校接受职前教育时,也没有得到足够的机会去学习如何组织学生进行合作学习;他们在走上工作岗位后,虽然有不少在职培训的机会,但是我们现有的继续教育很少涉及相关内容的培训。由于合作教学能力和技巧的贫乏，教师无法依据学生的特点和学习内容的性质，灵活正确地组织学生的合作学习。我们认为改进这方面的问题可以从以下三个方面着手：首先是要促使学生学会合作学习，就要引导教师先学会什么是合作学习，为教师提供相关的培训，以提高其合作教学的能力与技巧，使合作学习真正以合理分组为基础。其次是实现研究者与教师之间的合作或者使教师本身成为研究者。一方面，早期我国的研究者主要是从理论层面对合作的价值等问题进行宏观的论述和探讨，同时也对国外的一些研究进行了介绍，但是他们的这些研究成果在操作性、适应性方面有一定欠缺，很难为教师实际的教育、教学实践提供具体的指导。另一方面，我们广大的中小学教师在进行合作学习的教学实践时，虽然积累了一些实际经验，但是对这些成果缺乏理论的升华和提炼，因此又有迁移价值较小的不足。这种现状不利于合作学习在我国的发展，研究者和教师密切合作以及教师成为研究者是必须倡导的教育导向。最后是教师与家长的合作。要实现有效的分组，对学生的具体情况的了解是我们面临的首要问题，仅仅从学习的角度分组显然是不够全面的，至少还要从性格、爱好等方面仔细调查分析，从而合理分组。教师可以一方面和家长取得联系，深入了解每一个学生；另一方面，如果合作学习延伸到课外，学校教育需要与家庭教育协作形成合力，教师与家长的合作是不可或缺的。

第四，适应我国具体国情的合作学习分组理论还不够完善。理论指导实践。追根溯源，我们在合作学习方面的理论远远不够完善。虽然国外也有很多的相关研究，但是这毕竟是"他们的"，我们可以借鉴，但不可以生搬硬套。比如说，国外的班额都比较小，大多20—30人一班；反观我国，六七十人是常见的，更有甚者，八九十人也要硬塞到一个班里面。这就给我们的分组带来了很多困难，也使得我国与国外的合作学习小组建设在理论与实践上产生巨大的差异。合作学习的研究结果表明，小组的组成对合作学习的效果影响较大。我们应该通过进一步的实验研究，找出有效的分组方法，如不同学科、不同内容每组多少人效果最佳，划分后的小组维持多长时间效果最好，小组之间的座位如何安排等。除此之外，还应该对不同能力水平的小组成员在小组中的作用以及他们受到的影响进行研究。这些问题还要在进一步的研究中去解决。

(七) 关于合作学习的进一步思考

"自主、合作、探究"的学习方式，是新课程的一个重要理念，也是一个亮点，它切实体现了学生自主的地位。但如何落到实处，却是教学实践中一个较为突出的问题。在此就"合作"一词，发点议论，以求抛砖引玉。

现象：

第一，有观课必定有讨论几乎成了定例。"讨论"这个词在教育界流行起来，恐怕已经有些年头了。曾几何时，它风靡课堂，深受教师的喜爱，尤其是公开课，安排一个讨论环节似乎就是一个出彩的点。似乎并不去过多地考虑是否有讨论的价值。

第二,讨论气氛热烈异常几乎成了常态。因为有了观众,表演便格外卖力,这是戏。同时这也说明大多数人都有展示的欲望和被认可的需求。于是乎课堂上的讨论也就成了一个被观众欣赏的戏的片段,观众愈是要看,讨论的气氛愈是热烈异常。

第三,重形式轻结果几乎让讨论成了负效的症结。自然地,这样的讨论就成了一种形式上的负担。因为有了需求,所以有了市场,但我们不必把这市场看得格外好。过于看重了形式,必然轻视了实质的内容。课堂时间,争分夺秒,宝贵异常,如果精力都在这上面,那必定导致课堂效果的低下,甚至无效、负效。

观点:

合作学习不等于讨论,这是个人看法。讨论必然出现在争议或者困惑之后,这些争议和困惑多是集体需求的体现,大家坐下来,议一议,争一争。理不辩不明,讨论过后,大家可能就清晰了许多。但也不是所有的讨论都管用,有些事议了半天也议不出个结果,这也是常有的。合作学习则多是在学生个体在自主学习的过程中遇到了疑难需要向他人求助的时候成为一种自然而然的学习方式,它出现的主要标志是个体的困惑。当然,当集体有了困惑的时候,他们可以采取讨论的方式解决。这里有几点是需要注意的。

第一,合作学习是建立在自主学习的基础之上的。没有学生个体的自主学习,合作学习就是不必要的。前面说了,学生个体在自主学习的过程中有了困惑,他可以向别人求助,这样就出现了合作学习。如果学生个体没有遇到困惑,哪里用得着"合作"呢,更无须论及"讨论"了。

第二,合作学习是自主学习的另一种形式。换句话说,合作学习也是自主学习的一种。只不过我们通常所说的自主学习多偏重学生个体的自主,而合作学习则偏重群体的自主,这多出现在我们经常提到的分组学习、小组合作中。想一想,同桌两人,一个向另一个解答,这不正是两个人的自主吗?

第三,合作学习是以展示为直接目的的。这个观点,怕是有部分教师不会接受。因为教师在没有接受"展示"这个概念的时候就把它当作学习的目的,显然有点早,但这的确是事实。心理学研究表明,每个人都有被认可的需求,这正是课堂展示的心理学基础。同时,合作学习结束之后,如果没有展示,显然教师就没有激励的根据,这样学生继续自主学习的动力就会降低。正是基于以上两点,我们把"展示"认定为课堂的灵魂。相应地,自主与合作是前提,是基础;检测反馈是归宿,是结果。

综观通常被认为较为成功的一些名校,我们不难总结出比较常见的几种合作学习的形式。

第一,对学。"对学"特指两个人的合作。这种方式是最为有效的合作学习方式,基本得到教师一致的认可。两个人合作,不受外人影响,最为直接,也最方便,同桌即可实现。但是,当同桌两人有了共同的困惑时,就需要组内的合作了。

第二,组内合作。一些教师制定的《建立学习互助小组实施方案》提出,每个小组 4—6 人为佳。一般地,一个问题只要组内有一人可以解决,那么他便有帮助组内其他成员解决问题的义务和责任。这是小组合作的基本特征。相应地,展示与评价也都要以小组为单位进行。

第三,组间合作。组间合作往往出现在展示的过程中,当某个小组出现了集体困惑时,就需要向班内的其他小组求助了。这样就出现了学习成果展示、提问、质疑等。仔细想想,这应该是课堂真正出彩的地方。

第四,教师与学生合作。教师与学生的合作也是合作学习的一种形式,如果仅仅把合作学习界定在学生的范围之内,应该是犯了狭隘主义错误。教师与学生的合作多出现在展示和检测反馈的环节,这正是"合作学习"的精彩和精华之处。

二、运用基本学习方式

在道德课堂的实践中,通过实施"独学、对学、群学"三种基本学习方式,促进学生学习能力的提升。

(一)独学、对学、群学的基本概念

独学是从学习个体而言,也就是学生个体的独立学习。道德课堂要求学生的学习从独学开始,独学也是道德课堂学生学习步骤的第一步。所有有效地促进学生发展的学习都一定是自主学习,我们常称其为自学。培养学生的学习能力主要是指培养学生的自学能力,所以独学非常重要。

对学是指同质学生的合作式学习。所谓同质学生是指同等学习程度的学生,一般为两名或三名学生。对学一般是道德课堂上独学之后的一个基本步骤,目的是解决独学中同层次学生所存在的问题,这些问题有可能是共性问题,也有可能是不同问题,但由于处于同一层次,他们有着相同或者近似的"最近发展区",所以对学的同学有平等的话语权,便于沟通合作。因此可以通过这种小型合作解决有关问题。学生正是在这种发现问题、探究问题、解决问题的过程中逐渐培养起来分析问题的能力、解决问题的能力、思维能力和创造能力的。根据学习内容的难易度不同,有时对学环节可以省略。

群学是指学习小组内部学生间的学习(一般小组由 6—9 名学生组成)。群学在道德课堂上一般安排在独学或对学之后。群学体现的是整个小组的学生对有关问题的讨论、交流,交流的问题主要包括小组学习成果的分享、小组内共同关注的焦点性问题、共性度高的疑难问题,此外还有综合实践类活动任务的合作等。

(二)如何开展独学

根据近年来我们所开展的一些实践,我们认为,要让独学高效进行,以下几个方面的建议是值得借鉴的。

1. 做好学情预测

教育学相关理论告诉我们,备课不仅要备教材、备教法,还要备好学生,备好学生就是做好学情预测。学情预测是教学设计的重要组成部分,是做好独学的基础。

具体做法是：针对本节课或本单元的教学内容，确定学生需要掌握哪些知识、具备哪些生活经验，然后分析学生是否具备这些知识经验。可以通过单元测验、摸底调查、问卷等较为正式的方式，也可以采取抽查或提问等非正式的方式。如果发现学生知识经验不足，一方面可以采取必要的补救措施，另一方面可以适当调整教学难度和教学方法，教师也可以针对新知识的特点，帮学生预设知识储备。教师要设法在学生的已有知识（旧知识）与教材中的新知识之间铺路搭桥，找准旧知识的结合点和新知识的生长点，使学生头脑中的知识经验与要学的内容产生联系，相互沟通。知识储备环节设计的功能是"以旧识新、使新变旧，减缓坡度、自然过渡"。

分析不同班级学生理解掌握新知识的能力如何、学习新的操作技能的能力如何。据此设计教学任务的深度、难度和广度。还可以进一步分析本班学生中学习能力突出的尖子生和学习能力较弱的学困生，并因材施教、采取变通灵活的教学策略。

有一点需要注意，那就是切忌单纯为了学情分析而去分析学生或者将学情分析孤立于教学设计之外，学情分析是系统教学设计的有机组成部分，并与教学设计的其他部分存在极为紧密的互动关系。学情分析是教学目标设定的基础，没有学情分析的教学目标往往是空中楼阁，这样的课堂也不可能是高效的。另外，学情预测还要重视对环节应用中时间限制的预测，以保证课程目标的完成。

2. 做好情景预设

兴趣是最好的教师，情景预设的目的是激发学生独学的兴趣和欲望。当学生对自学课本产生了兴趣，他就会在大脑中形成兴奋中心，表现出高度集中的注意力和敏锐的感知力，记忆力增强，想象力愈来愈丰富。在实际教学中，教师要充分发挥主导作用，努力挖掘教材的趣味因素，设置悬念，渲染气氛，激发学生的自学兴趣，使学生把自学课本当作一种自我需要。教师对情景的预设应做到启迪性、趣味性、知识性、关联性等特点。

3. 做好目标预置

独学要高效，目标来引导，目标就是独学的方向。目标预置就是目标设计的问题。课堂目标不具体，自主就会有压力。那么，如何才能把目标具体化？我们认为要从以下三个方面努力：一是课堂目标内容要具体化，既要展示大目标，更要有阶段性的小目标，如自学的范围、思考的内容、自学的时间、要达到什么程度、自学后教师如何检测，等等。二是课堂目标设置要分层化，在拟订各层次教学目标时，力求分清各层学生的情况，随时提高或减弱教学难度，以学生不感觉太难为原则，使处在不同起点的学生都能在原有基础上获得较好的发展，增强学生的自信心。分的时候，一定要想到合，要归依到"点线面体"的系统。三是课堂目标难度要梯级化，要通过递进式的目标将难点问题简单化，引导学生将梯级的简单问题系统化，回归到难点目标的整体高度。

(三) 独学过程中教师的作用

学生自主学习，不是说教师就可以消失了；相反，教师可能有更多的工作要做好。

第一，做好学习引导，保证独学的方向。前文已经对导学案的相关内涵及作用有了详细的介绍和说明。这里重点谈一谈导学案在学生自主学习过程中的"导"的作用。导学案是道德课堂的抓手。编写导学案，研究学生是第一要义。在每周一次的备课组集体活动中，先由中心发言人主讲本课时的知识目标问题，然后在此基础上研究学生的学习原理，研究学生的认知规律，研究学生的知能状态，最后由备课组长根据学情与知识的综合情况，依据"导为关键，学为宗旨，案为文本"的原则提出要求，指定教师编写导学案，也就是备课组长分工→提出相应要求→个人编写→个人汇报→集体讨论修订→分头整理→制成学案→印刷。编写导学案，关键是善"导"，宗旨是利"学"，形式是文"案"。教师的善"导"，在于找到教学内容与学生认知过程切合的"点"以及切合的"序"，在学生与教学内容之间架起合适的桥。"引导学习"是导学案的要旨。

第二，做好方法指导，保障独学的效率。掌握了正确的方法才能事半功倍，立竿见影，而不得法者，往往事倍功半或劳而无功。要加强对独立自学环节的方法指导，保证方法指导的实效性，关键是做好两个层面的工作：一方面授课教师要针对具体内容给出建议，让学生知道应该怎么做。比如针对具体知识特点出示看一看、想一想、议一议、练一练、说一说等方法性字眼。另一方面巡课或观课教师要进行介入性指导。在小组合作学习的初期阶段，各环节中存在的问题很多，单靠一个教师的力量是不足以解决的，为保证学生尽快入轨，巡课教师应担当起课堂辅导员的职责，深入小组，深入学生，既要指导，更要督导。

第三，做好过程督导，巩固独学的成果。学生自学，教师要巡视，在巡视中督导学生的独学。学生自学时，教师通过观察，了解学生的自学情况，端正学生的自学态度。教师在学生自学时加强督查，及时表扬自学速度快、效果好的学生，激励他们更加认真地自学。重视巡视后进生的自学，甚至可以给后进生说几句悄悄话，帮助其端正自学态度，使他们变得认真起来。要面向全体学生，不得只顾辅导一两个学生，而放弃了督促大多数学生。教师不得在黑板上抄检测练习或做与教学无关的事情，因为这样会分散学生的注意力。

检查学生的自学效果，这是一个必不可少的环节。通过检查，可以纠正不足；检查使学生看到自己运用学法所取得的成绩，获得成功的满足和喜悦，激发学生运用学法的兴趣。所以在学生自学后，应采取一定的方法检查自学效果，了解学生的自学情况。从检查对象上讲，一般可以采取三种方式相结合的方法进行检查：学生自查、小组互查、教师抽查。从检查方式上讲，可以采取背诵、习题、表达等方式进行。

(四) 对学及其基本要领

"对学"指学习小组内同质学生的合作学习。对学体现的是同层次学生交流、讨论独学时遇到的有关问题，交流的内容主要包括独学成果的分享，除此之外更重要的是解决独学未能解决的问题，并在解决问题的过程中发现新问题、探究新问题、解决新问题，不断提升，从而培养学生发现问题、研究问题、解决问题和创造的能力。怎么开展对学，有两个基本的要领。

第一,收获分享。小组内的同质学生进入对学环节后,不能简单地核对答案,而应各自将独学中收获的成果与对方分享、交流,如:我觉得这个词这样理解,我是用联系上下文的方法理解的;我是这样做的,我的思考过程是……。对学时做到轻声细语。

第二,质疑求证。质疑求证即对独学环节中遗留的问题及难以互相解释的疑惑交换意见,如:你为什么这样思考?我的观点是……。将对学未能解决的问题用红笔做好标注并向组长报告,以便在群学环节中交流。

在学生开展对学的过程中,教师也要做一些工作:一是关注学生的学习状态。在对学阶段,教师的主要任务是高度关注对子间的学习状态。如学困生以及各层次对子间的倾听、交流等情况。二是了解学情。教师在这一过程中要做好各组对学问题的跟踪调查,分层了解,及时掌握第一手资料。三是点评小结。在这一环节教师要对各学习小组给予鼓励性、客观性和针对性的评价。

(五) 群学及其基本要领

"群学"指学习小组内不同学习水平学生的合作学习或"学习对子"(异质结对)间的帮扶学习。群学在课堂上一般安排在独学或同质学生的对学环节之后。群学体现的是整个小组同学对有关问题的合作与交流,交流的问题主要包括小组学习成果的分享、小组共同关注的焦点性问题、共性度高的疑难问题,此外还有综合实践类活动任务的合作等。

群学仍然是以解决问题为主线,并在解决问题的过程中"发现新问题——探究新问题——解决新问题",不断提升,从而培养学生发现问题、研究问题、解决问题和创造的能力。

1. 群学的基本流程

第一,分享。分享指的是分享独学或对学的学习成果,一般由组长主持。组长:先请×××对子汇报学习收获,其他对子补充或质疑。

第二,解惑。解惑指的是解决对学过程中各对子间存在的问题、难以互相解释的问题及疑惑。组长:这道题有谁会?都不会的话请×××同学记录下来,或者写在黑板上。

第三,拓展。拓展指的是对学习过程中的难点、重点、易错点、拓展点等进行有价值的拓展、延伸,对所探究的知识进行深度和广度上的挖掘。组长:×××同学的观点、想法和你们一样吗?谁能讲讲自己的看法或想法?

第四,合作探究。合作探究指的是对于有综合实践类活动的课程与课型,由学科组长安排小组合作探究,完成探究任务。

第五,帮扶。帮扶指的是对子(异质结对)帮扶学习,解决遗留问题。组长:×××同学这道题还不懂,请学习对子或×××同学来帮助他。

2. 群学对学生和教师有不同的要求

第一,对学生的要求。以学习小组为组织单位,由学科组长组织成员对照导学案开展有效的合作、探究、对子(异质结对)帮扶,真正实现"兵教兵、兵强兵、兵练兵"。群学中的疑惑要及时展示在黑板上,为教师和其他学习小组提供信息。

　　第二,对教师的要求。要关注学生学习状态;进行学情调查,教师在这一过程中要做好小组学习问题的跟踪调查,并做好必要的问题记录,选择合适的处理方案;适时点拨指导;点评小结激励,教师要注重对各学习小组群学的环节给予鼓励性、针对性、指导性和全面性的评价。

第十章　道德课堂的教师行动策略(三)

一、构建"大课堂"概念

在道德课堂的实践中,通过抓好"课前、课中、课后"课堂三段活动,构建"大课堂"概念。这就是道德课堂教学的三个阶段,即课前设计、课堂实施、课后评价。

(一)"大课堂"的概念及其基本内容

现代课程教学论把课前的教学设计、课中的教学实施、课后的教学评价综合起来称为大课堂。也有人赋予这三部分更为具体的内容,即课前充分的预备、课中精彩的展示、课后深刻的反思。我们认为,只有三者完美地结合,才能获得效率高的课堂。

1. 课前

任何一堂成功的课,都离不开课前认真细致的备课,而备课的充分与否很大程度上影响了每个教师上课的自信程度、讲课效果以及学生听课的效果,所以备好一堂课是上好一堂课的关键。

第一,备好每个知识点。每节课都有学生需要掌握的固定知识,教师必须能明确地准备好本堂课的知识要点,要能准确地罗列出每节课需要学生学习的详细知识点,如掌握哪些字词、能用哪个句型等。当然做到这一点也是需要教师对教材和学科"课程标准"有深入的理解以及教师个人长期的经验积累的。与此同时,教师还要了解学生的学习状况,找到学生、知识点和过去知识的切入点。

第二,备好预设。学生在掌握具体知识的过程中,可能会产生这样那样的问题,这就需要教师能对出现问题之处提前进行预设,能设想出学生在掌握某个知识时可能出现的问题,乃至在哪个环节容易出现问题等。

第三,备好预习。教师课堂的最终衡量标准应该是学生学习的程度,学生学得好就说明教师讲得好,千万不能用教师讲得好来代替学生学得好。如何让学生学得好,这就要求教师能突出学生的"学"。学生的学可以是学在上课前,可以是学在上课中,也可以是学在上课后。学在上课前,可以充分调动学生的积极性,学生也能学出自己需要在课堂上等待教师和同伴来解决的问题。学在课堂中,也就是学生在课堂学习过程中发现的问题,这取决于学生课堂学习的参与性和身心投入的程度。学在课堂后,这需要学生有很强的个体上进心。相比较而言,这三种状态下,唯有学在课前对于教师的上课来说可能是能取得比较大的效益的。

如何备好课前的预习,教师可以根据自己多年的经验积累,采用导学稿的做法,把自己认为是重点、难点的知识罗列出来,让学生根据导学案,结合教材进行个体探讨。

2. 课中

第一,要充分凸显学生的主体意识,让学生能充分展示自己的才华。课堂应该是学生展示自我的舞台,教师要把课堂的主动权交给学生,尽可能让更多的学生能对问题发表自己的意见。这就是我们提倡的"我的课堂,我做主""课堂因为我的存在而精彩"。教师只是充分发挥自己的能力去调动学生来展示自己的才华,暴露学习中的问题,并引导学生通过集体的智慧来解决遇到的问题,这里要特别提出的是,让学生自我解决问题,而不是教师单向灌输。我们认为,只有自己亲身发现的、亲身解决的才是让自己难以忘怀的。

第二,要促成学生思维的开发和知识的生成。课堂效率的提高,关键应该看学生在课堂中思维活动的强度,教师要把学生的思维积极地调动起来,让他们能用自己的头脑思考问题。课堂教学的最高境界是学生能在教师传授的基础上,将知识进行组合并生成新的知识。

第三,教师上课要充满热情和激情。教师在讲台上应该是一个演讲者,是一个演员。一个演讲者或演员能否吸引观众去欣赏他,就要看他是否投入,是否精神饱满、激情澎湃。我听过一些教师的课,课讲得单调乏味,基本上是照本宣科,并且语调平淡,学生们直打盹。其实这个时候我特别同情学生,听这样的教师上课真是对学生的一种折磨。所以我希望教师在讲台上讲课时,应是一个充满热情的人,教师要用热情而坚定的目光不断环视学生,关注每一个学生的听课状态,而不应只定格在某一个学生身上;教师要用抑扬顿挫、激昂的声音去震撼学生的心灵;教师要用形象的思维、绘声绘色的描述,让学生在课堂上困意全无,让学生不听你的课就会想你,让自己成为一个成功的煽动者,去煽动他们的热情,照亮他们的双眼,激活他们智慧的火花,让他们在你的真情、热情、激情的感染下,张开嘴巴,活跃思维,让45分钟的课堂成为师生合作灵动的舞台。

3. 课后

第一,教师个体的反思。教师在课后要认真思考本节课自己收获的是什么,最成功的地方是什么,哪一个地方讲得特别到位、学生们听得特别明白,自己当时采用了什么样的方法、什么样的语言,把那种成功的方法和语言仔细回忆一下,看是否能够应用到以后的教学中。对于上课过程中存在的不足,一定要想办法在下一个班级、下一堂课用更充分准确的语言讲解出来,决不能让同一个问题在两个班级同时上演。我个人认为一位不断反思、不断总结、不断创新的教师才会不断进步,他的课才会越来越精彩。

第二,督促学生做好知识的完善、提高。通过一堂课的学习,学生可能会带着不同的状态离开课堂,大部分学生带走的应该是知识的不完善、不理解和对新知识的渴求。教师应该鼓励学生相互学习来解决课堂中未解决的问题,对于实在难以理解的问题,可以让学生向教师询问,同时让学生再把导学稿作进一步的完善。

(二) 教学设计的标准

做什么事情,都要有一定的标准。教师的工作依据的是教育学、心理学的原理和要求,教育学和心理学为教师提供相应的工作标准。教学设计这一教学工作开展的前置性关键问题的解决,自然也有着相应的标准。一般我们理解的教学设计,其实就是备课,传统上备课包括备教材、备教法、备学生等方面,道德课堂结合新课程改革的相关理念重新界定了教学设计的标准。

1. 正确理解教材

教育学的相关原理告诉我们,一位教师对教材的把握有三个阶段:懂—透—化。

不同的教材把握阶段基本对应相关的教龄阶段。一般年轻教师工作三五年,可以做到"懂"的阶段;工作到十年左右,基本就可以对整个的学科知识体系做到"透";但"化"的境界却不是每位教师都能够达到的,很多教师工作了一辈子,也只停留在"透"的水平上。一般来讲,学科知识包括三种性质的内容:学科特有的规定性内容,成为"文法性知识";具有上下位关系的内容;其他内容。

学科教师对教材的把握的基本要求是能够分析教材所涉及的基本事实,画出概念图和思维导图;能够整体把握学段教材,描述知识的"上下位"联系。当然,更高的要求是,能够整体把握教材并对教学内容的教育价值作分析。

2. 实证地分析学生情况

学情调查与分析,说白了就是备学生。我们要先弄明白学生的起点,然后根据学生的能力、性格、气质等方面的状况确定学生通过学习后可能达到的水平,这里的起点与可能达到的水平之间的空间,其实就是最近发展区。学生学习的新的知识要与原有的知识和生活经验相关,不同的学生有着不同的思维能力,所以我们要从学生的实际出发,针对不同的学生设计不同的目标要求。这样做,才是符合心理学规律的。

3. 清晰地确定与表述课时目标

有了对教材的充分认识和对学生的充分了解,接下来我们就要根据课程标准的要求确定每一课的教学目标,或者叫作学习目标。目标解决的是我们要把学生带往哪里去的问题。

这里有两个基本要求,一是学习目标要符合课程标准的要求;二是目标的表述要具体、可测、可评。一般来说,知识与技能目标的表述要具体,具有可观察或可检测性;过程与方法、目标与知识内容有机结合,具有可操作性;三维目标表现为一个过程的多个方面,要有机整合。同时要做到以下几个方面:一是目标的行为主体必须是学生而不是教师;二是目标的设计与编写要用可检测、可观察的外显行为来界定,行为动词必须是可测量、可评价、具体而鲜明的;三是学习目标的陈述要反映学习类型,不同的学习类型通过不同的能力动词来陈述,如区分、识别、生成、采用等;四是目标的设计与编写要全面考虑教学效果,除了顾及认知领域的目标,还要顾及技能和情感态度价值观领域的目标;五是学习目标要指向全体学生,是所有学生所要达到的一般要求。

4. 以学生为主体设计教学活动

学习目标解决了要把学生带到哪里去的问题,接下来要思考的是怎么样把学生带到那里,这就是学习活动的设计。学习活动的设计是为学习目标服务的,这里要注意以下几个方面的问题:一是教学流程的安排要清晰地体现学科知识的逻辑关系;二是活动的设计要符合学生的认知规律;三是活动的组织有清晰的指令,问题明确,过程具体,解决问题的方法能有效渗透,不同学生各有收获;四是能够抓住课堂生成的问题进行拓展,对课堂可能出现的问题有应对的办法;五是有意识地对活动的效果进行观测和调整。

以学生为主体设计教学活动,设计过程中有几个关键:一是一定要有问题设计,特别是纲领性问题(主干问题),并对主问题进行适当分解,给学生的思维搭设必要的台阶;二是要有学生活动的设计(包括课后作业),特别是任务驱动式活动,真正落实以学生为主体的学习活动从教学流程抑或教学环节的角度考虑,教学环节的设计,要突出重点、富有层次,要和学习目标(特别是重点、难点)相互照应。

(三)教学实施的标准

课堂是教学活动的核心。再好的设计,拿给不会用的人,课也上不好。这就是教师作为专业技术人员的充分体现。专业的人做专业的事,课堂教学就是极为专业的事情。教学实施要注意以下内容。

第一,教学语言精练、生动。虽然课程改革要求充分突出学生的主体作用,但教师的讲授仍然是必不可少的。讲授法仍然是一种很重要的教学方法。教师的讲授,要做到教学语言精练、生动;要充分运用表情、手势等体态语和副语言加强信息传达的效果;要根据学情灵活地进行讲解、阐释、举例。

第二,熟练运用板书。优秀的板书设计就是一节课系统化、简明化的概括。板书设计要巧妙地突出重难点和知识间的联系,要有明显的结构性。板书的呈现随着课堂进程要有生成性,同时板书字体要端正,大小合宜,还要兼顾一定的书写速度。

第三,恰当运用多媒体等教学工具。信息化时代,多媒体等工具对教学效率的提升有着很突出的积极意义,恰到好处地使用这些现代工具帮助学生学习,可以收到事半功倍的效果。当然多媒体课件的制作及演示要符合特定学科的教学要求,教师要能够熟练地进行实物教具的演示或操作、实验等,动作也要规范。

第四,恰当地提问与有效追问。课堂提问和追问是激发学生思维的有效手段。要注意的是:第一,要根据教学设计时构想的主问题,选择恰当的时机和对象,以恰当的方式提问,必要时对主问题进行变通处理。第二,根据课堂上变化的学情,临时提出一些散问题,或引起学生注意,或促进知识掌握,或启发思考。第三,问题本身及其表述能让学生理解,提问精当并有一定顺序,避免杂乱、肤浅等弊端。第四,掌握重复问题、重新表述问题、调焦(宽问题变窄问题)、停顿、搁置、分配等提问技术。第五,根据学生回答问题的情况,进行灵活有效的追问,对困难者起支架作用,对优秀者起深化和拓展作用。第六,鼓励学生提出问题,重视培养学生的问题意识。

第五，对重难点内容和学生的反应做出强化。斯金纳认为，强化是行为形成和改变的最根本规律。他通过大量的动物实验发现，强化安排的效果主要取决于其时间和次数的分配。他把这种分配叫作强化时程表，包括正确的反应每次均予以强化、定比间隔强化、定时间隔强化、不定比间隔强化、不定时间隔强化五种形式。其中，不定比间隔强化和不定时间隔强化效果最佳。

课堂教学中强化的方法有：运用重复、板书、提问、语音变化、手势表情、身姿体位等多种手段，对教学重难点或需要注意的地方进行强化；选择恰当的时机进行强化，特别注意结课时的强化；运用口头语言（表扬或含蓄批评等）、表情、体态语（鼓掌、摇头、握手等）对学生的发言或行动作出评价，以正强化或负强化的方式促进学生的反应或保持学习量。

第六，合理调控课堂节奏与内容的走向。课堂是一个教学事件随机发生的场所，现场生成的事件对教学效果有着不可忽视的影响，所以教师要十分注意并恰当地加以使用。教师要能根据课堂上不可预知的学情，灵活调整教学设计时各环节的时间分配，或做出取舍；同时又要注意大体按照教学设计的思路，控制课堂内容的走向，不因偶发事件或枝蔓错误地偏离主航道。

第七，面向全体与关注个别学生。新课改要求教师面向全体学生，致力于全体学生的全面发展。虽然在现实中有很多困难，但教师也要尽量关注每一个学生，尤其是在课堂教学过程中，要不满足于少数积极学生烘托的课堂气氛，注意对沉默和边缘的学生予以特别关注。教师要能够利用提问、目光交流、走动接近、个别指点等形式，对沉默和边缘的学生进行感情与智力的支持；要针对学生的个体差异，运用面谈、笔谈等形式，进行有效的个别化指导。

（四）教学评价

教学评价对学生来说评的是学生的学业水平。教师要注意两点：一是能够利用提问、活动观察、态度表现等对学生的学习进行过程性评价，并及时利用评价结果促进学生学习；二是能够选择题目或命题，以考查学生当堂学习的效果。

教学评价对于教师来说具有教学反思功能。教师要能够根据学生的表现，分析自己的教学设计和教学实施过程的成败，养成反思的习惯并能够根据反思结果提出自己近期改进教学的想法。

要注意引导学生对学习效果进行自我评价和互评。比如通过设计让学生自评和互评的活动给学生参与学习评价的机会；为全体学生提供集体讨论他们作业的机会。这里，教师要引导学生制定阶段学习的目标；向学生示范评估的方法和策略；帮助学生形成自我反思技巧，如请学生通过完成学习小结来对学习情况进行评价，也可以组织学生将自己的学习小结在班级里展示、交流和反思。

二、课堂流程的再造

课堂流程的再造就是要建构具体的课堂流程，即"先学—展示—反馈"。教学流程是教学规律的具体体现。"先学—展示—反馈"是课堂教学的一般规律,也是郑州市道德课堂的基本流程。在实施过程中要注意以下问题。

(一) 先学

道德课堂的先学,要遵循明确的基本要求。

1. 提示课堂学习目标

提示学习目标一般有三种方法,一是课前制作好课件,设计好学习目标或者自学问题,以学习目标或"问题"引导学生自学;二是做好学案,在学案上体现学习目标,让学生自己阅读;三是运用合适的教辅资料,学生通过阅读资料上的内容了解学习目标。道德课堂提倡的是以学案的形式呈现学习目标。

目标的设计要注意:要认真钻研教材和课标,准确地制定学习目标,既不降低也不拔高要求。该"会运用"的,就要能当堂运用,不能人为地降低到"知道"的要求上。要层次清楚、简明扼要,不要太长。如用课件展示,一定要让学生默看一遍,不要急于关闭。

2. 指导学生自学

这其实就是学法指导,要注意做到具体化。学生根据课堂学习目标或者问题进行充分的自学,完成指定的学案、练习或者找到问题的答案。遇到的疑难问题要做好标注,以备合作学习时用来讨论。

自学指导要层次分明,让学生看了之后,做到3个明确:① 明确自学内容。即让学生知道学什么。有的教材内容单一,一般一次自学完;有的教材内容多,可视情况分几次自学,但每次自学前必须写清楚自学的内容(或范围)。② 明确自学方法。例如,看书,是围绕思考题看书,独立找答案;还是边看书边与同桌讨论,解决疑难。怎样做好,就怎样做。自学理科时,往往引导学生抓住新旧知识相衔接的地方重点看。例如,自学含有分母的一元一次方程的解法,应引导学生重点看好去分母的那一步,其他步骤可以一目十行。③ 明确自学后的要求。即用多长时间,完成什么学习任务,届时如何检测等。

做好学生自学时的学习辅导,做到3个重视:① 重视差的学生,甚至可以给后进生说几句悄悄话,帮助其端正自学态度,使他们变得认真起来。② 重视面向全体学生辅导,不得只顾辅导个别学生,而忘记督促大多数学生。③ 重视全程辅导,教师不得在黑板上抄检测练习,或做其他与教学无关的事,因为这样会分散学生的注意力。

学生自学完后,对于独立完不成的学习任务或问题可以提交小组进行集体解决。如更正学案、完成问题或者练习,力争让已经"学会"的学生教会"不会"的学生,帮助他们找到"不会"的原因,即"兵教兵"。在此过程中教师要注意加强对小组的评价,一定要让所有的学生都合作起来,尤其是边缘学生。

(二) 展示

展示有很多种形式,不同的内容采用不同的形式。但一般来讲,根据内容的难易程度,经常采用的有三种形式。一是小组式展示,对于学习任务不是太难的情况,可以轮流以小组的形式进行展示,在学生进行展示的过程中教师要进行相应的点拨。二是纠错式展示,即让不同层次的学生上台板演或者展示他们的学习成果,从中找出"易错点""关键点"。这种形式针对的是不太难但容易出错的内容。三是抢答式展示,教师以问题为牵引,运用小组竞赛等形式开展,对于较难的学习任务采用此种方法引导学生展示,找出"难点"和"运用点"。这种形式针对的是比较难的内容。

展示过程需要教师解放思想,真正让后进生回答问题或板演,千万不得搞形式主义,叫尖子生讲或练,表面上正确率高,实质上掩盖矛盾,不能最大限度地暴露自学后存在的疑难问题;或者以小组为单位,让小组的每一个成员都进行展示。在后进生回答问题或板演时,教师要照顾全体学生,让他们倾听别人回答问题,随时准备纠正错误,或给他们布置练习等。要运用好评价语言,对不同的学生进行有实用性的评价。展示方法可以并用,要灵活取舍。

(三) 反馈

反馈一般当堂进行,即当堂布置课堂作业(一般是提前在学案上设计好的),督促学生独立完成课堂作业,批改部分已完成的学生的作业。反馈内容的设计要低起点,多层次,有必做题,有选做题,有时还有思考题。学生在进行反馈时,教师要勤于巡视,尤其关注后进生,若后进生有困难,则课后要主动找其来"开小灶",也就是做到"日日清"。反馈完成后,教师要当堂批改部分已完成了的学生的作业,尤其是后进生的作业,要让他们尝到成功的喜悦。同时教师要充分运用评价机制的激励作用,确保教学质量。

在"先学—展示—反馈"教学流程中,有两条清晰的线索贯穿全过程,一条线是充分放手让学生学练和展示,这是一条明线,突出了学生的主体地位;另一条线是每一步都离不开教师的指导,这是一条暗线,体现了教师的主导作用,而且在实践中,教师的点拨要贯穿学生学习的整个环节。

第十一章　道德课堂的教师行动策略(四)

一、重视"先学"

先学,是课堂教学的起点。没有充分的先学,就没有精彩的展示。先学,是一条教学规律,不是可用可不用的教学方式,与传统的"预习"有着本质的区别。

(一) 为什么要先学后教

这个问题,其实就是教与学的关系问题。心理学家和教育理论家有四类观点解释二者之间的关系。厘清其中的关系,对我们理解教和学大有裨益。

其一,有人认为学习和教学没有关系。有人认为学和教是两种不同的、独立的现象。教,可能仅仅是影响学习的条件之一,学生在没有教学的情况下也能学习。反过来,即便教学很得法,如果学生不感兴趣,没有学习的欲望,或者学习的准备不足,学习可能也不会发生。史密斯等人对此深信不疑。

其二,有人认为教学是学习的补充。学生到底是怎样学习的,很多人不清楚,也可能不懂得这方面的理论与方法,或者根本就不曾想过还需要关注这些内容。于是就很直接地认为,我们需要有专门的教学的指导,以直接在学生的学习上发生作用。教学只是影响学生学习的手段,只能作为学习的补充而已。

其三,有人认为学习和教学是相互作用的,甚至二者之间是相互依赖的,谁也离不开谁。持有这种观点的人认为,在理解学习之前,无法组织教学,阿特金森就是持这样的观点。学习是教学的前提,反过来,教学又能够施加作用于学习,带来二者之间的相互促进。意思是说,学生的学为教师的教提供了前提,同时又促进了教师的教;教师的教反过来作用于学生的学,对学生的学起到促进作用。这是看起来很好的一种观点。

其四,还有人认为学习是教学的基础,我们只有知道了学生现有的学习情况,才能够有针对性地组织教学。这种观点,在维果茨基的最近发展区理论中表述得最为显著。我们现在经常提到的学情调查,究其依据,多源于此。

我们更多关注的是后面两种观点,学习是教学的基础,但教学反过来也促进学习。当然,我们这里所说的学习多针对发生在校园内的有组织的规模性的统一的学习事件。因此,道德课堂实践注重先学后教。

(二) 学习方式的转变:从被动走向自主

新课程改革的重点之一是如何促进学生学习方式的变革,而学习方式的转变意味着个人与世界关系的转变,意味着存在方式的转变。学生学习方式的转变关系到教育的质量,关系到师生校园生活的质量,关系到年轻一代拥有什么样的未来,关系到国民素质的提高,乃至关系到综合国力的强弱。为此,我们必须提倡新的学习方式,即自主学习、合作学习、探究学习,这也是世界教育发展的必然趋势。

长期以来的高考、中考的"应试效应"的负面影响造成"重教轻学",教师的天职似乎就是在有限的课堂45分钟内尽快授完课,在"一言堂""满堂灌"的陈旧教学方式下,学生的学习是被动的,没有学生的主动参与,学生的主体地位就无从谈起。教学形式单一,不利于拓展思维。由于一些教师的"照本宣科",且学生受求同思维的影响,学生相信"正确答案",而不愿另辟蹊径。学生过分地依赖教师,或者抄别人的答案,限制了自主发现问题、解决问题的能力,也阻碍了个性发展,更导致学生"自我效能感"薄弱,制约了学习责任感、自主性、自我调控和合作学习的效果。自学能力薄弱,更谈不上创新。因此,实施新课程改革的难题之一是学生的自主能力问题。

在学校教育中,学习方式直接影响甚至决定了学生人格的形成过程与发展结果。认知学习理论认为,人的认识不是外界刺激直接给予的,而是外界刺激与人的心理相互作用产生的。因此,教师在教学过程中,要突出学生的主体地位,以学生为中心,真正认识到教学语言的目的,着眼学生的未来。如果一个在学校中度过9年或12年学习生涯的孩子,整天处于被动地应对、机械训练、死记硬背和简单复习之中,那么他(她)对所学的内容也就难免生吞活剥,一知半解,似懂非懂。为此,我们必须提倡新的学习方式,即自主学习、合作学习、探究学习。

(三) 开展自主学习

所谓自主学习是就学习的内在品质而言的。自主学习是一种独立性学习,独立性是自主学习的核心品质,是从"我要学"向"我能学"的强化。

关于自主学习国内外已经有大量的研究,它主要是针对以教师为中心的课堂教学模式的弊端提出来的,目的是转变学生在语言学习中过分依赖教师的情况。有西方学者提出,当学生在元认知、动机和行为三个方面都是一个积极的参与者时,其学习就是自主的。

我国学者庞维国把自主学习概括为"能学、想学、会学、坚持学",具体包括以下几个方面:学习者参与确定对自己有意义的学习目标的提出,自定学习进度,参与设计评价指标,即自主学习的构建性与主体性呈开放态势;学习者积极发展各种思考策略和学习策略,在解决问题中学习,即自主学习的开放性与选择性;学习者在学习过程中有情感的投入,有内在动力的支持,能从学习中体验积极的情感,即自主学习的主体性与互动性。

建构主义认为,学习能力是与生俱来的("Learning is an innate ability.")。学习是在一定的社会文化情景中通过参与活动、与他人交往而实现意义建构的过程。因此,我们有理由认为:每个学生都是积极的探究者和知识构建者;学生原有的知识经验是新知识的生长基点;学生的需求、兴趣和自主情感是有效学习的内部基础;学生的自主学习需要教师提供有利的外部条件

(正确地引导学生与其他人互动);学生的语言技能不是靠教师"教给"的,而是他们在参与学习活动过程中"学会"的。

通过研究,我们认为有以下几种方式可以帮助学生有效地开展自主学习。

第一,任务驱动,激发自主。认知学习理论认为,人的认知不是外界刺激直接给予的,而是外界刺激与人的心理相互作用产生的。语言学习的过程是感受语言→理解意思→练习→活用语言→语言输出的过程。语言输入→课堂的任务驱动来自教师的诱导→教师的主导作用,教师在特定的教学情况下,设计任务,运用教学策略,引领学生通过主动参与,建构知识,丰富学习经历,激发学生的创新思维和创造意识,鼓励学生主动成为学习的主体。

在任务型教学中,教师是教学活动的创建者,要引发学生兴趣,组织课堂,引导学生相互合作。同时,教师也是学习方法的指导者,应激活学生思维,引发学生的互动。

第二,民主互动,展现自主。心理学家马斯洛认为:"只有在真诚、理解的师生关系中,学生才敢于并勇于发表见解,自由想象和创造,从而热情地汲取知识,发展能力,形成人格。"可见在民主的教学氛围中,积极开展师生、生生互动的语言实践活动,开展教师、学生与文本的平等交流互动,学生才能在课堂上产生智慧的火花,主动学习,从而获得足够的语言经验,提高运用语言的能力。这也是最有效的自主学习之一。

第三,方法领略,学会自主。学生学习的主动性和积极性的成功获得在很大程度上与教师的教授方法有关。初中生的学习大都存在从依赖逐渐到独立的过程。首先,教师除了引导学生正确学习、掌握科学方法,还应该帮助学生建立适合自己的学习方法和策略,从"不会"到"学会":(1)帮助学生反思自我,明晰自己想要学习什么和获得什么。(2)帮助设计恰当的学习活动。(3)帮助寻找、搜索和利用学习资源。(4)帮助学生对学习过程和结果进行评价。其次,要开发和提供充分的课程资源,如图书报刊、音像资料、风俗习惯、名胜古迹、自然风光等。给学生充分的空间,学会观察,学会分析和思考,从中明白事理。

第四,自我调控,目标自主。自我调控是自主学习能力中不可缺少的,是指学生完成计划、实施、调整、控制、反馈、评价自己的学习的过程。自我调控使学生能够有意识地依据目标制订自己的学习计划,进行实践及评价,在课堂上保持高度注意力,主动参与分析、推理、归纳等认知过程;提出合理的、有挑战性的目标,主动预习、复习,主动拓展语言知识。首先,教师要选择恰当的切入点,加强学习计划性的指导,这是行为控制的第一步,它可以促使学生养成良好的有条不紊的学习和思考习惯,从而提高自我监控水平。其次,学生不断反思学习过程中的优势与不足之处,增强自我意识,调整学习策略。

第五,重视评价,实现自主。学生是否能够自主、有效地学习,需要教师提供有利的外部条件(与他人的互动、自评与互评、教师的评价)。由于不同学生的习惯、学习的基础、生理与心理素质参差不齐,教师要因势利导,通过恰当的时机、途径和场合,让学生充分展示各自的特长,参与交际,正确评价,学生也需要同学的评价。使学生体验成功,增强自信心。学生一旦体验到学习成功的乐趣,自然会诱发更为主动的心态,并进一步发展成为持久强烈的意识形态,从而实现自主。

二、突出"展示"

在道德课堂实践中要突出教学的"展示"环节。突出学生的"展示性"学习,主张人人参与,个个展示。展示,是解决学生学习内驱力的金钥匙。

(一)课堂因展示而精彩

展示是学生在课堂上汇报自主学习、合作学习的成果,是有效课堂教学中最重要的一个环节。在课堂展示中,学生讲解所学的知识,这为展示学生的才华与智慧提供了舞台。精彩的展示是学生学习持久的、强大的驱动力,所以学生展示的质量高低,不仅直接决定着有效课堂的效果,而且决定着学生自信心的培养,决定着学生在这个特殊年龄段所具有的自尊心、表现欲是否得到满足,决定着他今后是否能以更大的热情投入到学习中去,决定着他能否感受到学会知识的快乐和教会别人的那种成功的喜悦。可以说展示是学习的金钥匙。

由于学生个体差异的存在,每个班级里总有一部分学生不愿意或者不主动参与学习,在以前传统的课堂中就很少有学生举手发言。那么,在有效课堂中,应当如何引导学生积极参与课堂展示?结合实践,具体可以归纳为以下六个方面。

1. 树立"展示就是好样的"思想

在有效课堂开展初期,学生对展示往往有很大的顾虑:怕出错,怕讲不好,怕同学、老师笑话,不敢展示。

针对这种情况,我们在班级里树立了"展示就是好样的"思想,跟学生讲,课堂展示是允许学生光明正大"犯错"的时候,学习的进步就是在纠错的过程中实现的,从而培养学生形成这样一种意识:成功只会向积极勇敢的人点头微笑,只要你敢参与展示,哪怕是你讲错了,就凭勇敢展示的精神,其他同学也会给你掌声,为你喝彩!老师也会给予鼓励,为你加油!作为老师,当学生展示得好时,要及时作出激励性、表扬性的评价,或给他所在的小组加分,让他感受到因他而给小组带来的荣誉,因他的表现而给小组增添了光彩,从而使学生更加自信。自信繁衍成功,成功激活快乐,通过一段时间的尝试,同学们放下顾虑,逐渐敢于并乐于在课堂上展示并努力做到更好。

2. 充分自主、合作的学习为高质量的展示做准备

由于有效课堂是要真正地把课堂还给学生,课堂上的主角就是学生,学生在每一个环节做得好坏都直接决定着展示的质量,所以我们要让学生明白,没有充分的自主学习,就没有与他人合作交流的知识基础,就不会有他在小组讨论中与同伴的侃侃而谈与交流切磋,他吸收同学丰富思想的机会也就减少了。

在学生自主学习时,求知欲强的学生往往会认真地自主学习,而另外的一部分学生就要靠

另一种动力驱动他自主学习,那就是以第二天他将要在全体同学面前展示自己为动力而进行扎实的自主学习。这个年龄的孩子真的很在意自己在全班同学面前的形象,他们很渴望在第二天的展示中塑造自己的光辉形象,在这样的心理驱动下,有了良好自主学习的第一步,就会有与同学充分交流合作的第二步,也会顺理成章地有成功展示的第三步。

3. 对学生进行展示培训指导

每个学生都希望自己的展示精彩,但哪个学生也不是天生就会,所以要告诉学生有意识地锻炼自己,展示前要有充分的心理准备,准备好自己的知识、语言、声音,展示时要面向大家;声音要洪亮有力,语速适当,避免口头语;表情体态要落落大方,自然得体,避免扭捏;语言要逻辑性强,简洁标准,避免声小啰嗦;板书要规范,过程完整,避免字轻潦草。尽可能用学科专业语言,避免用这个、那个,建议每个学生回家照镜子反复练习,让学生体会台上十分钟、台下十年功的道理。同时要求不展示的同学,一定要认真听讲,听出自己的想法和观点,随时准备质疑,当展示者讲到精彩处要给以赞赏的掌声。

4. 用好激励性、表扬性评价这一温柔的"武器"

人都说好孩子是夸出来的。在学生展示后,教师不要急于去讲解学生展示不到位的地方,而是在讲之前,一定要先给学生一个肯定的评价,当然对于学生展示不到位的地方,教师是一定要讲的。也就是说,即使展示得不理想也要找到闪光点进行表扬,比如,如果他声音很小,你可以表扬他语言逻辑性强;如果前言不搭后语,你可以表扬他站姿标准,精神饱满;如果他一会挠头,一会咬手,你可表扬他声音洪亮,语速适当;如果他知识都讲错了,你还可以表扬他字很漂亮(也可以表扬他很幽默,给大家带来快乐)。例如,我班有个内向的孩子,平时都听不到他说话,小组把他推出来展示,他展示后,我就说,你今天的展示,让我和同学们发现你的音质很好听,如果再大点声,就更好了。他露出愉快而腼腆的微笑。还有一次我去听课,一个学生展示得有模有样,讲课老师这样评价:"咱们×××同学讲得真有老师的范儿。"孩子被教师这么一表扬,心里会很高兴,下次他就会更有范儿啦。总而言之,找到闪光点并给予表扬,学生是很在乎教师的评语的,如果你什么都没有说,就无声地打击了他展示的积极性,积极性没有了,展示的质量也不会好,要教师讲解的地方就更多了。这样就回到了原来的一言堂灌输式的教育。一句表扬,一句激励,对学生来说,听在耳里,美在心里,给他自信,催他上进,有了自信和上进心,什么事会做不好呢。

5. 千方百计创造质疑、对抗的机会

学生在展示者充分展示的过程中,能提出质疑是很难得的,我们的学生听课听了近十年了,都是静静地接受知识,有不会不懂的地方一般也要等到下课去问老师,这还是爱学习的学生,而大多数学生上课遇到的不会的问题随着下课的铃声响起也都忘记了,这些存在的问题就成了以后学习路上的绊脚石。有效课堂鼓励学生随时质疑,告诉学生提出问题往往比解决一个问题更有意义,并将疑问尽量在第一时间解决掉,提出的问题由谁来解决呢,第一接球人当然是展示的学生,如果展示的学生能很好地回答质疑,则问题顺利解决。

但有时质疑提出来后,展示者给予的解答并不能让同学满意,这时同学们的思维都围绕问题而积极思考,看谁能说出令同学们信服的观点来,有的同学会大胆表达自己的看法,积极解决问题,这时的课堂是一个开放的学堂,谁都可以站起来表达自己的观点,同学间的观点有时是不同的,这时大家就会各说各的理,从而出现我们很难得看到的对抗场面。

在质疑、对抗中,有的同学充满激情地表达自己的看法,有的同学在倾听别人的发言时,捕捉瞬间跳跃的思想,也大胆阐释自己的主张,不盲从。在对抗中,学生学到了知识的真谛,同时,享受了辩论的快乐,锻炼了口才,提高了自信。质疑、对抗是学生学知识印象最深刻的时候,就像如果你与谁吵架了,别人据理力争的观点,你可能一辈子都不会忘记,所以我们老师要千方百计地创造质疑、对抗的机会。

6. 发挥教师的主导作用

有家长说,课上都是学生讲了,老师不讲课了,老师清闲了。其实不然,我们是放手不撒手,闭嘴不闭心。课上学生是主体,但教师是主导,教师要用心听学生的每一句话,随时准备解决课上的生成性问题,欣赏学生的一举一动,让学生更加自信,同时创造平等、自由、和谐的氛围,理顺课堂环节。如果将学生的展示比作一颗颗明珠,教师就是将明珠连为一体的强而有力的细绳。

有效课堂中教师讲得少了,有人说不对,说得少学生听不懂;教师讲得多了,有人说不行,没给学生展示的机会,到底是怎么讲才对呢? 当讲则讲就对了。这对教师的讲提出了更高的要求,变为适时精讲点拨。对学生的疑问,教师要耐心疏导,集中大家的智慧进行释疑,而不应像个篮球运动员,问题球来了就接,因为疑惑是教学的最佳时期,是教学的黄金时间,应调动学生的思维,问题球来了教师要像个足球运动员一样把球踢回去,但是学生来的球和教师踢回去的球不是同一个球,教师的聪明才智和作用就在这里。当然教师也要自行判断,该出手时就出手。

(二) 展示的操作问题

展示是整个课堂的主旋律,学生的"动"应贯穿于整节课堂的始终。通过学生的动口、动手、动脑,来展示预习的成果,以达到活跃思维、锻炼勇气、培养能力、塑造人格的目的。教师要有全员学生参与的意识,调动更多学生的学习热情,让学生无拘无束地"动",随心所欲地"说",在课堂的零干扰状态下主动求知,以学促教。教师要鼓励学生大胆阐述自己与别人不同的见解和意见。

一般来讲,展示分组内小展示和班内大展示两种。组内小展示也是合作学习的一种,是由小组长组织在组内进行的展示,展示对学中一些尚未解决的问题或生成性的问题,解决最为基础的问题,并由小组长将组内交流还未解决的问题报给学习组长,学习组长再汇报给教师,便于教师把握学情,为班内大展示做好铺垫。班内大展示是要小组选派代表在班内展示带有共性的问题、易错的问题。展示时一般由 B 层、C 层同学展示，由 A 层同学负责点评或拓展。教师要适时追问、点拨、启发、引导学生，对课堂进行调控。点评的内容应该具有针对性、拓展补充性。要对展示组的人员参与度、精彩度、准确度、团结协作等方面的优点与不足进行点评、打分。

我们知道，单纯的说和做无法调动学生的积极性，久而久之，再诱人的课堂也会淡然无味。只有多元化的展示形式才能让平凡的课堂一浪胜过一浪。

我们常用的展示形式有：① 口头展示。展示概念的形成、现象的描述等这些内容丰富、容量大的内容。② 书面展示。展示定理的证明、推理、探究的过程，题例的解答等。③ 表演肢体语言展示。展示的学生用手势、表情、姿态，作为口头语言的补充，增加他表达的效果。④ 实物模型展示。学习空间图形内容时可以提前让学生制作，通过学生的展示、比较，认识图形之间的关系，加深对相关内容的理解。

从内容的角度来讲，展示贵在"精"。学生展示的内容必须是深入探究的问题，无论是组内小展示还是班内大展示都要明确展示是一种提升，绝不是各小组对导学案上问题答案的重复性讲解。在实践教学中，有的教师在学生小组讨论、交流之后，就让学生分组或自荐按照顺序把学习任务中的内容一个一个地都展示出来，这样既浪费了时间，又不能抓住重难点；也有的教师只注重学习任务的展示，认为只要把学习任务中安排的内容完成，就达到了教学目标，这样做忽略了课堂内容的适当拓展和延伸。

展示的内容要突出三大特性：一是问题性。也就是说，展示内容应是组内或全班带有共性的问题、易错的问题。展示并不是把导学案上的内容照搬到黑板上，而是应该展示本单元的重难点，一些简单易懂的内容其实展示的必要性不大。二是互动性。针对展示的方式来讲，展示时要体现出师生、生生的交流，可以是疑难求助、对话交流、质疑对抗等多种形式。三是创生性。引导学生重点展示自己独特的思考、发现的一些规律，包括学习方法总结、学习的新发现和新感悟等。这样就避免了展示不高效的情况，也体现了展示环节的必要性。

课堂展示对学生的姿态、语言等都要有明确的要求。发言的学生假如需用板书协助说明观点，一定要侧身而立，不要挡住旁边同学的视线。发言时声音要洪亮；语言尽量简洁；节奏不要太快，注意用语文明礼貌。例如，大家请看这一题，请听我讲，我的想法是这样的，大家还有不同的意见吗？有没有同学要补充等。

（三）展示的价值取向

我们总是去探讨先进的教学方法，想方设法地让教师讲好、讲透、讲深，却忽略了学生的学习状态，忽略了如何最大限度地调动学生的积极性和主动性。很多课堂是教师的"一言堂"，教师讲得累，学生听得少，教师既是导演又是主角，学生只是配角，甚至是观众或看客。所以，转变教师的课堂观念成为重中之重的问题，因为有什么样的教师就有什么样的课堂，有什么样的课堂就有什么样的教育，当然有什么样的教育就有什么样的国民。

看看我们的学生：有很多学生感觉课堂的45分钟很难捱，为什么？是听累了，没有表现的机会。很多学生一上课就紧张，为什么？总怕老师提问，答不上来。如果你给学生充分展示的机会，让学生敢问、敢说，敢上黑板展示，敢下桌讨论，就能激起学生学习的兴趣。如果学生在展示之后得到好评，得到尊重，获得成功的感觉，他就会千方百计地去表现、去展示，即使说错了、做错了，也能满足他表现的欲望。这就要求教师在课堂上要关注学生智慧火花的迸溅和灵感的生成，要关注学生的心灵成长，要注意课堂上学生参与教学的人数和密度，力争人人参与。

事实上，教师要少讲、精讲，甚至不讲，把学习的权利还给学生。试想：你不给学生展示的机会，怎知他掌握得如何？怎知他还存在哪些不足？怎样体现学生的主体作用？怎样激发学生学习的内驱力和兴趣？无论什么学段，尤其是高中阶段，都应该致力于学生学习能力和学习习惯的培养，让学生始终懂得学习是自己的事，这样才能最大限度地调动学生的积极性，郑州一中的课改做到了这一点。在郑州一中的课堂上，师亦生，生即师，师生相长，教学相长，教师上课也是"上学"。在生生互动、师生互动的激荡和交流中，教师作为"首席学习者"，成为全班最优秀的学习者。师生实现了角色的平等转变，一个班级师生50多人，人人是教者，人人是学者，教师就是这样在成就学生中发展了自己。

在课堂上教学生学会学习，让学习成为他们终身拥有的能力，明确学生的主体地位，培养学生的责任意识和实践能力，让学生敢说话，敢评价，也会评价。这就是让学生在课堂上展示的魅力，这才是教学的真谛。

三、强调"反馈"

布鲁姆的掌握学习理论强调学生在学习过程中要不断经历"反馈—矫正"来完成学习目标。"先学—展示—反馈"的课堂教学流程的实质是：全过程都让学生学。它主要包括"教师引导学生先学—学生进行课堂展示—教师再组织当堂反馈"这样三个步骤。

反馈不仅是评价业已完成的学习任务的前提，同样也是开展下一步学习活动的参照。因此学生的当堂反馈既是"先学—展示—反馈"课堂教学流程的最终步骤，也是帮助学生解决问题开展下一轮学习的起点。

"先学—展示—反馈"模式还强调"兵教兵"，学生先自学，自学不会的学生可以向教师求助，由教师指定其他学生帮助解决问题，如果求助学生后问题仍然没有解决，那么这个问题才由教师来解决。学生自学完成后开始检测，在检测时教师要提问一些成绩中等或偏下的学生到黑板前"板演"，其目的是使问题充分暴露出来，这符合道德课堂十大行动策略中的第九条：强调"反馈"，对于学生在展示性学习之后反馈出来的问题，仍然通过"兵教兵"的方式来解决，这同时又符合了第六条"先学、展示、反馈"和第四条"实施'独学、对学、群学'三种基本学习方式"。反馈在整个课堂教学循环之中扮演着承上启下的重要作用，因此在实践中要重视"反馈"

的重要作用,抓好对子之间的反馈、小组长组织的反馈和课代表对本节课全体学情的反馈,保证每一位学生都能通过反馈与矫正不断完善自我。

四、制定评课标准

制定评课标准,即评课三看:看状态,学生的学习情绪和状态;看过程,学习即经历体验,缺少过程就没有学习;看成果,让学科知识增长的过程成为学生人格健全和发展的过程。

（一）从"听课评课"到"观课议课"

在传统的教学中,学校领导为了提高教师的课堂教学水平,经常深入到课堂去听课,听完了再评一评,对教师的课堂教学进行指导。在过去,这是提高教师课堂教学水平最有效、最直接、最实际的做法。随着素质教育和新课程改革的不断深入,再用听评课的形式指导课堂教学是远远不够的,或者说是不科学的,它在很大程度上不能激发教师的工作热情,反而会挫伤教师的自尊心。那么,在新的形势下怎样指导教师的课堂教学呢?于是"观课议课"应运而生。

从"听课评课"到"观课议课",虽然只是两个字的变化,但这正体现出平等、发展观的落实与进步。从"听课评课"到"观课议课"不只是换了一个词语。观课与听课比较,"听"指向声音,"听"的对象是师生在教学活动中的有声语言往来;而"观"强调用多种感官(包括一定的观察工具)收集课堂信息。在多种感官中,"眼睛是心灵的窗户",透过眼睛的观察,除了语言和行动,课堂的情境与故事、师生的状态与精神都将成为感受的对象。更重要的是,观课追求用心灵感受课堂,体悟课堂。

评课与议课比较,"评"是对课的好坏下结论、作判断;"议"是围绕观课所收集的课堂信息提出问题、发表意见,"议"的过程是展开对话、促进反思的过程。"评"有被评的对象,下结论的对象,有"主""客"之分;"议"是参与者围绕共同的话题平等交流,"议"要超越"谁说了算"的争论,改变教师在评课活动中的"被评"地位和失语现状。评课活动主要将"表现、展示"作为献课取向,执教者重在展示教学长处;议课活动以"改进、发展"为主要献课取向,不但不怕出现问题,而且鼓励教师主动暴露问题以获得帮助,求得发展。评课需要在综合全面分析课堂信息的基础上,指出教学的主要优点和不足;议课强调集中话题,超越现象,深入对话,促进理解和教师自主选择。如果说评课是把教师看成等待帮助的客体的话,议课则是把教师培养成具有批判精神的思想者和行动者,帮助他们实现自身的解放。

总之,观课议课是参与者相互提供教学信息,共同收集和感受课堂信息,在充分拥有信息的基础上,围绕共同关心的问题进行对话和反思,以改进课堂教学、促进教师专业发展的一种研修活动。

（二）观课议课,一种新文化的建构

从听课评课到观课议课的转变,其实是一种新的教研文化的建构,这是从以下几个方面而言的。

首先,议课要议出联系。课堂教学是教师整体专业素质的体现。在课堂上,教师的教育价值观念支撑和影响教的行为,教的行为引起和转化为学生学的行为,学习行为直接导致和影响学习效果。观课议课的首要目的,是帮助教师认识教育观念、教学设计、教的行为、学的行为、学的效果之间的具体联系,实现教师专业素质整体发展。

其次,议课要议出更多的教学可能性,拓展可能性空间。教学可能性空间是多种教学路径、方法、行为、效果等发展变化的可能性集合。议课的任务不是追求单一的权威的改进建议,而是讨论和揭示更多的发展可能以及实现这些可能的条件和限制。议课的过程,是参与者不断拓宽视野,不断开阔思路的过程。譬如食用鸡蛋,就是让参与者在煮鸡蛋的单一食用方式基础上,再多了解煎、炸、炒、蒸等可能的方法,在掌握相应的控制方法以后,自己根据需要自己做,并不断创新。介绍煎、炸、炒、蒸的方法,不是否定、丢弃煮鸡蛋的方法,只是多提供了一些选择,以满足加工者的不同特点,适应不同消费者的需要。

最后,观课议课要促进对日常教学行为的反思。观课议课强调以课堂为平台反省自己,通过深度对话帮助教师认识教育假设,更新教育观念。

从听课评课到观课议课,是一种观念的转变,更是对教师劳动的充分尊重,体现了平等、和谐、愉悦的氛围,是改进课堂教学,提高课堂效率,实施素质教育的必然要求。所以说,这是一种新的文化建构。

(三) 观课议课的三个策略

观课议课是在听课评课基础上的发展和延续,是教育教学新形势、新发展的需要,是新课程改革的重要组成部分,是推进课堂教学改革,实施素质教育的重要手段,同时也是尊重教师、理解教师、平等和谐对待教师的有效途径。学校如何进行观课议课,这里要注意运用三种策略。

1. 以学论教

以学论教就是把学生的学习活动和状态作为观课议课的焦点,以学的方式讨论教的方式,以学的状态讨论教的状态,以学的质量讨论教的水平和质量,通过学生的学来映射、考察教师的教。

以学论教要求把观课焦点从教师转移到学生,把重心从关注教学活动转移到关注学习状态,从关注教育过程转移到关注课堂情境。从活动到状态,意味着要反对教学中的形式主义,提倡和追求有效教学;从过程到情境,意味着不仅要关注教师的教学预设,更要关注课堂教学中的种种生成,关注教师的实践性智慧。

2. 直面问题

人是不完美的,但与其他物种比较,人知道自己不完美,承认不完美,努力追求完美,人的不完美现实与追求完美的实践是推动人自身不断发展的生生不息的动力。发现问题有利于认识不足并加以改进,能提高教师发现问题、理解问题、应对问题和解决问题的能力。

直面问题既是观课议课取得实效的前提,又是推进工作的困难所在。在具体操作上,最核心的是激发教师专业发展的强烈动机,培养教师的自我批判和反思精神,使教师能始终对自己的教学"不满意"并立志改进。"课"是研究教学、改进教学的载体,是献课者和观课者共同对话交流的平台,没有问题和困惑的课堂是不存在的,没有必要为课堂中的问题大惊小怪。要充分尊重教师的参与需要,致力于建设有利于围绕问题对话交流的语境,为教师创造安全的、能充分敞开的献课,以及能自由发表意见的物理空间和心理空间。

3. 平等对话

议课是一种对话。观课议课以参与者既平等又对立的关系为基础。这种关系不是自我省略与自我删除,对话者必须充分意识到自身的独特性,不轻易放弃自己的观点。同时,又强调对他人的尊重,共情地理解对方的行为和处境,在对话中看到他人,并保障他人发表意见的权利,认真倾听他人的意见,理解他人的立场和观点。将独立而平等的对话关系运用于观课议课,既要克服消极接受评判和不敢敞开自己心扉的心态,又要防止采取高傲的、拒人于千里之外的非合作态度,唯我独尊。要做到自信而不封闭,虚心而不盲从。

能够真正地运用好观课议课的三个策略,教师的积极性、主动性就会大大增强,课堂教学水平也会明显提高,从而更好地发展学生的能力,提高教学质量。

(四)观课议课的特性

总体来看,观课议课有以下特性。

第一,主题性。主题性是现代意义上的观课与传统意义上的听课最本质的区别所在,观课的主题性决定了观课者的目标取向明确。

第二,生成性。教学教研是教师人生中的一段重要的生命经历,是教师生命中有意义的构成部分。教学教研是其职业生活的最基本构成,它的质量直接影响着教师对职业的感受与态度、专业水平的发展以及生命价值的体现。生命的基本特征是"生成性","生命观"观照下的教学教研的内在本质也是生成性,因此,"生成性"是对教学教研现实的规律性概括。强调教学教研的生成性,就是尊重教师的生命意义及价值,培育其生命成长,焕发其生命活力。

第三,一线性。观课议课是教师改善自己课堂教学的有效手段,也是教师实现专业发展的有效途径。一线教师主体的参与,是观课议课的主要特点。教师不是作为一名旁观者和外部的观察者的角色进入对象,而是以一名参与者和研究者的角色与对象融为一体,在课堂评价的互动交流中不断地通过体验、反思来发现自己教学中存在的不足,以修正自身的教学行为、领悟教学的技艺、体味教学的乐趣和生成过程、感受自己生命意义的存在价值。因此,新课程中的评课是教师与一种"经验视界""文本视界""生命视界"的真正融合,是创生一种新"视界"、新智慧的过程,是教师与新课程的对话、与自身的对话、与教师的对话过程,是一种"对话文化、融合文化和生成文化"。

第四,日常性。观课议课主要适用于日常的教研和教师培训活动,学校是最适宜的场所,教师是其中的主体和主角。日常性既是观课议课的主要特点,又是它的意义和价值所在。

第五,互动性。在观课议课活动中,观课者和被观课者以平等的身份参与其中,展开平等对话和民主沟通。

第六,探究性。斯皮尔伯格说,评价不是为了证明,而是为了改进。新理念下的观课议课是一个学习和思考的过程,不仅要关注教师的教学行为,更应该关注学生在教师引导下的各方面的发展,通过学生学习方法的变化了解教师理念的变化。讨论和揭示更多的发展可能以及实现这些可能的条件和限制。

第七,反思性。对课堂观察的总结和分析过程不仅仅是呈现观察结果,它实际上还是教师对观察研究过程的总结与反思,是教师研究性学习的深入。议课反对孤立地评价效果和行为,强调在平等对话的基础上,"从教和学的行为入手,帮助教师认识教育观念、教学设计、教的行为、学的行为、学的效果之间的联系"。观课议课不是对他人的课堂进行"指点江山与激扬文字"的卖弄,而是通过对问题和困惑的讨论,发掘问题行为背后的立场、观点和价值追求,建立"观念—行为—效果"之间的联系,进而改进教学,发展教师实践性知识。观课议课主要适用于日常的教研和教师培训活动,学校是最适宜的场所,教师是其中的主体和主角。一线教师日常性、普遍性的参与,既是观课议课的主要特点,又是它的意义和价值所在。

(五) 观课应树立的五种意识

第一,对话意识。对话关系是一种主体间的关系,对话者首先必须充分意识到自身的独特性,"我以唯一而不可重复的方式参与存在,我在唯一的存在中占据着唯一的、不可重复的、不可替代的、他人无法进入的位置"。其次,对话强调对他者的尊重,在对话中要看到他人,在交往中使他人成为对话者。将独立而平等的对话关系运用于观课,既可克服消极接受评判和批判的心态,又可防止高傲的、拒人于千里之外的非合作态度,实现真实的倾听和切磋。

第二,欣赏意识。观课是以对授课者这个主体的尊重为基础的。授课是一种劳动,是一种有创造性的劳动、艺术性的劳动。在这个过程中,授课主体最大限度地发挥了他的聪明才智。带着尊重、欣赏的意识,能充分地感受到授课主体的优点,体会到授课者的成功的喜悦,同时能以积极的态度感受到其中存在的价值,即使是暴露出的问题。如果观课者怀有不以为意的态度,观课的结果往往是负面的。

第三,交流意识。观课前可了解与授课相关的情况,如观课活动主题、教师情况、教学预设、学情程度等,也可以了解授课时可能存在的问题、带着对某一问题的思考和探索进行观课。有了这些交流的基础,观课时可以有较好的切入角度、层面。观课前后都应该有交流,并且观课前交流的作用往往是超过观课后交流的,但目前其作用却被我们忽视。

第四,分享意识。观课者要把授课者的工作成效"视同己出",积极地参与到授课者的工作之中,才能分享到授课者的成功。这样的意识有利于发挥观课者的主观能动作用,避免观课者处于被动听课的境地。

第五,学习意识。任何教师对个人的教育教学水平都有一定程度的认识,即自己已具备某些优势,还存在着某些不足,需要向别人学习。带着学习的意识,带着自己在教育教学中的一些问题和思考,"观"别人的优势"照"自己的不足,思考如何有针对性地进行调整,可以使观课的效益最大化。

(六) 做好观课的三个环节

想要观课有较好的收获,要做好三个环节的工作,即观课前的准备、观课中的表现和观课后的交流反思。

1. 观课前的准备

要反对匆匆忙忙不做任何准备的观课,提倡观课者做有准备的观课。观课准备情况可分为三个层次:第一个层次是一般性的准备。在观课前了解情况,如熟悉教材、学案、练习册,设想一下如何上好这堂课,甚至可以了解一下授课班级学生的情况,包括知识基础、学习习惯、学习态度、班风班貌等。第二个层次是自己先上这堂课。备好课之后,找个班级自己试着上一下,对这堂课的总体把握会较清楚。这两个层次的工作综合起来,观课准备就比较充分了。第三个层次要以前两个层次作为基础,在征求授课教师的意见后,形成探讨的问题或主题,带着问题或主题去观课。

2. 观课中的表现

观课者在观课的过程中应具备三种角色:授课者角色、学习者角色和观课者角色,而且要根据情况随时实现这三种角色的转换。

第一,授课者角色。观课者观课时,对授课者在课堂上的出色表现或是不足之处要客观分析,不能不顾现实情况无限设想授课者的能力而作出不恰当的判断。要设想自己就是授课者,在面临课堂的某种情况时思考可能的处理办法,或能达到的程度,才能使判断准确,充分肯定授课者的优点,使观课有收获。

第二,学习者角色。观课者有时也可设想自己为学生,思考课堂上要怎样学习才能有较高的课堂效率。如今,学生的个体差异越来越受到重视,更多地为学生设身处地着想,重视学生的实际接受情况,能提高学生的学习效率,做到真正地关怀每一个学生。因此,学习者的角色也是观课者时时要扮演的角色。

第三,观课者角色。既然是观课,观课者角度要贯穿于观课全过程。旁观者清,"观课者"角度有利于冷静地对待课堂上的一切。观课者在课堂上所要做的工作,一是认真观察,注意搜集课堂上所能捕捉到的信息,特别是可视线索,如面部表情、手势、身体语言,因为这些现实没有"重来"的机会;二是记录,最简单的记录方式是笔录,有条件的可以利用录像机技术做记录,还可以采用录音技术进行声音记录,但各种方法都有利弊,要综合使用;三是注重深入的分析思考,以比较高的视角俯视课堂,能够见人之所未见,有自己独立的见解。

3. 观课后的交流反思

观课后交流的焦点是课题内容、教学处理过程和学生的行为表现，但观课者、被观课者不要急于找结论，应对原先计划的内容展开探讨。

交流反思有助于对一堂课产生新的建构。一堂课上下来都会出现这样那样的问题，要树立"问题是我们的朋友"的理念，在交流讨论的过程中敞开问题、直面问题，但切忌把讨论会变成批评会。因此，交流反思要有个明确的方向，与其问"你觉得这一堂课怎么样"，不如问"针对事前我们感兴趣的问题，你(我)想先谈哪(这)一个环节(部分)"，罗列观课的有关资料，再仔细讨论，集思广益。比如，观课和授课教师都有兴趣探讨学生能否掌握某一个课题，那么交流反思的重心就要放在：授课教师在讲授的过程中，从"课题"的哪一方面入手，向学生提了什么问题，学生是怎样回答的，是谁回答了什么问题，教师分别做出了什么样的反应。观课者拿出当时的这些情况，提出自己当初的设想，突出现在的思考，与授课者一同探究、研讨，直至"重构"和"重建"出更好的教学设计。在观课的互动中追求课堂教学的"重构"和"重建"，这是观课实践活动最基本的目的。

交流反思有助于对某个问题产生质的突破。交流反思要处在"观课"的具体情境下，观授双方都"审视"自己的经验，"解决"自己的问题，获得一种突破问题的贯通感，才能提升自己的理念，实现双赢。

在道德课堂实践中，还要强化教师的教学反思，以反思作为教师自主成长的阶梯，作为课堂道德化的助推器。道德课堂实践坚持育人生态诊断，通过诊断，一方面优化学校育人环境，分享校本实践经验；另一方面，建立负面行为清单，在纠偏中不断改善成长生态。践行道德课堂，主张通过研究和解决课堂教学中的育德、课堂教学行为的有效、课堂教学目的的行为与结果的一致性三大问题，推进学习小组、学习流程、课堂评价标准三大建设，重建教与学、师与生、目的行为与结果三大关系，实现低碳有效、促进学生的思维发展、促进学生的精神成长三大目标，从而使课堂有形、有灵魂、有习得(生长)，既合乎道德的要求，体现道德的关怀，又能孕育道德的心灵，洋溢道德的光辉。

第五部分

道德课堂的实践研究案例

第十二章 区域实践研究案例

在道德课堂理念下,郑州市各区县积极开展改革实践,建构区域教育特色,提升了课程改革的质量。本书精选了郑州市金水区、中原区和高新区道德课堂区域研究案例。

案例1 指向素养发展的"共生课堂"建构与实践研究
郑州市金水区教育发展研究中心 段立群

金水区自2009年始在课堂教学变革的道路上,不断探索建构"共生课堂"有效教学形态。

一、"共生课堂"的背景

(一) 素养导向的课堂追求

《义务教育课程方案(2022年版)》指出:"深化教学改革要坚持素养导向、强化学科实践、推进综合学习、落实因材施教。"可见教学改革要全面发展学生素养,这是区域课堂教学的追求。

(二) 区域教育高质量发展的需求

中共中央、国务院印发的《关于深化教育教学改革全面提高义务教育质量的意见》指出:"各地要定期开展聚焦课堂教学质量的主题活动,注重培育、遴选和推广优秀教学模式、教学案例。"可见教育高质量发展是多方主体的切实诉求。

基于"立德树人"的教育价值追求,郑州市"道德课堂"倡导尊重、关爱、民主、和谐的学习生态[1],它是区域探索教学形态的标准。

(三) 教学问题解决的实践需求

研析区域相关教育质量监测报告,结合对日常教学的综合观察,发现存在以下问题。

1. 教师教学:教学表现出知识本位仍然主导,素养本位还未扎根。
2. 学生学习:学习表现出思维不够灵活、缺少学习策略、自主学习能力弱。
3. 课堂形态:课堂表现出素养发展弱于知识技能,操作体悟、思辨应用不足。

---

[1] 田保华.道德课堂:立德树人的区域性探索思考——基于郑州市"道德课堂"建设的十五年实践[J].中国教育学刊,2017(12):93-96.

二、"共生课堂"的形成

(一) 形成过程

1. 课堂变革的探索

我区聚焦课堂变革的探索经历了由"术"到"道"两个阶段。图12-1是课堂变革阶段结构图。

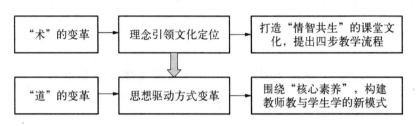

图 12-1　金水区课堂变革阶段结构图

"术"的阶段表现出理念引领文化定位。区域打造"情智共生"的课堂文化,提出"问题唤醒情智——问题引领情智——问题升华情智——问题内化情智"四步教学流程。各学科亦形成独特的教学样态,如数学学科"问题情境让思维启动——问题引领让思考发生——问题思辨让思考深化——问题拓展让思维内化"的教学流程;语文学科"激趣导入明确主线——探究问题把握主旨——深入研读激活思维——读写迁移运用提升"的教学流程。

"道"的阶段表现出思想驱动方式变革。区域依托优质资源驱动课堂教学方式的转变。一方面从2017年开始在余文森教授的引领下,践行"阅读—思考—表达"教学法;另一方面从2020年开始依托郑州市义务教育质量提升项目,在各学科专家的引领下学习前瞻性教学方法,如研究心理学概念——"元认知",进而探索元认知支持教学的策略。

2. 课堂形态的提出

经历以上嬗变之路,区域确立了课堂文化形态,即指向素养发展的"共生课堂"。主张遵循"道德课堂"价值体系,是"情智共生"课堂文化的发展,更是素养导向的教学观的体现。

(二) 形成方法

区域不断探索积累方法,图12-2是"共生课堂"形成结构图。

1. 淬炼教师专业素养

淬炼教师专业素养,为构建"共生课堂"创造基础条件。两年一届的教学基本功比赛实现"以赛促学",各学科的比赛内容紧扣学科课程标准,如命题设计、单元教学设计、学科核心素养阐释等。持续开展细化解读课程标准、基于标准的教学设计、评价设计等活动,促进教师提升专业素养。

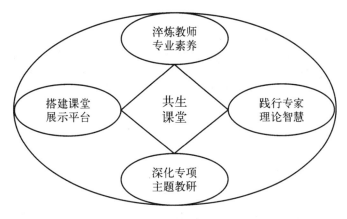

图 12-2 "共生课堂"形成结构图

2. 践行专家理论智慧

践行专家理论智慧,为构建"共生课堂"汲取专业力量。区域提倡"读思达"教学法融入课堂,迄今"读思达"教学法已成为教师共识,课堂上处处体现对学生阅读、思考和表达能力的培养。如教师将活动要求细化为阅读、思考和表达的任务(见图 12-3)。

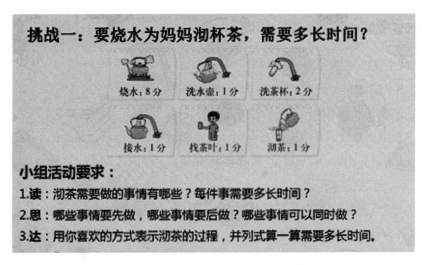

图 12-3 金水区南阳路第三小学数学课程课堂活动要求

部分教师还基于"读思达"教学法提出个人教学主张,如数学教师尚家茗提出构建"精阅读、深思考、准表达"的数学课堂,主张进行精细深入的阅读、有广度深度的思考和逻辑清晰的准确表达。

3. 深化专项主题教研

深化专项主题教研,为构建"共生课堂"铺设有效途径。2009 年区域开始进行课堂观察促进教师教学行为转变的研究,切实提高教师的提问针对性和评价适切性,缩短教师纯讲授的时间,扩大教师课堂关注面等。区域围绕"问题引领学习"进行研究,图 12-4 是形成的相应课堂结构。

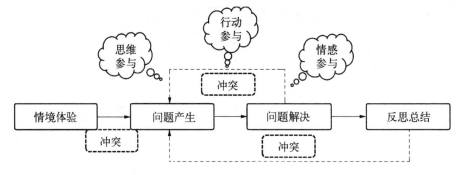

图 12-4 金水区问题引领学习课堂结构

区域持续开展"读懂教材、读懂学生、读懂课堂"的研究,各学科探索具体的"读懂"策略,如从理论解读、教材解读、学情分析和课堂剖析四个角度进行课例研究,进而将经验迁移至同类课中。

4. 搭建课堂展示平台

搭建课堂展示平台,为构建"共生课堂"营造文化氛围。"希望杯"和"金硕杯"课堂教学系列展评活动持续引领课堂文化发展完善。各学科教师在展评活动中,践行并展示"共生课堂"的多元样态。

三、"共生课堂"的建构

(一)"共生课堂"的理论基础

1. 中国传统文化

孔子提出"君子和而不同",这里的"和"蕴含着共生的意思;《荀子·天论》中说:"万物各得其和以生,各得其养以成。"其中也蕴藏着"共生"思想。有学者指出:"和谐的本质就在于统一体内多种因素的差异和协调。"[①]可见"和谐共生"是从古至今的共识。

2. "教育共生"思想

"教育共生"思想提出"教育的目的是实现所有生命体在平等的基础上走向生命'共生',以促进人的发展为核心目标,要求所有的教育活动保持开放性,明确师生之间相互依存与共同成长的本质关联"。[②] 可见课堂中师生之间要和谐互动,实现生命的共同成长。

3. "深度学习"理论

深度学习是学生在教师的引导下围绕着具有挑战性的学习主题,全身心积极参与、体验成功、获得发展的有意义的学习过程。[③] 可见师生在学习过程中要形成和谐共生的伙伴关系,实现"教学相长"。

---

① 马小茹,杨锦荣.中国传统文化中的共生思想及其现实意蕴[J].新西部(下半月),2007(09):90+71.
② 邱燕楠.走向"教育共生"之路——基于"新基础教育"研究的个案分析[D].上海:华东师范大学,2022.
③ 刘月霞,郭华.深度学习:走向核心素养(理论普及读本)[M].北京:教育科学出版社,2018:32.

4. 教育生态学原理

教育生态学认为"课堂是由教师、学生、文本、环境与技术等共同组成的生态系统,系统中各个因子之间既相互联系、相互促进,又能各自实现个性化的发展"。① 可见师生协同发展是教育的目标所在。

(二)"共生课堂"的内涵意蕴

在"共生课堂"中,教师和学生是两大共生主体,如图12-5所示,在和谐平等的环境里,教师与学生、学生与学生之间互相配合、相互促进,最终达成知识与能力、智慧与情感、思维与素养方面的共同生长。

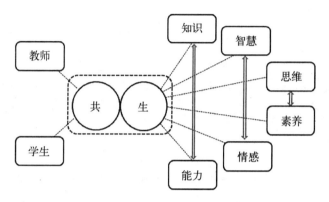

图12-5 金水区"共生课堂"内涵结构图

"共生课堂"蕴含的是一种教师与学生平等的关系,一个知识与能力协同的过程,一种智慧与情感共赢的状态,一个思维与素养共进的结果,一种教学与学习相长的期待,一个理论与实践融合的机制。

(三)"共生课堂"的教学流程

将"共生课堂"的内涵投射到课堂中,表现为教师深度教与学生深度学的有机融合。图12-6是"共生课堂"的教学流程图。

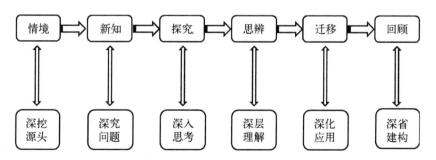

图12-6 "共生课堂"教学流程图

---

① 王虎.共生课堂:让学习深度发生,助师生共同生长[J].小学数学教师,2021(02):21-23.

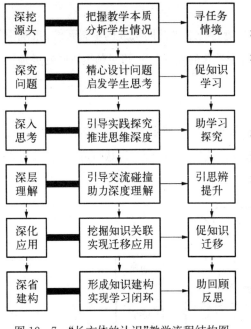

图 12-7 "长方体的认识"教学流程结构图

图 12-7 是"长方体的认识"课堂教学流程结构图。在整节课中,学生经历了阶梯式的概念建构过程,它是区域共生课堂的典型实践样例。

课前,教师深挖源头,设计"制作长方体"的学习任务,进而设计能引发学生深度思考的关键问题。课上,教师在学生数出长方体面、棱和顶点的数量后启思:"一个立体图形只要有 6 个面、12 条棱和 8 个顶点就一定是长方体吗?"学生深思后发现并非如此,由此引发进一步研究的欲望。在接下来"制作长方体"的活动中教师分组提供材料:有的是三个或两个已知面,有的是长短不同的小棒。学生在制作时思考长方体面的形状、面与面之间的大小关系、棱与棱之间的长度关系,在充分操作形成体悟理解后,教师拿出一个长宽高均不相等的长方体问:"如果做这样一个长方体,最少需要知道哪几条棱的长度?"教师在学生思辨后动画演示"由一点引出三条棱,进而得到两两相对的六个面构成长方体"的过程,实现长方体概念的完整建构。随后教师再问:"所有长方体的长、宽和高都各不相等吗?"引导学生通过想象推理实现长方体特征到正方体的迁移。最后教师再问:"长方体有 6 个面,每个面都有 4 条边,为什么棱的数量不是 4 乘 6 等于 24 条而是 12 条?每个面上有 4 个顶点,为什么顶点的数量不是 24 个而是 8 个?"学生在思考和讨论后明晰其中道理,达到"知其所以然"的层次。

(四)"共生课堂"的实施要点

1. 把握学科本质

要基于课程标准从单元视角思考与把握学科本质,使教学更有深度。

2. 研究学生情况

要灵活运用各种方法了解和把握学情,使教学更有的放矢。

3. 问题引领教学

要设计引领学生思考的问题链,使学生思维不断深入。

4. 善于质疑追问

要善于通过质疑和追问引导学生思辨交流,使学生实现互相启发。

(五)"共生课堂"的评价标准

图 12-8 是区域"共生课堂"评价标准。评价指标分别指向教学的科学性、艺术性、创造性、稳定性和实效性。

评价指标	优	良	合格	不合格
	完全达到	基本达到	部分达到	少量达到或未达到
教学的科学性20分	教师在教学中自觉地以先进的教育思想和教学理念为指导,并贯穿于教学全过程,教学全环节都指向学科核心素养的培育。措施得力,学生的学习活动科学、适切。			
	18—20分	15—17分	12—14分	11分以下
教学的艺术性20分	教学过程中讲究教学策略,教学设计巧妙,教学方法运用恰到好处。教学预设与生成浑然一体,自然流畅,感染力强。个人教学风格鲜明,教学主张明确。学生学习兴趣盎然,情绪积极主动,精神状态愉悦。			
	18—20分	15—17分	12—14分	11分以下
教学的创造性20分	对教学内容的处理、教学方法的选择、教学手段的运用和教学过程的组织具有独特性、创新性和科学性,师生的创造性思维在课堂教学中得到充分发挥和彰显。学生的思维活动充分,课堂生成丰富,观点表达明确。			
	18—20分	15—17分	12—14分	11分以下
品质的稳定性20分	教学基本功扎实,心理素质良好,个性鲜明,情感饱满,有高度的专业自信,适应不同学情起点,并不断给以改善和提升。			
	18—20分	15—17分	12—14分	11分以下
教学的实效性20分	学生积极主动地参与教学全过程,思维活跃,学习高效,相关能力得以较好发展,同时情感态度价值观得以正确引导和全面涵养。			
	18—20分	15—17分	12—14分	11分以下
总　评	90—100分	75—85分	60—70分	55分以下

图 12-8　金水区"共生课堂"评价标准

四、"共生课堂"的效果与反思

(一)"共生课堂"的实践效果

1. 区域教育质量的提升

图 12-9 和图 12-10 是区域四年级学生前后两次参加郑州市教育质量健康体检项目各指数雷达分析图,对比可看出学生的学业表现等均在稳步提高。

2. 学生核心素养的发展

在"共生课堂"文化的润泽下,学生核心素养不断发展,具体体现在每一次操作思辨、交流表达和作业评价的显著进步上。

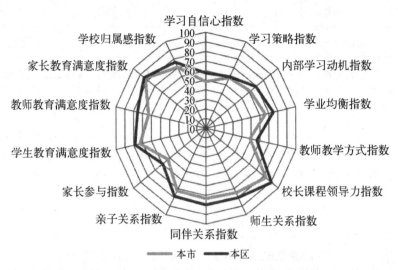

图12-9 金水区2017年四年级影响学生发展各指数雷达分析图

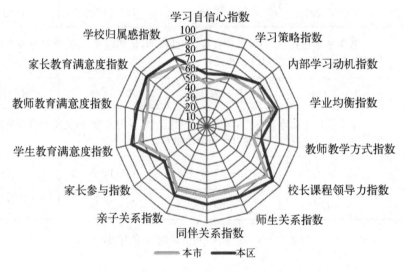

图12-10 金水区2019年四年级影响学生发展各指数雷达分析图

3.教师专业能力的提高

区域教师专业成长迅速,10年来区域教师在国家级、省级课堂教学竞赛活动中屡获佳绩,荣获国家级奖励410余人次,省级奖励970余人次。各学科还涌现出众多名师,他们的教学思想在全郑州市乃至河南省都具有一定的影响力。名师不仅影响和带动区域内教师成长,送教足迹也遍布全市、全省乃至省外。

4.课堂文化形态的形成

区域各校纷纷构建校本课堂文化形态,如文化路第一小学的"阳光课堂"、郑州市第七十一中学的"自能课堂"等,这些和而不同的课堂形态被提出、被建构、被落地在每节课上,建构及践行学校课堂文化在全区已蔚然成风。

(二)"共生课堂"的实践反思

在构建"共生课堂"的过程中且行且思,能否深入建构出更具各学科特色的共生课堂多元样态,是我们反思和努力的方向。

综上,指向核心素养的"共生课堂"是区域课堂教学的有效形态,我们将继续丰富其内涵,推进其实践,不断提高区域课堂教学品质。

案例2 守中归原 构建区域"道德课堂有效形态"的中原实践

郑州市中原区教学研究室　赵大莉

一、问题的提出

郑州市中原区在郑州市教育局所提出的"道德课堂"理念基础上,积极行动、大胆实践,结合区属学校实际积极开展课堂改革,进行道德课堂有效形态下的校本化实施。基于实施过程中凸显的共性问题,如学生学习内驱力不足、课堂体验感幸福感不强,教师理念滞后、课堂高耗低效、作业负担过重,评价体系不完善、不科学,学校课堂形态单一、模式化,中原区对十余年课改成果与多年推行素质教育的经验进行总结和升华,以区域推进来破解难题,提出构建"守中归原"教学理念下的道德课堂有效形态这一目标。

二、解决问题的过程和方法

在"守中归原"教育理念的引领下,自2009年始至今,中原区在探索中构建了适应品质教育内涵发展的"守中归原"课堂教学形态(见图12-11)。

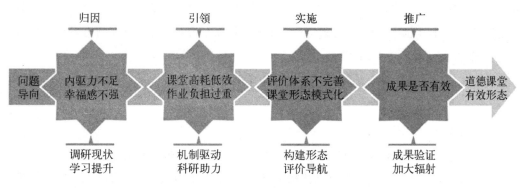

图12-11　区域构建课堂形态路径图

(一) 归因：调研现状 学习提升

通过问卷调查、随机访谈等方式，找到区域课堂问题所在，并综合区域特点、教育需求等多重因素，通过理论学习、专题研讨等方式，全面学习道德课堂相关理论与成功案例。

(二) 引领：机制驱动 科研助力

颁布文件制度，以问题为导向形成行政三级联动，以目标为导向形成业务三级联动，统领区域课堂建设，推进工作机制保障课堂建设有效实施。同时自2011年9月开始，以区教研室和教科室为核心，确立"品质教育"专项课题。

(三) 实施：构建形态 评价导航

以"守中归原"教育理念为基础，构建区域成熟的"守中归原"课堂形态。对应课堂形态，以共商共建为原则，通过区域导视和学校共建，构建动态调整的"守中归原"课堂形态评价指标体系和课堂教学观察两级评价标准，并借力现代信息技术手段，对课堂质量实施实时监测与分析。

(四) 推广：成果验证 加大辐射

通过参与全国教育博览会、高端论坛等多种形式，进行展示交流，助推成果推广。与郑州市、登封市、新疆哈密市等县市区协作，加强成果的实践应用，推动共性课堂问题的解决，促进区域成果在实践验证的基础上不断发展完善。

三、主要成果

(一) 构建"守中归原"的课堂形态

1. 理论基础

《国家中长期教育改革和发展规划纲要（2010—2020年）》指出："要以学生为主体，以教师为主导，充分发挥学生的主动性，把促进学生健康成长作为学校一切工作的出发点和落脚点。"《基础教育课程改革纲要》也明确指出："注重培养学生的独立性和自主性，引导学生质疑、调查、探究，在实践中学习，促进学生在教师指导下主动地、富有个性地学习。"郑州市提出道德课堂的理念，它的核心内涵是"合乎道、至于德"，以合乎规律的途径，至于"德"之目标。通过构建道德课堂，提升师生的生命质量，让教育回归本真。从国家的教育方针到郑州市道德课堂的理念都强调"育人为本""以学生的发展为本"。

为了打造区域教育新样态，推进区域教育高质量发展，中原区提出了"守中归原"的教育理念，构建了"守中归原"的课堂形态。

2. 名称界定

"中"即正、直。"守中"是立德的根本，即培养具有中国心、民族魂、勇于担当中华民族复兴大任的时代新人。"守中"就是守住立德树人的教育初心，为党育人，为国育才。"归原"即归原、归源、归元。归原即让学生回归自然，学会生存，溯源求真；归源即让学生回归生活，学会相处,与人为善;归元即让学生学会尊重生命、珍爱生命,止于至美。"归原"就是遵循教育规律,回归教育本真(见图12-12)。在"守中归原"教育理念的引领下,形成"守中归原"的课堂形态。

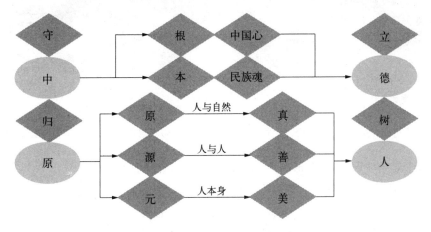

图 12-12 "守中归原"教育理念

3. 要素解读

"守中归原"课堂形态的四要素有其独特内涵(见图 12-13)。

链接:首先是学科内部新旧知识的链接,形成学科内的知识结构;然后是学科之间的链接;最后是与情感、态度、价值观的链接,发展学生的核心素养。

探思:让学生经历知识的主动探究和独立思考,让课堂成为培养学生探思精神的沃土,提升学习能力,涵养思维品质。

创造:放飞学生的思维,读懂学生个性化的思考,呵护学生创造性的萌芽,为学生插上发现和创造的翅膀。

图 12-13 "守中归原"课堂要素

延展:让学生带着问题走向生活,用学科思维解决实际问题,进一步洞悉真实的世界。

"守中归原"课堂形态的四要素是三维立体的,相互依存又相互融通,促进学校育人方式的变革和学生学习方式的转变。

4. 操作原则

"守中归原"的课堂形态发挥区域导引的作用,坚持给理念、给方向、自主探索的原则。各校基于课堂形态要素,结合校情和学情,借助区域引进的 PDC、PBL 项目,探索具有学校特色的课堂教学模式,形成多彩、多元的课堂形态。如:郑州市实验小学的"LOVE"课堂形态(见图 12-14),锦艺小学的"儿童 CHILD"课堂形态(见图 12-15)。

第十二章 区域实践研究案例 119

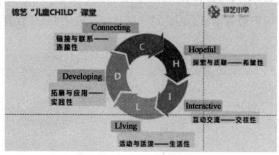

图 12-14　郑州市实验小学的"LOVE"课堂形态　　图 12-15　锦艺小学的"儿童 CHILD"课堂形态

（二）形成"守中归原"课堂形态建设双驱动推进工作机制

"守中归原"双驱动推进工作机制（见图 12-16）使行政和业务双方都实现了各自层面的横向三级联动，行政方发挥在学校课堂教学有效形态建设中的指导和督导作用，为学校课堂形态建设做好组织保障；业务方实现对课堂教学专业化的高位引领，有效提升学校课堂形态建设的质量。

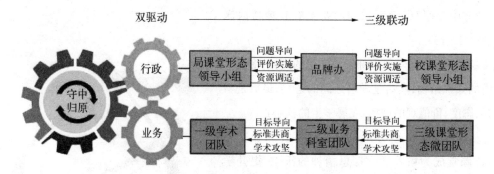

图 12-16　双驱动推进工作机制

中原区先后出台有关课堂形态建设的文件，组建品牌办，成立教育集团和项目联盟共同体，实施区域、协作组、学校三级工作坊联动的教研模式，促进学校课堂形态建设走深、走实，实现中原品质教育的高质量发展。

（三）搭建"守中归原"课堂形态建设共享平台

中原区依据行政、业务力量统筹规划，搭建了线上"守中归原"课程资源共享平台，为各校课堂形态的实施提供案例借鉴（见图 12-17）。

搭建与师范院校及各教育科学研究院的合作平台，申请专项资金，签订合作协议，保证合作质量；建立五级教研网络平台，充分发挥教研室区域引领、学科中心组攻坚克难、集团校（协作组）协作教研、学校统筹教研、教研组落实教研的作用；搭建区域课堂教学交流平台，由学校围绕"守中归原课堂形态建设"承办每月一次的区域交流。

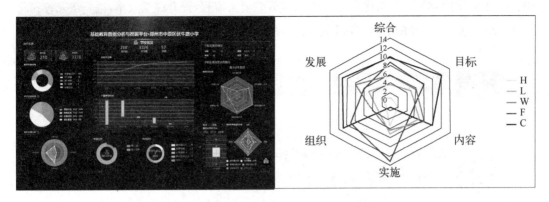

图 12-17 "守中归原"课程资源共享平台

(四) 构建"守中归原"课堂形态评价指标体系

1. 构建"守中归原"课堂形态五维评价标准

中原区构建了"守中归原"课堂形态的五维评价标准(见图 12-18),对学校道德课堂的各个环节进行价值判断和引领,同时为各学校课堂形态的凝练提供坚实的基础。清晰的指标体系能指导各个学校进行自我对照,进一步发挥"守中归原"课堂形态的导引作用,促进区域各学校一体化、全面化推广,在实践中迭代优化。

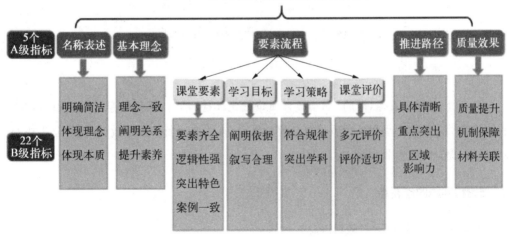

图 12-18 "守中归原"课堂形态五维评价标准

2. 构建"守中归原"课堂教学观察双维评价标准

中原区设定了区域学校课堂形态下关于"教师教学"和"学生学习"的课堂观察两级评价标准(见图 12-19、图 12-20),便于各个学校在深化道德课堂教学的过程中有针对性地观察课堂中教师的教和学生的学,找出优点与不足,规范课堂要素流程,提升课堂效率,进一步完善深化"守中归原"理念下各校的道德课堂形态,促进学业质量提升。

图12-19 "教师教学"课堂观察评价量表

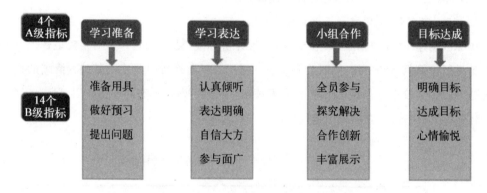

图12-20 "学生学习"课堂观察评价量表

3.借助绿色质量评价,通过数据反馈改进课堂教学

中原区以技术为支撑,借助"郑州教育质量健康体检"项目,运用信息技术进行测评与分析,构建科学多元的中小学教育质量综合评价体系,有效地诊断和改进教学,促进学生核心素养的发展,提升师生生命质量。

四、理论和实践的创新点

(一)创生了"守中归原"教育理念

"守中归原"是中原区的教育理念,全区各校在这一核心理念的引领下,积极构建独具特色的学校课堂文化,让课堂回归教育本真,形成了以人为本的中原课堂生态。

(二)建构了"守中归原"课堂形态

中原区将区域文化与课堂教学有机融合,进行系统的顶层设计和架构,构建了包含链接、探思、创新和延展四个要素的"守中归原"课堂形态,对学校课堂建设进行导向引领,促进学校课堂的变革和良好生态的建立。

（三）形成了区域课堂建设动态评价体系

中原区构建"守中归原"课堂形态五维评价标准和"守中归原"课堂教学观察双维评价标准，从课堂形态和课堂教学两个方面进行动态监测，基于大数据分析对学校进行价值判断和操作引领，实现区域课堂建设高质量健康发展。

五、基于实证的成效

（一）呈现出多样化的课堂形态

在区域的引领下，各校充分挖掘学校特色教育文化，形成了"一校一品、百花齐放"的课堂新生态。建设路小学的"暖生态课堂"、第八十中学的"成长课堂"等34所学校的课堂形态获华南师范大学左璜、上海市教育科学研究院夏雪梅和杨四耕、陕西师范大学白浩等国内知名专家的高度认可。第五十二中学的"生命课堂"等20所学校的课堂形态获得郑州市"道德课堂有效形态"认定24次。73所中小学的课堂形态获得区级"道德课堂有效形态"认定82次。

（二）打造了"学在中原"的教育品牌

经过十三年的孜孜探索，中原区的课堂形态不断优化，构筑起郑州市课堂教育高地，"学在中原"成为中原区教育的响亮名片。中原区教研室先后荣获"河南省优秀教研室""郑州市优秀教研室""郑州市教科研先进单位"等称号。

表12-1 近五年学生发展情况

项目	质量监测数据		个人获奖（次）			团体获奖（次）		
类别	国家义务教育质量监测	学生体质健康标准（达标率）	国际	国家级	省级	国际	国家级	省级
成绩	高于全国平均水平	85%以上	20	81	235	26	76	262

表12-2 近五年教师成长情况

项目	荣誉称号（人次）						优质课（节）		论著（本/篇）		课题（项）	
类别	中原名师	省名师	市名师	国家、省、市级骨干教师	省、市级各类培养对象	省、市级学术技术带头人	国家级	省级	著作	CN期刊论文	省、市级结项	省、市级成果
成绩	2	70	118	1 044	174	55	55	304	38	406	1 388	969

表12-3 近五年学校荣誉称号

项目	国家级称号(项)				省级称号(项)						
类别	青少年校园足球特色学校	头脑奥林匹克特色学校	冰雪运动特色学校	其他荣誉称号	示范家长学校	文明单位	头脑奥林匹克特色学校	体育类特色校	艺术类特色校	数字校园标杆校	其他荣誉称号
成绩	21	4	3	111	23	11	9	9	6	6	201

(三)产生影响全省的成果效应

成果在郑州市金水区和登封市、三门峡市卢氏县、南阳市、周口市等10多个地方的130多所学校进行推广应用,形成了可借鉴、可复制的学习效果,有效解决了当地课堂形态建设中遇到的问题,提升了区域课堂教学整体水平。以登封市为例,中原区在该市共开展课堂形态经验交流系列培训67次,先后有300多位优秀代表到登封市各校进行成果推广和实践指导。近五年来,该市近90%的学校构建了有效的课堂形态,其中多所中小学获得郑州市"道德课堂有效形态"认定,师生获奖数量逐年攀升。

表12-4 近五年登封市师生获奖情况

项目	教师获奖		学生获奖	
奖项	省市级优质课	省市级课题结项	省级奖项	市级奖项
数量	485	1 265	60	969

(四)发挥辐射全国的典范作用

我区的课堂教学成果先后在全国"数据驱动教学改进"专题研讨会、课堂教学创新成果博览会、"立德树人落实机制"优秀案例研讨会、教育博览会上进行分享;《教育家》《基础教育参考》《中国教师报》等知名报刊、中央电视台、人民网、"学习强国"等知名媒体、平台报道达5 869余次;国内外教育同仁参观交流共373次。2018年郑州市教育局局长吴晓昊被全国教育局长峰会授予"思想力局长"称号。2021年中原区教育局教学成果获河南省基础教育教学成果一等奖。

案例3 区域"高品质创新课堂"的探索与实践

郑州高新区管委会社会事业局教研和智慧教育发展中心 吕娟娟

一、问题的提出

(一)研究的背景

《关于全面深化课程改革落实立德树人根本任务的意见》《关于深化教育教学改革全面提

高义务教育质量的意见》等相继出台的纲领性文件,都体现了新时代我国发展高品质教育的诉求、指向课堂教学的变革和育人质量的提升。2021年7月,中共中央办公厅、国务院办公厅印发了《关于进一步减轻义务教育阶段学生作业负担和校外培训负担的意见》。此次"双减"新政,表面上是针对培训机构,实际上是让教育回归公益属性,让教育主阵地回到学校,让课堂改革真正发生。

1. 区域的教研统筹机制,跟不上区域发展的步伐

1988年,郑州高新区成为河南省启动筹建的第一个开发区,经过30多年的沐风栉雨、辛勤耕耘,高新区的教育蓬勃发展,新建校逐年增加,教师团队壮大,新生的教研力量生机勃发。很显然,打造教育高地是高新区区域发展的必然要求,但是,区域教研部门成立较晚,组织架构有待完善,教研员年龄结构年轻化,特别是没有相对完善的区域教研统筹运行机制来提升教研的效益和品质。

2. 区域教学研究结构散乱,无法帮助学生建构清晰的知识网络

区域课堂教学改革早在2017年就在课程教材研究所的带领下走进了大单元教学的时代,走在了新课标的前列,但是区域课堂研究还未走进"深水区",区域实践研究的力度不够,辐射性不强,没有本土化的研究模型做支撑,教学改革很难有突破性的进展。大部分学校的课堂仍处于散点化的状态,课堂教学无法帮助学生建立起清晰的知识网络,搭建有效的思维路径,以至于"小和尚念经,有口无心"的现象,屡见不鲜。

3. 教学观念与课堂实践契合度不高。

十年前,我们就提出运用"教—学—评"一致性的理念来指导课堂教学,不断追问"学什么、为什么学、怎么学、怎么评"等问题,但是效果差强人意。纵观区域中小学课堂教学中,对于教与学的关系、教学过程的核心要素、关键环节及其基本定位,大多数教师处于混沌状态。内容偏离目标,内容与形式、问题与策略、结果与评价两两互不搭调的课堂,比比皆是。学生的学习抓不到核心,成就感不强。

2022年新课程方案和新课程标准的颁布,标志着课程改革走进了一个新的时代,高新教研必须直面区域课堂教学中的痛点和难点,走出研究的"舒适区",结合理论和实践的经验,思考"学了知识或技能之后能做什么,能解决什么"等问题,研究出可教、可学、可评的素养课堂形态,让学校成为学习学科系统知识的地方。

(二)区域课堂形态——高品质创新课堂的核心要义

"高品质创新课堂"是"高新区教育"的一个关键因子。它不仅仅是发展高新区本土的课堂,更是要建设"高品质创新型"的课堂。"高品质"指的是课堂理念上要有高度、格局上要有高位、资源成果要有高品、实践样式必须高尚的品质课堂;"创新"是指要把创新作为高新区课堂发展的主要内驱力,为高新区课堂人才培养明确了方向,也是推动课堂内涵发展的强大动力。因此,高品质创新课堂,不仅是一种课堂样态,还是一种教学理念和教育追求。

二、解决问题的过程与方法

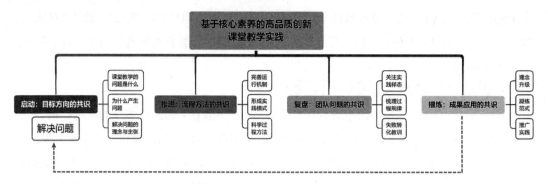

图 12-21　解决问题的基本思路

建设"高品质创新课堂"采用了实证研究、实验研究、经验研究和行动研究等方法。解决问题的基本思路是以"基于核心素养的高品质创新课堂教学实践"为关键环节,在启动中达成目标方向的共识,在推进中达成流程方法的共识,在复盘中达成团队问题的共识,在提炼中达成成果应用的共识,最终解决课堂教学实践中存在的问题,创高新区"高品质创新"课堂。

解决问题的过程共分为四个阶段。

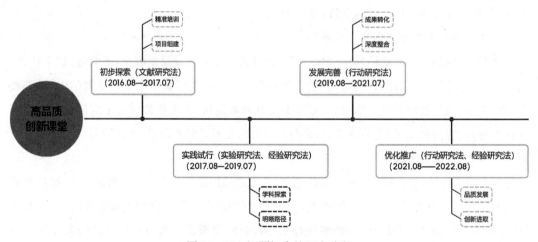

图 12-22　问题解决的四个阶段

第一阶段(2016.08—2017.07):初步探索——项目组建,精准培训

教研和智慧教育发展中心制定了《郑州高新区课堂教学改进项目实施手册》,并组织成立了由知名专家、教研员、校长、学科骨干教师组成的深度学习教学改进项目工作组,进行精准培训。

第二阶段(2017.08—2019.07):实践试行——学科探索,明晰路径

1.专家打磨,进行"高品质创新"课堂视角下的单元整体架构。围绕项目的理论框架、实践模型全面展开,每学期组织安排专题培训活动,各学校、学科探寻实施的具体路径。

2. 构建由"区级教研部门统一规划""学区教研共同体细化主题""校级学科教研组参与并落实推进"的"三级教研共同体",各级联动促进项目在区域内的整体实施。

第三阶段(2019.08—2021.07):发展完善——深度整合,成果转化

结合"双减"政策,确定了道德课堂建设中单元教学设计与作业设计一体化研究的方向。以课堂达标活动为抓手,进一步将各学科的道德课堂研究成果转化为教研课程,初步打通了学科单元教学设计与学科教学实践之间的路径。

第四阶段(2021.08—2022.08):优化推广——品质发展,创新进取

深入解读 2022 版新课标新概念的内涵指向、背后逻辑,整体把握育人目标、育人方式、育人载体的新要求,探索从课程目标到学科课程标准的路径,提前为一线教师绘制好学习和行动的路线图。

三、成果的主要内容

在深化教育教学改革实践中,作为教育部确定的"基础教育课程改革示范实验区",郑州高新区历经 6 年的探索与实践,形成了具有区域特色的"高品质创新课堂"课堂形态。

优化了区域教研运行机制。架构基于"三级联动"的教研主体机制、"服务指导"的教研形式机制和"激励保障"的教研功能机制。通过理论学习、专家引领、先行先试、创造经验和辐射推广等活动促进区域课堂形态整体推进(见图 12-23)。

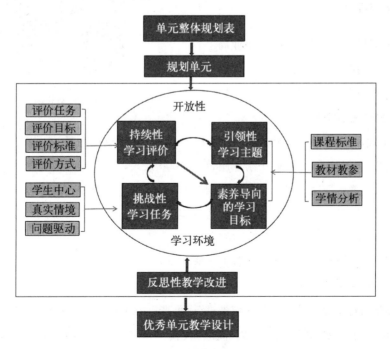

图 12-23 区域教研运行机制

构建了"高品质创新课堂"的研究模型。依据道德课堂、"深度学习"教学改进项目和高新区教育的实际情况构建六位一体的"高品质创新课堂"模型。为教师提供了思考教学改革的基本思想方法和思维方式以研究、建立教学改革实践模型,并进行课堂教学改革的实践探索(见图12-24)。

创建了"高品质创新课堂"课堂形态(见图12-25)。将课堂形态定位于激发学生的探究态度和创新能力,让学生在自研自探中独立认知,在质疑问难中相互进步,在讨论合作中彼此发展,在展示交流中共同提高,在师生、生生的互动中"生成"知识、"生成"能力、"生成"核心素养、"生成"课堂生命活力,形成了新授课课堂流程。提炼"学—问—思—辨—行""高品质创新课堂"课堂思维模型,完善以"学生发展"为中心的评价标准。

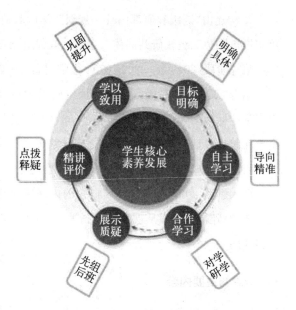

图12-24 "高品质创新课堂"研究模型

图12-25 "高品质创新课堂"课堂形态

四、研究效果与反思

该成果在郑州高新区管委会社会事业局所属的50多所中小学实践并推广应用。历经4年的实践应用,取得了良好的效果。

(一)教师学生全面发展

教师在正确定位"课堂文化建设"的基础上,真正实现"为道德而教、道德地教和合乎规律地教"。截至2023年秋季,全区中小学专任教师3 000余人,其中市级以上"学术技术带头人""名师""优秀骨干教师"300余人。在各级基础教育成果奖、优质课、作业设计等方面大放异彩:荣获国家级成果奖二等奖1个,省级成果奖特等奖1个、一等奖3个;2023年省级优秀作业设计案例一等奖获奖率87.5%,"基础教育精品课"省级一等奖获奖率87%。依托"学生综合素质评价"项目,坚持评价育人的立场,以大数据赋能,中小学生综合素质得到明显提升。

(二)学校学科内涵发展

作为"郑州市道德课堂的构建与区域推进"成果推广应用示范区,高新区以"指向深度学习的道德课堂构建与区域推进"为路径,以"高品质创新"为课堂教学主张和教学理念,发挥教育培根铸魂、启智增慧的作用,努力构架有德性、有人性、有生命的课堂形态,学习借鉴并产出本土化成果。以"学生"发展为核心,"和美课堂""灵动课堂""真善美课堂"和"生态课堂"等五所学校的课堂形态,被认定为郑州市道德课堂有效形态,并且起到了很好的辐射作用。

(三) 区域高品质发展

以"高品质创新"为课堂改革战略目标,着力打造郑州西部品质学校,郑州中学着力"培养世界的中国人",郑州市第五十八中学的"顺天致性,守望花开",高新区外国语小学的"让每一个孩子都有出彩的机会"等一所所优质的中小学正在尽情讲述"高新教育"故事,为学生的成才厚植沃土。先后在教育部课程中心实验区工作联席会议上做主题汇报,参加第三届基础教育课程改革实验区课改项目与课例展示活动,荣获1个优秀创新项目奖、1个教学创意奖、3个教学能手奖的好成绩。承办河南省首届"中原劳动教育论坛""致敬课改20年系列研讨","高新声音"掷地有声,高品质创新教育影响力日益增强。

第十三章　学校实践研究案例

在郑州市道德课堂的引领下,各学校基于校情和学情探索具有校本特色的课堂教学模式,探索的过程成为理念认同的过程、方法生成的过程、问题解决的过程,形成了一批千姿百态、卓有成效的道德课堂实践形态,各学校从学校文化的层面寻求改革发展的突破口,涌现出一大批有效实践范式。

案例1　深度学习视域下"阳光课堂"有效形态实践研究
郑州市金水区文化路第一小学　侯清珺

随着我国基础教育改革整体推进,改革的重点逐步聚焦在人才培养、育人方式的创新与改革上。针对当前课堂教学中普遍存在的"浅层学习"现象,培养学生的深度学习能力成为提高课堂有效性教学的关键。基于此,构建深度学习课堂有效形态对课堂改革来说显得尤为重要。

一、问题的提出

我校的阳光课堂从提出之初,就将学生的需求、发展放在首位,十余年来呈现出持续创新、迭代发展的新样态。

（一）基于对国家"双减""双新"政策的落实

深度学习是面向未来的学习,旨在培养德才兼备的21世纪公民。在"双新"理念引领下落实"双减",探索促进学生深度学习的课堂有效形态,是有效落实立德树人根本任务的重要途径。目前课堂上存在学生学习"浅层化"现象,深度学习可以实现"轻负高质",真正做到在减轻学生课业负担的同时,培养学生的实践能力和创新精神,发展学生的核心素养。

（二）基于对学校"阳光课堂"有效形态的迭代发展

自2012年起,我校阳光课堂教学形态的构建经历了从"三维目标"到"核心素养",从"学科知识"到"学科育人"的课程改革之路。

2012—2015年,学校提出构建阳光课堂教学形态。2016年4月,我校与北京师范大学建立U-S合作,基于"乐享教育"的办学理念,探索实施"基于项目学习的课程改革研究与实践"。2017年,金水区首个"未来教室"在翰林校区建成并投入使用,以智能技术促进阳光教育形态的进阶和教育生态重构。自2020年起进行"智慧教育"与课堂的深度融合,同年成立"知行源"教师成长学院,深度规划教师发展课程,以教师专业能力的提升促进阳光课堂教学形态的迭代升级。

二、解决问题的过程与方法

在"双减""双新"背景下,学校进一步推进阳光课堂教育形态的实践研究,为教师深度教学提供可行策略,促使学生深度学习落地,从而提高教学质量。

(一)赋能教师成长,引领专业发展

作为河南省教师发展学校、河南省首批教师教育实践基地,学校一直非常重视教师的专业发展,成立了"知行源"教师成长学院。以"溯本求源——坚守教育初心与使命,薪火相传——永续红色记忆与基因"为理念,着力打造一支"有信仰、情怀深、专业强、勇创新"的教师队伍。科学设置新入职教师的课程,创新实行双导师制,构建学习共同体,通过政治素养课程和专业素养课程的学习打造教师队伍高质量、专业化发展。

(二)深化课堂改革,提高教学成效

在深化课堂教学改革过程中,学校积极探索因材施教有效路径,优化教学方式和教学环节,注重启发式、互动式、探究式教学,推进研究型、项目化、合作式学习。

一是关注学科融合,实施项目学习。学校探索基于国家课程设置下的项目学习,聚焦学生学科素养的发展,深入推进学习方式的变革,分别进行了学科微项目实施和跨学科的项目实施。

二是聚焦核心素养,重构单元教学。在实施项目化学习的经验基础上,聚焦大单元教学,直面单元大观念背景下学生思维品质、文化意识、学习能力的融合发展,助力教师在单元教学中将知识碎片组织生成为系统完整的单元主题意义体系,促进学科育人价值落地课堂。

三是统一研制作业,分层弹性实施。科学设计基础性和实践性作业,探索跨学科综合性作业,研发了两类项目式作业。

四是融合发展要素,实施立体评价。将学生纵向学习的全过程与横向发展的全要素整合起来进行立体评价。

五是建设智慧课堂,提升课堂效率。2020年,金水区"智慧课堂"试点工作在我校推进,实施以学习者为中心的"云端一体化、互动多样化、行为可视化、管控智能化"的智能教学,探索教育信息化2.0视域下的学校发展新样态。

(三)优化质量评价,提升学业水平

学校建立科学有效的教育教学质量监控和评价体系,加强质量监测和结果运用,确保教学质量的全面提高。

一是完善学校评价体系。在"乐享教育"思想的统领下,完善学校现有评价体系,建立常态化自评工作机制,制定可操作的实施细则。

二是定期开展阳光课堂评价诊断。重点从"促进学生全面发展、引领教师专业发展"等方面进行综合评价,针对评价中出现的问题制定有效措施进行整改,实现教学高质量发展。

三是探索教师增值评价。借助郑州市教科研重点课题,完善"知行源"教师成长学院课程体系,创新青年教师成长评价方式,帮助教师实现师德、认知、技能和动力全方位的增值。

四是健全学生综合评价。构建起覆盖德、智、体、美、劳的过程性评价体系,科学实施"文一榜样"评价和"综合素质手册"阶段性评价,从课堂行为、发展能力、体质健康、社会实践、劳动素养等多维度,形成学生综合"画像",助力学生立体化发展。

五是实施信息技术评价。运用现代信息技术实践探索"智慧课堂"背景下的学生综合素质评价体系,充分利用信息技术大数据,对学生成长过程进行科学分析,引导学生明确努力方向。

三、成果的主要内容

学校从课堂教学改革、学生关键能力及教师自我革命三方面着手,探索契合育人目标的本土化实施路径,不断完善阳光课堂文化内涵,逐步构建趋于完善的"双螺旋"结构成果模型。

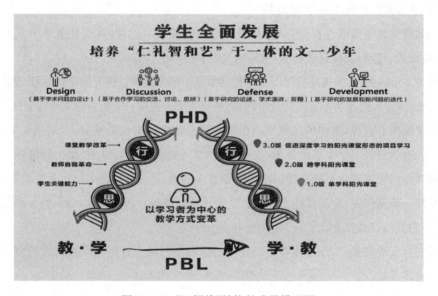

图 13-1 "双螺旋"结构的成果模型图

(一)"阳光课堂"教育形态的内涵价值

"阳光课堂"是学校在郑州市道德课堂框架内,秉承"乐享教育"办学思想,围绕"仁、礼、智、和、艺于一体的文一少年"培养目标构建的课堂形态。

一是阳光课堂的内涵。"阳光课堂"强调在课堂上营造积极、主动、健康、安全的学习氛围,以彰显用生命温暖生命、用情智滋养身心的学习状态,其文化核心是"尊重、温暖、快乐、成长"。

二是阳光课堂的价值。"教育即生长"是阳光课堂的思想核心,更是阳光课堂最重要的价值追求。阳光课堂提供给师生以内发情感、内生动力的力量,给生命生长以自由驰骋、个性张扬的空间,给生命生长以适宜的培育与滋养。

(二) 阳光课堂教学形态的基本模型

阳光课堂倡导以学生学习为中心,激发和维持学生自主学习及自我实现的过程。经过多年的实践探索形成了"阳光课堂"教学形态的基本模型。

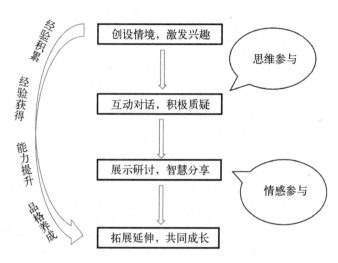

图 13-2　阳光课堂教学形态的基本模型

此模型环环相扣、循序渐进,促进学生深度学习。结合课堂教学实践,提炼出阳光课堂的四个流程。

(三) 阳光课堂教学形态的学科亮点

各学科基于学校的阳光课堂教学形态,在教学实践中凝练出不同的学科亮点,具体如下:

语文学科——课堂文化与教研文化相融,创造一课、一研、一思、一得的教研模式。

数学学科——给学生提供自主生长的空间。把"想"的时间、"问"的权利放还给学生,把"讲"的机会、"练"的舞台提供给学生。

英语学科——创设基于生活体验的语境,帮助学生习得语言、建构意义、深化对主题的认知,进一步让语言课堂"活"起来。

科学学科——开展循证学习,创设智趣课堂。以探究实践为路径,丰富学生的科学体验,尝试做有依据的判断,促成科学思维进阶和素养生成。

美术学科——激活学生的审美潜能和审美趣味,丰富学生视觉文化资料的贮存,陶冶学生真和善的心灵。

音乐学科——舞动学生音乐细胞。通过带领学生寻找韵律、自由律动,感受动作力度的强弱,提高音乐素养。

体育学科——角色互换,个个都是小教练。课堂上师生角色互换,让每一个学生体验做教练的责任、喜悦与成功。

（四）阳光课堂教学形态的评价标准

"阳光课堂"围绕"尊重、温暖、快乐、成长、创新"五个核心价值，经过研讨实践、专家凝练，以百分制赋予各维度不同权值进行科学评价（见表13-1）。

表13-1　金水区文化路第一小学"阳光课堂"评价量表

课　题			学　科	
班　级			执教教师	
维度＼权值	A 85—100	B 75—84	C 60—74	D 少量达到或未达到
教有所长　尊重30分	目标明确。学习目标的制定明晰、准确，叙写规范，目标具体可测评。 以学定教。以学生为中心，切实贯彻"以学定教"原则，倡导"先学后教"。 因材施教。课堂教学的各个环节关注学生差异性，兼顾各个层面的学生。			
教有所长　温暖20分	活动自主。体现"自主发现问题，提出问题，分析问题，解决问题"的原则。 赏识激励。关注学习过程，课堂评价及时、准确、丰富，以激励、欣赏为主。 寓教于乐。教态自然亲切，语言亲和，方法灵活。			
学有所得　快乐20分	互帮互学。有效进行小组合作学习。 乐思善述。学生的思维有广度和深度，勇于发表自己的观点，乐于听取别人的意见。 积极参与。在学习过程中学生积极、投入，气氛活跃。			
学有所得　成长20分	知行合一。重知识与能力的综合、过程与技能的转化、体验与品质的过渡。 目标达成。体现"教—学—评"的一致性。学习目标达成度高。			
创新10分	恰当运用电子白板等多媒体，理念先进，教师创教、学生创学，课堂中有创新点。			
亮　点				
不　足				
评课人			得分	等级

（五）阳光课堂教学形态的创新迭代

十多年来学校在持续深化教育教学改革的道路上，进行了阳光课堂教学形态下的项目学习实践探索。

我校的项目学习经历了从学科微项目学习到跨学科项目学习,再到与育人目标深度联结,走向深度的项目学习,这是我们契合育人目标本土化实施的创新路径。

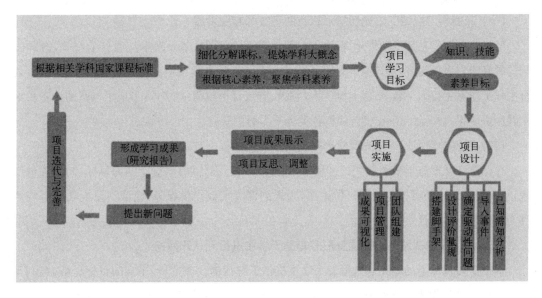

图 13-3　项目学习设计流程图

2020年以来,学校积极开展智慧课堂建设,依托学校独具特色的项目学习校本实践经验,探索阳光课堂文化形态下各个学科课堂与智慧技术的深度融合,提炼出智慧教育技术支持下的"项目学习三段五环流程图",助力学习走向更深度。

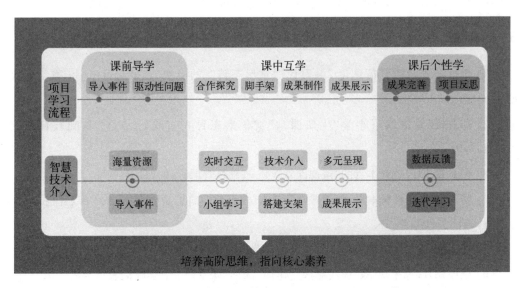

图 13-4　智慧教育技术支持下的项目学习"三段五环"模型

四、实施成效

深度学习视域下"阳光课堂"有效形态自实施以来效果良好,成效如下。

(一)深度学习视域下阳光课堂形态有助于教师专业发展

经过阳光课堂系列专项展示课、各学科课程资源的开发、单元教学与项目学习等,教师团队的研究能力大幅提升,理论素养站到了新的高度。近年来学校培养中原名师2人,河南省名班主任工作室主持人1名,省级名师7人,省级、市级骨干教师60多人,形成了丰富的课堂教学实践探索成果,100余人在省、市、区级各类优质大赛中获奖。

(二)深度学习视域下阳光课堂形态有助于深化课程标准实施

在课堂文化形态形成和演变的过程中,教师要研读、细化课标,确定学习目标,制定评价量规,从而提高评价的可操作性和科学系数,为提高课堂实效提供保障,使课堂评价具有可观测性,实现"教—学—评"一致性。

(三)深度学习视域下阳光课堂形态有助于学生进行元认知建构

深度学习视域下的阳光课堂形态为学生提供了鲜活的真实情境、丰富的目标任务,有利于学生发展自己的优势并调动和连接多种智能。学生在各种形式、多种层次的协商与辩论活动中实现对学习成果的共享,加深对学习内容的理解,完成自身的元认知建构。

(四)深度学习视域下阳光课堂形态有助于提升学校高质量育人水平

阳光课堂在核心素养导向下,让每一个学生全面、全过程地主动参与学习,让师生在明确目标的前提下,进行互动交流、探究学习。阳光课堂形态在知行合一的过程中不断培养、渗透,学生在"做事"的过程中逐渐形成稳定的学习品质、正确的价值观念。

五、参考文献

[1] 李丹阳.试论教育信息化2.0时代课堂形态转变的境遇、路径与策略[J].教学研究,2021,44(01):51-58.

[2] 郑先.课堂观察下小学"生命课堂"文化形态育人实践研究[J].基础教育研究,2019(19):40-42.

[3] 余文森.体现教育本真的"道德课堂"[J].基础教育课程,2011(05):21.

[4] 娄季俭.探寻教育本真,促进课堂变革——记郑州市的"道德课堂"教学实验[J].基础教育课程,2011(05):14-15.

[5] 任润刚.基于深度学习的课堂文化构建路径研究[D].南昌:江西师范大学,2021.

[6] 柴厚伟,薛家平.革除"虚浅浮松"建构"深学"课堂[J].中学政治教学参考,2021(26):4-6.

案例 2 "Tong 创"课堂助力学校发展 助推师生成长

郑州市中原区工人路小学 王 芳

一、问题的提出

《国家中长期教育改革和发展规划纲要（2010—2020 年）》提出：学校要提高教师业务素质，改进教学方法，增强课堂教学效果，培养学生学习兴趣和爱好；注重因材施教、学思结合及知行合一，营造独立思考、自由探索、勇于创新的良好环境，帮助学生学会学习，发展每一个学生的优势潜能。2008 年，郑州市教育局提出"构建道德课堂，提升师生生命质量"的课改理念，指向课堂教学的共性问题，主要是：

1. 课堂以师为本，讲授式、经验式教学普遍，导致课堂不能充分调动学生的学习兴趣。
2. 学生的主体地位不能真正体现，学习中缺乏积极动手、动脑、沟通、交流的学习过程。
3. 课堂效率低下，教师和学生体验不到教学相长的幸福。
4. 唯分数论的评价方式使学生失去学习的正确目的和原动力，禁锢了学生的自由思想和创新精神。

认真分析问题后发现原因如下：一是学校顶层设计不完善，缺乏课堂形态的高位构建与引领。二是教师队伍建设活力不足，教师的理念要转变，教学素养待提升。三是教研模式单一，缺乏实效性。

基于此，中原区工人路小学自 2014 年 10 月起，确立学校育人目标，转变教师观念，积极探索"Tong 创"课堂形态建设，助力学校发展和师生成长。

二、解决问题的过程和方法

中原区工人路小学基于问题，抓住核心任务——构建"Tong 创"课堂有效形态，以目标为导引，积极探索道德课堂形态的构建和应用。通过顶层设计，提出"创生教育"的教育主张和"成就每一个有生命张力的儿童"的学校使命，解决学校顶层文化不清晰的问题，明晰教育教学中师生发展的目标。通过"文化引领 培训实践——模型提取 整体推进——项目带动 专家引领——适应发展 迭代优化"的路径，构建"Tong 创"课堂形态，解决学校缺乏课堂形态的高位构建与引领问题。通过专家引领、人才梯队建设和加强作业建设研究等方法，重构教研方式，提高教师素养，解决教师队伍建设活力不足的问题，持续迭代优化课堂形态，为促进师生发展提供保障（见图 13 - 5）。

三、成果的主体内容

立足立德树人根本任务，坚持五育并举，学校以"创生教育"教育主张引领文化价值构建，形成"鼎新"课程内容框架。秉承"工于创 成全人"的核心理念，深化课堂教学改革，采取理论与

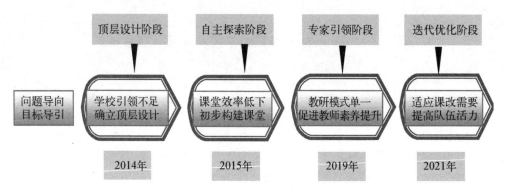

图 13-5 目标导引的课堂形态构建路径图

实践相结合、双促进的方式,提炼并优化"Tong 创"课堂形态,提高课堂教学质量,形成提升师生生命质量的学校实践经验。

(一) 确定"创生教育"教育主张和育人目标

1. 确立"创生教育"教育主张,明晰发展愿景

"创生教育"立足立德树人根本任务,提出"创造一所有生命张力的学校"的发展愿景,确立"成就每一个有生命张力的儿童"的学校使命。"创生教育"强调对课堂的创新性实施:教学不是教师按照预先设计好的方案实施的单向知识传递的过程,而是师生共同创生智慧、创生人格,实现教育价值的和谐空间和过程。

2. 构建学校课程体系,明确课程目标

立足"创生教育"的教育主张,学校聘请专家团队,对学校资源进行梳理、论证,构建"鼎新"课程体系。"鼎新"课程体系从儿童立场和生活立场出发,由润根课程、培志课程、行美课程和实创课程四大类组成(见图 13-6)。

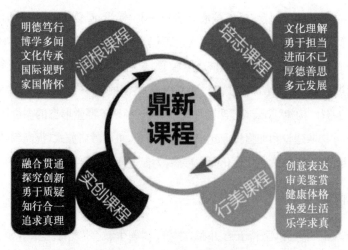

图 13-6 "鼎新"课程图谱

课程总目标:严格执行国家课程实施方案,开足、开齐、开好国家课程和地方课程,开发建设校本课程,满足教师专业发展和学生全面发展需要,提升办学品质。

学生培养目标:成为有志向、会学习、爱生活、善创造的品质学生。

教师发展目标:不断提高自身的教育专业素养和教学能力,能以生为本,顺性而教,匠心育人,成为优秀的品位教师。

(二)构建"Tong 创"课堂教学形态

在"双减"和"双新"政策指导下,我校在学校1.0版课堂形态的基础上,不断优化迭代,形成了 2.0 版"Tong 创"课堂教学形态。流程如下(见图 13-7)。

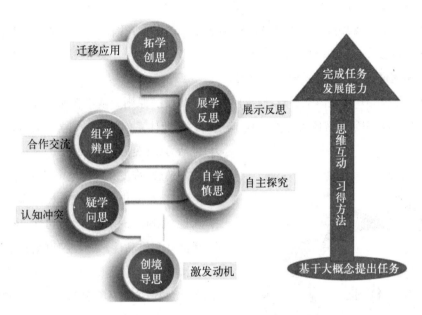

图 13-7 "Tong 创"(2.0 版)课堂教学形态流程

1. 名称界定

"Tong"一为"童",有两层含义。其一是从儿童的立场出发,认识、发现与引领儿童,开启儿童的智慧,形成能力。其二是生活立场,因为在生活中的儿童是真实的,能展示自我,充分探索。"Tong"二为"同",指师生、生生间的合作。首先,教师是教学实施的设计者与教学任务的实施者,也是学习资源、工具、策略、学习支架的提供者以及学生达成学习目标的评估者与促进者。其次,学习任务的解决需要师生、生生之间的合作探究,从而达到共识、共享、共进,实现教学相长与共同发展。

"创"也有两层含义:一是全景立场,即在教育教学中为儿童提供完整的情境,激发学生主动探究的兴趣,在不断解决问题、完成任务的过程中实现创新;二是思维立场,培养学生的创新能力和综合素养,实现学生发展的核心指标与教育价值。

2. 课堂流程

"Tong 创"课堂核心目标：促进学生在课堂教学中积极思维，助力学生核心素养发展，提升师生生命质量。

"Tong 创"课堂基本要素：

① 创境导思：基于大概念和生活实际，创设真实的情境，设计任务，激发学生学习动机。

② 疑学问思：引发认知思考，提出核心问题。

③ 自学慎思：给足学生独立思考的时间，引导学生自主探究核心问题。

④ 组学辨思：设计评价量规，指导学生小组合作交流学习，在思维互动与碰撞中思考和解决问题。

⑤ 展示反思：展示小组探讨问题的过程、方法与结论，引导学生在总结和反思中形成学科能力。

⑥ 拓学创思：迁移运用，培养创新意识。

(三) 搭建通往高质量作业管理的桥梁

1. 确立学校"力"作业体系要素，形成作业设计"六性"原则。基于新课标的素养要求和学业质量要求，学校细研德智体美劳的内涵，确定"力"作业体系的要素是：学习力、探究力、创新力、生活力、行美力（见图 13-8）。从把握关联目标、激发情感、难度和题量适中、连接生活、立足单元视角五个角度出发，形成学校高质量作业设计的"六性"原则——基础性、适切性、生活性、趣味性、挑战性和作品性。"六性"原则指导教师在作业设计时关注个体差异，作业体现分层性和挑战性，关注过程，实现从育分向育心、育人的转变。

图 13-8 "Tong 创"课堂"力"作业体系要素图

2. 开展作业培训论坛，转变观念，提升能力。学校积极挖掘自身资源，发挥名师、骨干教师和区域教研梯队的先行与引领作用。开展作业设计培训，引导教师作业设计观的转向。进行作业设计比赛，分享作业设计典型做法，以赛促能力提升。

3. 变革教研模式，提高作业管理实效。一是实行年级大组长负责制，组织年级任课学科教师围绕"力"作业体系要素设计先周作业，监控作业量与时的科学性与合理性。二是以学段为单位，开展集体备课与先周作业设计。学段教师结合教学经验和学情进行甄别、讨论、优化，提高先周作业设计的针对性和有效性。

4. 开发学习单，拓宽作业空间。"Tong 创"课堂注重依据学习目标设计课前预学单、课中探究单和课后延学单，将其融入学生的当日作业或长周期作业中。这些学习单既作为学习支架指导学生在课内的学习与运用,又与作业设计融为一体,减轻学生作业负担,起到"小时间、大空间"的效果。

(四) 开发可见学习效果的评价工具

1. 确立观察维度,设计课堂观察量表

基于"教—学—评"的一致性,学校采取课堂观察的形式,从教师维度和学生维度设计观察量表,对"Tong 创"课堂的有效性进行检测评估。各学科主要从学生回答问题参与度、小组合作有效性、教学行为时间分配、目标达成与评价策略等方面进行观察统计和数据分析反馈,通过数据来帮助教师构建课程教学新观念,提高教育教学能力和水平(见图 13-9)。

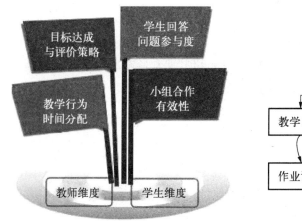

图 13-9 "Tong 创"课堂观察维度

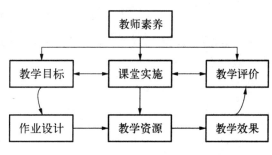

图 13-10 课堂教学评价维度表

2. 立足学科特点,设计课堂教学评价量表

立足教师素养发展,结合"Tong 创"课堂形态要素,学校研制了课堂教学两级评价标准(见图 13-10)。教学目标、教学实施、教学评价、作业设计、教学资源、教学效果和教师素养作为 A 级指标,再抽取各学科 A 级指标中的关键元素,细化为 27 个具体可操作的 B 级指标。这些细化的指标便于各个学科规范课堂教学流程,整体反馈教与学的效果,有针对性地促进教学方式的转变。

四、基于实证的成效

(一) 提高课堂实效,提升师生素养

"Tong 创"课堂形态的实践,督促教师提升理论素养,汲取课程、教学的新理念;激发教师紧扣核心素养,注重探究,多途径设计活动激活课堂活力,在知识能力的"学得""习得"和"用得"过程中,培养学生素养,提高课堂实效。教师和学生获奖面、获奖等级逐年提高。

(二) 学校美誉度逐年攀升

"Tong 创"课堂形态的实践,助力学校文化价值的完善,落实育人目标,获得了全国足球特色学校、河南省头脑奥林匹克特色学校、郑州市语言文字先进校、郑州市德育创新先进校等多项荣誉;模联和OM社团参加全国和省级比赛,均取得优异成绩;承担郑州市义务教育语文质量提升项目,多次承担中原区教学研究室举办的教学研讨和优质课比赛等活动。

五、基于成效的创新点

(一) 形成"创生教育"教育主张

学校依据《义务教育学校管理标准》,在区域"守中归原"精神纲领的引领下,分析学校自身发展需求,形成"创生教育"教育主张,提出"创造一所有生命张力的学校"的愿景,明晰"有志向、会学习、会生活、善创造"的学生培养目标,明确"工于创·成全人"的办学理念,坚持以人为本,积极创新课堂形态,为学生全面发展提供平台。

(二) 构建大概念下的单元整体教学实施路径

学校从提高师生生命质量和素养发展出发,构建"Tong创"课堂形态,从上位引领教师变知识灌输型的传统教学模式为以培养学生素养为目标的自主探究教学模式,让课堂活起来,让学生学起来。在"双减""双新"下,学校转变育人方式,进行大概念下的单元整体教学的探索,构建实施路径(见图13-11)。

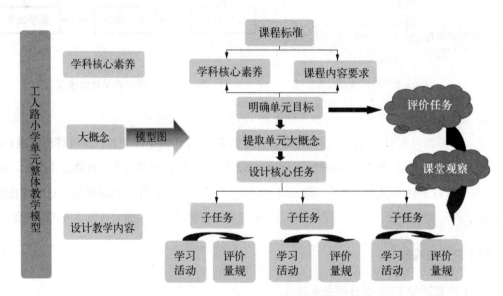

图13-11 大概念下的单元整体教学模型

六、反思与展望

回顾"Tong创"课堂教学八年的实践,我们继续思考:如何在课堂教学中实现"知识为基、能力发展、培养素养"的一致性与进阶性;如何调控好课堂学生的对学与群学时间,达成既定教学目标;如何更好地实现"教—学—评"的一致性,让评价任务为提高课堂教学质量助力。

我校将进一步深化"Tong创"课堂形态研究成果,充分落实立德树人根本任务,提高学校教育教学质量,成就每一位教师,成就每一位学生!

案例3 探索激扬课堂 激扬生命活力——学校课堂形态报告
郑州市第五十四中学 温振兰

随着"双减"政策的深入实施和新课标的发布,学校课堂教学的核心逐步聚焦于学生学习方式的变革。而学习方式的转变,要求教师尊重学生在学习活动中的主体地位;深入研究新课程标准下的课堂教学策略,从而学会组织、引导学生进行自主、合作、探究学习。

一、问题的提出

新形势下,学校在"双减"背景下探索如何"立新"至关重要。而学生学习方式的变革势必要求作为课堂教学的主导力量的教师,反思在现有教学方式的基础上如何转型、如何立新。反思我校的课堂教学,发现诸多问题,主要集中在以下三个方面:

(1) 教师教学理念没有及时转变。教法单一,以讲授为主。课堂上讲授过多,不关注或很少关注学生的学习过程,导致课堂低效。

(2) 学生的课堂主体地位并未得到凸显。教法的单一导致学生学法的单一,长此以往,消磨了学生的积极性,学生主动学习的兴趣不高。

(3) 课堂缺乏活力,缺乏生命力。长期以教授为主的课堂,不能从学生的实际出发,更不能打通学习和生活的关系,学生不能活学活用或学以致用,课堂缺乏活力。

基于以上问题,我校一直致力于探索能解决现存问题,顺应时代发展的课堂形态。

二、解决过程

在新课标精神的指导下,遵循郑州市"道德课堂"的理念,依照郑东新区"润美"课程框架,结合我校"激扬生命、卓越人生"的办学理念,我们不断尝试,逐步确定了以"目标导学——合作交流——师生互动——精讲点拨——巩固训练"为主要环节的自主探索式的课堂教学形态。

"激扬课堂"通过一系列教学策略,把"激扬生命"的理念落实到课堂教学行为上,并且上升为教学规范,成为学校课堂教学常态。

三、成果的主要内容

(一) 课堂流程

根据学校的教学实际,我校探索出的"激扬课堂"课堂形态流程如图13-12所示。

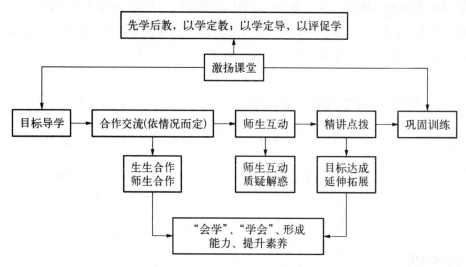

图 13-12 "激扬课堂"课堂形态流程图

1. 目标导学(一般占时 5 分钟左右)

目标导学分为两个部分：一是导入新课。上课开始时，教师通过多种方式创设情境，在引导学生进入情境后，组织学生对所学内容进行独立学习、思考。

例如，语文学科九年级上册第一单元是诗歌活动。探究单元，本单元的学习活动要求是：学会鉴赏，学会朗诵，尝试创作。我校教师采取了这样的做法：我校"诗与少年"栏目向全校征稿啦，"少年赠诗"板块邀请你选一首诗歌送给你的好友，并说明选择的理由。此情境创设充分调动了学生的积极性，学生积极主动地投入学习。

接着出示学习目标。目标的制定要符合学生的年龄特点，有较强的操作性。然后学生自主研读学案和教材，完成导读作业。

2. 合作交流(时间依具体情况而定)

这一学习过程包括"自主探究"后的合作交流、重难点问题的小组讨论和同伴间的随机交流与互助。先组织学生独立自学，在学生各自有了自己的答案之后，再组织进行小组交流，由小组长组织成员相互检查学习任务的完成情况。小组长主持，轮流发言，做好记录，以小组为单位进行汇报。对一些学生能自己解决的问题和练习，让同桌或小组进行随机的交流互助，合作交流穿插在各学习环节中随机进行，逐渐形成习惯。

语文八年级下册第四单元的目标是让学生"学会演讲"，学生自主探究演讲稿的撰写，合作交流演讲技巧，最后举办演讲比赛展示学习成果。该课例以问题为导向，以"学"为主线，在教师的引导下，通过合作、交流、展示、群学、互学，逐步提升学生的思维能力。

3. 师生互动(一般占时 10 分钟左右)

在学生自学交流的基础上，组织师生间的质疑问答互动。在这一学习过程中，教师让学生把在"自主探究和合作交流"过程中解决不了的疑难问题提出来,再根据学生提出的问题"以学定教"。这一学习过程既要有教师的预设,更应有学生的随机生成,要注重培养学生在学习过程中主动探索和勇于质疑的精神。

4. 精讲点拨(一般占时10分钟左右)

教师的"讲"应重点放在学生学前的引导,学中重难点的突破,以及学、练后的课堂小结上。学生能独立或合作解决的问题尽量组织学生自己完成。"激扬课堂"以学生为主体,教师的主导作用体现在关键处的点拨。

例如,九年级语文小说主题的探究,如《故乡》中对"杨二嫂"人物形象的认识,学生只能从文字上读到对杨二嫂的厌恶,却不能领悟到她也是一个时代造就的悲剧人物。小说是反映现实生活的,在教师的精讲之下,学生深刻地理解了小说主题。对于引发学生思考的问题,教师的精彩点拨往往起到"四两拨千斤"的作用。

5. 巩固训练(一般占时5分钟左右)

课堂知识要注重当堂的练习巩固,并及时进行反馈,课堂上的练习结果以学生间的及时检查、交流、批改为主,教师要通过评价量表及时了解所有学生的学习情况。

通过多种检测方法及时巩固课堂所学,提升学生的总结能力。例如,制作思维导图或课堂抢答活动,都能极大地提升学生的积极性,让学生所学"颗粒归仓"。

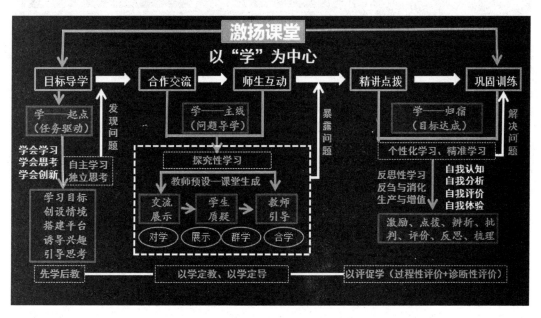

图13-13 "激扬课堂"课堂形态详细流程图

"激扬课堂"以问题为导向,在目标导学部分有问题意识,通过学生的学发现问题,通过交流互动解决一部分问题,但是学生交流合作的碰撞又会暴露集体性问题,这时教师需发现问题背后的深层次原因,并通过对关键之处的精讲点拨解决问题。在整个课堂之中,教师务必时时关注学生的学习状态。

(二) 实施举措

"激扬课堂"强调教师以"问题"为导向,以发展为目的。突出学生学习的主体地位,提高学生的关注力与参与度,培养学生的思维品质和探索精神,充分发挥学生学习的主观能动性,从而提升课堂效率。

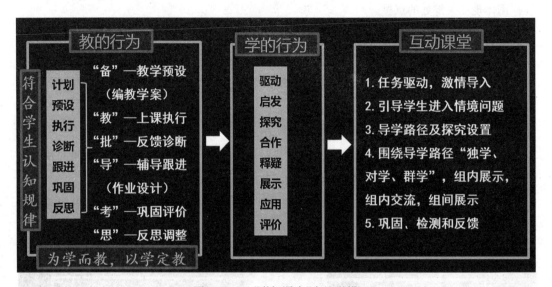

图 13-14 "激扬课堂"实施举措

1. 学案的导学作用突出

学案是教师依据学生的认知水平、知识经验,为指导学生进行主动的知识建构而编制的学习方案。学生根据学案充分预习,带着问题到课堂上进行交流、合作。学案培养了学生的自学能力。自学的成就感让学生想学、会学、乐学,良性循环下学生才能学得更好、学得更持久,学业压力才会真正减轻。

2. 教学活动结构得到调整

"激扬课堂"的教学形态着力解决学生在课堂中学习新知识环节时间不足、探索不充分、理解不到位的问题。在"激扬课堂"中,要考虑学生的具体情况和需求,给予学生充分的探索时间、探索机会,并对学生的学习进程进行判断,提供适应性支持,从而保证学生在学习新知识阶段能够达到充分学习的程度,而不能仅仅考虑赶进度、赶内容。

3. 作业设计更加优化

"双减"背景下要保障教学效果,需将课外作业与课堂上的学习统筹考虑,将二者统一到一个整体的、持续的学习进程之中。课堂学习重视学生的实际习得,作业应起到巩固和检测学习内容掌握状况的作用,而不再是为了补充课堂学习不足、解决掌握不到位的问题。

四、课堂评价

"激扬课堂"课堂形态逐步解决了我们在实际课堂上遇到的问题。教师是否真正地转变了角色,由关注自身到关注学生?评价"激扬课堂"的形态,主要看以下三个方面是否得到了充分体现。

1. 教师的"教",是"激励与引导"教法的养成

在课堂教学中,教师激发学生学习的兴趣和疑问,引导学生自主构建知识体系和知识结构。对于教师"教"的行为,我们制定了如下量规。

表 13-2 "激扬课堂"教师评价详细量规

评价项目		评 价 要 点	所占分值	评价结果
教师教学行为评价	学科能力	能够揭示学科知识背后的学科方法和学科思想	4	
	教学行为	具有教学思想的深刻性、教学方法的灵活性	4	
	课堂艺术	课堂有"留白",富有灵魂美,具有形象性、情感性、审美性、创造性	4	
	对待学生	尊重天性,激扬生命,尊重规律,关心爱护,因材施教	5	
	自我反思	富于思考,教学相长,提升品格,积淀文化	4	

2. 学生的"学",是"自主与合作"学法的养成

对于在教师的引导下,学生能否积极、主动地互助学习,提升学习效率,我们制定了如下量规。

表 13-3 "激扬课堂"学生评价详细量规

评价项目		评 价 要 点	所占分值	评价结果
学生学习行为评价	学生参与状态	1. 自主学习有效,关注问题情境,能发现问题	3	
		2. 合作交流学习能形成共识,分工明确,合作环节井然有序,参与面大,参与时间充足,任务有分配,展示有互动,形式多样	4	
		3. 师生互动学习有成效,敢于提出问题,乐于交流展示学习成果,能到板前或聚焦处锻炼诵读、演讲、说理、批判、质疑、评价等能力,语言表达准确流畅,会倾听、欣赏,书写或演示规范	4	
		4. 能按要求当堂完成达标检测,会迁移应用	3	

续表

评价项目	评价要点	所占分值	评价结果
学生思维状态	1. 能提出有效的问题：对学习中的困难点、对学习路径的探索、对学习方法的酝酿、对矛盾问题的反思、对知识结论的质疑	5	
	2. 具有学习的主体意识：内化性好，对新知有深刻的理解、独到的见解，生成状态良好	4	

3. 课堂以"交流互动"为主要学习形态

"激扬课堂"课堂形态中的教学过程是一个多向交流互动的过程。对于在课堂教学中能否体现教师的主导地位、学生的主体地位，我们制定了如下量规。

表13-4 "激扬课堂"课堂评价详细量规

评价项目	评价要点	所占分值	评价结果
课堂评价	1. 学习目标明确：学习目标的设计基于课程标准和学情，目标可操作、可测量	3	
	2. 实施设计有效：课堂流程设计科学、清晰，体现学生的主体地位，留给学生充分的学习时间，体现自主学习、合作学习、探究学习，能兼顾学生差异	4	
	3. 教学评价科学：有评价工具或方法策略，具有诊断性和指导性	3	

五、成果与反思

（一）课堂成果

"激扬课堂"课堂形态是在新课程标准的基础上，组织学生自主、探究、合作学习，强化认知过程和学习体验，注重知识运用和学习能力的培养，从而切实贯彻落实新课程标准的要求。通过实施，我们取得了如下成果。

1. 找到了增效减负的突破口

在"双减"政策的实施下，学生的负担降下来、学生动起来、质量提上去正在变为现实。教师是减轻学生过重负担的主导者，教师在减负增效中的态度决定了"双减"政策能否真正落实，"激扬课堂"课堂形态的构建，真正实现了减负增效。

2. 教学由知识灌输向能力素养的培养转变

"激扬课堂"教学要求教师点燃学生的思维火把，问题设计避开小、碎、浅、细，大胆利用问题"惹事",引发认知冲突,激发思维碰撞,帮助学生拓展思维,最大限度地产出成果而不是复原结论。变"消灭问题"的课堂为"暴露思维"的课堂,变"师问生答"的教学为"共同设问"的教学,学生在学习中大胆提问、大胆发表看法,提升了批判性思维能力。

3. 以"教"为中心向以"学"为中心转变

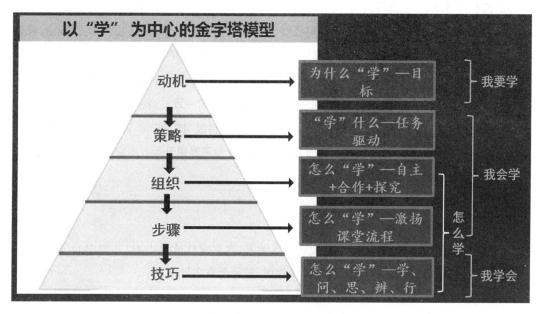

图 13-15　以"学"为中心的金字塔模型

小组合作学习打破了以讲为主的教学形式,人人都有平等的发言、锻炼机会,大大拓展了学生活动与思维的空间。课堂展示不再是一问一答式的简单的信息呈现与交流,而是以问题解决为中心、充满思维碰撞式的对话,是思维互动与智慧共生,课堂充满了生机与活力。

(二) 课堂反思

我校的"激扬课堂"在推进的过程中,也遇到了一些问题,存在着一些困惑。例如,课堂上教师评价的适度问题,以及不同年级的推进速度有差别、不同年龄段的教师推进的差异较大等问题。面对以上问题,我们首先应该按照学生的现实情况,灵活掌握评价方式和程度。其次,在模式推进中,不应该急于求成,给学生施加过重的负担,应循序渐进,由扶到放,健康发展。最后,对各年龄段的教师应做到一视同仁,只有这样才能提升学校的整体教学质量。

"激扬课堂"的内涵丰富,需要在摸索中灵活运用,不断完善。课堂是师生教学和生命的活动场所,是师生共同成长的精神家园。课堂教学的质量决定着师生生命的质量。我们的目标是:让每一堂课优质高效,让每一位学生得到充分的发展,让每一位教师的才智在学生的成长中得到升华。

案例4　道德课堂有效形态"知课堂"成果报告

郑州经济技术开发区外国语学校　靳俊良

新课程背景下,以立德树人为导向的课堂变革,提出了以生为本,关注互联网生活的变化,探索教与学方式的变革等教育新要求。针对我校传统教学中存在的"学习目标制定的经验化、模糊化;学习过程实施的桎梏化、扁平化;学习评价方式的单一化、反馈的滞后化"等问题,我校尝试推进道德课堂形态的变革。经过多年实践,我校形成了"学为中心"下的"知课堂"有效形态:以领悟郑州市道德课堂三问为出发点,追求课堂目标、过程、评价的一致性,将"学为中心"的教育理念与信息技术深度融合,构建"3352"混合式一体化教学模式,打破"教"与"学"的壁垒,推动深度学习的发生。学校在推进课程改革、提高教育质量、促进教师专业素养提升等方面取得了显著成效。

一、理论基础

(一)"学为中心"理论

"学为中心"的观念最早是由美国儿童心理学家、教育家杜威提出的"儿童中心"的观念转换来的。其教学特征主要是:学生起到主体作用,教师起着主导作用。

(二)建构主义理论

建构主义者关注个体如何以原有的经验、心理结构和信念为基础来构建知识,强调以学生为中心以及学习的主动性、社会性和情境性,强调学生对知识的主动探索、主动发现和对所学知识意义的主动建构。

(三)混合式学习

混合式学习就是要把传统学习方式的优势和网络化学习的优势结合起来,也就是说,既要发挥教师引导、启发、监控教学过程的主导作用,又要充分体现学生作为学习过程主体的主动性、积极性与创造性。

二、概念界定

智慧课堂:智慧课堂是在原有传统课堂的基础上,通过硬件载体,在应用软件服务和校园管理平台的支持下,将大数据、物联网和人工智能等新兴技术与校园管理相结合的课堂。

"3352"混合式教学模型:"线上线下相结合""信息技术和学为中心相融合"的混合式教学模型,主要为教学"3"阶段、课前预学"3"步骤、课中研学"5"环节、课后延学"2"个性化。

三、呈现课堂形态:"知课堂"形态的架构及内涵解读

基于教育信息化的发展和学生核心素养的提升,郑州经开区外国语学校围绕郑州市"道德

课堂三问"(你要把学生带到哪里？即目标；你怎样把学生带到那里？即过程；你如何确信你已经把学生带到了那里？即评价)创新构建"知课堂"形态。

在领悟郑州市"道德课堂"理念下，结合我校"知""致""志"核心文化中的"知文化"，基于校情和办学理念，将"学为中心"理念与信息技术深度融合，探索了我校的"知课堂"有效形态。"知课堂"形态有以下4重内涵：

1. 真知的课堂：基于新课程标准的课堂，培养学生的核心素养，使学生形成正确的价值观、必备品格和关键能力。

2. 探知的课堂：是指自主、合作、探究的学习方式。自主是核心，是前提；合作是形式，是途径；探究是目的。

3. 相知的课堂：是指和谐的师生、生生关系。师生之间平等对话，生生相融相契，达到和美之境。

4. 智慧的课堂：以信息技术化手段为支撑，提供智能化教学，打造互动高效学习环境。

"知课堂"从学生成长的规律出发，以小组合作为抓手，以校本资源库建设为保障，以"3352"混合式教学模型流程为课堂规范，打造出有温度、焕发师生生命活力的高质量的课堂形态。

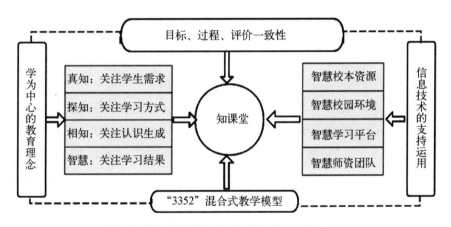

图13-16 经开区外国语学校"知课堂"形态图

(一) 领悟道德课堂，梳理"三位一体"体系

通过研读道德课堂的三问，梳理"目标——过程——评价"三位一体体系。鉴于当下的宏观背景，学校秉承"学为中心"的教学理念，充分利用信息化教学手段，对目标、过程和评价进行全新解读。

1. 目标：聚焦核心素养，落实育人导向

义务教育课程规定了教育目标，聚焦中国学生发展核心素养，培养学生适应未来发展的正确价值观、必备品格和关键能力，即培养有理想、有本领、有担当的时代新人。

2. 过程：目标导向的学习过程

利用信息技术手段即时反馈学生是否参与学习任务，学习任务是否达成，学习效果是否明显,实现教学决策数据化;线上交流、线下交流、师生交流、生生交流、课前交流、课中交流、课后交流,实现交流互动立体化;推文字、推图片、推音频、推视频、课前推助读、课中推助学、课后推延伸,实现资源推送智能化。

3. 评价:素养为本的多元评价

实现评价标准多维化,既有知识技能的显性评价,又有态度、习惯、方法的隐性评价;评价形式多样化,线上评价与线下评价相结合,过程性评价与终结性评价相结合;评价主体多元化,自评、互评、师评、跨界评相结合,让学生实现从知识内容的学习者向知识内容的学习者兼传播者、创造者转变,让学生从被动学习走向主动学习,从浅层学习走向深度学习,让学生有确确实实的获得感。

(二)"二维":"理念与技术"的深度融合

为确保智慧课堂有效形态的落地实践,现代教育理念与现代信息技术二者缺一不可,它们共同为智慧课堂的设计及实施提供理念指导与技术保障。

1. "学为中心"的教育理念

以学生的学习为中心,一方面强调关注学习者的认识发生规律,另一方面强调关注指向学习的教与学活动以及活动开展的支持条件(包括人、物等)。即关注学生需求,根据认知规律和学习需求,精准制定目标,进而创设情境,设计任务活动;关注学习方式,探索自主学习与合作探究的学习方式,激发学生主动学习的合作意识;关注认识产生,在符合认知规律的学习活动中注重能力的生成;关注学习结果反馈,进而调整更加符合学生需求的学习设计,再进而说明教不再是围绕教授目标而是以学习目标、需求为中心展开的。

2. "信息技术"的支持手段

(1)智慧校园环境。智慧教学环境是智慧课堂的环境保障。我校是一所新建的高起点、高品质的现代化公办初中。学校拥有完备的信息化教学硬件设施、无死角全覆盖的无线网络系统和数字化校园系统,建成30余间多功能、数字化的实验室和功能室。学校所有教室均配备有希沃白板、高拍仪等班班通设备及基本的录播设备,教师人手一台笔记本电脑和平板电脑,学生人手一台平板电脑。现代化的网络和设备,为信息化教学提供了可能。

(2)智慧校本资源。智慧校本资源是智慧课堂的资源保障,为学生自主探索提供丰富的学习资源。校本资源主要包括微课库、学案库、课件库、习题库等。如我校各学科组从个性化和实用性出发自行录制短小精悍的微课视频,或为学生课前预学提供学习资源,或帮助学生明确课中知识内化的任务要求,或联合习题库和学案库为学生课后知识巩固、拓展和迁移提供资源支持。

(3)智慧学习平台。多样的智慧学习平台是学习平台保障。我校引进了北京101智慧云教学平台、爱学堂云平台、星火云鸽智慧校园平台,充分利用智慧教学平台和教学工具,在全校所有班级全面实施智慧教学,涵盖教师的教学管理与教学评价、学生的自主学习、动态跟踪与学习评价功能,满足师生之间互动、课程资源即时分享和课程及时反馈评价等需求,为线上学习和面授学习的紧密结合与自由切换提供强大的技术支持。

(4) 智慧师资团队。智慧教学师资是混合式教学模型的师资保障。在教育信息化飞速发展的新时代,开展信息技术深度融合的混合式教学,教师除了具备扎实的学科知识和教学法知识,还需具备一定的信息技术能力,并能将整合技术、内容和教学法三个因素应用于混合式教学,这样才能在线上与线下教学之间自由切换,达到预期的教学效果。我校通过"走出去"和"引进来"的专业培训策略,培养了一批具有高水平、创新性的教师团队。

四、"知课堂"形态下的教学模型:"3352"混合式教学模型

基于以上理念和创新的技术、资源、环境、任务、活动等,探索出我校"3352"混合式教学模型,即教学"3"阶段、课前预学"3"步骤、课中研学"5"环节、课后延学"2"个性化。

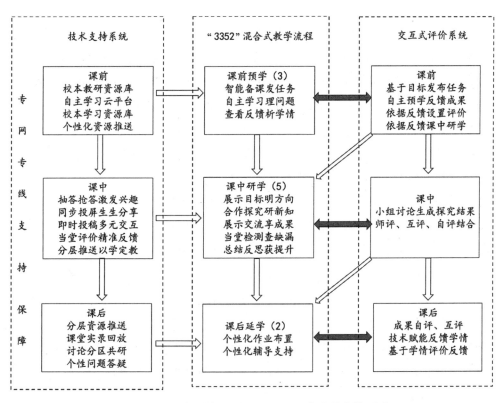

图 13-17 "知课堂"形态下"3352"混合式教学模型图

(一)"3352"混合式教学模型的教学流程

教学"3"阶段即"课前预学、课中研学、课后延学"三个学习阶段。通过课前预学,学生明白自己能解决的问题和存在的疑惑,教师明白学生的"困点",精准获得学情;课中研学,学生带着问题,教师带着对学生和学材的"理解",师生、生生多元互动,针对性解决问题;课后延学,学生带着收获,学以致用、拓展应用、个性化提升。

课前预学"3"步骤即"智能备课发任务、自主学习理问题、查看反馈析学情"。教师首先通

过云学习平台，利用共享资源进行备课，把预学引导问题、学习资源和预学检测推送给学生；学生通过教师的问题引导和学习资源进行自主学习，通过自学检测检验学习效果，梳理自己存在的困惑，提出问题；教师通过云平台的数据记录，了解学生的学习情况和预学效果，明确学生存在的问题，根据学情有针对性地调整教学设计。

课中研学"5"环节即"展示目标明方向、合作探究研新知、展示交流享成果、当堂检测查缺漏、总结反思获提升"。课中研学是师生、生生多元互动的过程。信息化技术的应用，让交流展示不仅可以通过线下面对面进行，也可以通过线上更加自主地、个性化地、更大范围地进行；当堂检测，通过信息化数据的精准反馈，实现针对性指导，让个性化学习、分层教学真实发生。针对不同学科的不同课型，研学"5"环节可以进行更加细化、具体化、创新性的调整，以更具操作性和实效性。

课后"2"个性化即"个性化作业布置、个性化辅导支持"。通过信息化平台，可以对学生进行分层分组，进行不同的作业布置和学习资源支持。通过平台数据，教师精准了解学生课后的学习情况，从而进行个性化辅导；学生也可利用平台重新回顾课堂，使用个性答疑功能寻求教师帮助，也可在讨论功能区与同学共同探讨，提升学习的开放性，满足个性化需求。

（二）"3352"混合式教学模型的技术手段

基于信息化云学习平台的"3352"混合教学模型，借助信息技术的先进性，给学生提供了更加多元、广阔的学习空间和更加自主、个性化的学习机会。

课前：利用信息化平台推送和共享文字、声音、图像、视频等学习资源；推送预学问题和预学检测，预学反馈以数据的形式清晰呈现，教师得以准确把握学情，教学决策有依据，实现精准化。

课中：教师利用抽答、抢答功能，激发学生兴趣，引导学生专注学习；利用同步投屏功能，清晰呈现展示效果；利用投稿功能，发起讨论话题，学生多元互动，多元评价；当堂检测，利用信息化数据的快速反馈，实现教学反馈即时化、精准化，同时也可以通过分层推送，实现分层、个性化教学，满足不同学生的需求。

课后：学生可根据需要利用平台重新回顾课堂，使用个性答疑功能寻求教师帮助，可在讨论功能区与同学共同探讨，提升学习的开放性。分层分组推送作业和资源，让每个学生得到不同的、适合自己的发展。

学校采取专网专线，确保教育信息化的顺利实施；同时也采取专家引领、同伴互助、理论学习、实践交流、课例研讨等多种方式促进教师信息化水平和教育教学能力的提升，这些都为"3352"混合式教学模型的探索与实践提供了基础和保障。

（三）"3352"混合式教学模型的评价体系

"3352"混合式学习评价应与教学目标具有对应性，从评价内容、评价形式和评价主体等方面的多元性出发，构建智慧课堂的混合式学习评价体系，也就是要把形成性评价与终结性评价、教师评价与学生评价和智能系统辅助评价、网络学习评价与传统课堂学习评价，以及自我评价与同伴评价结合起来。主要包括课前、课中及课后三个部分,具体实现步骤如下:课前,教师发布学习任务和问题,学生提交答案,而教师则根据学生提交的答案和教学目标设置课上的评价标准;课中,学生通过小组讨论生成探究结果,教师向学生提供评价指标并对典型样本进行示范性批改,随后让学生进行独立思考、小组讨论和全班讨论;课后,让学生对学习成果进行自评和互评,再利用智能系统对成果进行辅助点评,教师则采取普查与抽查相结合的方法对评价结果与质量进行检验。

五、实践效果与反思

(一)"知课堂"的完善须紧扣新时代、新课标

在使用的过程中,进一步挖掘信息技术的功能,使其与学科课程、学科教学进行更加深度的融合;在新课程标准的指引下,进行跨学科教学、单元整体教学与信息技术的有效融合,进一步完善"3352"混合式教学模型,使之更能适应新课程改革的需要。

(二)"知课堂"教学学科化建模任重道远

基于"3352"混合式教学模型,继续进行各学科不同课型课堂教学建模探索,最终形成完备的课堂教学模型群,并依据学科建模,打造更多的精品课程。

案例5 道德课堂框架下的思悟课堂建设

郑州外国语学校　王晓强

河南省教育厅厅长、郑州外国语学校原校长毛杰说:"教育不仅仅是知识的教育,更应为生命奠基,成全每一个生命的灿烂,丰富每一位学生的精神花园,这,才是有灵魂的教育!"而对于"丰富每一位学生的精神花园"这句话,郑州外国语学校2023届学生付耀贤在谈到郑州外国语学校"思悟课堂"时说出了自己的独特体验:"在这里,每个人的思考都启迪心智,每个人的感悟都真挚生动,每个人的声音都掷地有声;在这里,情感可以不同,观点可以分异,理想可以多样,但我们总能够找到支点,凝聚共识,坚定信念。"

郑州外国语学校结合自身实际,创建的"思悟课堂"新型课堂教学范式,让郑州外国语学校这片沃土,成为了洋溢着人的独立生命气息和思维花朵芳香的地方。"思悟课堂"为学生提供了一个个站在巨人肩膀上的支点,让学生找到了助力人生多样化发展的青云梯。在"思悟课堂"教学理念的指导下,学校的教学环境、教学形式、教学风格都发生了革命性的变化,不论是竞赛、强基计划、高考的成绩,还是学生的综合素质与能力,都得到了有效提升。

一、着力构建"思悟课堂"的目的和意义

《国家中长期教育改革和发展规划纲要(2010—2020年)》特别指出:课堂教学要"注重学

思结合。倡导启发式、探究式、讨论式、参与式教学,帮助学生学会学习。激发学生的好奇心,培养学生的兴趣爱好,营造独立思考、自由探索、勇于创新的良好环境"。这里特别强调了课堂教学过程中"学"与"思"的关系。近年来,尽管课程改革取得了显著的成效,但长期以来,由于升学考试的竞争和压力,以及传统教育教学观念的影响,许多违背教育教学规律和青少年身心发展规律的现象仍然频繁出现,知识本位、应试本位和分数本位的课堂教学在一些地方和学校仍然盛行,繁重的课业负担仍然充塞着教学和学习的全过程,"四个满堂"(满堂问、满堂动、满堂放、满堂夸)和"四个虚假"(虚假自主、虚假合作、虚假探究、虚假渗透)的课堂"模式"仍然占据着一些地方和学校课改的高地。在这样的学习过程和校园生活中,学生的主体地位很难真正体现,学生的内心充斥着枯燥、乏味、疲惫、厌烦和挫折的感受,而缺少积极、愉悦、兴奋、发现和成功的体验。《国家中长期教育改革和发展规划纲要(2010—2020年)》所提出的"保证学生生动活泼学习、健康快乐成长"的要求很难落实,教师和学生的生命价值很难实现,生命的质量和幸福指数很难提升。立足于学生现实学习和生活需要,着眼于学生后续发展和终身学习的需要,郑州外国语学校为把课程改革和课堂教学改革进一步推向深入,立足课堂主阵地,开展了"优化课堂教学设计活动",进行了分科分层次教学实验;以"构建道德课堂,提升师生生命质量"为目标,开展了高品质"道德课堂"活动,强调以学生发展为本,让学生在充满尊重、关爱、民主、和谐的氛围中,得以身心健康、精神自由、生命自主地发展;在"道德课堂"理念的指引下,郑州外国语学校创建了"思悟课堂"这样一种新型课堂教学范式。对以往的课堂教学和教育行为进行全新的审视、持续的反思、深入的总结和科学的矫正,真正解决目前课堂教学中存在的弊端和问题,让课堂生活成为学生高尚的道德生活和丰富的人生体验,使学科知识增长的过程成为学生人格健全和发展的过程,使课堂洋溢着道德的光辉、绽放生命的活力,使教师和学生在课堂生活中不断提升生活质量、幸福指数、生命质量和生命境界,打造全新的课堂文化。这对生源群体特优的我校将具有重要的现实意义和深远的历史意义。

二、深层解读"思悟课堂"教学范式

"思悟课堂"是以学生"摆脱依附,走向独立"为目标,以学生的"领悟"为根本途径,以"以思论教"为理念,以"突思促悟"为策略的课堂教学模式。"思悟课堂"通过创设氛围学生愿思考,创造条件学生能思考,创造方法学生会思考,创新效果学生形成悟的思路,实现学生高境界学习、提高学生独立学习的本领、提高学生学科能力的目的。

(一)根植一种理念,突出一个标志

课堂教学是为了"让一个人摆脱对另一个人的依附",教师在课堂教学中所做的一切都是为了让学生尽快"独立",从而达到"教是为了不教"的目的。而让学生"独立"的标志是让他们学会思考,提高思维能力,改善思维品质,从而达到自解、自省、自悟,以此改变课堂教学中曾出现过的讲风盛、满堂灌,学生动手、动脑少的状况。教师在课堂上重视学生的思考,突出学生的

思考,促进学生的思考;学生在课堂中带着问题去思考,回答问题展思考,重点难点深思考,交流过程学思考,反思过程升思考。"思悟课堂"彰显了"以思论教"的理念,使思考成为学生完成教学任务的主渠道。

(二)实施"四大环节",彰显"突思促悟"

"思悟课堂"中的"思"是思考、反思;"悟"是体悟、领悟。思是悟的过程,悟是思的结果,悟因思考思维活动而生成。思考思维是学生达到悟的主要途径。因此,教师在课堂中要重点关注学生思的问题、思的机会、思的状态、思的经历、思的方法、思的习惯、思的效果,让学生的思考成为完成教学任务的主渠道,在使学生尽快"独立"的同时也促进教师的自我成长。

"思悟课堂"范式一般由"引思自悟、检思纠悟、促思助悟、反思明悟"四个环节构成,无论是新授课、讲评课还是复习课,郑州外国语学校都已形成比较成熟的课型范式。

1. 引思自悟:这是在创设情境、激发兴趣、回顾旧知、铺设前提、导出新课环节后的第一个环节,是在教师依据教学目标编制出来的"问题式教学任务"的引导下,学生自学、自思、自解、自悟的环节。此环节的关键点是教师要把教学目标中的知识能力部分,改写为指向性强、可操作性强、可检测性强的问题式学习任务展示给学生,起到在学生自学过程中引发思考的作用。推进教学实施,必须做到"三精""四留","三精"即目标精确、路径精细、问题精准;"四留",即给学生留问题、留机会、留时间、留空间。

2. 检思纠悟:这是通过具有典型性、代表性的学生思维过程的展示及师生间、生生间关于思维过程的对话、发问,引发全体学生进一步地深度思考,在学生辨清结论正误的同时,又使学生对思路的正误与巧拙进行辨析的环节。此环节中,教师要重视学生独立思考的表现,能够及时捕捉到学生思维的障碍点;学生要勤类比、勤归纳、勤发散、勤联想,养成主动思考的习惯,从而达到自发进行"检思"的效果,进而纠正自己不合理的领悟结果。

3. 促思助悟:这一环节通过教师提出重点内容的深化问题、难点内容的分解问题、拓展内容的延伸问题,或以学生"独立思考+合作交流"的方式,或以教师讲中有析、析中有问、问中有思等方式,来实现重难点的突破与升华。此环节中,教师的重点要放在促进思考、辅助领悟作用的发挥上,杜绝反复强调重点内容的方式,杜绝只展示自己的思考来完成突破的做法,杜绝不是学生的疑难问题而教师却在反复强调的现象。

4. 反思明悟:这是在教师指导性的提示下,学生通过对本节学习过程的回顾反思,形成自己的知识体系,归纳基本思路和方法的环节。学生自主理清问题思路,弄清问题价值,明确问题方向。教师只给予学生指向性的提示,给予学生充足的反思明悟时间,教师应杜绝把知识简单罗列了事的做法。

(三)关注课后评价,实现思维对话

思悟课堂以"悟"为核心,就是要把学生的学习、思考与领悟放在中心位置来考虑教学,教师应从课前注重以"悟"定教、课中注重以"悟"施教、课后注重以"悟"促教三个环节着手。要明确以下内容。

1. 如何理解学生的"悟":"悟"是学生通过思维系统的筛选,加工处理自己得到的有价值的东西。教师直接给的不是"悟"。

"悟"是学生通过在一系列教学活动中的思考产生的对事物的深刻认知。

"悟"是学生通过在一系列教学活动中的思考产生的对事物发生的原因及发展规律的理解。

"悟"是学生通过自己的认识和理解对新情景下的问题的筛选、分析与判断。

"悟"是学生深刻内化后形成的能力。

2. 怎样助力学生的"悟":教师在课堂中不仅是教学能力的展示者,而且是教学活动实施的研究者,更是帮助学生寻找打开"思悟课堂"密码的思考者。学校在"思悟课堂"的评价方法上明确了必须关注的五大问题。第一,思的问题。设计的问题能否引发学生的思考,是否有思考的价值,能否促进学生进一步思考?第二,思的机会。针对教学中的某一内容该不该让学生思考,给不给机会思考,给的时间够不够学生完整思考?第三,思的状态。学生的思考方式是否以独立为主要特征,思考时是否专注,交流合作活动是否在独立思考的基础上开展?第四,思的方法。从学生展现的思维路径上看,其思维是否指向规律的总结,是否指向基本思路或套路的归纳和概括?第五,思的效果。以独立思考为主要特征的学习方式在完成教学任务中产生的效益如何?

"思悟课堂"重点关注的"四个环节"及评价的"五大问题",为学生突出"思"、提升"悟"提供了实现的保证。

多年来,郑州外国语学校在"道德课堂"理念的指引下,不断探索和优化"思悟课堂"新型课堂教学范式,有效推动了课堂教学改革,提升了教育教学质量。新时代、新征程,郑州外国语学校探索的脚步不停,在为国家培养拔尖创新人才的道路上不断努力前行!

附件:

"思悟课堂"评价表(新授课)

教师姓名:　　　　　　学科:　　　　　　评价人:

项序	评价项目及权重		评 价 要 点	分值	得分
一	引思自悟 (突出自学、自思、自解、自悟,20分)	1	教学目标明确,学习任务具体,可操作、可检测。	5	
		2	学生有完成文本阅读和自思自悟任务的时间保证。	5	
		3	学生在此环节中专注地自学、自思、自解、自悟。	5	
		4	学生能够在独立思考的基础上积极参与合作交流。	5	

续表

项序	评价项目及权重		评 价 要 点	分值	得分
二	检思纠悟（突出信息反馈、学生展思、教师指导、学生纠悟，20分）	5	教师能够快、准、全地获取自学反馈信息及学习效果。	5	
		6	教师能够及时捕捉到有利于解决疑难问题的典型个案。	5	
		7	教师善于运用典型个案引导学生展示其思维的过程。	5	
		8	大多数学生能够积极参与对关键问题的思考与讨论。	5	
三	促思助悟（突出问题、机会、时间、过程，35分）	9	问题的设置能够突出重点，有思维量、有层次性。	5	
		10	围绕重点内容突出主干问题的深化、拓展与延伸。	5	
		11	学生对问题有足够的思考时间并能表达自己的见解。	10	
		12	教师适时、适势帮助、引导学生思考并解决问题。	5	
		13	跟进训练内容，围绕重点，有典型性、针对性、层次性。	5	
		14	训练内容能够起到巩固、引发、促进学生进一步思考的作用。	5	
四	反思明悟（突出学生认真、反思、归纳，25分）	15	学生能够根据教师的提示进行分类、反思、归纳。	5	
		16	学生能体会到本节的重难点、掌握知识规律。	5	
		17	学生在课堂上有充足的时间进行分类、反思、归纳。	10	
		18	教师抽检学生的思悟总结，进行展示并评价。	5	
五	总评	学生独立思考用时	教师自己讲述用时	合计得分	
		你认为本课符合"思悟课堂"的基本特征吗？ A. 符合　B. 基本符合　C. 不符合			

案例6　指向学科核心素养的单元学历案教学有效形态

郑州市回民高级中学　李玉国

新课程、新教材改革背景下，"道德课堂"有了新的内涵，贯彻新课改精神，精准落实"双新"工作，需要落实素养导向的单元教学，体现以学生为主、彰显学生学习经历的教学，形成能促进学生深度学习的课堂有效形态。作为郑州市"道德课堂的构建与区域推进"国家级优秀教学成果推广应用示范校,我校借助多年来对学历案教学改革的经验,逐步形成了基于我校校情的"指向学科核心素养的单元学历案教学形态"。

"基于学科核心素养的学历案课堂形态"是指"教师在班级教学情景下,围绕某一具体的学习单位,从期望'学会什么'出发,设计并展示'学生何以学会'的过程,以便学生自主建构或社会建构经验或知识"①的新型课堂形态。教师基于课程标准,依据"教—学—评"一致性,围绕大概念进行单元教学设计,编制基于学情、适合学生自主学习的学历案;学生依据学历案,经历自主探究、师生对话、生生合作、教师点拨等学习活动,实现高效学习、自主学习、深度学习,进而落实核心素养。

一、解决的问题

学科核心素养"切实引导各学科教学在传授学科知识过程中,更加关注学科思维、思维方式等,克服重教书轻育人的倾向"。落实学科核心素养,必须面临教与学理念如何转变、师生角色如何确定、授课方式如何有效等一系列课程教学体系的突破与进阶。

然而,传统课堂教学依然存在诸多弊端,具体表现在:

问题1:教师重经验判断,轻科学依据。教师制定教学目标随意草率,教学设计只在"怎么教"上下功夫,在"教什么""教到什么程度"上不加关注,教学策略随心所欲,教学评价流于形式,学生学习目标不明确,高投入、低收效。

问题2:课堂重教师讲解,轻学生体验。课堂教学不是学生立场,而是以教师为中心,"满堂灌"现象普遍;学生被动接受,"浅学习""假学习"现象普遍,因而拙于应用,解决问题能力低下。

问题3:教师重个例讲授,轻体系建构。把完整的知识体系人为地切割成以课时为单位的知识碎片,忽视了单元的整体建构和素养目标的培育,致使学生的学习"只见树木,不见森林",无法在情境中实现知识的正确迁移。

二、问题解决的过程与方法

(一) 文献研究,理论学习

1. 采用"专家陪伴式成长"的系统培训方法,提升教师理论水平。邀请华东师范大学周文叶博士和王小明教授、台州学院教师教育学院王少非院长作为指导专家,定期到我校与教师一起参与到课例研究的过程中。同时项目主持人李玉国本身就是郑州市成熟的课程教学专家,他借助"教师专业发展共同体"定期开展讲座,解决单元编写学历案的关键技术,手把手地传授各项教学的微技能。

---

① 卢明,崔允漷.教案的革命:基于课程标准的学历案[M].上海:华东师范大学出版社,2016:10.

2. 系统性的教师专业发展活动。华东师范大学崔允漷教授团队对我校学历案设计、学历案课堂教学进行手把手、面对面的研讨分析，推进了我校的课堂变革，转变从教书到育人。南京一中、嘉兴一中的老师积极分享学历案探究体会与成果，有效地促进了我校基于学科核心素养的学历案教学实践和探索。

（二）整合信息，建构路径

1. 基于新课标，提炼大概念。提炼大概念，采用"以终为始"的逆向教学设计思路，从单元学习所要达成的学科核心素养这一终极目标出发设计单元目标，即单元学科核心素养分析——单元概念层次分析提炼大概念——基于核心概念设计基本问题——设定单元目标。

2. 基于大概念，构建单元教学目标。依据提炼的大概念，从单元知识结构出发，构建出本单元知识结构；依据"最终目标——情境类型——解决路径——关键能力——基本知识"的路径逆向倒推出单元学习目标。

3. 围绕单元学习目标，设计适配的课堂评价。开展"单元学历案同课异构大赛"。侧重围绕单元学习目标和单元评价任务开发设计任务群，围绕单元目标和评价任务，设计有真实情境、有挑战性、综合性的任务活动，让学生在做事中获得素养的提升。依据"制定单元学习目标，设计学历案——实施教学，进行课堂观察——课后主题研讨，形成观察报告——修改设计，完善案例"这样一个完整的过程实施教学。参照"课堂观察LICC"模式理论框架，从学生学习、教师教学、课程性质、课堂文化四个维度自制观察量表，邀请其他教师观课，观课教师依据量表进行课堂观察，依据观察结果开展评课活动，促使教师在任务设计上能够建立知识与现实生活之间的联系，变"做题"为"做事"，变"解题"为"解决问题"，从而实现学生学科素养的提升。

（三）课堂实施，建立模型

1. 借助"教师专业发展共同体"对教师进行讲座培训，通过提交作业、分享心得解决单元学历案教学技术问题。

2. 借助"同课异构""骨干教师示范课"等活动进行课例研究，在学历案四种课堂形态的基础上，以落实学科核心素养为根本追求，各学科开发本学科的基于学科核心素养的学历案课堂有效形态。比如：数学学科的"自主合作"课堂学习有效形态、历史学科培养高中生家国情怀的课堂教学有效形态、生物学科基于科学思维的模型与建模课堂教学有效形态等。

3. 借助教研活动，完成"备课——磨课——上课——课堂观察——评课——反思报告——调整教学设计"的闭环流程。完成了100多节次的"磨课"活动，形成郑州市回民高级中学教学实践活动集，并把优秀课例集结成册，留存档案。

（四）搜集证据，实施评价

在大单元学历案编制评估方案的基础上，设计符合本校学情的课堂观察量表，评估学历案的设计及其课堂实施的效度；设计问卷调查表，调查学生对大单元学历案的满意程度和问题建议；通过对学生学习的增值评价，判断基于学科核心素养大单元教学的效度。

通过对学生"停课不停学"——郑州市回民高级中学在线学习调查问卷的数据分析发现,我校学生对线上学习学历案的认可度很高,跟学校面授课一样,先学后教,讲在关键处,学生提前学习学历案,课上集中问题答疑,提高学生居家学习的自主性。

(五)提炼成果,形成辐射

1. 提炼成果。随着基于学科核心素养的大单元学历案教学实践研究的逐渐深入,"基于'教—学—评'一致性的高一数学评价模式的实践研究""基于课程标准的信息化教学实践研究""情景教学与高中物化学历案高效融合的实践研究""基于核心素养的高中数学课堂教学实践研究""史料实证在高中历史教学和评价中的应用研究""基于政治学科核心素养的大单元教学对中学生创新能力影响的实践研究""实施大单元设计下的数学课堂的实践与研究""基于核心素养的高中化学大单元学历案实践研究"等多项课题围绕本成果涉及的问题进行了更为细致的思考和探索,在课例的实践研究过程中完成对理论提升的突破,极大地充实了成果的内容,也对成果的科学性进行了验证。

2. 形成辐射。校内,由骨干教师带动辐射其他教师,形成了成熟的学历案教学形态的学科辐射影响其他学科。校外,2018年我校成功举办第二届全国高中学历案联盟论坛,2019—2020年间,围绕"基于学科核心素养的大单元学历案教学"研讨主题,多个省份的中学来我校学习借鉴学历案教学经验。

三、成果的主要内容

(一)构建大单元学历案设计的技术路径

大概念引领的单元教学实践,是从学科知识传授到学科核心素养培育的新理念和方法。基于课标、学情、教材分析提取单元大观念,基于大观念制定单元学习目标,围绕目标设计评价任务,基于评价以"问题——任务——活动"的方式开展大单元情境教学,促使单元教学指向学科核心素养。

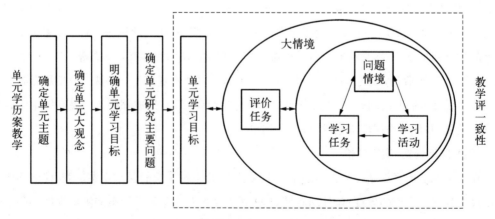

图13-18　设计单元学历案的技术路径

（二）建构了单元大概念提炼策略

教科书的编者作为学科专家必然在教科书的内容中融入自己对有关知识的高度理解,因此提炼单元大概念,要善于抓住单元导语中阐明编者观点的关键语句,并对关键语句进行概括,形成整体认识;再从教材各节的重要结论中找到阐释、明确有关内涵的语句,将整体认识中模糊的概念具体化,从而用自己的语言简练概括单元核心内容。

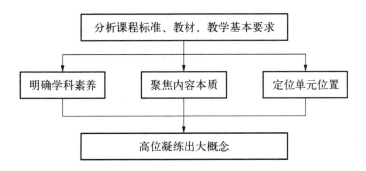

图13-19　提炼/寻找学科单元大概念的实践途径

（三）实践过程模型化,形成了课例诊断模型

基于单元学习目标,不同学科尝试设计单元学历案并实施,利用课堂观察技术,基于"教—学—评"一致性原理对学历案课堂进行研究分析,形成了"设计研讨——磨课展示——课堂观察——评价反思"的课例诊断模型。

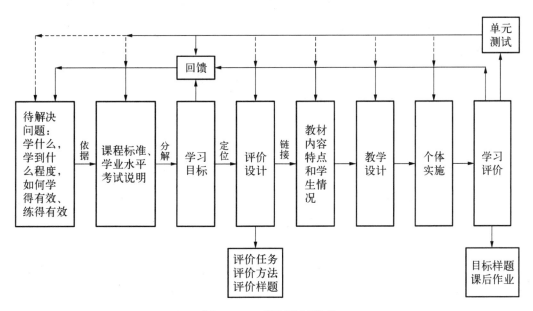

图13-20　课例诊断模型

第十三章　学校实践研究案例

（四）课例研究实证化，构建了课堂教学评价的基本结构

在课例研究的过程中，重视学习活动的设计，每一个学习活动均要指向学习目标的达成，基于评价任务的设计，确保学生在学习过程中一直围绕学习标准，明确课程标准在学习活动中的价值。在课例研究的过程中关注学生学了没有？学到什么程度了？下一步怎么来重新组织教学活动？随着课例研究过程中对评价任务的实施情况的判断，逐步形成了学习评价设计的基本结构，见图13-21。

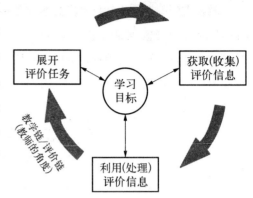

图13-21 学习评价设计的基本结构

四、成效与反思

（一）取得的成效

1. 理论成果

成果论文《指向核心素养养成的单元大概念教学策略——以人教版（2019）高中数学必修一"集合"为例》发表在期刊《中学数学》上，并被中国人民大学书报资料中心引用；《基于核心素养的学历案教学设计、实施与评价研究》荣获河南省基础教育教学成果特等奖。

2. 实践成果

一大批教师在不断地探索和磨练中迅速成长起来，课堂生态愈加成熟，涌现出一批省、市级名师和学科带头人。五年来，我校教师立项省级课题6项，市级课题34项；获市教学成果一等奖7项。2019年和2022年的郑州名师选拔赛上，我校赵杰老师、宋圆老师、董雪霞老师和吴亚东老师以学历案先进的教学理念和课例，过关斩将，拔得头筹，荣获"郑州市名师"称号。十多位教师被评为河南省骨干教师、河南省名师；我校教师发展专业共同体成员应邀到兄弟学校做专业成长报告10余人次；夏向阳老师应邀到全国教育评价会议上发言，分享我校基于学科核心素养的学历案教学实践研究，引起强烈反响。

3. 辐射影响

2018年，我校成功主持第二届"全国学历案联盟"。2019年，我校宋圆老师、董雪霞老师在嘉兴"第三届全国学历案联盟"上进行授课和分享。2019年，山东东营河口一中、内蒙古北方重工业集团有限公司第三中学和第四中学来访郑州市回民高级中学，豫鲁蒙四所兄弟学校聚焦新课标和新高考，借助同课异构、研讨交流、专家报告等形式，分享大单元学历案实施的有效策略。同年，深圳罗湖高级中学来我校进行交流访问，围绕"基于学科核心素养的大单元学历案教学"研讨主题，两校以课为媒，探索落实学科核心素养的良方。2020年2月，郑州教育信息网发表了郑州市回民高级中学《居家防疫期，学历案助力郑州回中学生自主学习》的新闻报道。同年3月，郑州教育电视台新闻栏目《教育全媒体》对我校学历案教学再一次进行了专访。课

题主持人李玉国近年来在深圳、大连、海南、北京、内蒙古等地及本市进行专题讲座和交流分享,为跨区域学历案教研提供了高端对话平台,为基础教育改革注入了新的活力。

(二) 改进与完善

学科性质不同,单元大概念的呈现形式亦应有所不同。数学等自然学科知识类型比较典型,易于单元大概念的提炼及围绕单元大概念建立知识结构;语文等人文学科多是整体性知识,尤其是语文学科一般是篇章教学,难以兼顾工具、人文两方面来提炼单元大概念,更难建构单元知识结构。这些学科的单元大概念如何全面提取,单元知识结构如何更准确地把握,如何优化单元大概念提炼路径,形成多元提炼策略,是进一步研究的重点。

对多元评价方式和评价工具的研究还待继续深入。纸笔测试的评价方式虽然简便快捷,但明显不能满足对学科核心素养培育的评价。如何开发多元评价工具、设置多元的评价方式以适应课堂育人模式变革的需要,是我校下一步研究的焦点。

第十四章 教师课堂实践案例(一):小学学段

在道德课堂实践的引领下,学科教师基于学科教学实际,积极探索学科教学模式,形成了一批具有学科特色的教师课堂实践案例。本章精选了郑州市基础教育学校教师开展道德课堂实践的学科案例。

案例1 小学数学学科"学本课堂"有效形态的实践研究
郑州师范学院附属小学　李　萍

一、研究背景

道德课堂是郑州市多年提倡并实践的教育理念,倡导教育要"合乎道、至于德",建构符合"学道、学德、师道、师德"的课堂生态,以学生为主体,以提升师生生命质量为核心理念。在"双减"的大背景下,在《义务教育课程方案(2022年版)》和《义务教育数学课程标准(2022年版)》颁布的当口,我校在道德课堂建设和"立人教育"理念的引领下,确立了"学本"课堂形态。学校倡导和施行"立人教育",以"五育并举、立人至上"为宗旨,"学本"课堂形态正是"立人"这一学校核心价值追求在课堂层面的反映。数学学科在学校课堂形态的基础上,结合学校实际学情,充分关注学生的主体地位,注重数学学科特点,注重数学知识的结构性,注重主题教学的一致性,凸显数学知识本质,强调课堂教学活动要尊重儿童的身心发展规律,充分利用学生已有知识和经验,引导学生在体验中进行知识建构;构建学为中心、学会学习的课堂文化,在真实情境的问题解决中,获得数学知识和技能,感悟数学思想及活动经验,促进学生学科核心素养的发展。

在课程改革的大背景下,在"双减""双新"的政策指导下,道德课堂有了新的内涵和生命力,数学学科课堂教学必须转变。这是核心素养育人导向对课堂转型的必然要求,也是郑州市道德课堂理念关于课堂形态的基本要求。

二、研究内容

学本课堂有两层含义:以学生为本、以学习为本。在"立人教育"思想的统领下,学生是学校教育教学的中心,更是课堂存在的基础,课堂的目标、内容、文化、流程、规则都应以学生为中心来构建,成为学生的课堂;同时,课堂是学习之所,让学习在课堂上发生是教师"立人"使命和专业职责的体现,引发学习、维持学习、促进学习是"学本"课堂对教师主导角色的定位,通过指向目标的学习任务设计,为学生在学习、真学习、会学习创造机会与提供支持。在深入理解我校学本课堂的内涵及要求的基础上,我校数学教师结合数学学科特点,在不断探索与实践中,逐步提炼出了数学学科课堂设计与实施的主要步骤。

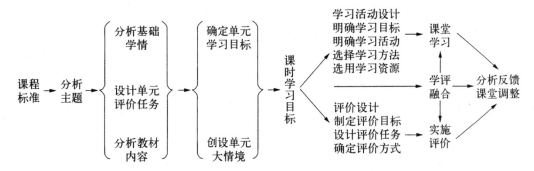

图14-1 数学学科"学本"课堂形态教学设计与实施流程图

三、课堂形态

数学学科课堂形态依据学校"学本"课堂形态的要求,紧扣教学基本环节,强调教学设计与实施的一致性,教学设计必须依据课程标准的要求,教学目标要体现核心素养的主要表现,体现整体性和阶段性,确保教学目标和评价任务的匹配,充分发挥核心素养导向的教学目标对课堂教学过程的引领和指导作用,在实现知识进阶的同时,体现学生学习能力的进阶;注重数学教学内容的结构化,引导学生了解数学知识产生的来源、结构与关联、价值与意义,强化学生对数学知识本质的理解,促进学习正迁移。为确保学生学习的有效性,应将即时评价和综合评价相结合,评价任务、评价方式、评价结果使用等应围绕目标进行系统设计,从而实现评价促进教与学,体现"教—学—评"的一致性。

(一)依据课程标准,以学生学习为中心确定教学目标

教学目标决定了课堂教与学的基本方向,为了更好地实现课堂教学目标与课程标准的一致性,数学学科"学本"课堂的教学目标强调要体现核心素养的主要表现,如:在小学阶段"数与代数"领域中非常重要的"数与运算"主题的教学目标中,根据教材内容,要关注学生符号意识、数感、量感、运算能力等的形成;教学目标的设定要体现整体性和阶段性,数学学科核心素养是在长期的教学过程中逐渐形成的,其在不同学段的主要表现体现了数学学科核心素养的阶段性和阶段之间的一致性。要充分发挥核心素养导向的教学目标对教学过程的指导作用,在促进学生知识进阶的同时,体现数学学科核心素养的进阶。

(二)评价任务的设计

评价先于教学是数学学科"学本"课堂教学设计的重要原则。在课堂教学过程中,只有设计恰当的评价任务才能促进教师对于目标达成度的判断,它也是教师在课堂教学过程中进行教学决策的根本依据。

（三）情境化的学习活动设计与问题提出

注重创设真实情境，真实情境下的问题提出对学生主动参与教学活动有着不可估量的促进作用。在真实情境中往往能提出引发学生思考的数学问题，学生也可以提出合理问题。在这样的教学活动中，通常能够引发学生的认知冲突，激发学生的学习动机，促进学生积极探究，让学生在数学观察、数学思考、数学表达、概括归纳、迁移运用等学习过程中，增强认识现实世界、解决现实问题的能力，树立学好数学的自信心。

在我校数学学科"学本"课堂的活动设计中，教学活动必须与教学目标相一致，能够促进学生思维的发展，能够调节学生在学习过程中情绪情感的有益变化，能够促进学生对于知识的理解和掌握。同时，在学习活动的设计过程中需要思考学习策略的应用，以及导入、衔接、总结等环节的设计。

（四）反馈迁移，课堂调整

反馈是学生学习能力迁移的重要环节，任何一个完整的学习设计都需要回答以下问题：该任务能够提升（发展）学生哪个方面的思维能力？该任务是否能够匹配具体的学习目标？该任务是否有助于学生在学习能力方面的提升？只有回答好这几个问题才能说明设计是有效的、适切的，而适切的任务，只有辅以有效的反馈，才能促进学生能力的提升。基于反馈的课堂教学调控，是课堂生成和高阶思维目标达成的重要保证。

四、形态特征

数学"学本"课堂形态在课堂要素方面具有以下特征：

特征一：依据核心素养的主要表现确定教学目标，发挥核心素养导向的教学目标对教学过程的指导作用。

特征二：注重教学内容的结构化，体现主题教学内容的一致性。

特征三：从单元整体视角设计教学活动，引发学生深度思考，凸显学生主体地位。

特征四：注重真实情境下的问题解决，激发学生主动参与学习活动。

五、创新点

以学习方式创新落实学生主体地位。依据郑州市道德课堂理念关于课堂形态的基本要求和我校"立人教育"理念，我校数学学科课堂形态的创新点紧扣《义务教育数学课程标准（2022年版）》的要求，主要在以下方面进行了创新探索与实践。

（一）从单元整体视角进行课堂教学设计

改变过于注重以课时为单位的教学设计，从单元整体视角进行教学设计，体现数学知识之间的内在逻辑关系，体现学习内容与核心素养表现的关联，落实学生学习的主体地位。

（二）强化情境设计及问题提出

众所周知，在数学课堂实施过程中，如果教师与学生、学生与学生之间的互动脱离了以真实情境下的探究任务为载体,那学习必将表面化、形式化,无助于学生的认知发展和能力提升。由此,我校第一、二、三学段教师组成的教研共同体,在日常课堂中注重创设真实情境及真实情境下的问题提出,引发学生的主动思考、深度探究,使学生学习真实发生,彰显学生学习主体地位,使学生在活动中逐步发展核心素养。

表 14-1 数学学科"学本"课堂形态实施效果观察评价表

评价维度	评价要点	课堂观察记录
方案设计	1. 完整课程设计的几个要素:背景、目标、教与学的过程(内容、实施、评价)、资源; 2. 背景分析深入、具体,呈现对课程主题的理解,以及对已有经验、认知特点、可能出现的认知困难等学情的分析与把握; 3. 教学目标的确定基于课程主题,与学科课程目标、单元目标具有一致性,符合学情,表述清晰、规范、可评估,指向核心素养; 4. 有与目标匹配的评价设计(评价任务、评价标准、评价方式、评价结果使用),评价融合在学习过程中。	
课堂导入	1. 导入自然、流畅,顺利引出课时主题,学生进入专注状态; 2. 时间控制得当,一般不超过3分钟。	
学习活动	1. 活动设计结构完整,紧扣目标,体现情境化、任务化、问题驱动,要求明确; 2. 学生能够通过自主学习、协作学习等多元途径参与课堂学习,学习的过程经历较为完整; 3. 教师引导活动时的指令清楚、适时、恰当,能够将学习引向深入,能够关注全体、关照差异; 4. 活动生成围绕教学目标,不生硬、不跑题。	
展示分享	1. 鼓励学生深入思考、相互启发,表达自己的见解或解决方案,提出自己的问题; 2. 引导学生关注、思考课堂上生成的与目标相关的信息; 3. 有意识地创设安全氛围,学生在分享的过程中有安全感,敢于个性化表达观点和感受; 4. 关注个体,合理分配机会,能够引导学生倾听。	
反馈迁移	1. 梳理、归纳本节课所学内容,回应目标; 2. 拓展与延伸本节课的要点,激发学以致用的意愿; 3. 时间至少3分钟。	
整体评价	1. 学生课堂参与度达到90%(目测学生参与度高); 2. 超过三分之二的学生达成教学目标(有证据表明目标达成度高); 3. 能根据课堂生成对环节、流程、内容进行灵活处理和安排,激发学生思考与探究,体现出教师对学科核心价值与课时主题的深度理解和把握。	

六、成果实践及应用效果

此次数学学科学本课堂有效形态的实践研究,让我们更加坚信在日常教学中,要进一步立足课堂教学实践,解决实践中出现的各种教学问题,提高课堂教学的有效性,促进教师专业发展和学生成长,提升教师和学生生命质量。

参与此次成果实践研究后,数学教师们对"道德课堂"下的数学"学本"课堂理解得更加深入,对"双减"政策有了更进一步的了解,对新课程理念有了更深的感悟,教育教学水平有了明显提高。大家积极学习,在实践中重建教学观,无论是有经验的骨干教师还是新入职的年轻教师,都能有意识地把新课程理念内化于心,外化于自己的课堂教学实践中。

在成果推广过程中,我们遵循循序渐进的原则,利用数学学科每周四下午固定的教研时间和其他教研时间组织骨干教师进行研讨交流。由参与成果实践研究的教师利用学校搭建的各种教研平台,如"四课研讨""国培项目""高校共建""两校联研"等活动进行课堂教学实践。然后把实践成果面向全校数学教师推广,最大限度地把成果研究落实在教师课堂教学的实践中,凸显成果推广的操作性和实效性。使全校数学教师专业能力得到发展提高,深入推进"双减""双新"背景下的课堂教育教学工作,提高教育教学有效性,助力学生核心素养的发展。我校李萍、赵丹、宋春晖等多位数学老师所执教的课例在省市级优质课评比中获奖。

参与者:赵　丹　张新锐　赵　阳　王　慧　孔令立
指导者:连　珂　田　冰(郑州市教育局教学研究室)

案例2　基于生活情境的"学—用—创"(L‑VOE)英语课堂有效形态

郑州市实验小学　朱雪艳

一、问题的提出

《关于进一步减轻义务教育阶段学生作业负担和校外培训负担的意见》中的第17条明确指出要提升课堂教学质量。提高课堂教学质量是"双减"的内在要求。立德树人是教育的根本任务,核心素养是课程育人价值的集中体现。英语新课程标准将发展学生的英语核心素养作为课程的总目标,要完成这一目标,就必须深化课程改革,抓好课堂这一主阵地。

因此,在当前"双新""双减"的教育改革背景下,探索新的英语课堂形态是英语教育走向深层变革的抓手与切入点。只有优化教学方式,提升英语课堂教学质量,才能将"双减"落到实处,促进学生英语学科核心素养的融合发展,最终完成立德树人的根本任务。

二、解决问题的过程与方法

（一）理论研学

1. 道德课堂和我校的"LOVE课堂形态"

道德课堂是"合乎道、至于德"的课堂。道德课堂致力于打造德性化、人性化、生命化的高品质课堂形态,使课堂成为教师和学生共同的学园,使教学过程成为学生认知发展和情感丰富的过程,使学科知识增长的过程成为学生人格健全和发展的过程。

我校的"LOVE课堂形态"2019年被郑州市教育局认定为"道德课堂有效形态"。它以"爱的教育"理念为指导,与生活实际相联系,注重操作实践,旨在用所学的知识解决生活中的问题,与道德课堂"合乎道、至于德"这一核心理念一脉相承。

2. 英语学科单元整体教学和英语学习活动观

《义务教育英语课程标准(2022年版)》明确指出要加强单元教学的整体性。教师要强化素养立意,围绕单元主题,充分挖掘育人价值,确立单元育人目标和教学主线;引导学生基于对各语篇内容的学习,逐步建构和生成围绕单元主题的深层认知、态度和价值判断,促进其核心素养综合表现的达成。

英语新课标还强调践行学思结合、用创为本的英语学习活动观。倡导学生围绕真实情境和真实问题,参与到指向主题意义探究的学习理解、应用实践和迁移创新等一系列语言学习与运用活动中。

(二)确立我校英语课堂教学改革的研究方向

基于道德课堂理念,根据《义务教育英语课程标准(2022年版)》中提出的核心素养目标、英语学习活动观及单元整体教学相关要求,结合我校的"LOVE课堂形态"和英语学科的特点,确立我校的英语课堂教学改革的研究方向为:基于大概念、指向核心素养的单元整体教学。

(三)建构具有我校特色的英语课堂有效形态

开展基于大概念并指向核心素养的单元整体教学实践,在教学实践中,总结英语单元整体教学的实施路径和有效策略,建构具有我校特色的英语课堂形态:基于生活情境的"学—用—创"(L-VOE)英语课堂有效形态。

三、成果的主要内容

(一)"L-VOE英语课堂形态"的内涵

1. 基本模型

图 14-2 L-VOE英语课堂形态

2. 内涵

"L-VOE英语课堂形态"即基于生活情境(L)的"学(V)—用(O)—创(E)"英语课堂形态，是在基于大概念、指向核心素养的单元整体教学实践过程中，结合我校的"LOVE课堂形态"和英语学科的特点，逐步建构起来的具有我校特色的英语课堂有效形态。

"L-VOE英语课堂形态"中的"L"指生活情境(Living)，即通过创设真正和生活有联系的问题情境，把所学知识和生活联系起来，让学生体会到知识的价值。在英语教学中，"生活情境"贯穿教学的始终。教师不仅可以在导入环节创设贴近实际生活的语境，带领学生"渐入学境"，还可以在语言输出环节为学生创设接近真实的生活情境，让学生运用所学语言进行交流。

"L-VOE英语课堂形态"中的"V"指变式学习(Varying)，即变换不同学习方式帮助学生深刻理解学习内容。在英语教学中，为了促使学生对知识的理解更透彻，教师要对教材进行深度挖掘，设计不同层次的学习理解活动。如：泛读提取语篇主旨信息、精读获取语篇细节信息、提出开放性的问题加深语篇理解等。

"L-VOE英语课堂形态"中的"O"指操作实践(Operating)，即教学中要注重操作实践。教师要设计动手、动脑或动口等不同类型的语言实践活动。如：在学习理解文本后，教师可以组织学生进行跟读、朗读、替换练习、角色表演、复述等，为真实语境中的运用做准备。

"L-VOE英语课堂形态"中的"E"指探索应用(Exploring)，即综合运用所学知识解决生活中的问题。在英语教学中，探索应用表现为创设与学生生活密切相关的语用情境，培养学生在迁移的语境中创造性地使用所学语言"做事情"的能力。如：用英语点餐、问路、购物等。

(二)"L-VOE英语课堂形态"的创新点

"L-VOE英语课堂形态"创造性地将我校"LOVE课堂形态"中的"LOVE"四要素进行了调整，并与英语新课程标准中强调的"英语学习活动观"三个层次的学习活动有机结合。"生活情境(L)"贯穿英语课堂教学的全过程，教师要基于生活情境(L)来设计学习理解(V)、应用实践(O)和迁移创新(E)这三个层次的活动。因此，"L-VOE英语课堂形态"是符合新课程改革理念的新型的有效课堂形态，同时也是对我校"LOVE课堂形态"的发展迭代。

(三)"L-VOE英语课堂形态"的实施路径

下面结合五年级下册"Unit2 My favourite season"单元教学案例阐述"L-VOE英语课堂形态"的实施路径。

1. 挖掘育人价值，提炼单元大概念

基于对课标、学情的分析及对教材的深度挖掘，结合英语学科的核心素养，从育人的角度思考单元内容对学生成长的价值和意义，提炼单元的大概念。

2. 基于单元大概念,构建单元课程

(1) 梳理单元整体教学框架

依据所提炼的单元大概念,对零散的单元内容进行分析与梳理,建构出指向单元大概念的、层次清晰的、关联性强的单元框架图,见图 14-3。

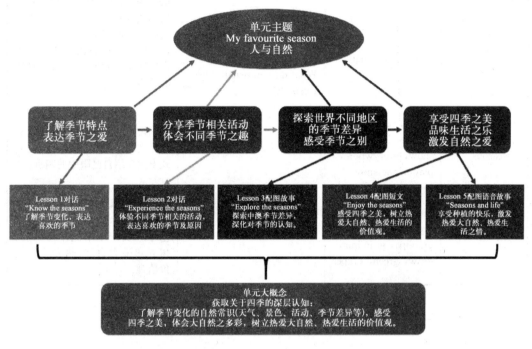

图 14-3 单元整体教学框架

(2) 梳理单元核心知识与技能,见表 14-2。

表 14-2 单元核心知识与技能

单元主题:My favourite season			
语 篇	核心词汇	核心句式	技能与策略学习要点
1. Know the seasons	season, spring, summer, autumn, winter	Which season do you like best? Spring/Summer/Autumn/Winter I like snow. It's pretty.	根据图片推测对话的主题、语境及主要信息; 在语境中,根据单词的音、形、义学习词汇。
2. Experience the seasons	go on a picnic, go swimming, pick apples, make a snowman	Which season do you like best? I like ... best. Why? Because ...	借助图片理解对话内容,进行简单交流; 结合个人生活经验与所学语篇建立有意义的联系。

续 表

单元主题：My favourite season			
语　篇	核 心 词 汇	核 心 句 式	技能与策略学习要点
3. Explore the seasons	go to the beach, swim in the sea, make a snowman	Which season do you like best? I like ... best. Why? Because ... What do you usually do? I usually	借助图片，预测故事主要信息；借助图片和上下文线索猜测语篇中词汇的意思；借助图片和核心语言梳理故事发展脉络，借助语言支架，复述故事内容。
4. Enjoy the seasons	leaves, paint a picture, lots of snow, everywhere, play in the snow	I like ... because ...	根据短文的图片、标题和语篇获取短文的主要信息；运用核心句式书面介绍自己眼中的四季。
5. Seasons and life	brother, bread, breakfast, brown, grandpa, grandma, grow, green, grapes		以语音故事为依托，引导学生在学习绘本故事的过程中，丰富学生关于季节的生活体验，树立热爱大自然、热爱生活的价值观。

（3）梳理单元知识的内在联系，明确学生学习的进阶路线。

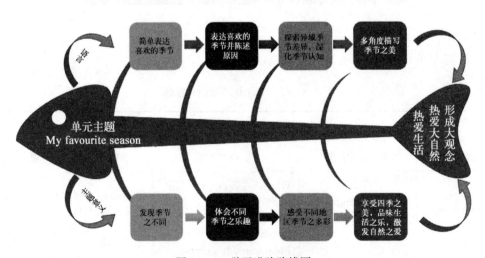

图 14-4　学习进阶路线图

从语言和主题意义两个层面来梳理单元内容的内在联系，帮助学生在各语篇的学习中不断深化对单元大概念的认知。两条主线并行，共同指向学生单元大概念的生成和核心素养的落实。

3. 围绕核心素养制定单元素养目标

单元目标的制定要体现语言能力、文化意识、思维品质和学习能力的融合发展，能反映学生学习后形成的新的认知、态度、价值判断和行为选择。依托核心素养目标及提炼的单元大小概念，确立单元的素养目标，如表14-3所示。

表14-3 单元素养目标

单 元 素 养 目 标	语 篇
学习本单元后，学生能够： 1. 了解季节变化的自然常识，体会不同季节的生活乐趣，用所学语言谈论喜欢的季节及原因，表达季节之爱。	1. 对话(课时一) Know the seasons (A Let's talk & Let's learn)
	2. 对话(课时二) Experience the seasons (B Let's talk & Let's learn)
2. 探索世界不同地区的季节差异，深化对季节的认知，体会大自然之多姿多彩。	3. 配图故事(课时三) Explore the seasons (C Story time)
3. 通过多角度对季节的描述，感受四季之美、品味生活之乐，树立热爱大自然、热爱生活的价值观。	4. 配图短文(课时四) Enjoy the seasons (B Read and write)
	5. 配图语音故事(课时五) "Seasons and life" (A Let's spell)

4. 秉持英语学习活动观设计"教—学—评"一体化活动

在进行课时教学设计时，首先从语篇的主要内容(What)、写作意图(Why)、语篇结构与修辞(How)三方面对语篇进行深度解读；然后根据语篇研读及单元大概念制定课时教学目标；接着依据英语活动观、围绕生活情境(Living)设计学习理解(Varying)、应用实践(Operating)和迁移创新(Exploring)活动。同时将评价贯穿于整个教学活动中，关注活动效果并适时给学生反馈，将课堂评价与课后作业评价有机结合，以实现"教—学—评"一体化。

(四) "L-VOE英语课堂形态"的评价标准

基于我校"L-VOE英语课堂形态"在英语教学中的大量实践应用，我们初步制定了英语学科"L-VOE英语课堂形态"的实施及评价标准，如表14-4所示。

表 14-4　郑州市实验小学英语学科"L-VOE 课堂形态"实施及评价标准

授课教师：＿＿＿＿　年级：＿＿＿　授课内容：＿＿＿＿＿　日期：＿＿＿＿		
课堂形态	评　价　标　准	得　分
Living 生活情景导入 （10 分）	1. 能从师生的生活实际出发，从旧知自然过渡到新知。 2. 能激发学生学习新知的兴趣，使学生更好地参与新知学习。	
Varying 变式学习 （30 分）	1. 教学目标明确，能紧扣目标开展学习理解活动。 2. 活动设计注重语言情境的创设，活动形式多样有效，有助于目标的达成。 3. 学习活动设计合理，难易适度，学生参与意识强。	
Operating 操作实践 （20 分）	1. 能基于情境设计语言实践活动，帮助学生加深对知识的理解。 2. 情境创设贴近生活，学习材料有针对性。	
Exploring 探索应用（30 分）	1. 语用活动设计合理、有效，有助于学生语言运用能力的培养。 2. 给学生探索的机会，帮助其在生活情境中恰当应用所学到的新知进行交流及解决问题。	
综合素质 （10 分）	教师语言规范准确、板书合理有创意、课堂驾驭能力强。	
总得分		
整体评价 （亮点、不足及建议）		

四、取得的成效

自英语课堂教学形态实施以来，通过大量的教学实践及校际交流研讨活动，我校英语教师们对单元整体教学有了更深刻的理解，在实践的过程中也取得了一些成效，并在区域内进行推广，这对中原区英语新课程改革及道德课堂的成果推广起到了一定的促进作用。

（一）形成了英语单元整体教学的有效策略

1. 依据课标、学情，深度解读教材，提炼单元大概念。
2. 围绕单元大概念，构建单元课程。
3. 围绕核心素养确定单元教学目标。
4. 秉持英语学习活动观设计教学活动。
5. 教学中注重"教—学—评"一体化。

（二）教师课堂教学观念得到改善

在课堂教学时有意识地落实课堂形态的四个要素。课堂上生活情境丰富有趣，能辅助教学；课堂不再是以教师为主导，而是给予学生实践、交流、探索的空间。

（三）学生学习方式发生改变

学生从听教师讲为主变为学习活动引导下的自主学习、动手实践、合作探究，学生学习英语的兴趣大大提高。学生在学习过程中敢于表达自己的想法，与其他同学的交流更深入，合作能力和解决问题的能力也得到一定提升。

（四）制定出我校英语学科课堂形态评价标准

评价标准让教师们教有可依，同时为听评课提供了依据。教师们的教学能力及科研能力也有所提升。本校英语教师分别在省、市、区级优质课评比、作业设计评比及教科研课题评选中获奖。

参与者：牛 祎 毛 燕 雉 贺 冀贞羽 李炎钠
指导者：陶继红（郑州市教育局教学研究室）

案例3 探究为抓手 Tong 升科学品质

郑州市中原区工人路小学 李童童

一、问题的提出

《教育部关于印发〈义务教育小学科学课程标准〉的通知》中指出："科学教育是立德树人工作的重要组成部分，是提升全民科学素质、建设创新型国家的基础。小学科学教育对从小激发和保护孩子的好奇心与求知欲，培养学生的科学精神和实践创新能力具有重要意义。"小学科学教学也要以合乎人性、合乎规律的方式开展，即让科学课堂成为"合乎道、至于德"的道德课堂，让教师和学生在科学课堂中享受到幸福与快乐。

然而在现如今的科学教学中，学科本位、知识本位和分数本位的课程与教学观常会导致课堂违背道德的问题：

问题一：教学资源的泛化导致学生的科学探究思维挖掘不足。

问题二：课程实施过程的形式化使学生搜集和处理信息的能力发展有所缺失。

基于以上问题，工人路小学科学组基于学校"Tong 创"课堂形态，结合科学学科的特点，构建出适合科学课堂的道德课堂形态，寻求到可实际操作的教学方法和策略，这将有助于提高学生的科学探究思维，培养学生的科学核心素养。

二、研究过程和方法

首先通过问卷调查分析我校科学课中存在的问题，在此基础上梳理文献进行课程模型的初步建立并开展深度考察,随后根据"Tong 创"课堂形态在小学科学课程中的转化研究,解决学生在科学课堂中探究思维挖掘不足的问题。然后通过课程案例实践探索小学科学课程模型的有效实施策略,解决学生在科学课程中推理分析能力不足的问题。最后通过反思和总结课堂形态实施过程中的问题,对课堂形态进行优化,并扩大应用范围。

本研究的具体研究过程和研究方法如图 14-5 所示。

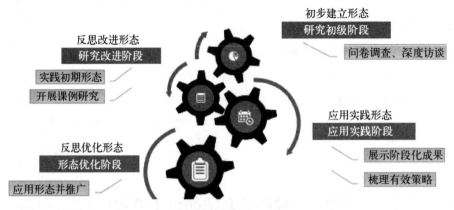

图 14-5 研究过程与方法

(一) 研究初级阶段

1. 了解我校科学课的现状

从学生对学习科学的兴趣和主动性、对科学课堂的评价等维度入手,就我校各年级科学课的开展情况对学生进行问卷调查,并对科学组的教师进行详细访谈,发现了科学课堂中存在以下问题:

(1) 学生普遍不重视搜集实验证据、不重视记录实验过程。

(2) 学生不能对课程展开科学规范的探究。

2. 初步构建科学课堂形态

我们初步考虑科学课堂可以使用"动机激发→认知冲突→自主探究→自我评价→应用迁移"的思维性问题解决课堂形态,如图 14-6 所示。

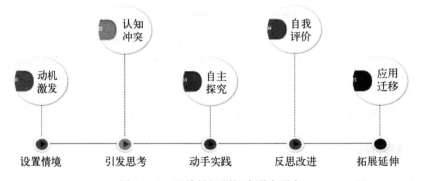

图 14-6 思维性问题解决课堂形态

（二）研究改进阶段

1. 总结反思初期形态

我们发现"动机激发→认知冲突→自主探究→自我评价→应用迁移"的课堂形态并不完全适合小学科学课堂。一是不能体现小组活动；二是不能体现生生评价。

2. 改进课堂形态

通过不断地研究学习和教学实践，再结合科学课程标准的要求，我们选择使用我校提出的"Tong创"课堂形态："创境导思→疑学问思→自学慎思→组学辨思→展学反思→拓学创思"的课堂形态。

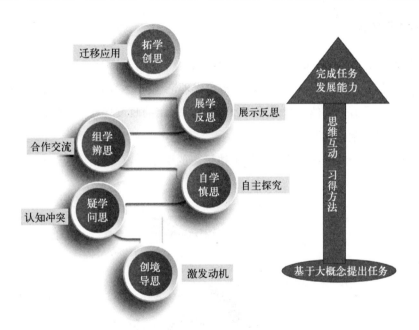

图 14-7　学校"Tong 创"课堂形态

3. 开展课例研究

我们再次展开课堂形态的探索研究，对研究中存在的问题进行反思归纳，对经验教训予以总结。同时，观察第一轮研究中存在的问题是否得到有效的解决。

（三）应用实践阶段

1. 梳理课堂形态实施的有效策略

在前两阶段的研究基础上，针对新课程模型的探索结果，梳理有效的教学策略，明确研究推进方向。

2. 展示阶段化成果

将已获取的阶段化成果进行展示。结合《义务教育科学课程标准（2022 年版）》中的大概念和新教材中的单元教学理念，反思课堂形态在阶段性探索中存在的问题，并针对问题查询资料作出改进，从而获得优化模型的启发。

(四) 形态优化阶段

1. 应用推广模型使用领域

我们将优化后的课堂形态在我校各年级科学课堂中进行实践,取得了良好的效果。同时也将优化后的课堂形态在区观摩课中进行实践,取得了区教研员和其他学校科学教师的一致称赞。

2. 优化课堂形态

随着更大范围的应用实践,我们获得了更多的反馈信息,同时也将一些新的发现再次补充到科学课堂形态中。

三、成果的主要内容

(一) 构建了小学科学"Tong 创"课堂主体形态

在皮亚杰的认知发展理论、马斯洛的需求层次理论、基础教育教学改革的目标和道德课堂的目标基础上,在课程改革的大背景下,在"双新""双减"的政策指导下,我校开发了符合自身实际的"Tong 创"课堂主体形态。

我校科学组在学校"Tong 创"课堂的主体形态的引领下,总结出了小学科学"Tong 创"课堂主体形态。

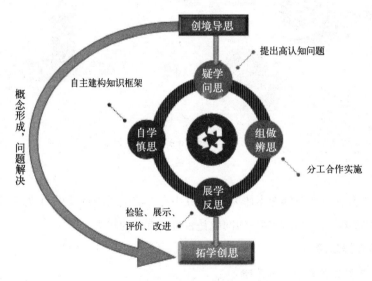

图 14-8 小学科学"Tong 创"课堂主体形态

(二) 搭建信息技术云平台,使教学提质增效

1. 使用问卷星,了解学生的前概念

教师在创设情境时可以利用问卷星了解学生的前概念。根据学情设置不同类型的作答方式,通过查看统计结果将学生的错误概念进行梳理总结,了解学生的初始认知原貌,为设计驱动性的问题划定清晰的起点。

2. 借助希沃白板，呈现学生思维过程

在"Tong 创"课堂形态的"展学反思"环节中，对于学生活动任务单上的实验设计与实验现象，可以利用希沃白板的投屏功能将学生的记录单直观地展示出来供全班同学一起研讨，呈现学生的思维过程，培养学生的分析推理能力，提高课堂的互动性。

3. 利用微视频，进行表现性评价

在课堂教学中，一些持续观察类的课程采取纸笔测试的方法很难检测学生对于知识的掌握程度，例如种植凤仙花、种植绿豆芽等内容就可以采用表现性评价的方式。学生使用 CS 扫描王或手机相机拍照或录视频，后期可以利用视频剪辑软件进行视频的编辑，及时记录种植过程，最后把照片和视频上传到"班级小管家"或"钉钉"上进行展示与评价。

4. 采用信息技术，开发学科课程资源库

我校科学组在"Tong 创"课堂形态的实施过程中，借用信息技术手段助力备、教、学升级，在常态教学中提质增效。

（1）组织开发学科课程资源，把原有分单元、个人备课汇集成的教案、PPT、微视频等集体备课资源，升级为由单元备课和课时备课组成的电子资源库。

（2）教师在使用资源库的同时也可以选用在国家云平台资源、优教通、北京空中课堂、小学科学教学微信公众号等其他平台上收集到的教学资源，恰当融入课堂教学；根据学生在课堂学习中的反馈及时对电子资源库进行修订、补充并保存。

（3）每节课后，教师对学生的课前准备、课堂表现、作业完成等情况进行"星级榜样"的即时评价，并进行电子存档。每个月在班级内部进行评比，获得星星较多的学生可以来挑选小礼物，同时将每个月的星级情况分享到班级微信群，家长也可以同步收到并进行回应。

（三）改进制作活动记录单，提高教学反思能力

在教学实践的过程中，如果发现与教材配套的学生活动手册中的活动记录单有些不太合适或是有些章节没有配套的活动记录单，教师就要进行改进与制作。在改进制作活动记录单的过程中要遵循以下几点：

（1）项目的设计要一目了然。小学生的认知能力较弱，而在短时间内看清记录单是有效开展实验活动并记录的前提，因此记录单的设计与排版要形象直观，不宜太复杂。

（2）内容的填写形式要多样化。小学生的语言表达能力处在发展阶段，因此需根据不同阶段的学情、不同的课型设置不同的形式。

四、效果与反思

（一）成果创新点

1. 构建了小学科学"Tong 创"课堂主体形态

在中原区品质教育的引领下，学校顶层"Tong 创"道德课堂形态的实践与完善得到促进，

科学课堂中的育人理念得到创新优化,以培养科学核心素养为目标的科学六思课堂形态得以构建。

2. 搭建科学课智能技术平台,使科学教学提质增效

以信息技术为支撑,开发全面系统的智能技术平台,将智能技术应用于科学课不同的任务活动中。通过问卷星设计调查问卷来探查学生的前概念,了解学生的认知起点;备课中教师利用电子资源库、各种资源平台,合理使用视频剪辑软件、CS扫描王、EV录屏王技术,筛选与课程内容高度相关的内容;课堂中利用希沃白板与智能展台,充分展示学生的思维过程。

3. 改进制作活动记录单,提高教学反思能力

在教学过程中教师针对与学习活动相匹配的内容设计制作活动记录单,让学生实现自我思考和表达,提高学生的证据意识,规范学生的科学表达,教师也可以根据学生的活动表现不断反思教学。

(二) 研究效果

1. 对于教师群体的应用效果

(1) 优化课堂教学,加快教师的教学能力提升与专业发展。在研究的过程中,教师掌握了科学教学的有效策略,促进了教学模式的改革与创新,提高了教学的有效性。

(2) 重视课堂美感,改变教师教学观念。在道德课堂的实践中教师的精神层面得到了升华,在不断的研究和改革中,教师的审美能力不断提高。通过鼓励学生表达自我,师生之间教学相长,教师爱生乐教形成了积极的教学态度。

(3) 教师注重教学反思,总结提高。教师们在研究的过程中善于做记录、找问题、作反思,因此获得了多方的认可且获奖良多。

2. 对于学习者的应用效果

"Tong创"课堂形态不仅有效地激发了学生的科学探究欲望,提高了学生的兴趣,培养了学生动手操作的能力,还培养了学生正确的科学观念和科学态度,有效促进了学生科学素养的提升。

(1) 学生的证据意识、思维品质得以大幅度提升,为以后的学习夯实基础。

(2) 学生对于科学本质的兴趣明显提升,凸显了学生的主体地位,学生成为课堂的"小主人"。

3. 本校科学学科在区域内的影响

(1) 推进了教师进行业务研修,注重研创一体化,扎根实践的成长。

(2) 学校搭建科学课智能技术平台,注重体现"科学教学系统性",使科学教学提质增效。

(三) 实践反思

本研究形成的课堂形态还有不足之处,需要进一步探索。在当前时代背景和课程目标的

改革下,课堂形态也要逐步改变,不断完善,以提高干预策略运用的有效性,满足国家培养人才的要求,符合社会的要求。

参与者:张 迪 李 佳

指导者:连 珂 田 冰(郑州市教育局教学研究室)

案例4 "启智"课堂教学形态下"四有一体"体育课堂教学模式的实践探索

郑州经济技术开发区六一小学 董育延

一、问题提出

(一)研究背景

教育部办公厅印发的《〈体育与健康〉教学改革指导纲要(试行)的通知》提出进一步深化体育教学改革,落实"体育与健康新课程标准",更好地帮助学生在体育锻炼中"享受乐趣、增强体质、健全人格、锤炼意志",促进少年儿童身心健康全面发展。

现在学校体育课堂教学理念相对落后,课堂在兴趣、技能、体能、比赛等核心要素方面存在不足,还不能实现有效提升学生的体育核心素养。

因此学校体育课堂应顺应时代发展趋势,以"坚持健康第一、激发运动兴趣、学生发展为本、关注个体差异"为指导思想,在郑州市教育局提出的体育四有课堂以及新课标倡导的课程一体化的基础上,致力于打造适合本校学生体育发展的高效课堂,成为"有追求实效的体能发展、有因材施教的技能学习、有灵活多样的竞赛活动、有注重激发的运动兴趣"的"四有"体育课堂,并与学、练、赛一体化有机融合,从而培养出具备运动能力、健康行为和体育品德、体育核心素养的有为青年。

伴随着经开教育的改革,学为中心理念的推进,以及六一小学"启智"课堂教学形态的引领,学校创新推进体育教育,让孩子们享受体育带来的乐趣,享受体育带来的激励,以体育人、以道启心、以心启智。积极开展六一小学"四有一体"体育课堂的实践探索。

(二)问题归因

1."四无"问题

(1)课堂无兴趣

学生对体育课缺乏兴趣,教学内容不能吸引全体学生积极参与。

(2)课堂无技能

教学活动丰富多彩,但内容存在随意化和碎片化的现象,难以形成技能。

(3)课堂无体能

课堂的学练运动强度无法保证身体机能和素质的提升。

（4）课堂无比赛

没有体育比赛，就不能让学生完整体验体育运动的魅力。

2."无关联"问题

热身活动、技能学习、教学比赛的内容不一致，没有形成学、练、赛一体化。

热身内容没有为即将到来的体育技能学习做好充分准备，热身内容单一，没有为下一环节作好铺垫，达成诱导性练习效果。技能学练与比赛内容不一致，没有达成技能应用的效果，如学习足球运球技巧，却举行了射门比赛等。体能补偿随意，没有根据所学运动技能的特点和小学生身体素质发展的敏感期，采用补偿性练习或专项练习发展学生体能。

二、解决问题的过程与方法

（一）调研测试，精准分析

通过问卷调查和体能测试调研学生在体育运动方面的兴趣、习惯、技能和体质情况。

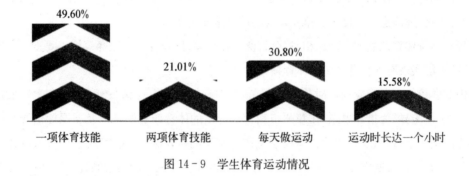

图 14-9　学生体育运动情况

根据调查问卷收集到的信息以及2019年的体测数据分析，找到了学生在运动兴趣、技能、体能方面存在的不足与具体问题。

（二）明确方向，重构课堂

根据学生的问卷调查数据，明确问题所在，找准目标，在遵循学生身心发展特点的基础上，重构"四有一体"体育教学模式，整合教学内容，丰富教学手段，提升学生的体育核心素养。

通过课堂内容整合，达到"四有"的效果：

有兴趣：趣味游戏热身，以游戏为主线进行学习，兴趣贯穿于整个课堂。

有技能：以技能学习为核心，每学期学生学习一至两项体育技能。

有体能：在课堂上设置"趣味课课练"环节，保障学生体能发展。

有比赛：根据教学内容设置灵活多样的竞赛活动，让学生的体育技能得以展示。

（三）全面推动，高效落实

整体实施"四有一体"新教学模式，在课堂上建构"四位一体"的体育课堂模式，即"趣味热身、技能学练、体能补偿、比赛激励"。要求学校的每一位体育教师每节课都以"四有一体"为基础,结合教学实际情况,合理设计、高效实施与落实。

(四) 调整优化,促进发展

从课堂整体出发,将有兴趣、有技能、有体能、有比赛的四有课堂进行一体化设计。让四有内容高度串联、无缝衔接,从发展学生兴趣入手,以专业技能为重点,通过增加有效的体能训练、增加丰富多彩的体育比赛和展示活动促进学生核心素养的提升与全面发展。

三、成果的主要内容

学校体育课堂通过课程改革逐步形成六一小学"四有一体"的体育教学模式,通过对体育课堂内容进行整合与改进,六一小学的体育与健康课形成了特有的课堂教学模式和形态。下面为课堂上"四有一体"的具体内容与实施要求。

(一) 课堂"四有"

1. 趣味热身

用"兴趣"唤醒生命的活力,开启智慧之门。

准备活动内容新颖、多样、有趣,以发展学生的柔韧性、灵敏度、反应速度等身体素质与促进技能掌握的诱导性练习为切入点,设计趣味性的热身游戏或竞赛活动,激发学生的学习动力,培养学生的运动兴趣。

2. 技能学练

用"技能"启迪潜在智慧,培养创新思维。

学生在体育技能学习过程中,激发学习潜力与潜能,培养创新思维,并最终将所学运动技能运用于实践中。水平一的学生以学练基本运动技能为主,重点发展走、跑、跳、投、接、踢、攀爬、钻越、支撑、悬垂等基本运动能力,为学习专项运动技能奠定扎实基础。水平二、水平三以学习专项运动技能为主,如足球、篮球、跳绳、啦啦操、田径、武术等。每学期具体的教学内容选择为1+1,即一项球类加一项其他专项技能。技能学练环节具体操作流程如下。

(1) 示范讲解

学习新的运动技战术时,教师必须做示范动作并讲解要领。

示范动作和示范面正确,示范位置合理;讲解简明扼要,通俗易懂,符合小学生的认知特点;一次集中讲解的时间一般不超过 90 秒。

(2) 组织练习

结合项目特点,创设符合小学生年龄特点的自主探究、合作练习情境,采用合理、有效的练习方法和灵活多样的竞赛活动,帮助学生较快地掌握所学运动技能,提高技能运用能力;器械体操和技巧项目的练习必须有保护与帮助;减少调动队伍和变换练习场地,保证较高的练习密度。

(3) 指导纠错

采用针对性方法纠正学生的错误动作，个别纠错与集体纠错相结合，以个别纠错为主，教师停止全班练习来集中纠错和讲评的次数一般不超过 2 次。

3. 体能补偿

用"体能"激发学生潜力，培养自律与奋进的精神。

除在运动技能学练过程中加大练习密度、增加运动负荷、增强学生体能之外，体育课还根据所学运动技能特点和小学生身体素质发展敏感期，利用课课练环节专门组织学生进行体能锻炼，保证课堂体能练习充足。

4. 比赛激励

用"比赛"锻炼学生运用知识、合作探究、解决问题的能力。

设计灵活多样的竞赛活动，有融入技能学习的小比赛，还有能体现项目完整性的综合比赛，以及无规则差异的正式比赛。通过比赛促进学生技能的掌握与运用，同时检验学生学练的效果，给学生展示的机会，激励学生努力学习，落实好教会、勤练、常赛要求，培养学生合作探究、解决问题的能力。

(二) 课堂"一体化"

学、练、赛一体化，学习、练习、比赛内容一致、层层递进，有效促进学生技能的掌握与核心素养的全面发展。

从课堂整体出发，将兴趣、技能、体能、比赛的"四有"环节进行一体化设计。以学生发展为本，合理规划课堂教学结构与内容的比例。从发展学生兴趣入手，以专业技能为重点，通过增加体能训练、增加丰富多彩的体育比赛和展示活动，促进学生体育核心素养的提升与全面发展。

要求教学步骤清晰，循序渐进，按照学、练、赛的顺序有重点、有衔接地合理安排各部分的练习时间和内容。

趣味热身占全课总时间的 20% 左右，技能学练与比赛占全课总时间的 50% 左右，体能补偿与身心放松占全课总时间的 30% 左右。

四、效果与反思

本实践探索旨在解决学校体育课堂中长期存在的无兴趣、无体能、无技能、无比赛，以及内容环节无关联问题，逐步形成六一小学"四有一体"体育教学模式，面向人人，落实"健康第一"的学校体育价值追求。

"四有一体"体育教育模式的构建，有效落实了体育核心素养。将体育游戏融入体育课程中，增强了体育课的趣味性和互动性。这种充满活力的体育课保障了学生每天在校内都能锻炼一小时,并通过课堂活动,让学生掌握了一至两项体育技能,也通过科学的体能锻炼方法,让学生的体质水平得到了逐步提升。

通过学校建构的"四有一体"体育教学模式,近三年学校学生的体育素质大幅提升。六一小学学生体质健康总体平均分由 2019 年的 66.43 分上升至 2021 年的 76.76 分。良好率由 34% 提升为 42%,优秀率由 5.6% 提升为 9.7%。学生在达标两项体育专项技能上由不足 60% 上升到了 90% 以上。参与上级组织的体育比赛的成绩大幅提升,其中取得的成绩有:郑州市第七届中小学体育节比赛"体育大课间"活动特等奖,2020 年、2021 年郑州市校园足球班级冠军杯赛一等奖,2020 年、2021 年经开区校园足球"区长杯"比赛小学组冠军,2021 年郑州市青少年篮球比赛小学组八强,2021 年学校被评为郑州市校园足球先进单位,2020 年河南省第四届中小学"最美大课间"一等奖。

参与者:王　迪　袁　烁　李吉亮　李　琳　董路明
指导者:朱　煦(郑州市教育局教学研究室)

案例 5　"驱动—探究"信息技术道德课堂形态报告
郑州市惠济区实验小学　马灵敏

在道德课堂建设的大背景下,我校信息科技学科围绕课程标准相关要求,以培养学生数字素养与技能为目标,以学校"自主—协同"课堂形态为引领,探索"问题驱动—合作探究"的信息科技课堂形态,并以项目式学习为课堂组织形式,围绕项目主题开展单元教学,为学生创设自主、合作、探究的学习情境,以及知、情、意、行融合发展的成长环境。

一、理论基础

(一)基于建构主义的"驱动—探究"课堂模式理论研究

"问题驱动—合作探究"学习模式是以建构主义理论为依据,依托信息技术的发展,以问题为驱动,以学生主动学习为核心,促进学生自主学习的模式。

(二)基于项目式学习方式的实践与探索

项目学习是一种基于建构主义的情境化学习方式,通过驱动性问题引发学生对概念性知识的思考和探索,本成果基于"筑梦航天"编程教学单元知识点,探索基于项目式学习的"问题驱动—合作探究"课堂模式,不仅符合学校"自主—协同"的课堂理念,更符合信息技术学科的育人目标。

(三)学校"自主—协同"课堂形态的引领

学校依据"自主乐群、明理求真"的育人目标,建构与学校教育哲学相一致的"自主—协同"课堂形态(见图 14-10)。

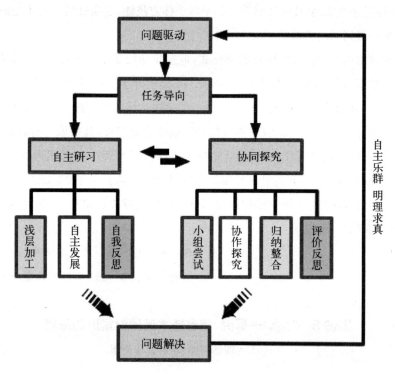

图 14-10 郑州市惠济区实验小学"自主—协同"课堂形态流程

二、问题分析

(一)教师在课堂中缺乏启发探究式教学能力

任何教师要上好一节课,必须回答好三个问题:你要把学生带到哪里?你怎样把学生带到那里?你如何确信你已经把学生带到了那里?作为信息技术教师,在"常规三问"的启发下开始思考,如何把信息技术课堂中的操作性知识变为以学生学习为中心的探究性课堂?

(二)学生仍处于知识技能的学习,缺乏探究与创新意识

信息技术课堂大多以教师演示讲解、学生操作练习为主,比如在编程板块的学习过程中,学生的效能感来自做了多少个编程作品,这显然没有达到渗透核心素养的要求。

三、解决问题的过程与方法

(一)寻找契机,找到问题突破口,激发学生学习兴趣

为克服"重技术轻素养"的问题,信息技术教师把知识的学习与学生生活结合起来。以六年级上册编程板块的教学为例,2021年12月9日,在学生观看"天宫课堂"直播视频后,信息技术教师借助这个契机,将六年级上册第八课至第十六课的内容进行重组,以航空航天为主题,开展为期一个月的项目式学习。

（二）整合课程资源，围绕学科、拓展与活动，形成三位一体的综合课程体系

项目式学习通过"联想与结构"，把已有经验和当前学习统一起来，把有关联的学科知识进行整合，比如高铁与宇宙飞船的速度比拼中，用到了数学学科中速度、时间与距离的数量关系，学科之间密切关联，项目式学习可有效提升学生的综合素质。

（三）探索"问题驱动—合作探究"课程模式，在合作中落实核心素养

以往的教师讲解演示、学生操作练习的课堂，侧重于操作性知识的传授，在学生被动接受的同时，禁锢了学生的思维，而该成果在实施中，尝试实践"问题驱动—合作探究"课程模式，梳理出课程模式的流程图，在合作中落实核心素养。

（四）制定多元的评价体系，重视师生评价

在项目式学习中采用开放式的评估，教师在课上和课后可通过观察、提问、测试、谈话等多种方法，结合学生的分组课堂评价表，综合评估学生的学习情况。同时，还制定教师课堂自评与互评的知识评价图，以评价全方位促进教师的教和学生的学。

四、成果的主要内容

（一）梳理出"问题驱动—合作探究"课程模式的流程，为项目的开展做好保障

信息技术教师以编程提升计算思维为中心开展问题研讨，大胆革新，以项目式学习为组织形式，在信息技术课堂中探索实践"问题驱动—合作探究"的课堂模式，详见图14-11。

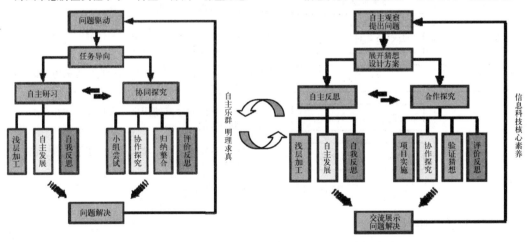

图14-11 惠济区实验小学课堂形态与信息技术学科课堂形态展示图

在"问题驱动—合作探究"课堂形态的引领下，课堂教学以项目式学习的形式组织开展。为了更好地帮助教师组织课堂教学，根据项目式学习的特点，案例组成员梳理出"四个要点""一个支架"，以供教师参考学习，顺利开展课堂活动（见图14-12）。

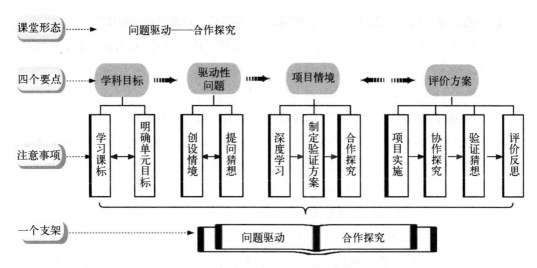

图 14-12　供教师使用的项目式学习实施路径图

(二) 跳出课时,走向单元,确定项目单元主题,制定单元视域下的教学活动

在教学形式上,此次尝试突破了传统以课时为中心的课程教学,围绕大单元教学设计,将 5 个课时要达到的课程目标结构化。项目式教学的单元主题为"计算思维,筑梦航天",把六年级上册第八课至第十六课的内容进行重组,确定单元课时共 5 节课的项目式学习,达到单元整体目标的实现,详见图 14-13。

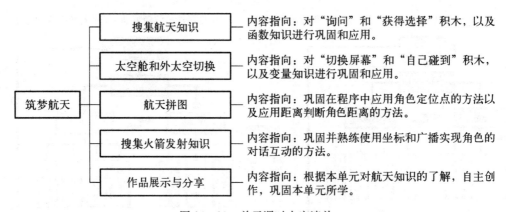

图 14-13　单元课时内容清单

(三) 教学实施过程

为了更精准地开展课堂活动,项目组还梳理出详细的学习模式流程图,细化到课堂中的每一个细节,详见图 14-14。

关于教师活动,重点放在适当指导的环节,教师在指导的过程中随时肯定学生的答案,避开潜在的灌输式教学,采取追问、质疑、提问的课堂策略,具体结合教师课堂教学引导示意图(见图 14-15)进行梳理说明。

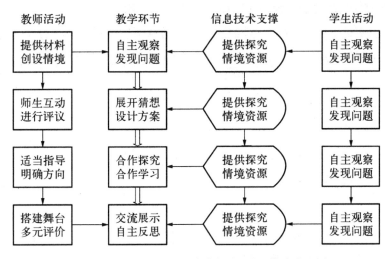

图 14-14 "问题驱动—合作探究"学习模式流程图

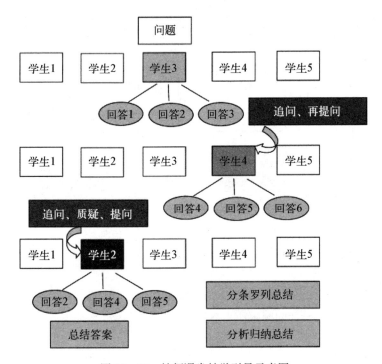

图 14-15 教师课堂教学引导示意图

针对教学环节,结合课堂实际教学情况,从以下四个方面进行阐述。

1. 自主观察,发现问题。
2. 展开猜想,设计方案。
3. 合作探究,合作学习。
4. 交流展示,自主反思。

(四) 开展多学科的融合,发挥项目主题的辐射引领作用

每个学科都不是单独存在的个体,信息技术组与科学组教师联合开展课题研究,主题为"信息技术与小学科学'地球与宇宙'领域有效融合的实践研究",依托课题研究开展学科融合实践。

(五) 开展切实有效的师生评价体系

1. 利用知识结构图,进行教师自评和互评

结合学科素养指标体系,制定知识结构图(见图 14-16),教师在自评和互评的过程中,主要围绕结构图开展评价。

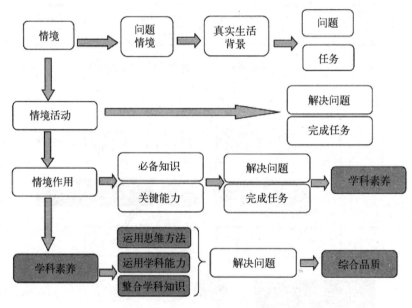

图 14-16 教师评价参考知识结构图

2. 结合课堂观察评价表对学生进行实时评价

结合项目式学习的特点,在课堂教学中采用教师对学生小组进行动态观察和评价的形式,以小组为单位,每个小组分发"问题驱动—合作探究"课堂形态学生分组评价表(见表 14-5)。

表 14-5 "问题驱动—合作探究"课堂形态学生分组评价表

一级指标	二级指标	二 级 指 标 说 明	得 分
问题驱动 (10分)	发现问题 (前置学习)	驱动问题	教师:"发现问题"既可以在课前完成,也可以在课上完成(课上不超过 5 分钟);通过设置情境,提出问题顺利引出课时主题。(5分)	优秀 8—10 合格 6—7 待提高 1—5 ( )分
		学生:进入专注状态,能够发现问题。(5分)	

续 表

一级指标	二级指标		二 级 指 标 说 明	得 分
展开猜想 (30分)	猜想预设	猜想预设	教师：布置好讨论任务，组织学生有序开展交流。(5分)	优秀 24—30 合格 18—23 待提高 1—17 (　　)分
			学生：围绕问题主题，小组内第一时间开展讨论，能够活跃思维，发散想象力，能够用原有的知识结构猜想问题的结论。(10分)	
	设计方案检测猜想	设计方案	教师：为小组提供合作保障，协助薄弱小组规范方案。(5分)	
			学生：学生能够通过小组合作、协作学习等多元途径主动参与课堂学习，学习的过程经历较为完整。(10分)	
自主反思 (20分)	浅层加工	初步理解	学生：学习内容的整体感知和初步理解。(5分)	优秀 16—20 合格 12—15 待提高 1—11 (　　)分
	自主发现	提出问题	学生：在浅层加工的基础上，主动发现和提出自己的问题。(5分)	
	自我反思	及时反馈	教师：通过任务检验引导学生对自我认知进行反思，并进行反馈。(5分)	
			学生：通过组内研讨引导学生对自我认知进行反思和调节。(5分)	
合作探究 (30分)	小组合作	初步尝试	教师：鼓励学习小组尝试解决核心问题。(2分)	优秀 24—30 合格 18—23 待提高 1—17 (　　)分
			学生：鼓励学习小组尝试解决核心问题。(3分)	
	协作探究	深度交流	师生：能够通过师生之间的深度交流，分析问题和解决问题。(5分)	
	验证猜想	结论与猜想进行对比	教师：教师有意识地创设安全氛围，让学生主动分享解决问题的方法、策略和思想。(5分)	
			学生：学生能够归纳总结出探究的结论，依次检测猜想的合理性，并有意识地进行思考，能够对比预设的差异性。(5分)	
	评价反思	梳理归纳	教师：梳理、归纳本节课所学内容，回应目标。(5分)	
		解决问题	学生：拓展与延伸本节课的要点，学生有学以致用的意愿。(5分)	
交流展示课堂效果 (10分)	1. 学生：小组内学生活动参与度达到90%(目测学生参与度高)。(2分)			优秀 8—10 合格 6—7 待提高 1—5 (　　)分
	2. 学生：超过三分之二的学生达成教学目标(有证据表明目标达成度高)。(2分)			
	3. 学生：学生讲解与汇报时敢于大胆表达，思维活跃，语言简练，逻辑清晰。(3分)			
	4. 教师：能够根据课堂生成对环节、流程、内容进行灵活处理和安排，激发学生思考与探究，体现出教师对课程主题的深度理解与把握。(3分)			
总评			优秀 80—100，合格 60—79，待提高 1—59	(　　)分

五、效果与反思

(一) 教师抓住契机完成整合教材资源的初步探索,促进了教学方式的转变

对于教师的教学,提倡适当地加入自己的思考,并与学生实际情况相结合,对教材资源进行重组和再开发,这样可以让课堂教学更有效。

(二) 利用课堂阵地促进了学生思维方式的转变

经过一个周期的探索与实践,学生的思维方式潜移默化地发生着转变,在学生信息素养测评活动中,区内36所学校参与了测评,我校学生在综合名次中由原来的第三名上升到第一名,被抽测的一个六年级班级的学生综合结果排列第一(见图14-17)。

序号	局直学校	三年级		四年级		五年级		六年级		综合排名
		平均分	名次	平均分	名次	平均分	名次	平均分	名次	
1	■■■	58.14	1							
2	■■■	53.66	4	40.30	23					
3	■■■	51.59	6	58.70	1	76.33	1	78.76	1	1
4	■■■	54.43	2	54.38	3	56.03	8	71.70	5	2
5	■■■	53.49	5	55.91	2	65.15	2	66.93	11	3
6	■■■	54.34	3	49.37	9	54.73	12	76.72	2	4
7	■■■	49.62	8	49.68	8	61.98	4	69.77	8	5

图14-17 信息素养测评活动结果的通知

(三) 在"问题驱动—合作探究"中落实了核心素养

在项目活动过程中,学生作为活动的参与者,发挥了主人公的作用,增强了信息意识,培养了计算思维,提高了数字化学习与创新能力,提升了信息社会责任意识。学生通过问题驱动、合作探究的形式,感受到科技的力量,提高了运用科技手段解决更多实际问题的意识,培养了信息社会责任意识。

(四) 道德课堂对多学科综合形成积极的影响,在学科合作探索中取得了显著的成效

经过一个周期的探索与实践,项目配套作业设计"编程中计算思维能力的提升",荣获作业设计省级二等奖、市级一等奖,马灵敏老师辅导的"月有阴晴圆缺"一课,获区信息技术融合课一等奖,学科融合课题被评为市级一等奖。

"终日乾乾,与时偕行",在实践中不断探索,致力于打造坚实有力的信息技术课堂,让每一个学生都能够感受到学习求知的乐趣。

参与者:田郑敏　侯明璐　杨　洁　吕　琼　崔显元

指导者:陈辉涛(郑州市教育局教学研究室)

第十五章 教师课堂实践案例(二):初中学段

案例 1 "知课堂"形态下的整本书阅读教学模型的构建与应用成果报告
郑州经济技术开发区外国语学校 朱春华

一、理论基础

(一)《义务教育语文课程标准(2022年版)》

新课标在整本书阅读任务群中明确提出,借助多种方式分享阅读心得,交流研讨阅读中的问题,积累整本书阅读经验。

(二)建构主义理论

建构主义者认为教学应该着眼于学生的发展,以学习者为中心,主动构建合适的情境,提出良好的问题,在对话诱导中促进经验的形成。

二、概念界定

整本书阅读:以整本书为阅读对象,建构整本书阅读经验,培养整本书阅读习惯,促进学生核心素养提升的阅读过程。

三、课堂形态

(一)"知课堂"形态下整本书阅读教学模型顶层设计

以"学为中心"为核心,坚持"自主与合作"的整本书阅读方式原则、"形成方法与润泽生命"的整本书阅读价值原则两个原则,把握"课内与课外相结合,略读与精读相结合,整体与专题相

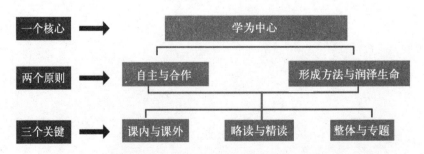

图 15-1 "知课堂"有效形态下整本书阅读教学模型的顶层设计

结合"三个关键,贯穿于整本书阅读教学过程的始终,以引导学生积累整本书阅读经验,养成良好的阅读习惯。

(二)"知课堂"形态下整本书阅读教学模型

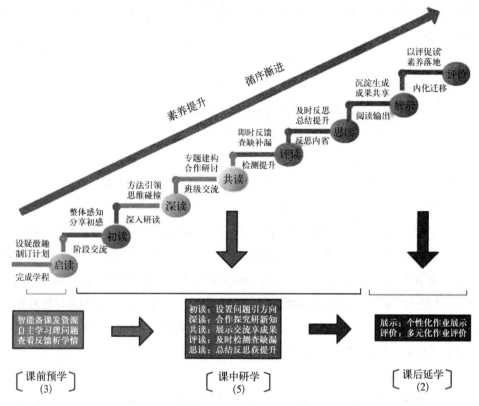

图15-2 "知课堂"下的整本书阅读教学模型

1. 课前预学

课前预学主要是"启读"环节,即以多种方式启发学生的阅读兴趣,制订计划,引领阅读。

智能备课发资源,在正式阅读前,教师可以发送名著相关影视、书评、故事等激发学生的阅读兴趣;自主学习理问题,学生在阅读推送资源后,会产生疑问,驱动思考;查看反馈析学情,学生在上一阶段产生的问题会通过平板展示在讨论区,师生均可回复,学生间解决较为简单的问题,教师关注有难度的问题。教师有的放矢地设置教学目标和教学重难点,以更贴合学生学情。

2. 课中研学

课中研学分为"初读""深读""共读""评读""思读"五个紧密相连的教学环节,也是整本书阅读中最重要的部分。

(1)初读·问题引之

在初读书目时,以问题作为切入点,设计主问题加以引导,推动学生进行有效的整本书阅读。

用开放式问题激发全体学生思考。针对整本书提出开放式的问题,能够调动各个阅读层次的学生进行思考。如"如果祥子生活在现代社会,从农村来到城市,梦想着靠个人的努力寻求幸福的生活,你认为他会成功吗?"可以考查学生对书中内容的掌握情况和学生的思维水平。

用情境化问题呈现个性化阅读体验。真实鲜活的情境能够激发学生思考,并表达独特的阅读感受。如设置"梁山"公司招聘会这一情境,设计"求职简介"、"广告词"推销演讲、HR角色扮演之"灵魂拷问"及公司破产评议会等环节,驱动学生在情境中解决阅读问题。

用启发性问题激发高层次阅读兴趣。启发性问题教学以问题为中心,以促进深度思考为目的。如学生在"从小说中出现的神魔妖魔中选择几个自己感兴趣的角色,整理分析并把握其所体现出来的'人情'和'世故'"问题的引导下,获得自己独特、新颖的发现或感受。

(2) 深读·以法授之

"读书为本,思辨为要,注重转化,是整本书阅读教学的出发点和指归。"①在完整的整本书阅读教学的过程中需要有效方法作为引领。

以学生质疑为突破口激活认知,教师可以引导学生尝试小组合作聚焦疑难点,在学生的问题质疑中激活内驱力,更好地做到取长补短,实现共同进步;以教师经验问题引领提升认知,初中语文教师在整本书阅读教学中起着关键的指导作用,在阅读中教师借助经验问题不仅为学生指明了方向,而且能够丰富整本书阅读教学活动,帮助学生提升思维能力,为后续阅读打好基础;以名家解读助力思考、丰富认知,名家解读的丰富性、多样性、独到性、创新性、深刻性都为课文的解读提供了丰厚的资源,可以从中任意汲取精华,进行深度阅读,以前人心智启迪今人思维。

(3) 共读·专题探之

学生在经过初读和深读的个体阅读之后,对整本书的内容和手法已"成竹在胸"。此时,建构完整的知识体系,在分类、对比、综合中进行深度阅读十分必要。而完成整本书阅读任务群则需要建构"大概念",以具体的"任务"推进,"任务"在具体教学中,就表现为一个个微专题。专题建构方式分为以下四种,见图15-3。

建构方式	建构指向	建构意义	《水浒传》人物微专题建构	
点式建构	一叶知秋的全面深析	彰显复杂性	人物性格	为兄报仇的"天人者"武松多面性格探析
横向建构	相似对比的同异比较	凸显个性	人物个性	"打虎英雄"对对碰
纵向建构	发展变化的脉络演示	追根究底	人物命运	"水浒英雄小传"展览会
网状建构	统整关联的进阶探析	关照多维	人物意义	论水浒英雄之忠义

图15-3 专题的四种建构方式

---

① 余党绪.基于思辨读写的整本书阅读教学[J].语文建设,2022(01):35-40.

点式建构,着重于就某一事件对某一人物进行立体、全面、整体的分析,或从人物的语言、行为、动作等方面入手,深挖人物,或就某一要点统整多方面的教学资源,深析人物。横向建构,着重于对性格相似或相对的人物进行分类,可以从人物的处世态度、行事风格、关键特征、自身经历等方面透视人物深层的内心世界,在类比中找寻人性之共性,在对比中找寻人性之个性。纵向建构,基于对人物命运发展变化的梳理,统照人物的整个命运遭际进行深层的根因探究。网状建构,基于整本书视域下的人物意义对主旨进行多维进阶探究,基于细节,瞻于全本,从特定历史时期的人物入手,对整个社会进行观照。一方面,可以从个体入手,关联决定人物命运的诸多因素,探究其命运背后的历史意义;另一方面,还可以从群像出发,关注特定历史时期的特定群体的生存状态。

需要注意的是,这"四重建构"并非平行建构,而是呈现立体化,体现专题内部的"进阶性"。

(4) 评读·以评辅之

学生在初读、深读、共读之后,需要进入"小检测"阶段,以及时对所学知识进行巩固和反馈。此环节的阶段性评价可以以纸笔测试为主,重在对知识的查漏补缺,也可为学程结束后的活动型作业做铺垫。如在阅读完《西游记》之后,可将以下测试题作为阶段性测试,将其发布在教学平板上,设置答题卡,及时反馈检测情况,帮助学生巩固基础知识。

《西游记》阅读(二)

1. 下面是《西游记》第 23 回"三藏不忘本,四圣试禅心"故事结尾处的颂子。请根据它的提示,简述这一故事,并概括这个故事中八戒的性格特点。(4 分)

> 黎山老母不思凡,南海菩萨请下山。
> 普贤文殊皆是客,化成美女在林间。
> 圣僧有德换无俗,八戒无禅更有凡。
> 从此静心须改过,若生怠慢路途难!

简述故事:_____
性格特点:_____

图 15-4 测试题

(5) 思读·以思助之

在初步完成整本书学程之后,学生的知识回顾、学习"复盘"、阅读反思十分必要。这时,教师可以引导学生写作总结性的阅读心得。在写作过程中,学生可以自查自检,明晰自己整本书阅读的不足和差距,巩固所学;而教师可以通过查看学生的教学反思,再次了解学情,以便安排后续教学。

3. 课后延学

课后延学分为"展示"和"评价"两个教学环节,也是整本书阅读中的"尾声"和"集大成"部分。

(1) 展示·以行促之

展示,即在生成阅读产品、展示读书成果的过程中深化阅读体验。在此过程中,学生不仅能丰富整本书阅读的体验,而且也能建构起与人合作解决问题的经验,发展真实的学习能力、生活能力。

展示的方式有多种。如用文字沉淀经验,做读书笔记,写读书感悟,撰写专题小论文;用图画重构认知,可以构建思维导图,设计插图;用说话促进交流,可以开展故事会、读书分享会、共读会;用表演深化理解,可以开展课本剧展演等学科活动。

(2) 评价·多元评之

评价即以评促读,促进学生核心素养的落地。整本书阅读教学的涵盖面较广,有阅读、写作、实践,活动主体和群体交杂,过程定量与定性兼有,成果显性与隐性皆有。评价难度很大,我们本着主体性原则、全面性原则、个性化原则、发展性原则,全面评价阅读实践活动这一动态的认知过程。

评价主体多元化。在整本书阅读中,通过制定合理、恰切的评价量表,实现评价主体多元化。由传统的教师评价向学生自评、生生互评、小组互评、师生互评、教师评价、家长参评等多元评价主体转变,使评价结果更准确、客观、全面。

评价对象全面化。整本书阅读的评价对象是学生阅读的过程与结果。从"量"的角度来看,包括学生阅读的数量、速度、进度、参与度;从"质"的角度来看,包括学生在知识、能力以及情感态度与价值观上的收获。

评价方式多样化。整本书阅读评价对象的多样性决定了评价方式的多样性。借助学校活动平台,对学生提交的"阅读作品"进行评价;借助信息技术手段,记录学生阅读轨迹;运用数据资源评估学生学业进展状态,构建更适宜的教学环节。

四、思考与总结

建构"知课堂"道德课堂有效形态,落实新课标要求,有助于丰富学生的阅读活动,优化阅读环境,建构个性化的阅读经验,突破整本书阅读瓶颈,促进阅读素养的提升和终身阅读习惯的养成,传承文化,重构精神,润泽生命。但"知课堂"整本书阅读道德课堂中丰富的教学内容和有限的教学时间之间的矛盾仍待解决,教学评价系统仍需重点突破。

参与者:王 丹 黑莉丹 王 倩 李国利 刘倩倩

指导者:刘惠臻(郑州市教育局教学研究室)

案例2　基于核心素养的初中数学情境课堂教学的有效形态

郑州市第七十一中学　马灵娜

一、问题的提出

随着大单元教学和作业设计的探索及《义务教育数学课程标准(2022年版)》的颁布,数学教学指向了学生核心素养的落实,特别是在探索大单元教学及作业设计时更需要情境化教学的支撑。部分数学教师开始尝试进行情境化教学,但是对情境化教学的认识不足,狭义地认为情境就是生活中的现象、音视频或游戏活动等,实际上教学情境包括生活情境、社会情境、数学情境、科学情境,甚少有教师对数学情境与科学情境进行解读和研究,具体问题如下:一是情境与教学目标关联度低,为情境而情境,对社会中的教育、政治、经济等信息资源利用不足,将知识置于恰当情境中促进学生形成素养的实践深度不够,情境的设计不能促进教学目标的达成,不能有效地提升学生的核心素养;二是情境化教学设计的问题缺乏逻辑性或进阶深度,不能很好地让学生用数学的思维深度思考现实世界,影响学生的数学核心素养的提升;三是情境应用单一,情境化多被教师应用于课堂导入环节,让学生感知到数学源于生活,而在其他教学环节却甚少使用;四是教师对大单元教学与作业设计目前处于探索初期,对以情境化为研究背景的主题式、项目式教学开展甚少,缺乏相关经验。

遵循学生的认知发展规律,将数学史和生活情境融入课堂,既让学生经历前人探索数学的过程,又让学生应用数学解决生活中的实际问题,认识到数学并不是抽象枯燥的,而是有情景、有逻辑、有思维、有过程、有趣生动的学科。我们探索研究了基于核心素养的情境课堂教学模式。

二、解决问题的过程与方法

本研究的问题解决过程遵循"是什么""为什么""怎么办"这一主要思路,按照确定问题、分析问题、解决问题三步骤进行各个阶段的研究。

第一阶段确定问题:数学教学小组 2022 年 2 月份于线上交流、探讨想法,确定选题关键词为"基于核心素养的情境教学",调查学科课程与教材融入数学史或中华传统文化与实际生活情境的占比,运用文献研究法与问卷调查法、访谈法进行情境教学的数学课堂教学现状调查。

第二阶段分析问题:运用调查研究法与定量分析法分析调查结果,明确了数学课堂情境教学的必要性与重要性,了解数学课堂情境教学的困境,制定数学课堂情境教学的实施路径。

第三阶段解决问题:运用案例研究法、经验总结法等基于核心素养确定学习目标,明确数学史或中华传统文化与实际生活情境的文化育人功能;开展"数学文化品鉴"活动,感悟传统文化价值;设计情境教学案例,深化人文素养;关注情感态度与价值观,培养数学思维能力。

三、成果的主要内容

(一) 基于核心素养的"情境课堂"的要义与操作

1. 课堂框架

学习是在现有情境与原有认知相互作用的过程中由学生自我建构的,每一节课均以大单元教学的主情境为背景,以生活实际情境为导入,在课堂中融入数学史或中华传统文化与实际生活情境的探究活动,又以解决生活中的实际问题结束,让学生在特定的任务或真实而有意义的情境中,通过实验设计、实验论证等科学探究过程有效进行数学学习。课堂导入是把学生引入学习情境的关键所在,是情境课堂教学的出发点。

图 15-5 "情境课堂"课堂框架

2. 开发流程

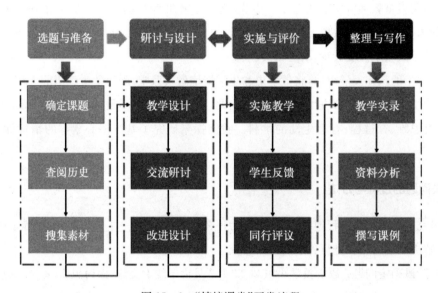

图 15-6 "情境课堂"开发流程

3. 情境融入模式探索

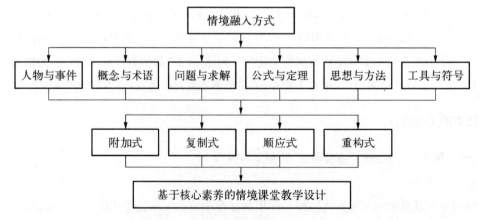

图 15-7 情境在教学中的运用方式

表 15-1　数学情境在教学中的运用方式

类别	呈 现 内 容	功 能
附加式	文字阅读材料,如附于某个主题之后的注解、独立成节的专题、附于正文之后的情境介绍或人物简介、数学术语的辞源等。	追溯概念起源,补充历史知识,提供辅助材料。
复制式	直接采自数学史或生活情境中的数学问题、问题解法、定理证法等,或作为教材开篇的学科历史溯源。	提供数学问题,再现古人智慧,促进数学学习。
顺应式	改编自生活情境或历史中的数学问题的习题,或根据情境而编制的数学问题,或源于数学史或生活热点但经过简化的思想方法。	提供数学问题,激发学习兴趣。
重构式	借鉴或重构知识的发生、发展历史,以发生的方法来引入的数学概念,或借鉴了历史,以符合现代学生认知的方式编排的知识。	把握认知的动机,促进知识理解。

(二)"情境融入"的评价要求

1. 评价理念

以评价促发展。拓展多元化的评价途径,多一把尺子衡量学生,采用诊断性评价和过程性评价相结合的多重评价方式,让学生发现自己的进步,提高学生的自我认知水平,增强学生的学习自信和自主性。

2. 评价目标

通过课堂评价,促进学生用数学的眼光、思维、语言解决实际问题,发展数学核心素养,同时加深教师对情境课堂的深入理解,完善情境课堂的构成要素,不断丰富总结经验,夯实基础,实现教学的最优化。

3. 评价内容

图 15-8　情境融入的评价内容

4. 评价方法

根据课型的不同,设计"情境课堂"教学评价表,教学评价分为基础性评价和特色化评价。基础性评价主要从教学目标、教学设计、教育过程三个方面对学生学习与教师教学进行评价;

特色评价是对初中数学的不同课型中的情境设计与教学活动设计进行评价,如新授课、讲评课、复习课、实践探究课等课型中不同的教学环节与活动设计是否遵循趣味性、促学性、价值性、有效性、科学性、德育性六个原则,体现"激情、智慧、分享、生长"的课堂文化,突出"情境课堂"的核心要素,关注数学学科核心素养的培养。

四、效果与反思

本课程在实践中基于素养立意,聚焦于初中数学课堂情境教学,加强文化育人与德育教育,为数学课堂教学培养学生核心素养提供新案例。

在今日的教科书中,数学知识往往是按照特定的逻辑体系来编排的,学生往往不知道为何要学习某个知识点;而一个知识点的历史却揭示了知识发生和发展的动因,这种动因往往又与问题解决息息相关。因此,历史上导致知识发生发展的数学问题就成了引入新知的理想材料。数学史或中华传统文化与实际生活情境融入初中数学教学的重要目标之一是让数学课堂人性化,当我们关注知识的源流时,往往会涉及数学人物和事件,再考虑到初中生的年龄特点,数学故事自然受到教师的喜爱,从人物故事中引出数学问题,则是引入新知的理想方式。在将数学史或中华传统文化与实际生活情境融入初中数学教学中时,教师需要追溯所教知识的起源,因为古人"做数学"的方式往往与今天不同。实际上,返璞归真正是"知识之谐"的要求。基于核心素养的情境课堂为了再现前人做数学的过程,会让学生通过动手操作和演示做出初步的发现,这便是在课堂中引入数学史或中华传统文化与实际生活情境的价值所在。

在我们所实践的七个情境教学案例中,可以看到基于核心素养的情境课堂教学有以下特点:

1. 注重探究的过程性。让学生在"做数学"的过程中经历知识的自然发生过程。

2. 彰显知识的人文性。沉浸在情境的过程中,学生接受了思想品德教育,利于学科德育的实施。

3. 追求设计的新颖性。数学史是人类思想的宝库,从中可以获取丰富的教学素材和思想养料,弥补教师现有教学资源的不足。

4. 关注术语的本源性。在初中数学教学中,经常会遇到无法用逻辑手段来解决"为什么"的问题,情境往往成了不可或缺的有效工具。

基于核心素养的情境课堂教学在历史与现实、数学与人文之间各架起了一座桥梁,营造了不一样的课堂。注重探究过程,必然导致巩固练习时间相应减少,基于核心素养的情境课堂必须在各教学环节之间寻找平衡。

制定数学课堂情境教学的实施路径,以大单元教学的主情境为背景,以生活实际情境为导入,融入数学史或中华传统文化与实际生活情境,以解决生活中的实际问题结束,整个教学过程都让学生置身于情境中。课堂既有形象性又有抽象性,指向学生核心素养的发展,最终形成基于核心素养的情境课堂模式。

参与者:吴 江 陈梦园 左旗君 刘 娜 李 琨
指导者:刘 娜(郑州市第七十一中学)

案例3 "知课堂"形态下英语听说课模型的构建与应用
郑州经济技术开发区外国语学校 杨 静

随着新课程改革的持续深入,学生成为课堂的主体,教师在课堂教学中发挥引导及辅助作用,正确引导学生开展各项学习活动,旨在获得最理想的学习效果。英语新课程标准倡导课堂教学中以学生为中心,要求学生进行自主性的探究学习。从当前初中英语课堂教学现状来看,教师应以现代教学理念为指导,积极利用信息技术打造高效课堂。我校针对学生"课前预学不充分、课中缺乏积极性、课后缺少个性化辅导"的问题,积极参与经开区推进的"学为中心"道德课堂形态的课堂变革;结合我校"知课堂"的教学形态及其形态下的"3352"混合式教学模型,基于我校英语教学的实际情况,构建了英语听说课的模型并进行实践研究。学生的自主学习能力得到提高;教师备课、讲课和课后辅导的方式变得多样化,课堂效率大大提高。该模式促进了学习方式和教学模式的双向改革。

一、理论基础

1. 以学生为中心理论

教师不再是传统意义上的灌输者和主宰者,学生是教学的主体和知识意义的主动建构者。学生的角色将由传统模式中的被动接受者转变为主动参与者,学生将成为知识探索者和学习过程中真正的认识主体。

2. 建构主义理论

以学生为中心,在整个教学过程中由教师起组织者、指导者、帮助者和促进者的作用,利用情境、协作、会话等学习环境要素充分发挥学生的主动性、积极性和首创精神,最终达到使学生有效地实现对当前所学知识进行意义建构的目的。

二、概念界定

1. "学为中心":聚焦关注认识发生和学习要素两个关键,且两者的关系是,认识发生规律需要在学习要素中彰显出来。由此,对"以学习为中心"为旨的学习设计的关注,即是选择与设计符合学生认知特点的学习要素,进而设计符合学生认知规律的学习活动,促进学生的认识发生。

2. "混合式教学":混合式教学将学生在学习一门课程或科目时的各种模块结合起来,形成一种整合式的学习体验。学生可以随时、随地、随意地在线上学习知识,线下参加课堂环节(扩展面授、教师指导、讨论、实践等)。

三、英语学科课堂形态

(一)"知课堂"形态下英语听说课模型的构建

1. 一个中心:学为中心。

2. 两个原则:

(1)要凸显学生的学习地位,以学生的自主活动为中心开展教学。

(2)要激发学生的学习潜能和创造潜能。

3. 三个阶段:课前预学、课中研学、课后延学。

4. 四个要素:情境创设、任务驱动、有效互动、指导探究。

(二)"3352"混合式教学模型

"3352"混合式英语教学模型包括:教学"3"阶段、课前预学"3"步骤、课中研学"5"环节、课后延学"2"个个性化。线上线下结合,信息技术与学科融合,让"自主学习""学为中心"真实发生。

教学"3"阶段即:"课前预学、课中研学、课后延学"三个学习阶段。

课前预学"3"步骤即:智能备课发任务、自主学习理问题、查看反馈析学情。

课中研学"5"环节即:展示目标明方向、合作探究研新知、展示交流享成果、当堂检测查缺漏、总结反思获提升。

课后"2"个个性化即:个性化作业布置、个性化辅导支持。

(三)"知课堂"形态下的英语听说课模型

结合"知课堂"形态下的"3352"教学模式,我们的英语智慧课堂听说课从课前预学、课中研学和课后延学三个环节展开。

1. 课前预学"3"步骤

表15-2 "知课堂"形态下英语听说课课前预学步骤及具体内容

1. 智能备课发任务	任务:话题相关微课视频; 词汇、课文朗读(口语测评); 预学检测题、导学案(答题卡)。
2. 自主学习理问题	主题:是否了解相关主题和背景知识? 语音:是否能够正确流利朗读? 目标语言:是否能够全部答对预学检测题?
3. 查看反馈析学情	查看学生朗读音频和口语测评; 查看学生的易错点和难点; 查看讨论区学生的疑惑点……

2. 课中研学"5"环节

《义务教育英语课程标准(2022年版)》要求我们要践行英语学习活动观,它秉承的理念是在体验中学习、在实践中运用、在迁移中创新,倡导我们在设计和组织课堂时采用学习理解类活动获取和梳理文化知识、应用实践类活动内化所学知识、迁移创新类活动联系实际,在新的情境中运用所学解决问题。三种学习活动相互关联,循环递进。结合英语学习活动观和课型,我们对"知课堂"形态下的"3352"混合式教学模型中的课中研学"5"环节进行了创新,我们的展示交流和当堂检测是即时的、循序渐进的,既有实践应用类活动,又有迁移创新类活动。

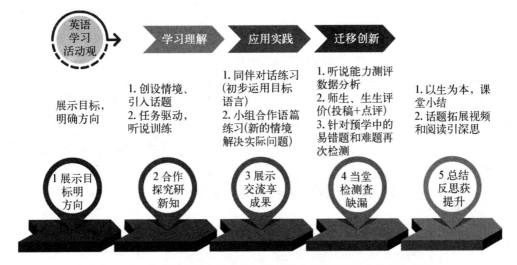

图 15-9 "知课堂"形态下英语听说课课中研学"5"环节及具体内容

3. 课后延学"2"个性化

表 15-3 "知课堂"形态下英语听说课课后延学具体内容

1. 个性化作业布置	基础薄弱生:听说作业以朗读和背诵课文为主。书面作业使用平板推送的错题和本节课基础练习题目。 优等生:听说作业多为实践创新类对话或演讲作业。书面作业推送教师精选或原创的拔高练习题目。
2. 个性化辅导支持	基础薄弱生:利用平板做跟读训练和听说训练的辅导。 优等生:主题相关的拓展阅读,如《科林英语》和新闻补充阅读。

(四)构建"学为中心"的课堂学习评价系统

1."知课堂"形态下的英语学科学习评价系统

根据评分标准和等级,不同的评价对象分别给出评分并阐述理由。形式主要有自评、生评和师评。

表 15-4 "知课堂"形态下的英语学科学习评价系统

评价维度	内容描述	等差与赋分			
		A优 充分实现	B良 较好实现	C合格 基本实现	D不合格 未实现
学习目标	我要去哪里？	8—10分	7—7.9分	6—6.9分	6分以下
学习过程	我现在在哪里？	8—10分	7—7.9分	6—6.9分	6分以下
学习反馈	我如何缩小差距？	8—10分	7—7.9分	6—6.9分	6分以下

2. "知课堂"形态下的英语学科学习评价设计

表 15-5 "知课堂"形态下的英语学科学习评价案例

评价维度	内容描述	等差与赋分			
		A优 充分实现	B良 较好实现	C合格 基本实现	D不合格 未实现
学习目标	1. 通过这节课的学习，我将能够正确听、说动物词汇和描述性形容词； 2. 通过这节课的学习，我将能够谈论动物的家乡、对动物的好恶及原因； 3. 通过这节课的学习，我将增强关爱动物和与动物和谐相处的意识。	8—10分	7—7.9分	6—6.9分	6分以下
学习过程	1. 我可以通过图片、音频、口语测评掌握不同动物的英文名称； 2. 我可以通过听力训练，听懂有关动物的谈话，提升听力水平； 3. 我可以通过同伴谈论、小组合作，为喜爱的动物制作信息卡； 4. 通过这节课的学习，我加强了对于动物的情感纽带，增强了关爱动物和与动物和谐相处的意识； 5. 我能认真听老师讲课，积极回答问题； 6. 我可以积极参与本节课，包括结对作业和小组作业。	8—10分	7—7.9分	6—6.9分	6分以下
学习反馈	1. 我能够完成老师布置的A作业：制作信息卡，介绍你喜欢的一种动物（包括名称、家乡、喜欢的原因等）； 2. 我能够完成老师布置的B作业：上网查找更多关于你喜欢的动物的信息，打磨信息卡（包括生活习惯、本领、数量等）； 3. 我能够充分利用平板中老师发送的辅导文件，并将其作为我课后学习的补充和拓展。	8—10分	7—7.9分	6—6.9分	6分以下

四、思考与总结

(一) 成果应用效果

1. 构建英语学科听说课模型,真正落实"学为中心"的教学理念

针对教师课中教学方式单一、课堂效率低下的问题,我们基于调研分析、实践探索,并结合初中英语听说课的特点,以及我校学生的学情,构建了"知课堂"下的英语听说课模型,改进了教师的教学方式和学生的学习方式,推动了英语课堂改革真正落实"学为中心"的教学理念。主要体现在以下两个方面。

(1) 改进了教师的教学方式。教师通过技术支持的平台数据分析和反馈,精准掌握学情,并根据学情制定精准的学习目标,设计交互式的学习活动,激发了学生的学习兴趣和探究欲望;课后根据课堂反馈和学习能力为学生提供个性化的辅导,促进了精准教学的有效落实。

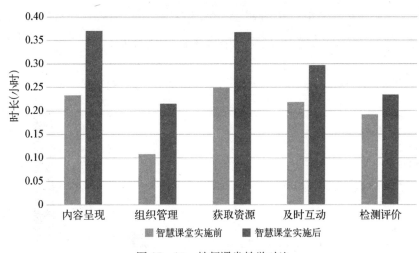

图 15-10 教师课堂教学对比

(2) 提升了学生的自主学习能力。线上资源的共享和线下交互式的学习方式,突破了传统教育的时空限制,丰富了学习资源,为自主学习创造了条件。同时,学生利用数据反馈、教师的精准分析和个性化辅导,开展学习活动,提升了自主学习能力。

2. 英语学科课程资源库初步建成

英语组建立并开通专门的云端平台,汇聚"知课堂"形态下英语听说课的课堂教学课例、作业设计及微课资源,形成资源库,实现资源共享。

3. 教师专业能力显著提升

经过"学为中心"的道德课堂改革的实践研究,全校英语教师的"知课堂"的教学理念初步形成,教师课堂教学的专业素养得到显著提升。2021—2022年,我校13位教师在省级、市级和区级优质课中获奖;多位教师在命题比赛、微研究、课题等科研方面取得优秀成果。其中岳丽

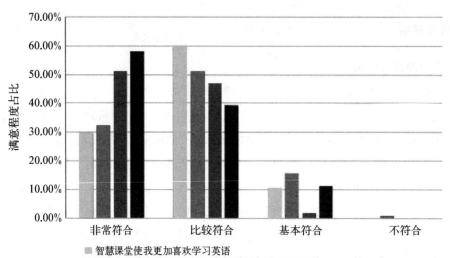

图15-11 实践后学生调查问卷分析

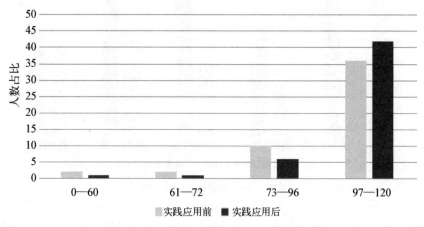

图15-12 实施前后的学习成绩对比

鸽老师和仵茹楠老师在河南省信息技术融合课比赛中荣获河南省一等奖。

(二) 实践反思

回顾这两年的实践探索,我们取得了一些成果和经验,但还需要更深层次的研究和实践。

1."学为中心"的理念在课堂落实

通过"知课堂"形态下英语听说课模型的构建与实践,我们深切地体会到"学为中心"这一教学理念,不仅提高了学生的自主学习能力,也有利于优化我们的教学。在教学中我们利用动态评价和实时反馈及时调整教学,评价方式也变得多元化和多样化,我们根据学生的课堂反馈和学习能力,布置不同的学习任务和作业,进行不同的个性化的辅导,让各个层次的学生都学有所得。

2. 基于"知课堂"形态下的英语课型的完善须紧扣新课标

在教学实践的过程中,在新课程标准的指引下,进行跨学科教学、单元整体教学与信息技术的有效融合,进一步完善"知课堂"形态下的英语课型的构建与实践研究,最终形成完备的课堂教学模型群,并依据学科建模,打造更多的精品课程。

参与者：仵茹楠　许聪利　田　甜　王　烁　齐梦果
指导者：许　柯（郑州市教育局教学研究室）

案例4　探索情景化教学　落实地理核心素养　地理学科"灵·动"课堂教学成果
郑州市惠济区第一初级中学　张婉婷

在课程改革的大背景下,在"双减"政策的指导下,推进道德课堂建设,就是要改善教师的教学生态,改善学生的学习生态。地理教研组深入研读《义务教育地理课程标准（2022年版）》,细化地理学科核心素养,提炼学科大概念,结合学生的认知发展水平和思维发展能力探索情景实例,用多种多样的活动增进学生的深度学习,引导学生向高阶思维发展,从而使地理学科核心素养落地。

一、情景化教学的问题指向

（1）课堂上学生的低阶思维占主导

学生学习以获取浅表知识为主,注重读抄背练,弱化思考、联想、举一反三;学生构建结构化知识能力薄弱,学习呈现碎片化,杂乱无章;师生、生生互动偏少,与他人分工协作、沟通交流、合作解决问题的能力欠缺,在解决真实问题时不能形成明辨性思维和创新意识。

（2）教师的地理专业素养不足

教师不能将深度学习和"学为中心"的教育理念真正融入自己的观念系统中,并进行教学实践。教师对"灵·动"课堂的驾驭能力不够,导致在学习共同体中做到了"以学习者为中心",但是教师与学习者不能展开深入对话,使得新知识难以在新情境中迁移。

综上所述,构建以深度学习为主题,让学生在真实情景中发现问题、解决问题,发展学生地理核心素养的情景化教学的研究就显得十分迫切。

二、情景化教学内涵解读

"灵·动"课堂中的"灵"对应深度学习中的"高水平认知加工的、基于理解的、主动的学习"。"动"对应深度学习中的"将已有知识迁移到新情境中,做出决策和解决问题的学习"。"灵·动"课堂提倡教学者建构一种开放式、互动式的情景化教学方式。它以生活化的情景为教学载体,以教师预设的情景链和问题串为线索,通过学生个人自学、小组讨论、班级讨论等形式,组织学生开展讨论或争论,形成反复的互动与交流,使学生在具体问题情境中积极思考,相互协作。学生有了内驱动力,才会主动探索知识,学习过程才更有意义,从而达到深度学习。

三、情景化教学流程

根据我校"灵·动"课堂教学模式要求,结合地理学科的内容和特点,我们将情景化教学流程归纳为"目标领动——情境触动——问题驱动——多维互动——交流展示——评价反思",这几个教学环节环环相扣。

接下来我们将以人教版八年级下册第八单元"西北地区"这一大单元为例,结合"灵·动"课堂之情景化教学模式,以"神秘西北,邀您来探"为主题,将嵌入式情景教学作为媒介,以问题驱动为主要方法,通过小组合作的学习方法,以多元化的评价方式贯穿课堂始终,引导学生向高阶思维阶段发展,从而使地理核心素养落地。

(一)目标领动,生成思维

"西北地区"涉及的课程标准一共有 5 条,对课程标准进行解读,找到行为动词、行为条件、核心概念,对核心概念进行剖析,制作出思维导图。西北地区最突出的特点是干旱,围绕干旱从原因、表现和影响三个方面去探究。

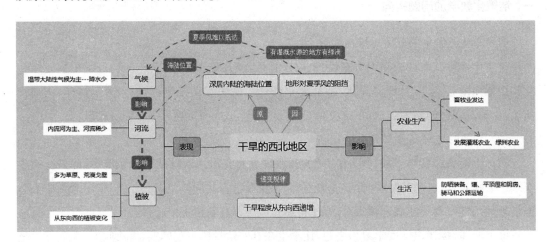

图 15-13 "西北地区"大单元学习思维导图

根据思维导图将"西北地区"大单元学习目标设置为:

1. 根据西北地区的视频资料,感受西北地区主要的自然环境特征——干旱(重点),结合西北地区地形图、中国干湿地区图等资料,从地理位置和地形的角度分析干旱的原因。

2. 结合西北地区地形图、河流分布图以及气候分布图等图文资料,说出西北地区干旱的表现(重难点)。

3. 运用西北地区的农牧业分布图、塔里木盆地的绿洲、城镇和交通线路分布图,归纳塔里木盆地人口、城市、交通、农业的分布特点,分析西北地区干旱的影响(难点)。

4. 运用图文资料,分析西气东输工程开发的有利条件以及我国东西部地区经济发展的意义,说明在我国西部开发过程中保护生态环境的重要性。

(二)情境触动,问题驱动

"情境"可以在教学活动中起很大作用,真实的生活情境,更是有利于学生们在课堂上不停地"动"起来,让整个地理课堂充满"灵"性。

环节一:畅游大西北,心灵放个假

为引导学生达成学习目标一,设置情景一:播放旅游博主打卡视频,选取最有代表性的三张图片,总结西北地区最突出的自然环境特点——干旱,结合图文资料引导学生自主分析气候干旱与地形、地理位置的关系。

为引导学生达成学习目标二,设置情景二:用旅游博主打卡视频中的传统民居"蒙古包"、茫茫大沙漠、高低起伏的山地等图片,引出西北地区干旱的表现,结合图文资料引导学生探究干旱背景下各个要素之间的关联。

载入情景三:用新疆葡萄、宁夏枸杞和烤全羊等图片,引出当地以畜牧业为主的农业部门和干旱中特色的灌溉农业,并结合所学知识分析当地灌溉农业发展的有利和不利条件。最后,由不利条件引出人类符合自然环境的创举——坎儿井,突出人地协调观。

环节二:探秘昔日仙湖——罗布泊

载入情景四:播放罗布泊的前世今生的视频,在给学生拓展干旱宝地——塔里木盆地的钾盐资源的同时,设问"罗布泊为什么干涸了?"来评价目标三,并引出自然环境干旱对塔里木盆地人口、城市、交通的分布的影响。

环节三:探秘神奇小镇——塔中镇

为引导学生完成学习目标四而载入情景五:呈现塔克拉玛干沙漠内部的一个2万人小镇,引发学生的好奇心,从而引入西气东输工程。引导学生结合图文资料和方法指导,分析西气东输工程对我国东西部地区经济发展的意义,并以景观图片,说明我国西部开发的地理条件以及保护生态环境的重要性,整个环节有利于培养学生的区域认知、综合思维和人地协调观的地理核心素养。

环节四:凝心聚力奔小康

为了让地理学科核心素养落地,在课堂上展示2020年新疆脱贫攻坚战的果实,探可持续发展之路,谈可期未来,表明要想奔小康,必须人文环境和自然环境协调发展。最后,用通往塔中镇的沙漠公路的标语"只有荒凉的沙漠,没有荒凉的人生"来激励学生克服困难,走辉煌人生路。

整个课堂以学生为主体,评价贯穿整个过程,让学生们不停地"动"起来,让整个地理课堂充满"灵"气,时间允许的话,中间各环节可以用中考真题来进行习题性评价。

(三) 汇报展示,教学评价

对问题的汇报展示是情景教学法的归宿,评价是检测学生对地理知识和技能的理解能力。

如:以"学为中心"的一个中心、两个最大化、三个环节、四个关键为理论依据,结合"灵·动"课堂的具体要求,在西北地区大单元设计中教学评价主要体现在以下三个方面。

1. 过程性评价。在课程的设计中,大部分是"给情景——设计问题——读图分析解决现实问题",评价镶嵌在教学的过程中。

2. 终结性评价。在一整个单元课结束后用中招真题作为评价检测的媒介。

3. 多元化评价。课后作业是绘制西北地区美食地图或者设计西北地区私人订制的旅游线路,分层次进行评价。

四、情景化教学创新点

1. 生涩沉闷的课堂变得灵动。学生的眼神比以前专注了,课堂参与度高了。学生积极主动地加入问题的研讨和分享,增强了读图、析图的能力,积累了区域认知的方法,提高了地理实践能力,锻炼了综合思维和语言表达能力,培育了学生的人地协调价值观念,落实了核心素养。地理课变得生动形象,贴合生活实际,使教师善教,学生乐学。

2. 情景化教学推动教师教育理念以及教学手段和方法的创新,提升了教师的获得感和幸福感。

3. 在情景化教学中,我们改变之前的单一评价方式,采用多元化的过程性评价,如设计美食地图、制作地球仪、测绘学校、设计环保购物袋等。

"灵·动"课堂坚持"学为中心",让课堂中的每个学生都能最大限度地发挥自己的聪明才智,养成高品质思维。一中学子学到的是系统的、彼此关联的、与生活相联系的、"有温度"的知识,提高的是思维拓展、迁移创造能力,培育的是诚实守信、勇于担当的优秀品质。

参与者:李 娟 王 颖

指导者:赵丽霞(郑州市教育局教学研究室)

第十六章 教师课堂实践案例(三):高中学段

案例1 "体验课堂"理念下的地理实践力教学
郑州市第七高级中学 赵 雪

一、理论基础

党的二十大报告明确指出,"落实立德树人根本任务,培养德智体美劳全面发展的社会主义建设者和接班人"。"道德课堂"是郑州市倾力打造的一种高品质课堂形态,它"合乎道、至于德"的内涵和立德树人的要求高度一致。

《普通高中地理课程标准(2017年版2020年修订)》指出,为了落实立德树人根本任务,高中地理课程应切实将学科核心素养的培养贯穿在课程设计和实施中。在学科内容方面,要充分体现地理学科的本质和价值,展示其核心思想和独特视角;在社会需求方面,要响应党和国家提出的"创新、协调、绿色、开放、共享"的新发展理念,展示地理学与社会的关联;在学生发展方面,要密切联系学生的生活经验,让学生在自然和社会的大课堂中学习对其终身发展有用的地理。

针对新课程标准、新课程方案、新高考方案等具体要求,结合我校基于道德课堂构建的"体验课堂"有效形态,地理学科加强"三新"学习研究,探索"五育"并举培养体系下地理课程教学的有效实施策略。

培养地理实践力的途径多元,可充分利用、调动身边的课程资源组织教学,引导学生用地理视角去观察、行动和思考,通过实验、实践、问题解决的过程经历,使理论知识的学习和应用相结合,并在对真实世界的感受和体验中进一步提升理性认识,建立起地理知识之间的关联,促进学生思维进阶和素养提升。

二、问题及解决

当前普通高中课堂教学中主要存在忽视学生主体地位,唯分是举的评价生态,伦理缺失的教师教学行为,以及为考点而教学的学科异化等问题。

"道德课堂"是高品质的课堂形态,以学生为主体呈现综合化的课堂生态文化,具有成长性、情感性、文化性和开放性特征。在构建"道德课堂"的过程中出现了不少问题:一是忽略了三维目标的整合。情感、态度、价值观脱离了具体内容和特定情境,机械生硬地直接教给学生,不符合"三新"(新课程、新教材、新高考)倡导的课堂。二是忽略了课堂教学的有效性。课堂时间有限,需实现高效教学,让学生有更多的课后自由时间发展兴趣爱好和特长。

在"三新"背景下,我校进一步明确学科道德教育目标,探索具有道德性的教学模式,积极挖掘学科知识本身的道德内涵。我校地理学科形成了基于地理实践力的道德课堂有效模式,不仅能够高效突破教学重难点,培养学科素养,提升教学效果,在道德育人方面也有突出的优势和价值。

教师基于学科知识构建地理实践课堂,保证了课堂的有效性。同时,学生能够在真实情境中,在过程性和开放性的课堂形态下学习,在潜移默化中提升道德思想境界。

三、课堂形态

1. 呈现课堂主题

课堂主题是指导地理实践活动的基本出发点,要贯穿在地理实践活动的全部流程当中,它的确定需要教师充分研究课程标准,关注核心素养的要求,以提高学生地理知识的储备和地理能力的培养为出发点与落脚点。

2. 展示课堂目标

归纳生活中的一些地理现象并将其确定为不同的主题;分小组探究主题式问题链并讨论具体实践活动过程中的分工;分小组汇报成果并进行教师点评与小组互评。

3. 课时安排

按照学习进度,一个主题一般安排2—5个学时。

4. 课堂基本活动

(1) 收集和呈现学生根据个人的生活体验与观察发现的地理现象。教师可在课前进行指导或引导学生进行分类汇总。

(2) 指导学生形成问题链条

学生尝试对主题活动提出探究过程中需要解决的问题,分小组进行问题设置的汇总,并在教师的指导和引导下,尝试形成问题链,为下一步探究做准备。

(3) 小组讨论具体活动形式与分工

学生对问题进一步明确和细化,结合自身知识储备、实践能力进行有效合作。

(4) 小组汇报成果

学生利用课间、周末及节假日完成实践及整理,可邀请教师参与并指导。活动成果汇报方式多样。

(5) 教师点评与组间互评

关注过程性评价与终结性评价,可设置过程性、终结性评价量表,采取教师点评与组间互评相结合的方式进行。

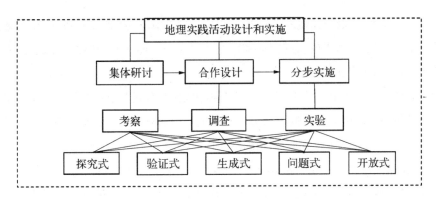

图 16-1 实践活动设计流程图

5.评价标准

参考地理课程标准中关于地理实践力水平的划分。

表 16-1 《普通高中地理课程标准(2017年版2020年修订)》中
关于地理实践力水平的划分

水 平	地 理 实 践 力
水平1	能够进行初步的观察和调查,获取和处理简单信息,有探索问题的兴趣;能够借助他人的帮助使用地理工具,设计和实施地理实践活动,从体验和反思中学习;能够理解和接受不同的想法,有克服困难的勇气并寻找方法。
水平2	能够进行细微观察和调查,获取和处理信息,有探索问题的兴趣;能够与他人合作使用地理工具,设计和实施较复杂的地理实践活动,主动从体验和反思中学习;能够有自己的想法,有克服困难的勇气和方法。
水平3	能够进行分类观察和调查,获取和处理较复杂的信息,主动发现和探索问题;能够与他人合作设计和实施较复杂的地理实践活动,主动从体验和反思中学习;能够有自己的想法,有克服困难的勇气和方法。
水平4	能够进行较系统的观察和调查,获取和处理复杂的信息,主动发现和探索问题;能够独立设计和实施地理实践活动,主动从体验和反思中学习;能够提出有创造性的想法,有克服困难的勇气和方法。

评价环节在充分考虑课标中相关素养水平划分的基础上,采取多样化的形式,如可以采用设置量表的形式,也可以让学生尝试自主命题,还可以由教师呈现具有代表性的练习作为随堂及课后的作业。

四、实践成果

通过上述地理实践活动,教师转变了课程资源观念和教学观念,提高了教师的专业能力和教学水平,形成了更加广域的课程资源观,深化了以学生为中心的理念,教学质量和学科得以更好地发展。在研究和实践过程中,我校地理组成绩进步显著,在各类联考对比中,地理学科稳居各学科前列。教师、学生的研究能力和研究成果质量不断提升,在优质课比赛、省市级经验交流活动、各类比赛中获奖频频。

地理组教师专业得到很大发展,育人方式不断优化,育人能力稳步提升。舒艳玲老师基于地理实践活动成果,设计实施的"问题研究——我的家乡怎样发展"在河南省教育厅关于开展2021年度信息技术与课程融合优质课评选活动中获一等奖;尹战立、吴娟、李月宁老师的地理实践活动报告《家乡畜牧业污染现状调查》获河南省青少年科技创新大赛一等奖;尹战立、吴娟、石利娟老师的地理实践活动报告《耕作土壤垂直剖面观察》获郑州市青少年科技创新大赛一等奖;苏军奇老师获郑州市中小学社会实践活动优秀辅导教师称号;秦龙洋老师的《扎根大地,走向世界——高中地理育人学科创新实践》获省一等奖、《高中地理实践力课程的开发与实践》获郑州市一等奖;等等。

学生的地理实践能力增强,理论联系实际意识增强,地理实践素养提升。学生更加关注家乡的发展,创作多个地理情景剧,完成多项环境教育、野外考察和社会调查活动,形成了一批高质量研究报告,多个学生的成果获省、市级奖励,其中《家乡畜牧业污染的调查》获河南省科技创新大赛一等奖。通过参与一系列的地理实践活动,学生的实践能力与动手能力有了很大提高,对地理学习与研究的兴趣也有了明显提升,特别是直接参与到地理实践活动中的部分学生,反映在学业成绩上,学生的成绩都有了一定程度的进步。

虽然每次考试的难易程度稍有差异,但从名次上反映出这些学生都有了很明显的进步,这大大激发了学生们对于地理实践活动的热情和对地理学科的再认识。

参与者:秦龙洋　周欣欣　李莉　王晓蕾
指导者:赵丽霞(郑州市教育局教学研究室)

案例2　基于科学思维的高中生物模型与建模课堂教学有效形态

郑州市回民高级中学　原艳艳

一、问题的提出

(一) 宏观背景

1. 本课堂形态的研究是新课程标准和核心素养时代发展的必然要求

《普通高中生物学课程标准(2017年版2020年修订)》明确指出生物学课程的宗旨是发展学生的学科核心素养,其中包括科学思维,即运用科学的思维方法认识事物、解决实际问题的思维习惯和能力;运用模型与建模等方法,探讨、阐释生命现象及其规律,审视或论证生物学议题。可见,模型与建模在高中生物学教学中具有其独特的应用价值。

2. 本课堂形态的研究是中学生物教学改变传统教学模式的迫切需求

建模教学是让学生在真实的情境中亲自动手、动脑来完成模型的构建,在构建过程中学习生物学现象和概念,体验科学探究的过程。它强调以学生为主体,重视学生的主动性,真正站在学生的立场,强调学生对新事物的理解和再现能力。建模课堂是学生高效学习的课堂,是真正引导学生深度学习的课堂。

(二) 微观背景

1. 对用模型与建模法发展学生科学思维能力的重视度不够,教学实践很少

现实情况是这种方式会拉长教学时间,课前准备模型材料和教具会增加教师的工作量,因此该课堂教学模式的应用少之又少。具体教学中教师也会依靠模型讲授知识,但只局限于展示模型,没有让学生观察和实验,也没有给学生构建模型的机会,更没有教给学生建模的教学策略,无法真正提升学生的科学思维能力。

2. 部分模型建模的生物教学案例缺乏教学评价这一环节的完善

很多模型与建模的相关教学案例只针对某一种模型建构进行研究,并没有进行针对三种模型方法的系统研究,缺乏教学评价环节和模型与建模的评价体系。

3. 有一定的研究优势和素材准备

我校近几年来一直致力于"教—学—评"一致性的学历案教学实践研究,可以为本课堂模式尤其是评价体系方面,提供理论技术支撑。

4. 亟待解决的问题

表 16-2 亟待解决的问题

研究的主要问题	建模教学评价方向
模型有哪些分类?怎样准备模型材料,制作模型教具?	如何通过基于证据的观课、评课,不断反思和改进建模教学的教学与评价?
在建模教学中如何让学生观察和实践?哪些课例适合学生构建模型?	在建模教学的教学设计中,怎样设计有效的评价任务?
模型与建模的教学步骤和策略包括哪些?	如何把课堂活动与评价任务结合起来?
如何让学生把建模过程与知识点融会贯通?	如何使模型与建模教学评价的方式多样化?
如何通过模型与建模教学提高学生的科学思维能力?	

以上这些问题是我们在模型与建模教学中应深入思考的,应重视对模型和建模的理解,这是研究的价值和意义所在。此课堂模式在教学评价的实践研究中具备重要意义,可以为建模

教学的教学评价提供素材,这也是我们的创新点所在。

基于以上背景,我们提出了探究高中生物建模教学有效形态的研究方向。

二、解决问题的过程与方法

1. 理论学习,更新观念

对模型与建模教学相关理论的学习,促进了在"双新"理念下对教学思想、育人目标的领悟与把握,促进了教育理念和执课方式的转变,从而为此次研究的开展打下坚实的理论基础。

2. 设计调查问卷,掌握教情和学情

针对学生和教师分别设计调查问卷,全方面了解教师和学生对生物课堂上模型教学的了解、评价和期许,并对调查问卷的结果进行分析。

3. 教材中模型建构活动汇总及分析

依据教师和学生问卷调查中反映出的问题与现状,结合深度学习理念,落实科学思维核心素养,结合课标的要求和教材中的具体教学内容,对教材中涉及的所有模型和与建模教学相关的案例进行了梳理和汇总。

4. 课堂实践与案例设计,教学反思,制定多元化评价标准

依据研讨的图表,践行模型与建模教学的理念,分年级进行了一些课例的课堂教学实践,并编制形成对应课例的大单元设计学历案,编写教学设计,撰写教学反思、多元化的模型与建模教学评价。

5. 形成建模教学的一般步骤(教学设计环节)

经过理论——实践——再理论——再实践的循环,形成了建模教学过程的一般教学流程,从而指导后期的模型与建模教学。

6. 组织学生进行生物模型设计活动

三、成果的主要内容

本学科组成员通过查阅学习资料文献,进行教师和学生建模方面的问卷调查,来了解有关建模教学的现状和学情,并在此基础上积极开展课堂实践,对象涵盖高中三个年级,内容包括物理模型、数学模型、概念模型的新授课和复习课教学,形成了典型课例相关的学历案、教学设计、教学反思等有形成果,并经进一步研讨和整理得到如下具有推广价值的成果。

(一)形成建模教学的一般教学流程并总结常见误区

1. 一般流程

经过理论——实践——再理论——再实践的循环,我们认识到在建模教学中,如果仅仅建构模型而忽略评价与修正模型,学生可能无法寻找到自己模糊不清的概念知识点或者未理解

透彻的生物学现象,也不能实现深度学习,不能提升科学思维和科学探究等核心素养。建模教学过程的一般教学流程如图16-2所示。

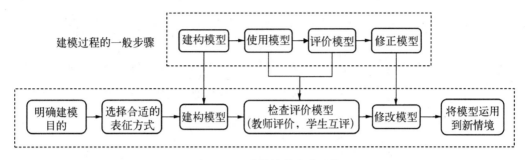

图16-2 建模教学设计环节

在图16-2中,修正模型(修改模型)和将模型运用到新情境中去解决问题,是最容易被教师忽略的。

2.常见误区

(1)选材上,选择的知识内容不适合建模。

(2)认为教师展示模型教具就是建构模型,把模型和建模等同起来。

(3)只关注模型构建活动本身,实物、照片一大堆,却忽略了学生科学思维的提升。

(4)有的地方关注教师多,关注学生少,而有的地方则只关注学生,却忽略了教师。

在课堂实践过程中,可以参考总结出的常见误区,避免无效和负效操作,使课题更加精准、高效,从而使学生能够在有限的时间内得到更多的知识和更多的思维训练。

(二)形成模型与建模教学的评价体系

1.形成了建模教学课堂质量评价标准

基于建模教学的理念和建模教学中容易出现的问题,我们学科组成员经过课堂实践和研讨,制定出建模教学课堂质量评价标准,便于教师基于证据来听评课和分析建模教学活动现状,评估是否达成学习目标及学生的参与度如何等。表16-3是对教学的严谨的科学诊断,也是对学生学习状况和核心素养是否达成的科学诊断。

表16-3 建模教学课堂质量评价标准

一级维度	二级维度	观察点	评 价 等 级 量 化	评价等级
建模教学活动的学生参与度	学生参与	是否有机会自主建模	有非常多的机会自主建模,可自主提出建模相关问题	A
			有少量机会自主建模,有待提高	B
			几乎没有机会自主建模,主要是教师展示	C

续 表

一级维度	二级维度	观察点	评价等级量化	评价等级
建模教学活动的学生参与度	学生参与	是否具有创意,是否有机会表达自己的观点	有非常多的机会发表观点,创造性地参与所有活动	A
			有少量机会发表观点,创造性地参与活动,有待提高	B
			几乎没有机会发表观点,创造性地参与活动	C
建模教学活动中的教师指导	教师指导	是否提出问题、指导建模	提出很多逻辑性强的问题引导学生思考建模活动	A
			提出少量问题引导学生思考建模活动,有待提高	B
			几乎未提出问题引发学生思考建模活动	C
		是否促进建模问题的解决	及时关注所有环节,发现学生建模中的问题,与学生交流解决问题	A
			在活动的某些环节关注学生的建模活动,有待提高	B
			几乎未关注及回应学生在建模活动中出现的问题	C
建模教学活动设计的科学性	活动选题内容	是否适合采用建模教学方式	非常适合采用建模教学策略	A
			基本适合采用建模教学策略	B
			完全不适合采用建模教学策略	C
	活动流程设计	是否具备完整建模环节	包括模型建构、使用、评价和修正完整环节	A
			只包括其中一两个环节,缺少模型评价和修正环节	B
			不涉及学生模型建模,主要是教具演示	C
		活动是否逻辑性强	建模活动循序渐进、环环相扣	A
			建模活动具有一定的连贯性和渐进性,有待提高	B
			建模活动不连贯、步骤混乱	C
		活动是否发展学生科学思维	活动设置调动学生思维全程持续参与	A
			活动设置在某些环节涉及学生思维参与,有待提高	B
			活动仅为了建模而建模,几乎未有思维参与	C

教学评价体系能够很好地对课堂设计的规范和效果进行检验,所以无论在课题设计还是建模活动中,我们都积极主动去应用和推广标准化的评价体系。

2. 制定了自主制作生物模型的评价标准

为了使学生在制作模型中有一定的导向性和激励性,我们设计了自主制作生物模型的评价标准(见表16-4),该标准也能对学生的科学思维能力进行一定的测量和表征。

表16-4 模型制作类活动评价标准

评价对象	评价内容	评价等级			
		A	B	C	D
生物模型	模型将目标设计的知识较为完整地呈现出来				
	模型能辅助分析并帮助解决相关问题				
	模型具有一定的创新性				
	模型融合了生物、物理、化学等多学科知识,内涵丰富				
	模型设计美观,制作精美				
	模型材料易得,成本较低,具有一定的实用性和推广价值				
	模型与所描述的原型相似(相似性)				
	模型比所描述的原型简单,将重难点知识直观化、简明化(简明性)				
	模型设计美观,制作精美(美观性)				
	模型间相互关联,共同组成该章节知识成套的模型(系统性)				
	模型各组分比例恰当,安排合理				
	材料选择合理恰当				

除此之外,我们还根据学生制作的具体模型,设计了动物细胞模型、植物细胞模型、DNA分子结构、减数分裂染色体、DNA变化行为、免疫调节过程等模型的具体评价标准。

四、效果与反思

(一) 效果

1. 激发了学生的学习兴趣,提升了学习积极主动性

建立生物模型是研究和学习生物的有效方法,能帮助学生探索生物知识的内部脉络,对于激发学生学习生物的兴趣,培养学生的创新意识和实践能力具有深远的意义。

调查显示,经过一段时间的课堂活动,学生对于模型建构的热情更高了,对于生物课堂更期待了,具体体现在以下三个方面:学生在课堂上的参与度提升,由被动接受向主动学习转变;

学生在处理作业题目时出现的问题更有针对性和逻辑性,极大地提高了解题能力,可以真正实现事半功倍;学生的职业规划方向更为明确。

2. 学生的科学思维能力得到提升,核心素养得到落实

通过一段时间的实施,我们尝试对学生科学思维提升的外显化行为进行了总结:学生的归纳和概括能力有所提升;学生的论证技能得到提升;学生的模型与建模能力有所提升。

3. 教师的教研能力有所提升,形成良好的教研氛围

高中生物课题组依托"基于科学思维的高中生物模型与建模教学实践研究"这一课题,在学校的大力支持下,搭建课题学习交流平台,接受专家指导,学科组呈现一种积极和谐的教学氛围,一批教师也在课题研究中成长起来,各方面的水平都得到了提升。

4. 取得荣誉

在课堂模式探索与研究过程中,原艳艳等老师立项申报了郑州市科研课题"基于科学思维的高中生物模型与建模教学实践研究",该课题于2022年7月结项,并荣获郑州市科研成果一等奖。

原艳艳老师上的"孟德尔的豌豆杂交实验二"一课,让学生建构概念,动手体验,该课程在2021年11月河南省郑州市举办的基础教育精品课比赛中,荣获了郑州市基础教育精品课一等奖、河南省基础教育精品课一等奖。

原艳艳老师带领学生制作的"生物膜的流动镶嵌模型",在郑州市举办的中小学自制教具和小发明比赛中荣获郑州市二等奖。

白萍老师在郑州市第三教研共同体观摩课上展示"基因在染色体上",这一节课依托模型与建模的教学策略,授课效果良好,获得兄弟学校的一致好评。

(二) 反思

1. 建模教学实践和课时有限之间的矛盾

在实践教学中发现,建模教学的实践开展需要做大量准备工作,课堂上还要推进和引导学生充分体验、思考和讨论、构建等,全部流程走下来,比较耗时,超出了平常教学的规定课时。这就要求教师要处理好教学进度计划和建模教学之间的时间关系,努力去寻求平衡点,既能让学生多构建和体验,又能顺利完成教学任务,在之后的课例研究实践中要提前多思考、多规划。

2. 学生的语言表达能力需进一步提升

在建模教学过程中,有一个很关键的环节是对模型进行评价、表达和交流,这也是整个模型教学中科学思维外显化的重要表现。在教学实践中,最开始一部分学生不能用精练的语言去描述模型的特征和预测未来的事物变化等,经常需要其他的补充和教师引导才能表现得更精彩。这也是学生科学思维不断进步和完善的过程,是学生重要的成长过程。相信经历长期的培养和锻炼,这一环节的能力和素养都能得到进一步的提升,达到目标要求和理想状态。

3. 学生自主构建模型的能力有待提高

在模型制作大赛中,我们发现,活动未能调动全部学生的创作热情和合作精神,可能是学业压力的原因,学生的参与度不够高,对此我们应该进行前期铺垫,让学生对模型制作有充分的认可,提高学生的创作热情和兴趣,期待学生更多的精彩设计。

4. 与本课题相关的评价标准应该继续完善

我们设计的评价标准有时带有一定的主观性,应继续理论和实践结合,与时俱进,写出更完善、反馈性更强的质量评价标准。

参与者:白 萍 唐 宁 朱晓培
指导者:张俊杰(郑州市教育局教学研究室)

案例3 高中美术学科的"研究性"课堂教学有效形态研究
——尚美课堂在美术研究性课堂的应用

郑州市第一〇六高级中学 谭纪萍

学校随着美育特色的发展和学生审美能力的提升,将原有的情景探究模式继续深化,逐步构建具有学校特色的"尚美课堂"。作为唯一一所首批河南省普通高中美术一级学科基地校,我校以发现美、思考美、表达美、创造美为主线与"尚美课堂"进行有机结合。

一、理论基础

学生在课堂中发现美、享受美、创造美;启发思维美、丰富情感美、获得体验美。尚美课堂,自由是美的途径,将课堂的时间、思考的空间、提问的权利、认知的体验还给学生。

我们从下面四个方面阐述"尚美课堂"美术学科的理论基础。

(一)教育观

尚美课堂以生为本,"各美其美,美人之美,美美与共"。

(二)学习观

学生是学习的主人,是发现美、享受美、创造美的主体。

(三)教学观

教学是艺术。艺术美包含两个方面:其一,艺术是对社会生活美的真实反映;其二,艺术凝聚着艺术家主观的审美理想和情感愿望。

教学是道德的,"美是道德的(康德)",因此,追求美的课堂是合乎道的课堂。

(四)美术学科特点

我们要求学生面对真实的创作主题(真实性学习任务),经历并体验"像美术家一样创作"过程中的种种美术活动,这些活动又分别对应着相应的美术核心素养,将美术家的思维和创作过程转化为教与学的过程。

二、指向问题解决

我校根据美术学科"研究性学习"的特性,再结合尚美课堂,设立以下流程。

(一) 课堂行为流程

1. 三美流程

审美探究,美的展示,美的拓展。

2. 三美流程图示

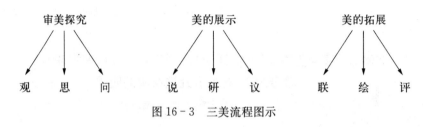

图 16-3 三美流程图示

3. 三美流程详述

表 16-5 三美流程详述

步 骤	行 为	注 解
"自学探究"发现美	观	关注生活,整体观察
	思	梳理条理,思考情境
	问	查摆知识,提出疑难
"合作展示"享受美	说	对学群学,表达观点
	研	技法研究,疑难共探
	议	展示交流,共享成果
"拓展运用"创造美	联	联想迁移,融会贯通
	绘	综合运用,完成作品
	评	自评互评,激励矫正

4. 三美流程有以下几层含义

(1) 课堂学习过程的展开有三大步骤:自学探究、合作展示、拓展运用。

(2) 以上三大步骤以学生为主体,让学生逐步找到艺术家的创作状态。"美"的意义有三:

一是各美其美,尊重学生需求与升学的多样性;二是美人之美,尊重学生学习的独特性;三是美美与共,尊重美学规律,强调自我的思维加工。

(3)每节课至少要产生三种学习行为,即每一个大步骤的三种学习行为中至少产生一种行为,构成课堂学习流程。

(二)新教材课堂推进策略

表 16-6　新教材课堂推进策略

推进阶段	要素 1	要素 2	要素 3
学习目标(起点)	紧扣核心素养	结合学情	具体,可操作,可检测
思维达成(重点)	问题与问题链设计	活动与活动链条	小组合作
思维检测(终点)	即时评价	大单元教学思想	作业反馈

(三)"双减"背景下课堂教学的实施

小组合作"像艺术家一样创作"的学习过程,见图 16-4。

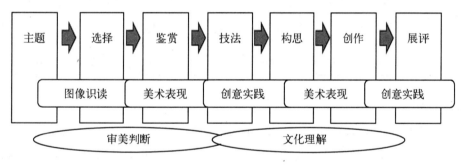

图 16-4　小组合作学习过程

教师要结合学情创设问题情境,生成有意义的创作主题(文化理解);熟悉美术史,了解中西方艺术大师,鉴赏并借鉴经典作品(图像识读、审美判断);学习大师的表现技法(美术表现);搜集创作素材、构思构图(创意实践);寻找媒材与工具动手创作(设计、制作),不断克服困难、修改完善(美术表现、审美判断);最终完成作品、展示交流、学习总结等。逐渐形成相应的美术观念、创造性思维方式和美术表现技能,从而全面发展美术学科核心素养。

三、呈现课堂形态

(一)基本流程

核心素养:

1.图像识读

2. 美术表现

3. 创意实践

4. 审美判断

5. 文化理解

表16-7 课堂基本流程

过程	内容	核心素养	学生行为
主题	根据教师创设的问题情境,生成创作主题	4、5	观、思、研
选择	搜集资料,做比较研究	1、2	思、研、绘
鉴赏	学生能评价自己作品与他人作品	4	观、思、问、说
技法	学习艺术家的表现技法	2	观、研、绘、评
构思	搜集创作素材,构图构思	1、4、5	观、思、问、说、联、绘
创作(1)	动手创作绘画作品	2、3、4	问、研、说、议、联、绘、评
创作(2)	修改与完善作品,做文字记录与图像记录	2、3、4、5	问、研、说、议、联、绘、评
展览	布置展览,完成自评表、互评表,并做出文献展	3、4、5	思、问、说、评

(二) 操作要领

1. 对于美术史的选取要进行筛选,当下的美术发展逻辑以表达艺术家的感受为出发点。

2. 开设绘画通识课程,培养学生的基本表达能力。比如透视课程、素描课程、色彩课程、速写课程。

3. 关注生活,培养学生敏锐的观察力和独特的观察视角。与其他学科进行融合,提高学生的整体素养。

4. 选取艺术家时要结合艺术家的艺术经历,体会艺术家形式语言的不同表达方式。

5. 学生通过艺术作品的转临翻译来培养草图绘制能力。

6. 写下自己的创作感悟、创作思路使作品更丰满。

7. 展览时根据画面情况设计展墙,在互动中体验情感的收获和正向鼓励。

(三) 评价

1. 过程性评价

图像识读、美术表现、创意实践是美术课堂重要的实践环节,学生在活动中能充分享受美。

(1) 在读图过程中,课题组向每个小组成员发放读图记录表。

表 16-8 艺术大师读图记录表

时间：		班级：		小组成员：	
艺术大师			流派		
历史年代					
构图：	造型：		色彩：		
材质：	肌理：		细节：		
艺术特点描述	尺寸、工具、题材				
代表作(可多幅)			局部展示		
照片、视频编号					

(2) 学生搜集材料,建立绘画模型,写出相同点与不同点。

表 16-9 绘画模型记录表

时间：		班级：		小组成员：	
主题(球、柱、方)			画种		
绘画材料特点					
基本形			结构特点		
用笔方式			质感		
模型要素：					
绘画步骤描述：					
模型迁移					
作品贴图编号					

(3) 在上两个阶段结束后,根据主题进行美术创意实践。

表 16-10 构思实践记录表

时间:	班级:	小组成员:	
主题		历史脉络	
表现形式			
思维导图:			
造型:		构图:	
色彩:		图形:	
比例:		节奏:	
黑白稿:		彩稿:	

2. 总结性评价

(1) 在创作结束后,通过画展直观地了解教学实践效果,为后期的循环教学活动提供相应的参考数据。

(2) 学生在教师的指导下整理创作过程和文献报告。

(3) 根据绘画主题,小组合作改造展板,举行主题画展。

四、实践效果(教学成果)

美术"研究性"课堂可总结为学科特点美、行为流程美、特长植入美、见解碰撞美四个方面。

学科特点美:美术学科独特的"研究性"课堂,最终的落脚点在思维。以连贯的学习行为深化思维,培养学生良好的思维品质。

行为流程美:课堂上,学生为主体。学生在课堂上会有"读、思、问、说、议、绘、评"等学习行为,教师以问题或任务引导学生自主学习、自主探究,展现美的行为流程。

特长植入美:将基础学科与美术学科整合,如语文中的情景图、连环画;数学中的思维导图;地理中的地图;外语中的手抄报;思品课的招贴;等等。将特长植入文化课的学习中,发展兴趣,双辅双赢。

见解碰撞美:勤于思考、勇于表达、同伴互助、合作交流、互动中有生成、碰撞中有发展,学生的精彩才是真的精彩。

五、反思

美术学科"研究性"课堂教学形态是基于美术核心素养本位的教学方式,是以学生为主体、教师适时引导的课堂。这不是降低了对教师的素质要求,而是提高了。很多教师在实践的过程中容易回到以前的课堂模式中,因此下一阶段我们在培养教师的专业发展方面的要求是,不仅要在教研上有科研成果,还要在专业研究上具备较高的水准,培养教师具备一定的学术素养。整个课堂教学以主题为先导,确立合适的主题就显得尤为重要,这需要教师不断地提高人文素养,更注重文化研究能力,以及关注情感、态度、价值观的能力。

六、参考文献

[1] 中华人民共和国教育部制定.普通高中美术课程标准(2017年版2020年修订)[M].北京:人民教育出版社,2020.

[2] 田保华.道德课堂:立德树人的区域性探索思考——基于郑州市"道德课堂"建设的十五年实践[J].中国教育学刊,2017(12):93-96.

[3] 奚传绩,尹少淳.普通高中美术课程标准(2017年版2020年修订)解读[M].北京:高等教育出版社,2020.

[4] 王大根.中小学美术教学论[M].南京:南京师范大学出版社,2013.

参与者:刘重隆　曹小艳　郭帅宗　王在辅　谢东梅
指导者:田金良(郑州市教育局教学研究室)

第六部分

道德课堂的实践反思

自2001年至今,课程改革已经进行了20多年的理论建设与实践检验。郑州市教育系统道德课堂理念头脑风暴的洗礼,在每一位教师心中都留下了不可磨灭的印象。道德课堂的理论与实践成果被广泛应用在郑州市各区域,并对全国的课程改革产生了很大影响。经过了20多年的研究和实践,郑州市道德课堂取得了一定的成绩和经验,成为郑州市基础教育改革的一张名片,而随着改革的深化和研究的深入,如何对道德课堂进行反思和提升,成为我们持续努力的方向,从而使道德课堂能够走得更宽、更广。

第十七章 道德课堂实践的基本经验

道德课堂坚持只给理念、不给模式的实践思路，不对微观的课堂教学进行直接干预，不主张确立道德课堂的固定模式，只设立基本的课堂教学"通用原则"和"基本方法"，充分赋予学校和教师课改的自主权，激发具体课改主体的创新热情，进而涌现出一批道德课堂的有效呈现形态。道德课堂倡导各学校基于校情和学情探索具有校本特色的教学模式，呈现出不同的课堂形态，百花齐放却又万变不离其宗——以道德课堂为精神内核。

一、教师是道德课堂实践的真正主体

道德课堂自上而下的践行主要是由教育行政部门、教学研究部门、学校校长及教师来逐步完成的。教育行政部门为区域和学校推行道德课堂提出科学合理的指导思想和保障措施；教学研究部门推进实施；学校校长整体把握本校需求和特色，掌握信息和资源，引导和激励广大教师通力合作，通过教育教学实践努力提高学校教育的质量，逐步建立学校的教育哲学传统和办学特色。

课程改革的本质是文化重建，我国当前基础教育课程改革在文化层面上的内在要求是形成合作探究文化，而教师才是这种文化建设的实际承担者。因此，要想有效推进道德课堂建设，构建德性化、人性化、生命化的课堂，形成尊重、关爱、民主、和谐、利于人之德性生长的课堂文化，教师必须成为课堂文化建设的真正主体，并实现"为道德而教、道德地教和合乎规律地教"。这需要教师在育人意识和精神气质、新课程理念和教育教学规律、课程实施能力以及角色定位方面做好充分准备。

道德课堂为教师提出需要遵循的四项主张、八项教学基本素养、十项行动策略，并取得了良好的效果。

二、校本教研是道德课堂落实的关键环节

在道德课堂的实践历程中，校本教研一直作为关键性的措施影响着道德课堂发展的每一步。2002 年，校本教研出现在教育行政部门正式文件《教育部关于积极推进中小学评价与考试制度改革的通知》中，之后一直被作为课程改革的重要工作持续推进。郑州市 2004—2023 年每年都组织召开全市性的校本教研推进会，及时解决了道德课堂实践中遇到的问题。

校本教研是以问题为依托、以教师自主科研为渠道、以学校为基地的行动研究，对道德课

堂的个性化的诠释起到了至关重要的作用。校本教研有三个基本要素，即实践反思——同伴互助——专业引领，对其如何开展则以"四四五三三"为具体要求。校本教研很好地实现了以教师为主体的道德课堂的建构，在实践中不断提高教师的专业水平，从而促进了道德课堂有效形态的呈现。

三、学科建设是高品质道德课堂的保障

学科建设是推行素质教育，培养全面发展的人才的关键环节，更是校本教研的重要任务。道德课堂既是有道德的课堂，同时也是有效甚至高效的课堂，必须要靠学科建设来保障课堂教学的质量。加强学科建设，提高学科能力，保障学科课程目标达成度的不断提升，是多年来郑州市中小学各学科教师的核心任务之一，道德课堂很好地保障了教学目标达成度的不断提升。

道德课堂作为一种新生事物，还有许多不完善的地方。一方面，要提升校长的课程领导力。校长是教育一线的直接领导者，对于道德课堂的践行有着毋庸置疑的作用，而校长的领导方式多是行政管理，提升校长的课程领导力从而促进教师参与课程发展过程，对于道德课堂的践行能起到事半功倍的效果。另一方面，在道德课堂的践行中，客观的教学评价起着关键性的作用，而现实中在多元评价的实践方面没有科学的模式来推动，这就需要建立保障机制，来保障道德课堂发展的正确方向。我们会不懈努力，既研究理念，又探索实践，让道德课堂这一"合乎道、至于德"的教育生态文明之路载着郑州市的基础教育走向未来。

第十八章 道德课堂的未来发展

一、让学科学习成为高尚的道德生活

人的成长是幸福的,学生的学习生活也应该是幸福的。知识是人类的德性生成的,她决定着学习本身就是一种德性实践活动。教人做人,使人向善,使人向上,是教育的道德标准。道德课堂认为,在课堂上让学生在获得知识、提升能力的过程中,同时获得向善向上的情感体验和心灵感悟,促进学生的思维发展、内心丰盈和精神成长,就是最大的课堂道德。目前,在一些学校、一些教师的课堂上,还不同程度地存在着让学生感到烦躁、疲惫甚至容易产生厌学情绪的现象,究其原因,主要是学科学习活动还没有成为"有道德的生活"。国家的课程方案,是学生健康、幸福成长的"营养套餐",每一门学科课程都有其独特的道德价值并都承载着"育德"的功能。

学科德育的基本理念,是要求所有学科教师都自觉承担德育的责任,而不是将德育视为德育课或德育教师的专属任务——这正是学科教学的本质使然。新课程倡导培育以正确价值观、关键能力和必备品格为要素的核心素养,正确的价值观即是学科教学的德育目标。新课程改革致力于实现知识和道德、教书和育人、教学和教育的统一,使德育回归学科教学的核心地位并成为课堂教学的内在价值追求,而不是学科教师额外的道德义务。

(一) 学科教学内生道德追求

1. 教学以道德为最高和最终目的

教育一直承担着认识自我、净化灵魂、塑造精神、提升智慧、完善个性的使命,而教学自古以来作为教育最主要的形式,其目的也必然是助教育成就其伟业,更何况在古代教学本就与教育同义,中西方古代的教学实质上等同于德育。

对于学校教学的价值问题,赫尔巴特认为,教育的唯一与全部意义可以总结于"道德"这一概念之中。道德,普遍地被认为是人类的最高目的,因此也是教育的最高目的。学校教学在教给人科学知识和实用技能的同时,也应该成为培养学生美德的重要途径。赫尔巴特明确提出了"教育性教学"的概念,为教学设置了伦理的基础,使教学散发道德的光辉,使教学回归成人的终极目的,教学不再是为知识而教学,而是为人而教学,为人成为内心自由的道德立法者而教学。近代学校教育以学生人格完善与发展为目的,教学被视为达成教育目的的手段,道德成了教育的最高目的,且把理智能力的发展看作是道德判断和道德行为的必要基础,从而成就了理性德育。

进入 20 世纪,人的社会性的发展引起各国普遍重视,教育的目的逐渐由近代的人格个性的完善走向社会性人格的完善,人的社会性成为人的完善题中应有之义。人的社会性教育,其实是对人参与现代社会公共生活的意识和行为规范提出了更高的道德要求,而更高层次的道德必然不是仅仅靠传统俗约就可以完成的,它必须依赖于人内在的理性力量,而学科教学正是为培养人的理性提供重要的基础,且教学的一切价值都在于此。

2. 学科课程内存道德价值

学科课程是从各门科学领域中选择部分内容并将其分门别类地组织起来的课程体系,课程内容的选排与组织体现着国家、民族的意志和人民广泛认同的价值观。中小学的每一门课程都有其独特的道德价值。教师依据课程开展教学,学习者不仅能够从中掌握科学知识与技能,更能在潜移默化之中养成相应的精神气质。培根说:"史鉴使人明智,诗歌使人巧慧,数学使人精细,博物使人深沉,伦理之学使人庄重,逻辑与修辞使人善辩。"可谓是"学问变换气质",其德行便油然而生。

学科课程的内容是人类智慧的结晶,也是人类道德理想的载体,每一门学科课程都有其所涉及的道德问题,这些课程的精义却往往只存在于教师的经验世界,很难转化为学生的经验。能不能把"教师实施的课程"转化为"学生经验的课程",在很大程度上取决于学生自主参与课程活动的程度。西方国家的学科教学就特别注重学生的主动参与,同时也不拒绝直接告诉学生科学知识和世俗世界的各种真相,他们更期望通过正、反两方面的对比分析,帮助学生自主形成道德判断与决策能力。在教学中教师要能够真正尊重人的主体性,时刻关注学科课程的育人价值。在我国的学科教学中,且不论各学科课程是否真正具备了本身应有的教育价值,单就教师的教学来看,还是充斥着一些虚假的主体意识、贬低学生能力、忽视学生权利的现象,学科德育效果固然不会理想。

3. 教学作为一种德性实践

20 世纪的后半叶,英美国家开始了富有成效的教学伦理(道德)研究。汉森(D. Hansen)将西方教学道德研究的成果归纳为四点:一是研究表明教学具有内在固有的德性,二是教学同时致力于智力与道德活动,三是教师在课堂上的任何行为都表现出道德意义,四是教师决策、思维、认知的方式都应该从伦理道德方面考虑。

教育学者将麦金太尔(A. C. MacIntyre)的实践概念引入教学,使得教学成为一种能够获取德性的实践。作为德性实践的教学不是坚持道德外求的思路,以外在的道德规范塑造道德的人;而是将教学还原为社会生活,成为师生共同建构的一种有意义的生活。作为德性实践的教学,师生是道德的主体,而不是有待灌输的道德空罐。教学育德不是由外而内地向师生强加某种道德规范,而是师生基于实践主动生成德行品质。

教学既是求真,也是求善的活动。教学中如果没有道德教育,那么它就只是一种没有目的的手段;道德教育如果没有教学,那么它就只是一种失去手段的目的。如果只是一种手段,那么它就极易被外界引诱、利用或诟病。我国的学校教育长期以知识技能的传授为中心,追求教学的工具价值,而忽视课程本身固有的道德价值,疏于学科思想的启迪和人文素养的培育,这导致了创新能力的缺失和精神信仰的严重危机。新课程改革促使课程回归人的生活世界,尊重人全方面的主体地位,重视课程与教学的育人价值。为实现师生生命共同成长,教学作为一种德性实践,需要在教学过程中建立起平等、民主、和谐的师生关系。

(二) 学科德育的困境及其成因

德育的工作专属化和课程化客观上造成了德育工作和非德育工作、德育工作者和非德育工作者的存在,忽视和削弱了学科教师在德育中的地位与作用,暗合了应试教育下一部分教师追求教学的功利价值而放弃道德教育责任的心理需要,以至于普遍出现灌输式、附带式德育等教学与德育貌合神离的现象,学生们缺少道德体验,从而降低了德育实施的有效性。造成上述现象的原因还存在于另外一个值得关注的方面,即德育渗透说带来的歧义和误区。

德育渗透说是在中华人民共和国成立初期德育政治化、德育工作意识,以及独特的历史环境和语言环境等综合因素的作用下产生的德育认识。"渗"和"透"组合在一起,在用法上形成了两种不同的认识:一是形容词性的,即学科德育是渗透式的。二是动词性的,即在学科教学中渗透德育。因此,多数学科教师便在教学中寻找、挖掘或创造德育资源和条件,研究渗透方法,绞尽脑汁追求德育实效,结果却普遍产生临时性的、随机性的、形式化的德育,割裂了教学与德育之间的内在联系,将德育视作教学之外的事物,不知道教学的过程就是德育的过程。

德育渗透说的弊端已经被许多论者提及,因此有论者提出"体现""彰显"等说法,意识到要从学科教学本身寻找德育困境的出路。杜威曾经谈到,教师的教学,每时每刻都在对学生进行道德教育。在道德教育方面存在问题,并不是因为没有专门开设道德课程,而是因为整个学校的气氛和理想、教师品格的影响、教师的教学方法和教材没有使知识与道德教育有机地结合起来。

理性地审视学科教学与道德教育会清晰地发现两者均存在本源性的问题:道德教育的内涵与外延模糊,目标不清、主体错位;道德教育只重视知识学习而缺乏真实的生活体验。学科教学只重视知识记忆与思维训练,学生无法获得合作的乐趣、成长的激情以及知识的真善美;学科教学没有培养起人对知识和理性的谦卑与崇拜之心,没有培养起人对科学和自然的感恩与敬畏之心。

因此,当前我国学科德育的问题是教学与德育的二分,其根源在于道德"外求"的思路:道德外在于教学,规范外在于学生,教学没有自身的德性,教学沦为达成外在道德规范的工具,教学遏制了人的道德发展。根本出路在于把教学还原为社会生活,突出教学活动的内在道德,让师生在教学活动中成德达才,获得最自然、最有力、特有的德性品质,即实现道德"内求"。孟子说:"行有不得者,皆反求诸己。"学科德育的问题,不是外在、外部"渗透"的问题,而是内在、自身、本身自然而然呈现的问题,是"溢出"的问题,是"洋溢、滋润"的问题。作为学科教师,应该更新教学理念，强化育人意识，真正走进课程，多在教学"本身"上下功夫。

（三）学科德育的出路

学科德育不是为学科教学外穿一件"道德"的袈裟，学科教学自身就具有并且应当表现出伦理和道德的特质。学科德育要回归正途，必须要扭转外求道德的思路，转而在学科教学内部寻找出路，学科德育不应成为关于"学科教学中如何实施德育"或"德育如何与学科教学相融合"的问题，而是学科教学如何实现育人价值的问题。

新课程倡导培育正确的价值观念决定了教学的过程便是参与道德生活的过程，教和学的体验也是对"善"的体验。新课程背景下学科德育的出路，即是在学科教学中让学生经历正确的过程与方法，获得必要的知识与技能，并发挥其道德影响，最终形成课程蕴含的情感、态度与价值观。中小学各学科教学中实施的德育基本要求已经蕴藏在各科知识之中，只要学科教师以正确的过程和方法呈现出来达成目标即可，不需要刻意地在知识学习的同时额外添加育人环节。

1. 提高教师学科育人意识和"德能"

每一门学科都有独特的育人价值。各科教学道德效力的发挥程度因人而异，取决于教师对学科内容育人价值的洞见与敏感程度，以及设计和实施教学的智慧。

首先，学科教师要提升育人意识。教师要意识到各科知识的学习只是人类达成善的目的的基础和前提，发现和培养人自身内在的德行才是教学的最终目标。其次，教师需要提升"德能"。其一是教师个体选择道德价值、实践道德价值的能力，其二是教师应对教育教学中道德伦理问题的基本能力，即道德教育能力。在道德"外求"思路的学科教学中，教师充当的只是外在道德规范的传达者，学生则是外在道德规范的接受者和执行者，然而在"内求"道德的教学思路下，各科教师应该成为学生德性成长的引领者，要让学生既成为知识学习的主体，也成为道德主体，参与教学中伦理规范的讨论与制定。教师德能的提升旨在为教学营造一种道德生活的气氛做准备。各科教师要能够敏感觉知课程内容中真正有效用的道德价值，认真思考知识通往"善"的境界的可能路径，并能够清晰引领学生从获取知识与技能的过程和方法中通达背后的思想、情感以及价值观。"德能"应该成为各学科教师的专业素养，这种素养的形成以学科素养的提升为基础，并在教学实践的道德自觉以及对道德问题和教学伦理问题的研究与反思中实现。

2. 按照学科育人价值实现的需要开展教学设计

叶澜教授在其《重建课堂教学价值观》一文中曾指出："为实现拓展现有学科的育人价值，新基础教育要求教师在作教学设计时，首先要认真地分析本学科对于学生而言独特的发展价值，而不是首先把握这节课教学的知识重点与难点。"崔允漷教授在其《追问"学生学会了什么"——兼论三维目标》一文中详细论述了教学目标的叙写，即一是知识与技能目标，二是过程与方法目标，三是意义与价值目标。此分类的意义在于，让教师认识到知识与技能目标只是学生意义形成的"载体"或"入门线",不同的过程与方法会导致不同的意义。因此,以"情感、态度、价值观"为主设计教学目标,能够达成两个目的:一是时刻提醒教师教学的道德追求,二是使知识与技能、过程与方法更具育人效力。

学科教学对德育的直接作用表现在,通过系统的文化知识的学习可以有效提高学生的理性能力,这可为道德教育提供必要的工具性前提。苏霍姆林斯基说,学生在学校学习的自然、社会、思维方面的知识,是世界观和正确的道德行为的基础。而这种理性能力则来源于对各学科特有的思想和方法的掌握。学科思想是学科的灵魂和精髓,体现了人们对学科本质、特征和价值等方面的基本认识,学科思想通过学科方法具体表现出来。学科思想方法是对学科起着决定性作用的基本思想方法,它不仅能够反映学科知识本质、揭示学科学习规律、阐明学科思维特点,还可以促进分支学科发展,提升学生的学科综合素养。学科思想和方法反映了学科特有的科学价值与人文价值,它是教师实现学科育人价值的核心资源,也是达成学科德育目标的唯一捷径。对学科思想和方法的深度领会与掌握能够真正培养起学生相应的思维和气质,有了这种理性思维和气质,学生将会在实际生活中实现认知、情感和态度的迁移并采取行动。因此,学科教学要以学科思想和方法为主线构建教学内容或课程体系,将分散的学科知识点统整为完整的知识结构,使学生在掌握知识点的过程中逐步掌握学科方法,进而认同和理解学科思想,再在教师创设的生活化的教育情境中亲身体验与实践之后,最终内化形成自身的情感、态度与价值观,形成核心素养。

3. 实现"生活化"的教学,达成学科德育目标

实现"生活化"的教学,可以从两层意义上理解:一是"意义"层面,即"教和学是教师和学生的一种存在方式,教学世界也是教师和学生在自己的生命活动中创造着有意义的'生活世界'"。实现"生活化"的教学,使教师不再把教学看作是一种谋生的手段,而是人生一段丰富的生活体验,教师可以从自身的成长和与学生们的感情交流中获得生活的意义,从而对工作充满激情与责任;学生也不再把分数作为学习的目的,而是主动投入到有意义生活的建构之中,感受学校生活的乐趣,进而实现自主的成长与发展。处于"生活化"教学中的师生关系是超功利的、超知识性的、超越主客认识的关系。在这种生活中,教师和学生会分别以内在体验的方式和民主、平等的方式参与教学,从而真正实现"我与你"的共融。只有实现"生活化"的教学,教师才能够自觉地关注学生的精神成长,才会在教学中不断追求道德的方式和目的。

二是"事实"层面,即教师应更多地创设生活化的教育情境和课程活动,使学生尽量能够在实际生活境遇中感受学科知识的价值及其中蕴藏的人性光辉(因为一切科学知识都发端于人性,并经历社会道德伦理的考量),获得学科思想的理解与应用,从而主动参与道德生活的实践,实现道德问题的解决。生活化的教学更加注重学生面对现实问题时的理解、判断、反思与解决,更加注重师生之间的平等对话,更加关注学科知识在实际生活中的应用和在个体道德实践方面的价值体现。"每个学科对学生的发展价值,除一个领域的知识以外,从更深的层次看,

至少还可以为学生认识、阐述、感受、体悟、改变这个自己生活在其中并与其不断互动着的、丰富多彩的世界(包括自然、社会、人、生活、职业、家庭、自我、他人、群体、实践、交往、反思、学习、探究、创造,等等)和形成、实现自己的意愿,提供不同的路径和独特的视角,发现的方法和思维的策略,特有的运算符号和逻辑;提供一种唯有在这个学科的学习中才可能获得的经历和体验;提升独特的学科美的发现、欣赏和表达能力。惟有如此,学生的精神世界的发展才能从不同的学科教学中获得多方面的滋养,在发展对外部世界的感受、体验、认识、欣赏、改变、创造能力的同时,不断丰富和完善自己的生命世界,体验丰富的学习人生,满足生命的成长需要。"①因此,教学必须要走向"生活化",也只有在生活的训练场中,才能真正培养起学生内在的道德理性、道德情感与道德行为,才能最终达成学科德育目标,教学才能全面成就其价值。

一门学科就是一种世界观,学科学习就是要让学生学会用学科的眼光去观世界。如今的学科教学早已不是"双基"(基本知识、基本技能)教学的1.0时代了,而是已经超越三维目标教学的2.0时代,迈上了培育核心素养的3.0新时代。讲好学科故事,培育核心素养,落实立德树人的根本任务,发展素质教育,是课堂改革的核心所在。

道德课堂,不仅仅是研究解决课堂教学中的育德问题,也不仅仅是研究解决课堂教学行为的有效问题;而是研究解决课堂教学的德性问题、人性问题,研究解决课堂教学的目的、行为和结果的一致性问题。

道德课堂倡导教师以新课程的理念,从道德自觉的高度,来重新审视自己的课堂,审视那些不道德的教育现象,努力加以改进和完善;在学科教学过程中,秉承道德的准则,使用"合道德"的方式,使自己在道德的环境中进行有道德的教学,在充满尊重、关爱、民主、和谐的环境中,在身心愉悦、人格健康、精神自由、生命自主的学习过程中,使学生体验到学习的愉快和幸福,获得学业进步和身心全面发展。使课堂教学的过程成为学生高尚的道德生活和丰富的人生体验,使课堂学习的过程和结果都符合道德要求,使学科知识增长的过程同时成为学生人格健全和发展的过程,让课堂生活充满生命的活力。

概而言之,我们的课堂学习既要合乎道德的要求,体现道德的关怀,又要孕育道德的心灵,洋溢道德的光辉。

二、让创造成为学习生活的主旋律

创造,是一个人来到这个世界的唯一目的,其他一切皆为准备。教育本身就是一种创造,通过教师的创造性劳动,培养学生的创造性个性,为学生创造美好未来的"准备"提供服务与帮助。华南师范大学皇甫全教授认为,新世纪"学习"学术发展的两项重要成果"学习中心"与"知识创造",彰显的是课程改革的两大新理念;从"学生中心"到"学习中心",抽象化的学生变成了

---

① 叶澜.重建课堂教学价值观[J].校长阅刊,2006(08):32-36.

真正的学生,学习活动中的学生,才是真正的学生;知识创造的理念认为,学生学习的过程,就是一个知识创造的过程。从北京师范大学伍新春教授对"学习"一词真义的探源中可以得知,真正的"学习",既有"学"又有"习",既包含了"学以致用"又包含有"做中学",本身就体现了"基于问题的学习""研究性学习"等新时代的特点和要求;不仅包含了经验的获得,也包含了经验的使用;不仅强调了学习的方式,也强调了学习的动机。

今天的学习方式,就是明天的生存方式。我们今天培养的学生,将来要从事现在还不存在的工作,使用如今还没有发明出来的技术,解决目前我们全然不知道的问题。学生学习方式的变革,是新一轮基础教育课程改革的显著特征。从教师教的角度研究变革教的方式,走向从学生学的角度研究变革学的方式,这是一个质的飞跃。学生学习的书本知识是人类已有的知识,是前人获得的经验,对学生来说是间接经验;学生在真实的生活情境中基于问题的探究性学习获得的经验是直接经验,是自己的经验。学生的学习成长,既需要间接经验,更需要直接经验。因此,对"学习主体""学习对象""学习方式""学习场所""学习动机"的考察和研究,应该成为每一个教师专业发展最核心的功课,让学生学习人类已有知识的过程成为创造这些知识的过程,让做中学、用中学、研中学、创中学成为素养生长新的"学道"。

让创造成为学生学习生活的主旋律,应该把握几个关键音符。

(一) 营造开放课堂,促进实现学生的开放性生长

开放教育,是 21 世纪以来世界教育改革的趋势之一,已经成为现代教育的一个基本特征。作为学校教育基本途径和主要形式的中小学校课堂教学的开放与发展,同样成为了新课程改革的重要实践课题。

1. 开放课堂的本质内涵

开放课堂,是一种基于开放教育理念的课堂教学的基本形态,是优化课堂教学内外关系、提升教学的持续生成与学生的可持续发展的可能性和多样性及层次水平的教学思想与实践,是面向生活、面向社会、面向科学、面向历史、面向未来、面向自身的人的发展的教学思想与实践,是一种突出学生主体、创设学习环境、丰富教育资源、拓展教学空间、主动探索学习的课堂学习生态。

开放课堂,旨在充分重视人性,尊重个性,给予学生更多自由,让他们在变化的空间和有丰富资源的学习情境中自主探索、寻求知识。从教学内容看,意味着中小学教学由书本世界向生活世界的回归;从教学过程看,中小学学生是开放性的、创造性的存在,中小学教育不应该用僵化的形式作用于学生,否则就会限定和束缚学生的自由发展。①

开放课堂,改革了课堂教学"教室唯一、教材为主、教师主体"的封闭式教学模式,使课堂走向社会、内容走向开放、学生主动探索,实现"传授—接受"教学模式向"问题—探究"教学模式

---

① 陈迪夫.简论开放课堂教学的特征与意义[J].湖南科技学院学报,2015,36(11):122-124.

的转变,有利于培养学生创新思维,促进学生个性发展。①

开放课堂的教学,表现为开放的教学观念、开放的教学课程、开放的教学时空、开放的教学方式、开放的教学评价等;表现为以学生为中心,运用多样化的教学方法、手段和途径,取消和突破各种对课堂教学与学生学习的限制和障碍,实施个性化、个别化教学。在开放理念的指导下,课堂教学目标紧扣以"正确价值观、关键能力和必备品格"为要素的核心素养,因材施教;课堂教学环境,既有"时空、设施"的物质环境,更有"师生关系、生生关系"的人际环境,还有"校风、班风、教风、学风"所表现出的文化环境等;教学内容凸显学科之间的知识整合,学生可以自主选修课程;教学方式倡导教师协同教学与个别化指导,学生个性化学习与合作学习;教育评价以发展性评价为基本原则。开放课堂不是教师单方面表演的舞台,而是师生互动和交流的场所;不是学生训练的场所,而是引导学生发展的平台;不只是传授知识的平台,更是探究知识和展现智慧的福地。②

2. 开放课堂教学的特征

开放课堂教学能充分发挥人的主体性。所谓主体性,是指人在实践活动中表现出来的能力、作用、地位等的特性。对于人的主体规定性,马克思主义认为其主要是指主客体之间人的主体能动性、自主性和自为性,以及主体与主体之间的交往。教学中的人是主体。教学应该是人的主体性不断生成、不断提升的过程,是人的主体权利和地位出场、积淀、彰显和超越的过程。③ 教学中人作为主体的发展,是开放教学发展的核心指标。开放课堂的教学高扬人的主体性,突出师生在教学活动中的主体地位;既凸显学生的主体性,即学生的能动性、自主性、自为性和创新性,同时也体现教师的主体性和主导作用,并重视主体与主体之间交往的主体间性作用的发挥,形成师生和谐共生(互依、互惠、协同与合作)的教学共同体。④

在开放课堂的教学中,教师和学生以平等关系相互对待,人人享有平等的权利。师生互相理解、互相尊重,师生间的民主、和谐,是开放教学突出人的主体性的基础,更是开放课堂教学发展的一种目标和内在追求。在享有平等民主的教学氛围中,师生的主体性会不断地得到提升、发展和充分发挥。开放课堂中师生关系的民主性,使师生处于一种平等、宽松、和谐的交流与互动中,有利于学生思想的解放和思维的开放,有利于培养学生的创新精神和实践能力。开放课堂教学过程的合作性,使合作学习成为开放课堂教学的重要组成部分,倡导学生主动参与、乐于探究、勤于动手,注重有目的、有计划、有组织的学生合作学习,意味着学生的学习过程其实就是一种合作的过程,学生的学习方式也是一种合作的方式。

开放课堂教学时空的广延性,将教学内容和教学组织形式延伸,使课堂教学具有弹性化的

---

① 陈迪夫.简论开放课堂教学的特征与意义[J].湖南科技学院学报,2015,36(11):122-124.
② 陈迪夫.简论开放课堂教学的特征与意义[J].湖南科技学院学报,2015,36(11):122-124.
③ 李定仁,徐继存. 教学论研究二十年[M].北京:人民教育出版社,2001:93-120.
④ 赵岩. 重新理解开放教学的本质、特征与价值[J].天津市教科院学报,2016(01):77-79.

组织形式和灵活多样的教学方法,充分利用社会资源,组织丰富多样的教学活动,对于调动学生的参与热情,培养学生的实践能力,具有不可替代的作用。①

开放课堂的生成性,使教学成为一种生成性的存在,"动态生成"的课堂教学成为教学常态。"生成性思维"已逐渐成为当今教学改革的重要思维方式,教学中人的存在与发展,随时都处于动态生成之中。开放教学中师生在交往的基础上,形成教与学相依而存、相辅相成的关系。只有教与学形成这样的关系,才会产生特定的教育性交往,才能达到教与学的相互作用和统一。如此良性循环,最终可使教学走向更高水平、更高境界而得以可持续发展,同时亦可使学生获得整体的、可持续的发展。② 在开放课堂教学中,教师积极利用自身在教育生活之中、在与学生之间的教学和日常交往之中的最有价值的资源,同时注重自身在事业群体中的主体性的张扬,在与同行的合作中自觉地、有选择性地获取自身的成长素材,并不断体验、反思和创生自身的教育专业理论知识,即不断地更新教育教学理念,不断地构建知识结构,不断地提升教育能力。这是一种生成性的成长,以生成的方式成长的教师不仅可以实现自身的专业化,更为其今后的事业发展奠定了坚实的基础,使教师职业生涯得以持续发展。

3. 开放课堂教学促进学生成为知识的建构者

开放课堂教学有利于教学本身的发展,即促进教学的一体化生成与可持续发展。教学的开放性最终指向的是人,是学生的开放性成长。开放课堂教学的目的在于通过开放教学,促进开放的人的培养,促进人的、学生的文化生成和持续发展。开放课堂教学突出学生的主体地位,张扬学生的个性,关注学生潜能的挖掘,重视学生自主性、创新性的培养。开放课堂教学使"教"为"学"服务,使学生积极参与教学并成为知识的建构者,使每个学生都获有成功的机会和体验成功的喜悦,使学生通过知识的学习,涵养德行,发展智能,陶冶美感,实现自我的开放性生长,实现全面发展。③

教学是文化的基因,是一种活的纽带,联结着文化发展的历史、现在和未来。教学是文化生成的一种机制,是文化发展或文化延续的最基本的、最有效的途径,是不断促进学生的文化生成和持续发展的过程。④ 开放课堂教学,就是要在开放的视界、关系和活动状态中,追求教学自身的、整体的和可持续的生成与发展,促进学生创新精神、实践能力和综合素质提升,培养具有开放心态、国际视野,适应时代和未来社会发展的开放性的人。

(二) 生成性教学,促进学生的主动学习与知识创造

课堂教学的生成性是新课程倡导的一个重要理念。课堂教学如果失去了它的生成性,那么课堂也就失去了它的生机和活力。随着课程改革的深入推进,"生成""动态生成"和"生成性

---

① 陈迪夫.简论开放课堂教学的特征与意义[J].湖南科技学院学报,2015,36(11):122—124.
② 赵岩.重新理解开放教学的本质、特征与价值[J].天津市教科院学报,2016,26(01):77-79.
③ 赵岩.重新理解开放教学的本质、特征与价值[J].天津市教科院学报,2016,26(01):77-79.
④ 赵岩.重新理解开放教学的本质、特征与价值[J].天津市教科院学报,2016,26(01):77-79.

教学"等一系列概念,从理念到实践,已经越来越多地影响教师的课堂教学行为,规范、改善和提升着教师的教学实践。

1. 生成性思维是当今时代的主导思维方式

生成性思维是当代教学论研究的思维走向。生成性思维是当今的主导思维方式,是一种认为事物及其本质是在其发展过程中生成的而不是在发展之前就存在的思维模式。作为一种思维方式,它具有以下特征:(1)对过程的关注甚于对结果的关注。它不仅关注事物是什么样的,更关注事物为何是这样的,它实际上是在解释事物运行演化的机制。(2)对差异的关注甚于对同一的关注。由于生成性思维追求的是过程性的存在,同一事物在不同的阶段必有不同的表现,不同的事物就更不用说了。这样,不同的事物就不会只以一种方式存在,而是以各种不同的方式存在。(3)对关系的关注甚于对实体的关注。实体是一种静态的、孤立性的存在,关系是一种动态的、联系性的存在,生成显然关注的是后者。(4)对创造的关注甚于对规律的关注。预成性思维关注的是规律的发现与运行,它不允许事物在发展过程中出现意外;而生成性思维则认为,事物不存在恒定不变的规律,事物的发展具有一定的随机性,这种随机性使事物的进化有了可能,也为人的创造性的发挥提供了前提。(5)对歧态的关注甚于对正态的关注。生成性思维关注的过程不是一般的、抽象的过程,而是具体的、实在的过程。在事物的具体发展过程中,经常会有超乎预设的歧态出现。生成性思维不仅不将歧态视为危害,而且还将之视为必然,并认为歧态为事物的多元化发展留下了广阔的空间。

生成性教学是在生成性思维视域下,教师根据课堂中的互动状态及时调整教学思路和教学行为的一种教学形态。生成性教学是一种需要规则但在适当的时候又敢于放弃规则的教学;是一种遵循规律但又不局限于规律的教学;是一种关注学生也关注教师的教学。其主要旨意在于通过充分发挥教师在教学过程中的能动性、创造性让学生获得生动活泼的个性发展,它具有非线性、具体性、多元性、差异性、互动性、突现性和创造性等特征。

2. 生成性教学过程是学生的主动学习和知识建构的过程

生成性教学关注表现性目标。生成性教学在促进"教学性目标"达成过程中关注并促使"表现性目标"凸显出来,强调学生与情境的互动,强调学生在学习过程中对新的智力工具的发明,强调创造性地解决问题的思路与方法,强调学生在学习中个性化的表现和个人意义的获得。[①]

生成性教学关注具体的教学过程。它认为教学的核心不是目标的达成而是学生的发展,学生的发展是在具体教学过程中实现的。教学是一种过程性存在,教学过程决定教学的性质与结果,教学对学生而言是一种特殊的生活过程,学生过什么样的生活就会获得什么样的发展。教学过程具有丰富的价值属性,它为教师的教学创造留下了空间与可能,因为生成的核心

---

① 罗祖兵.生成性教学及其基本理念[J].课程·教材·教法,2006,26(10):28-33.

就是创造,过程即创造。生成性教学对教学过程的关注,实际上是对教学过程中创造的关注,是对学生发展的关注。①

生成性教学关注教学事件。这里的教学事件,主要是指在教学过程中出现的事前没有预料到的生成性事件,也就是教学偶发事件。这种教学事件虽得不到传统教学规律的支持,但它在教学过程中确实存在着,有的甚至具有破坏性。若用著名的教育人类学家博尔诺夫(O. F. Bollnow)的"非连续性教育思想"来看,教育中的这种偶然(非连续性)事件具有必然的性质,教育的任务不是避免这种偶然事件,而是充分发挥它的教育教学价值。在生成性教学中,教师要不断地留意学生的变化与反应,捕捉偶发的教育契机与智慧火花,并对学生的反应作出积极的回应。在生成性教学中,教师对学生发展的影响比他预料的要多,学生也会以无法预料的方式触动教师,这会促使教师采取进一步的教育性行动而不是去完成事先规定的行动。②

生成性教学关注互动性的教学方法。生活原本是一个互动的领域,教学过程作为一种特殊的生活过程或生活形式,具有互动性是其必然。互动,既是生成性教学的表现,更是生成性教学的动因;有互动,才有新的信息、资源的生成。互动,创造了一种新型的师生关系。生成性教学中的"我—你"互动关系,不仅是教学的方法和手段,还是教学的目的,师生"以一种相互交融的方式相聚"。运用互动性的教学方法时,是以对话的理念来统领的。对话,既是一种教学方法,又是互动性教学的思想基础,更多的是视野的拓展、精神的会通、人格的交流。对话是一种精神,它以尊重个人主体性为前提,以达到个性化的创造性理解为目的,它要求对话者应有民主开放的姿态、深厚宽广的胸怀以及独立多元的价值观。

生成性教学关注教学过程的附加价值。教学的附加价值主要是指教学中意外事件给学生带来的发展价值。生成性教学将教学意外当作必然,所以对意外事件的价值的利用也理所当然。教学中的意外事件价值相当于教育人类学中的非连续性事件的价值,"对人的一生具有决定性的意义"。由教学的意外事件带来的价值便是教学的附加价值,之所以是"附加"的,一是因为它是由意外事件带来的,二是因为它处在传统教学的价值规划之外。虽称其为"附加价值",其功效未必比"正规价值"小。所以,生成性教学不仅关注正规价值,更应该关注和开发教学的附加价值。③

3. 生成性教学策略实施,促进师生的共同成长

生成性教学是一种动态的、多样化的、提升性的教学。生成性教学与预设式教学的被动接受相比,更强调学习的自主构建;与预设式教学的静态预设式相比,生成性教学更强调教学的动态生成。"生成性"是对"接受性"的一种批判和超越,是对"预设式"的补充和修正。生成性教学的提出,是对教学认识深化的结果,同时也为现代教学设计提供了新的视角。生成性教学

---

① 罗祖兵.生成性教学及其基本理念[J].课程·教材·教法,2006,26(10):28-33.
② 罗祖兵.生成性教学及其基本理念[J].课程·教材·教法,2006,26(10):28-33.
③ 罗祖兵.生成性教学及其基本理念[J].课程·教材·教法,2006,26(10):28-33.

要求教师从根本上转变教学思想观念和教学行为方式,正确地认识预设与生成的关系,以灵动的教育机智随时调整教学进程和教学策略,引领学生发现问题、思考解决问题,促使以正确价值观、关键能力和必备品格为要素的核心素养全方位地生成,同时找到自我完善的有效途径,促使生成价值的最大化。

突出学生的主体地位。生成性教学以学生的主体参与为前提条件,只有通过学习主体的积极参与,才能真正达到有效生成的目的。从知识学习的角度来看,对于个体而言,所谓学习知识并不是单纯地获得现成的结论,不经历真正的经验生长和知识建构过程,是不能将公共知识"转化"为个体知识的。生成性教学认为没有参与就没有对话、没有对话就没有知识的建构与生成;要求学生参与教学的全过程,提倡学生在积极解决问题中学习,强调学生在学习过程中的情感投入,让学生从学习中获得积极的情感体验和心灵感悟,真正实现学生的发展。

营造交往与对话的教学氛围。生成性教学是师生交往和共同发展的互动过程,没有交往与对话就没有生成性教学。生成的动力来源于师生间以及生生间的交往互动,教学即交往,交往是教学过程的本质特征。真正的"教师"不是教师,而是学习的群体与环境。现代教学理论将教学活动描述为"一种思想、观念不断碰撞,精神、情感不断交流,理想、信念不断生成的过程"。互动对话是教学生成的生态条件,只有师生之间相互尊重、相互信任、平等对话交流,实现知识同步、思维共振、情感共鸣,并营造一种为学生所接纳的、宽松合作的、开放的、能充分发挥学生主体性的教学氛围,生成性教学才能得以实现。

展现教师的教学智慧。生成性教学视域下,教学具有一定的不可预见性。在教学的具体情景中,总会有一些突然出现的、非连续性的事情,无论如何都不能把这些事件纯粹地视为外来干扰。相反,这些事件具有重要的积极作用,如果深入研究这些事件的各个方面,会发现它们对学生的一生具有决定性的意义。生成性教学要求教师能将生成性课程事件巧妙地转化为有价值的课程资源,要具有敏锐感受、准确判断生成和变动过程中可能出现的新情势与新问题的能力;具有把握教育时机、转化教育矛盾和冲突的机智;具有根据对象实际和面临的情境及时作出决策和选择、调节教育行为的魅力。简言之,及时捕捉和充分利用生成性课程事件,需要教师具有高超的教学智慧。教师的教学智慧主要来源于教师在实践中不断反思和总结、个体经验的积累、自我实现的愿景、为学生发展的教育初心。

(三)深度学习,让学生成长为未来社会实践的主人

信息时代,每个学生都必须学会对信息作出独立的判断和选择。如果我们的教学还只是定位于"传递",主要以死记硬背为手段的表层学习,或它的反面——只强调探究形式而无探究精神的学习形式,不仅没有体现教学活动全部的内涵与意义,而且很大程度上片面化了教师、学生的角色与地位,更弱化了知识本应有的意义与价值,降低了教学活动本应有的地位,那么这种教学是十分有害的。作为教师应该主动地回应时代的挑战,遵循教学规律,从"知识的拥有者和传递者"的传统旧观念中走出来,真正落实学生学习的主体地位,使学生从"浅表学习"

走向"深度学习",让学生在学习活动中模拟性地"参与"人类社会实践,这不仅有助于学生承继人类的认识成果,而且有助于学生在这个过程中感受、体验人类认识过程中的思想的、行为的、判断力的精华,成长为时代的"思考者和实践者",具备自主发展的意识与能力,形成有助于未来发展的核心素养。

1. 深度学习,是培育核心素养的基本途径

深度学习的理论不是某一流派的理论演绎,而是历史上优秀教育理论成果及优秀教学实践经验的汇聚与提炼,是对学生学习与发展的一般道路的现实探讨。所谓深度学习,是指在教师的引领下,学生围绕着具有挑战性的学习主题,全身心积极参与、体验成功、获得发展的有意义的学习过程。在这个过程中,学生掌握学科的核心知识,理解学习的过程,把握学科的本质及思想方法,形成积极的内在学习动机、高级的社会性情感、积极的态度、正确的价值观,成为既具独立性、批判性、创造性,又有合作精神、扎实基础的优秀学习者,成为未来社会历史实践的主人。① 教师的任何教学活动,都需要处理好教师、学生、知识等核心要素间的关系。深度学习处理教学活动各要素间关系具体体现在以下五个方面,这五个方面即是深度学习的五个特征。

(1) 联想与结构,即经验与知识的相互转化。"联想与结构",既指学生学习方式的样态,也指这样的学习方式所处理的学习内容。作为学习方式的样态,要处理的是外在知识与学生经验之间的转化问题。通过调动以往的经验来参与当下的学习,将当下的学习内容与已有的经验建立起结构性的关联,从而使知识转化为与学生个体有关联的、能够操作和思考的内容。"联想与结构"需要并发展着学生的记忆、理解、关联能力以及系统化的思维与结构能力。作为学习方式所处理的学习内容,是在结构系统中的知识,是能够说明一种知识也能被另一种知识所说明的知识。学生所学的知识是有逻辑、有体系、有结构的知识;学生是在教师的引导下,根据当前的学习活动去联想、调动、激活以往的经验、知识,以融会贯通的方式对学习内容进行组织,从而建构出自己的知识结构。②

(2) 活动与体验,即学生的学习机制。"活动与体验"是深度学习的核心特征,回答的是学生的学习机制问题。"活动"是指以学生为主体的主动活动,"体验"是指学生作为个体全身心投入活动时的内在体验。学生的学习,不是被动地去容纳外在知识的灌输,也不是从实践开始的盲目试误,而是通过主动的、有目的的活动,对人类已有认识成果及其过程的学习与体验,它需要学生全身心地投入,真正成为学习活动的主体。通过教师对学习内容及学生的学习过程与方式进行精心设计,学生便能够简约地、模拟地"经历"人类发现(发明)知识的关键环节,通过自己的活动将符号化的知识"打开",将静态的知识"激活",全身心地体验知识本身蕴含的丰

---

① 郭华.深度学习及其意义[J].课程·教材·教法,2016,36(11):25-32.
② 刘月霞,郭华.走向核心素养的深度学习[M].北京:教育科学出版社,2018:45-50.

富复杂的内涵与意义。这样的过程,便是学生主动"探索""发现""经历"知识形成过程的过程,是学生深度学习的机制。在这样的过程中,学生能够在"硬知识"之外,体会到更深刻、复杂的情感以及学科思想方法;能够展开与老师和同学交流、沟通与合作等可以体验社会性情绪、情感的正向社会化活动;以全部的思想与精神去感受和体验学习活动的丰富复杂、细微精深,真切或模拟地去体验伴随活动而来的痛苦或欣喜的感觉经历。正是在这样的活动中,学生成为活动主体,成长为"具备审美能力和文化修养的称职的文化继承者",成为一个具体而丰富的人。①

(3) 本质与变式,即对学习内容进行深度加工。"本质与变式"回答的是如何处理学习内容的问题。它要求学生能够抓住教学内容的本质属性去全面把握知识的内在联系,而不是简单地掌握孤立的知识点或记忆更多的事实性知识。把握事物本质的过程,便是去除非本质属性的干扰,分辨出本质与非本质属性的过程,更是对学习内容进行深度加工的过程。把握事物的本质,是建构知识结构的前提,也是以简驭繁、削枝强干的前提。把握了事物的本质,便能于万千事实中把握根本、由博返约、头脑清明,才能认识本质的多样表现、各种变化,才能举一反三,闻一知十。这里的"一",便是本质,是关于事物的基本原理,是教学内容的核心。各门学科的基本概念、基本原理、基本法则等,便是这样的核心内容。在学习中把握事物的本质,不仅能够使学生由"一"反三,由本质而想象幻化出无穷的变式,实现"迁移与应用",更重要的是,还能使学生"学会学习",即学会如何对学习对象进行深度加工的意识与能力,提升学生的智慧水平。②

(4) 迁移与应用,即在教学活动中模拟社会实践。"迁移与应用"解决的是间接经验直接化的问题,即将所学知识转化为学生综合实践能力的问题。它需要学生有综合的能力、创新的意识,同时也通过这样的活动有意识地培养学生的综合能力、创新意识。有学习就会有迁移,甚至"学习就是迁移""学习是为了迁移"。"应用"则是"迁移"的表征之一,也是检验学习结果的最佳途径。在深度学习中,"迁移与应用"是重要的学习方式,而不只是对学习结果的检验方式。"迁移"是经验的扩展与提升,"应用"是将内化了的知识外显化、操作化的过程,也是将间接经验直接化、将符号转为实体、从抽象到具体的过程;是知识活化的标志,也是学生学习成果的体现。其更重要的意义在于,这是学生在学习活动中对未来要从事的社会实践的初步尝试,也是教学具有教育性的重要体现。这是我们以往未曾自觉关注而需要特别予以重视的。③

(5) 价值与评价,即"人"的成长的隐性要素。"价值与评价"回答的是学习活动的终极目的及意义,即明确学习是培养人的社会活动,要以人的成长为旨归。深度学习的学习活动,要自觉帮助学生形成正确的价值观,同时要自觉引导学生能够有根据地评判在活动中所遇的人、事与活动。从学生发展的角度来看,全部的学习活动都内隐着"价值与评价"这一要素。它不是

---

① 刘月霞,郭华.走向核心素养的深度学习[M].北京:教育科学出版社,2018:50-56.
② 刘月霞,郭华.走向核心素养的深度学习[M].北京:教育科学出版社,2018:56-59.
③ 刘月霞,郭华.走向核心素养的深度学习[M].北京:教育科学出版社,2018:60.

某个独立的学习阶段或环节,而是萦绕在各个阶段、各个环节以及每个活动中。培养学生对所学知识以及学习过程本身做出价值评判的意识与能力,一则使学生自觉思考所学知识在知识系统中的地位与作用、优势与不足、用途与局限,二则使学生对所学知识及学习过程主动进行质疑、批判与评价。学习内容以及学习方式都必须成为学生反思的对象,学什么、怎么学都需要反思批判,而不把它作为理所当然的存在。当然,对知识及其学习过程进行评判的意识与能力,不是自然而然形成的,而是在"活动与体验"中,在"参与"知识形成的过程中,在批判性地认识、理解的过程中形成的。对所学知识及其过程进行评判,既是手段也是目的,其终极目的在于养成学生自觉而理性的精神与正确的价值观,形成学生自主发展的核心素养。可以说,是否关注学生理性精神与价值观的形成,是否关注学生核心素养的形成,是教育活动与其他活动(传递知识、盲目探究)的根本差别。当然,价值观的培养、学生核心素养的形成过程,既是隐性的过程,也是一个长期而缓慢的过程,也唯有如此,才需在教学活动中给予特别关注。①

苏霍姆林斯基说过,"学习如果具有思想、感情、创造、美和游戏的鲜艳色彩,那它就能成为孩子们深感兴趣和富有吸引力的事情"。深度学习,它"深"在人的心灵里,"深"在人的精神境界上。它超越生理学、心理学,而达至社会历史实践的深度,它触及学生的心灵深处,与人的理性、情感、价值观密切相连,它要培养的是社会历史进程当中的人,它是"好教学"的代名词。

2. 实现深度学习必须把握的关键性策略

深度学习体现了育人为本的基本理念,它让每一个孩子都能精彩,让每一个孩子都能发现自己的潜能和优势,有持久且浓厚的学习兴趣。引导和帮助学生实现深度学习,教师需要把握深度学习的四个重要环节、实现深度学习的两个必要前提和抓住深度学习的四个关键策略。

(1) 把握深度学习的四个重要环节

深度学习倡导单元学习,单元学习设计需要把握"选择单元学习主题、确定单元学习目标、设计单元学习活动、开展持续性评价"等重要环节。从"内容单元"到"学习单元"是深度学习的重大突破,单元内应是一组彼此有关联的学习内容和学习活动。②

确定单元学习主题的四个依据是学科课程标准、学科学材内容、核心素养的进阶发展、学生的实际情况。确定单元学习主题的四种思路是按照"学习材料章节的主要内容、学科核心素养发展的进阶、主题性任务、真实情境下的学习任务跨学科"来组织。确定单元学习主题有三个关键步骤:一是分析课程标准和学材内容,梳理单元内容结构,找出单元学习内容;二是对学生已有的学科知识、关键能力、学科概念、生活经验、思路方法等方面进行探查、分析和诊断,并在此基础上筛选单元学习内容,初定单元学习主题;三是结合相关信息来多方面论证、辨析单元学习价值,最终确定单元学习主题。

---

① 刘月霞,郭华.走向核心素养的深度学习[M].北京:教育科学出版社,2018:61-62.
② 刘月霞,郭华.走向核心素养的深度学习[M].北京:教育科学出版社,2018:72-97.

确定单元学习目标要考虑的四个因素是：课程标准要求、单元学习主题与核心内容、单元所承载的学科核心素养的进阶发展、学生的学习基础和发展需求。各学科单元学习目标共同的特征是：体现学科育人价值，彰显学科核心素养及其水平进阶。确定单元学习目标要把握"一致性、发展性、结构化、重点突出"四个基本特征，"一致性"指的是与课程标准中的学业质量要求相一致；"发展性"指的是既符合学生实际，又指向学生未来发展，同时还指向对学科本质的理解；"结构化"指的是单元学习目标是学科总的育人目标的一部分，与其他单元的学习目标相互关联、相互支撑；"重点突出"指的是单元学习目标的表述要具体明确、简洁，精要表述是最重要的，不用求大求全。确定单元学习目标要遵循三个关键步骤：一是立足学科核心素养发展，明确单元的大主题、大观念、大任务，并确立内容组织逻辑；二是分析本班学生已有学科水平、现阶段思维特点和发展需求，明确表述本单元学习的学科核心素养整体目标及单元内每个课时的目标，目标要指向基础性、关键性问题的解决；三是开放研讨，多方听取意见，对单元学习目标进行检验、修订和完善，最终确定单元学习目标。

设计单元学习活动，是对"如何才能达成深度学习目标"的回答。单元学习活动的设计要体现深度学习的特征，一是规划性和整体性，即要以单元为实施单位统筹规划，对学习活动及有价值的学习任务进行整体设计。二是实践性和多样性，设计有价值的实践性单元学习活动，促使学生去思考、研讨、探究、概括、分析、解释、预测、设计、评价、建构模型等。三是综合性和开放性，学生通过在已有知识基础上的建构性活动来完成具有挑战性的任务，经历发现知识的过程，展示出对事物的新认识和新理解。四是逻辑性和群体性，教师要关注学科发展的逻辑、学生学习的逻辑，并以此来设计学习活动的逻辑，包括单元间、单元课时间学习活动的逻辑；单元学习目标的落实、学习活动的开展要做到每节课各有侧重，要引导学生的独立思考与同伴学习相结合，特别是同学之间的质疑、研讨、提建议、重新认识等。设计单元学习活动有三个步骤：第一步是设计具有深度学习特征的挑战性任务；第二步是对学生学习过程中的表现和可能遇到的困难做出预设，给出基本的应对方案；第三步是对学习目标、学习内容、学习活动的一致性和适切性进行检验，以优化学习活动设计。

开展持续性学习评价，是深度学习不可缺少的环节。持续性评价是一种形式多样的、以学生发展为中心的、以学科核心素养为导向的立体性评价。开展持续性学习评价的目的在于随时了解学习目标达成情况、监测与调控学习过程、反馈与指导改进教学。评价是基于证据的推理和判断，因此需要科学的评价工具，需要有收集证据的思路和手段，需要根据证据做出评价，用于指导"学与教"的改进。持续性评价是激励性评价，为不同的人制定不同的评价标准，同时采用更加多元的评价方式，作业、测试、基于学科的报告、公开演讲等都是持续性评价的一部分。持续性评价中用得更多的是形成性评价，贯穿学习的始终，随着学习进程的推进，唤起学生的元认知，让学生主动反思和调控学习的进程，促进学习不断深入。进行持续性评价有四个关键步骤。第一步是制定持续性评价方案，设计评价工具，包括反映学生学习活动、学习结果、教师行为的评价标准、评价方式、信息反馈手段。第二步是确定持续性评价反馈的内容和方式,选择多样化的信息反馈办法,以促进学生自我调整,激励学生进一步探究知识与迁移运用知识。第三步是论证形成性评价方案,重点是评价方案是否有利于促进单元学习目标的达成,评价内容是否与单元学习目标一致,评价是否规范与具有开放性,评价主体是否多元。第四步是公开持续性评价标准,以便学生可以随时对照标准进行自我评价;倡导共同制定和执行标准,并让学生充分参与评价活动。

(2) 把握实现深度学习的两个必要前提

对于学生来说,获取知识、提升技能并不是学科学习的最终目标,学科学习的终极目标是获得知识背后的知识——学科思想方法,即学科核心素养。对于教师而言,要帮助和引导学生实现深度学习,则需要把握以下两个必要前提。

首先,教师要深刻理解学科育人价值。学科教育培育学生的核心素养,使学生逐步形成正确的价值观念、必备品格与关键能力,这是学科育人价值的集中体现,也是学科教育的本质所在。教师深刻理解本学科独特的育人价值、理解学科核心素养的内涵,是实现深度学习的关键基础,也是教师必须具备的关键能力。教师要深刻理解课程标准以推进有灵魂的教学。在聚焦学科本质和学科思想方法、深刻理解本学科育人价值和学科核心素养内涵的前提下,要整体理解和把握学科,教师就必须深刻理解学科课程标准,理解学科课程设计和教材编写思路。学科课程标准包括本学科课程性质与基本理念、课程目标、课程结构、课程内容、实施建议。在此基础上教师还要深刻理解学科核心素养各要素之间的本质联系,以设计出更好的学习任务。

其次,教师要深刻理解并尊重学生。理解和尊重学生,是尊重"学道"、尊重学习主体、尊重学习规律的问题,是设计好的学习任务、引导学生实现深度学习的必要前提。学生是学习者,理解学生的学习规律、重视学生的学习逻辑,从学的角度研究如何教,是教师的重要课题。读懂学生,了解、理解新时代的学生获取信息的特点、学习的特点、思维的方式、生活的习惯和环境,才能为学生设计出符合学生需要的、具有挑战性的学习任务。同时还要尊重差异,兼顾各类学生,把差异当作一种学习资源进行开发使用,站在学生成长的立场思考学习设计。[1]

(3) 抓住深度学习的四个关键策略

问题是课堂活力的源泉,提出问题、理解问题、解决并产生新问题的过程,就是知识获得的过程。具体知识作为解决问题的工具被探索、被发现的过程,就是实现深度学习的过程。新知识、新理解是在具体情境的问题解决中建构出来的。实现这样的深度学习,必须抓住四个关键策略。

选择情境素材的链接策略。知识产生于具体的生活情境。知识是前人的生活经验,属于间接经验。要把间接经验变为直接经验,离不开具体生活情境的选择与创设。把"知识内容"转化为"学习任务"是难点,将学习内容和真实生活关联起来,一定要有好的情境素材。一是要

---

[1] 刘月霞,郭华.走向核心素养的深度学习[M].北京:教育科学出版社,2018:97-100.

多视角链接生活和生产策略,包括链接日常生活、经济生活、政治生活、社会生活等内容。二是链接学科发展和科技前沿策略,包括学科发展前沿以及所面临的挑战等,激发学生的好奇心,开阔他们的视野,形成新任务。三是链接思想道德教育要素策略,任何学科知识都具有育德的功能,落实学科育德功能,引导学生在生活中学习,在学习中思考,在思考中进行价值判断,树立正确的价值观念。

学习过程中思维的外显策略。学知识就是学思考,学习就是塑造大脑。让学习过程中内隐的思维显性化是一个非常重要的策略。一是通过学生的自我分析让思维外显。让回答正确的学生描述自己的思维过程、解决问题的路径和方法,以及还存在的一些疑惑,并和大家一起讨论,既可以解决问题,又可以学习解决问题的一般思路和方法。二是通过学生的讨论让思维外显。讨论的过程,是再思考、再创造的过程。三是通过教师的连续追问让思维外显。对内容、方法、思路、表达等方面的追问,可以让学生进行更充分的表达,留给学生更多的探索空间,让其思维有更大的发展空间。[①]

学习过程的深度互动策略。要在深度互动中实现深度学习。教师要设计富有挑战性的学习任务,促进学生与任务的深度互动。教师要指导学生完成任务,增加学生与教师的互动。教师要组织学生研讨和交流,增加学生之间的深度互动,这是实现深度学习的关键。学生间的互动容易产生共鸣,能很好地锻炼学生倾听、开放性思考、有分歧地合作的能力,若干个学习活动串联起来就是一个系统,学生在深度学习的探究过程中经历了发散、想象、创意、批判性思考等创新思维活动。

团队教学研究的改进策略。深度学习,是学生基于学科又超越学科的学习,是基于主题的跨学科综合性学习和联系社会生活实际的学习。这对教师素养提出了更多、更高的要求,需要教师主动研究、主动实践,促进自己的专业发展和专业提升。教师要集体进行专业学习,把变革当作自身提升的契机,直面改革,顺应改革,引领改革。教师要基于经验进行研究导向的教学改进。教学即研究,问题即课题,成果即成长。教师的成长一定是在课堂上,用研究的方法找到解决问题的思路并实践于课堂,探索和积累有效经验。教学经验始终鲜活,教师要始终以解决教学中的实际问题为主。解决老问题,生成新问题,在持续的问题解决过程中促进教师自身的专业发展。教师要注重有形成果的积累,以有形成果的积累,促进无形成果的生成,以积累和生成促进自己的专业成长。

3. 为学生设计有意义有价值的学习经历

学习设计从学生多样化学习需求、认知能力和经验世界出发,设计学习任务框架,并以最合理优化的方式进行组织和呈现,使学生获得更好的学习体验和学习效果。学习设计强调学习任务与学习者的经验世界相联结,注重发挥学习者的主体性并增加其归属感,将有效的学习

---

① 刘月霞,郭华.走向核心素养的深度学习[M].北京:教育科学出版社,2018:100-109.

建立在学习者的知识、经验、兴趣、动机与信念之上,且在学习中实现知识的迁移。"学习设计"是一种复杂的整合过程,包括计划、设计、教学和学习活动实施等阶段。"学习设计"既表示学习活动的创造性设计过程,也表示这一过程的结果。当前,越来越多的教育研究者和教师意识到学习设计的原理和方法极大地影响着教育教学效果。

对于学生来说,高品质学习设计意味着学习方式的优化、更多的学习机会、更丰富生动的学习体验、更确切的学习成果以及持续学习的可能性。对于教师来说,高品质的学习设计既是自我的挑战,也是专业发展的有效路径。这意味着教师要从既定的教学经验中走出来,要从现成知识讲授者的角色中走出来,根据学生的需求进行有效的设计。不但要考虑到每个学生的发展需求,还要考虑到学生群体共同发展的愿景与可能,从这个意义上说,教师将成为专业的学习设计者。高品质的学习设计,能够促进学生的深度学习,并指向学生群体的平等互学,以保障每位学生的学习权为目标,让每一位学生有机会以最积极、最愉悦的状态参与到学习中来。学生不仅能够获得个体学习的成功,而且能够通过同伴之间的相互学习、共同探索,形成共生共存、共学共赢的学习共同体。①

学习设计是一项系统工程,从宏观上看,学习设计由多种要素构成。学习设计以满足学生学习需求为目标,引导学生持续投入学习,并进入深度学习的状态。从学习环境来看,需要设计丰富生动的多元化学习环境,让学生处于各种新异刺激之中,从而让学生的多方面能力得到最大限度的发挥。从人际关系来说,学习设计要尽可能创设自主互信的关系,促进学生的自主学习和学生之间的互助合作,从而提升学习的效果,保证每一位学生得到最大限度的发展。从学习任务来看,要尽可能设计真实且具有挑战性的学习任务,让学生将基本概念和原理在真实的情境中综合运用,锻炼学生的高阶思维和问题解决能力,这也是深度学习的重要特征。在丰富而生动的学习环境中,在自主互信的人际关系中,每位学生全身心投入学习,共同探索和完成真实的挑战性任务,从而形成信任共生的学习共同体。

从微观上看,首先是问题驱动,把教学内容转化为学生自主解决问题。问题解决是人类学习和改变世界的重要方式。学习设计是一种高度综合的活动,教师不仅要结合本学科的内容来设计挑战性问题,而且要针对现实世界中的真实问题或者挑战来引导学生提出解决方案,这就需要综合应用其他学科的知识来进行问题解决,让学生通过体验、分析、应用跨学科知识来创造性地解决问题。其次是大概念整合,在学科系统中能够根据课程的核心价值和标准而确定教学的关键目标,并能够根据与大概念之间的关系确定问题设计的优先次序,把那些体现大概念且具有真正核心价值的问题作为课堂探讨的重点问题和主要学习任务。教师不仅要让学生理解大概念是什么,而且还要用高品质的学习设计来不断引导学生深入探究,发展学生的心

---

① 陈静静,《指向深度学习的高品质学习设计》,本文系 2019 年全国教育科学规划课题教育部重点课题"基于学生深度学习的教育生态重构"(课题批准号:DHA190381)的阶段性成果。

智和判断,让学生成为对学习和探究表现出极大兴趣和有持续投入的终身学习者。最后是逆向设计,从目标概念到任务设计,"以始为终",从学习结果开始逆向思考。倡导"师生共创的学习设计循环",即师生共商确定教学目标(学习目标)——师生共商确立评价标准(学习证据)——师生共商确定基于大概念、核心问题的情境和学习任务(环境、资料)——学生自主协同解决问题(识别情境——提出解决方案——解释原因);教师观察了解学生的学习需求,设计脚手架;学生交流、反思问题解决方案,构建知识模型,进行学习方法的自我反思;教师串联学生观点,体现核心概念,根据学生的学习情况反思改进学习设计。

高品质的学习设计意味着不断地迭代与创新。在学习设计实施的过程中,要通过倾听学生、课堂观察、学习成果分析等方式了解学生在学习中遇到的困难和问题,调研学生的学习需求,探索学生进一步学习的可能性和条件,在此基础上对原有的学习设计进行调整和改进。随着学生学习能力的提升,以及教师学习设计能力的不断提高,学习设计要跳出原有的格局、套路,走向新的发展阶段。从本质上说,学习设计是对学生学习方式的引导。学习设计的迭代与创新,要促进学生学习方式的变革,让学生从"被动参与"走向"自主参与"和"自主探索"。学习任务的设计,要从"基础性任务"开始,逐步走向"挑战性任务"和"创造性活动",回归学习的本质——"自主创造"。从学科的角度来说,要从"学科内学习"阶段,逐步走向"跨学科学习",最终实现"真实问题的解决",促进"创新性学习成果"的生成。对于教师专业发展来说,教师要从"教学执行者"走向"学习设计师",最终成为"课程的创造者",带领学生共同参与、共同设计、共同创造,与学生一道成为学习者和创造者,成为真正意义上的深度学习共同体。

(四)学科实践,让学生在实践中建构与创新学科知识

核心素养导向的新课程呼唤新的育人方式,新课程方案将"强化学科实践"作为育人方式变革的核心方向。因此,学科实践是各学科新课程实施必须破解的关键性问题。

1. 学科实践,是撬动学习方式变革的新支点

学科实践,指的是具有学科意蕴的典型实践,即学科专业共同体怀着共享的愿景与价值观,运用该学科的概念、思想与工具,整合心理过程与操控技能,解决真实情境中的问题的一套典型做法。究其本质,学科成于专业的实践,学科在实践中得以发展,且致力于人类实践的改善;学科实践是理论与实践相统一、知行结合的学习方式;就其特征而言,学科实践强调"像学科专家一样思考和实践",是真理性与价值性的统一、普遍性与特殊性的统一、个体性与社会性的统一。[①]

学科实践超越了传统知识授受的学习方式和探究学习,代表着学习方式变革的新方向。知识的本质是观念,观念的本质是实践。学科实践是理解学科核心观念的内在要求。所有学

---

① 崔允漷.学科实践,让"自主、合作、探究"迭代升级[EB/OL].(2022-04-21)[2023-04-02]. http://www.moe.gov.cn/fbh/live/2022/54382/zjwz/202204/t20220421_620105.html.

科实践,只要根据学生的年龄特征和个性特点加以创造性转化,即可成为学生基本的学科学习方式。任何年龄阶段的任何学生,均可通过亲自从事学科实践而学习学科。学科实践不仅要求学生具有强烈的自主性,而且强调真实的社会性。学科实践并非是对探究学习的否定和取代,而是体现了人们对学科教育理解的进一步深化,呼唤"源于实践、在实践中、为了实践"的真正的学科探究。让学生亲身投入实践,而不只是学习关于实践的二手资料;让学生实际做科学或工程,激发学生的好奇心、发展其兴趣并使其后续的学习充满动力;让学生通过亲身从事学科实践而学习学科,已然成为学科教育发展的重要趋势。

学科实践是基于学科、通过学科、为了学科的实践,没有学科的实践必然导致实践的泛化、浅化,没有实践的学科教育必然导致学科教育的固化、僵化。学科实践的宗旨是最大限度地实现学科独特的育人价值。比如,数学学科独特的育人价值就表现为"数学的眼光、数学的思维、数学的语言",数学学科实践活动就是培养学生"用数学的眼光观察现实世界、用数学的思维分析现实世界、用数学的语言描述现实世界"的过程。可以说,学科育人价值是核心素养形成的载体,学科实践是核心素养形成的路径,学科实践和学科育人价值是改造与提升学科教育的两翼,是在学科层面落实和培养核心素养的两大创举。新课程的实施必须以学科实践为支点,撬动传统育人体系,让"自主、合作、探究"迭代升级,构建以实践为中心的新型育人方式。①

2. 学科实践,引导学生实现由行到知的升华

学科实践,实质上就是针对真实情境中的特定问题而采用的一套具有学科意蕴的典型做法,如语文的公开演讲、数学的算法交流、科学的实验证明等,即用学科独特的方式来学习学科。尊重并彰显学科的独特性、体现学科的精气神,是学科实践的核心要义。

学科实践整合了学科逻辑与经验逻辑,利于由知识学习走向素养生成。学科实践既注重学科性,也注重实践性;强调学科实践并不是抛弃"知识",而是要以一定的知识储备为基础。学科学习必须以一定的知识储备为基础,学科实践强调通过实践获取、理解、评价与运用知识,倡导学生在实践中建构、巩固、创新自己的学科知识。这一过程既彰显了学科知识的育人价值,也凸显了实践学习的自主性与社会性,有利于实现知识学习和经验生长的有机融合,进而培育学生的核心素养。

学科实践是"自主、合作、探究"的迭代升级,利于实现创造性学习。学科实践超越了程式化的探究活动,是一种强调学科典型的、真实的新型探究。在这个过程中,要求学生像学科专家一样思考与行动,用"学科的方法"获得并实践"学科知识"。正是这种学科性与实践性的紧密结合,有利于学生在实践过程中加深对学科知识的理解,而在知识学习中强调社会性的建构互动与真实情境的问题解决,有助于学生创造性学习的实现。

---

① 余文森.以学科实践为抓手,构建实践型育人方式[EB/OL].(2022-04-21)[2023-05-01]. http://www.moe.gov.cn/fbh/live/2022/54382/zjwz/202204/t20220421_620111.html.

学科实践强调"实践—反思",利于学生实现知行合一和自我建构。学科实践不仅指向学习方式的变革,更关涉学习品格的凝练。学科实践本身蕴含着中国传统文化中知行合一的理念,强调在知中行,在行中知。在学科教学中,要以学后反思不断深化对实践的理解,以实践过程不断促进学习者主体经验的改造,正是这种实践与反思不断交互的作用机制,使得学生通过实践改造客观世界的同时也实现自身的改造,从而联通经验与学习,促进自身发展。[1]

3. 让学科学习成为学科知识的发明、创造与应用的实践

任何学科本质上都是理解世界的独特思维方式。核心素养时代,呼唤新的学科教育,实现学科世界与生活世界、学科实践与生活实践的双向融合,让各门学科课程由结果走向过程,让学生从掌握学科事实转向发展学科理解和学科思维。每一名学生发展富有个性特点并体现学科特性的学科思维,是学科核心素养的本质。学科实践,是学科知识的发明、创造与应用的实践,是一个学科领域的专家从事学科探究的典型实践。学科实践是发展学科核心素养的必要条件。知识+实践=素养。只有将学生的学科学习转化为学科实践,才有可能发展学生的学科素养。

当前,学科教育改革至少需要做到下列方面。

第一,超越"间接经验论",让学科教学建基于学生的直接经验与真实探究。将所有固定的学科结论转化为学科问题情境,让学生在直接经验的基础上亲身经历学科知识的诞生过程;让每一个学生的学科学习变成像学科专家那样去思维和实践的过程。

第二,超越"双基论",让学科教育指向发展学生核心素养。知识在创造中学习才能形成素养,技能在实践中使用才能化为能力。学生需要在学科创造中长大,而不是长大了才去创造。学生通过学科创造而发展核心素养,是学科教育的根本目的。

第三,超越固定知识体系,基于学科核心观念重构课程内容。让每一个学科核心观念均与真实的问题情境相联系,形成各种探究主题,帮助学生在主题探究过程中运用学科核心观念,通过对主题的深度探究来发展学生的学科思维与理解。对于每一个学科核心观念及相应探究主题,要根据学生不同年龄阶段的发展特点和需求进行纵向连续设计,让每一个学生的学科思维与理解能够前后相继、螺旋式发展。

第四,让学科课程实现学科世界与生活世界的双向融合。学科即生活。指向核心素养的学科课程首先强调学科的生活意义,让学科融入生活世界,让每一个学科核心观念与学生的生活世界建立起真实、内在和有机的联系。信息时代的学科课程还需要强调生活的学科意义,让生活融入学科世界。只有当学生学会自由运用学科观念和思维理解生活、解决生活问题时,最熟悉不过的日常生活才能脱颖而出,从而摆脱平庸,实现创造。学科世界与生活世界、学科意义与生活意义的双向融合,是信息时代学科课程的基本特征。

第五,让学科教学建基于学科实践与生活实践的双向融合。指向核心素养的学科教学是

---

[1] 崔允漷.素质导向的学科实践:引导学生实现由行到知的升华[N].光明日报,2022-11-22(13).

实践取向的教学。首先,一切社会职业实践与社会生活实践是学科知识产生和发展的永恒基础,学生的学科实践必须融入火热的生活实践之中,以确立学科实践的价值基础和意义源泉。其次,由于信息时代每一个人都必须学会专家思维、拥有专家知识才能幸存,学生需要将生活实践融入学科实践,学会像学科专家一样反思生活实践,真正将社会职业、社会生活以及个人决策转化为基于学科思维的智慧行动。

因此,信息时代的学科教育是崇尚学科理解、创造与实践的教育。每一个学科教师都需要实现学科研究者与学生研究者两种角色的统一。每一个学生都需要将学科学习转化为学科探究与创造,并由此发展核心素养。一切知识、技能的熟练都是学科探究与创造过程的副产品。①

素养导向的学科实践需要在以下几个方面加以强化。

一是凸显学科实践的学科典型性。学科实践源于学科的严谨性,应结合课程标准的要求,凸显其学科典型性。譬如,语文学科应以语文实践为主线,依据"语言文字积累与梳理""实用性阅读与交流""文学阅读与创意表达""思辨性阅读与表达""整本书阅读""跨学科学习"等六个语文学习任务群,倡导任务驱动的语文学习;地理学科应重视地理实践,反对整天"用手"学地理,即在地图册上读读画画,倡导用"脚"学地理,发展地理实践力与人地协调观等。

二是开展系统的学科实践教学设计。学科实践凸显实践的深刻性,需要专业系统的教学设计,如结合特定学科内容的素养培育要求,确立组织者,即大问题、大任务、大观念等,以使课堂内容结构化;目标设计应明晰与之对应的学业质量,采用三维叙写,使其成为整个学科实践过程的指引和依托;评价设计应采用与目标相匹配的表现评价、综合评价,整合教学、学习与评价,实现"教—学—评"一致性。

三是重视学科实践后的反思。实践后的反思是化行动为知识、化实践为素养的重要路径。教师不仅要重视学生在学科实践后的反思,根据与目标对应的复述、关联和转化的进阶水平,设计好反思的支架或路径等,还要引导学生学思结合,实现由行到知的升华,进而建立所学知识与自我发展之间的"联结",避免"有知识无文化"。②

(五)跨学科学习,让学生拥有改造和创造世界的能力与热情

跨学科学习,是打破各学科之间的界限,通过不同学科之间的有效融通学习,形成与现实生活中解决实际问题类似的学习习惯,以此增强学生的创新思维能力与创造性。跨学科主题学习,是一种解决学生生活中的真实问题的课程与学习取向,主要是指基于学生的素养发展需求,围绕某一研究主题,以本学科课程内容为主干,运用并整合其他学科的知识与方法,开展综合学习的一种方式。

---

① 张华.论学科核心素养——兼论信息时代的学科教育[J].华东师范大学学报(教育科学版),2019,37(01):56-65+166-167.
② 崔允漷.素质导向的学科实践:引导学生实现由行到知的升华[N].光明日报,2022-11-22(13).

1. 跨学科主题学习，基础教育人才培养的一种新课程策略

全面提高人才自主培养质量，激发学生发现、探索和创造的内在兴趣，培养学生的创新精神、开拓意识、实践能力，是我国基础教育人才培养的重要任务。强化课程综合性和实践性，推动育人方式变革，着力发展学生核心素养，在学科类课程标准中"设立跨学科主题学习活动，加强学科间相互关联，带动课程综合化实施，强化实践性要求"，注重培养学生在真实情境中综合运用知识解决问题的能力，是深化课程改革的必然要求。跨学科主题学习是我们自觉探索基础教育人才培养的一种积极而又稳妥的课程策略，也是提升人才培养质量的重要举措。

为什么要设立跨学科主题学习？一个完整的人的生活是不分科的，学生的生活是完整的，学生的课程是不分科的。跨学科的学习让学生能够进入学科，既能够连接学生的生活，又能够把学生的生活提高到科学的高度，是非常重要的。跨学科的学习实际上就是利用学科知识进行现实生活的观察和问题解决，一旦让学生活动起来，尤其是问题解决的活动，一定是跨学科的。跨学科学习最终的切入点和目的是能够激发学生的主动学习，不仅要让学生知道，更要让学生喜爱、相信，并且能够用行动来证明。跨学科学习要自觉地把将来学生可能的创新实践活动提前到学习阶段来，让学生能够在学习阶段就模拟从事创新。这是一种对未来社会实践的模拟和创新实践，非常重要。跨学科学习最重要的特点是不确定，过程和结果都不确定。不确定带来了无限的可能性，这就给学生个体的主动创造提供了空间。让学生能够感受到个体的主体力量，让学生有意愿在不确定性中追求确定性。在不确定性中去追求确定性，只要努力就会使结果产生变化，这是主体力量的一个非常重要的显现。①

跨学科主题学习，是提升育人质量的一条新路径。在学科内部设立跨学科主题学习，有两层含义：学科课程不能废，分科设置课程有一定的合理性；不能把分科设置课程理解成学科之间隔绝、各不相干。跨学科主题学习要求每一门学科的教师都能站在整体育人的角度来思考本学科的育人价值、教学方式。跨学科主题学习是立足学科的主动跨界。立足学科，让学生拥有系统而扎实的学科知识与方法；主动跨界，让学生能够破除分科课程带来的视界窄化、思维僵化。这样一种理智的、积极的动态机制，让学生既具备学科课程的系统知识，又能拥有综合应用多学科知识来解决复杂问题的机会，着力于培育学生融会贯通、化知成智的信心与能力。

学生的发展是在克服困难的自觉活动中实现的。跨学科主题学习要克服的困难，是真实、不确定、开放式的困难。因为在跨学科主题学习中，会遇到多少困难、什么样的困难，能否解决、如何解决，解决之后的结果如何，都不确定。跨学科主题学习有目标，有达成目标的一般路径预设。同样的主题，不同的学生会有不同的规划、采用不同的方法、运用不同的工具、经历不同的过程，遇到的困难及其强度不同，收获也不同。正如真实的世界本身，幻化多样，极富个性。对学生来说，跨学科主题学习就是解决一系列困难的过程。在跨学科主题学习中，"跨学

---

① 郭华.跨学科主题学习及其意义[J].文教资料，2022(16)：22-26.

科"是前提,"主题学习"才是落点。跨学科主题学习困难的解决,是学生真正发生学习、成为学习主体的关键所在。跨学科主题学习中的困难,是学生在不确定性中追求确定的结果的内在的组成部分。克服困难,才能让学生切身感受到自身的存在,克服困难缩短了自身与客观世界、与书本知识的差距,让学生拥有克服困难、解决难题的热情和品格。

跨学科主题学习开通了一条帮助学生走向真实社会的道路。学生终将从学校走向社会,从有限的教育空间走向无限广阔的世界。理解前人的实践方式、思考方式,形成相应的情感、态度和价值观,是学生学习的重要目的。系统学习学科知识是创造、发现新知识的前提,也是与前贤进行代际对话的前提。但是真正的对话,绝不是倾诉和倾听。学生要从倾听者变成对话人,从旁观者变成参与者,就必须有新发现、新感悟、新见解,至少要有新疑惑、新问题。跨学科主题学习让在读的学生能够在真实的复杂情境中去发现前人已经发现但自己未曾发现的关系和规律,让其拥有对现有知识进行质疑、批判的底气,拥有类似科学家那样的预测和直觉的能力,像科学家那样去学习和思考,像科学家那样去参与知识的发现和发展过程,拥有改造世界的热情和勇气。让学生在学校求学阶段以社会一分子的身份参与到真实的社会生活中去,是学校教育的重要内容,也是学校育人的重要途径。跨学科主题学习便是助力学生走向社会的一种自觉途径。①

2. 跨学科主题学习的操作策略

跨学科学习的关键特征是指向现实世界中真实问题的自主学习与实践。以真实问题的解决带动学生发展,培养学生的创造力、批判性思维等高阶思维能力。要确保跨学科主题学习既符合课程政策要求,又能够落到实处,主要有两个基本的操作策略:一是跨学科主题学习任务化,二是跨学科主题学习与学科主题学习交融互渗。

(1) 跨学科主题学习任务化

学习任务是指在规定学习时间内完成某种设定主题要求的作品、作业、方案、设计、项目、实事等事项,一般是由一个核心任务和若干分项任务构成的学习任务群。任务化的要义是让跨学科主题学习"学什么""怎么学"的问题能够坐实,使教师对教学过程有确信感,便于操作。为此,跨学科主题学习需要实现两个综合。

一是综合学习内容。即以学习任务为内容聚合机制,突破分科教学的学科壁垒,基于问题解决的需要,结合学生年龄特点和不同学科性质,合并、重构跨学科知识技能的结构,整合运用多种思想方法、探究方式和价值观念等,嵌套跨学科的知识图谱,形成综合内容组织和学习活动单位,开发基于跨学科核心素养的大观念、大主题和大任务的主题学习内容,使其"少而精"。

二是综合学习方式。即以学习任务为动机激发机制,转变教师讲、学生听的习惯性教学形态,探索任务型、项目化、主题式和问题解决等综合教学方式,更多地体现做中学、悟中学、用中

---

① 郭华.跨学科主题学习:提升育人质量的一条新路径[J].人民教育,2023(02):25-27.

学、创中学,在学习方式层面落实育人方式改革。跨学科学习是一种融知识综合与问题解决为一体的深度学习方式,是素养时代课程整合的重要实施途径。

当前,尤其要站在培养有理想、有本领、有担当的时代新人高度,选取两门及以上学科的节点性大观念、综合性主题和主干知识内容,进行问题式或项目式学习任务设计,根据问题解决和探究学习过程的需要,重塑学科知识和技能结构,引导学生自主、合作、探究学习,改善学生的学习体验,促进深度学习,提高学生综合运用多种学科知识分析问题和解决问题的能力,发展学生的跨学科核心素养。

(2) 跨学科主题学习与学科主题学习交融互渗

在每门学科的课程中都有跨学科主题学习活动,它与学科主题学习活动一起构成一门学科课程的整体结构,共同支撑学生综合素质的培养。在课时确定的情况下,每门学科课程的两种学习活动可以穿插安排,使它们能交融互渗,彼此支撑和促进。

一方面,"以领域活动或任务为载体发展学生学科核心素养的同时,也有可能内在地承载着多个跨学科核心素养的培养,二者之间不应是简单的抽象与一般的关系,更应该理解为一种相互交融的关系,应该结合具体的情境、领域、任务或活动具体分析"。另一方面,跨学科主题学习不是对学科主题学习的否定,而是需要以学科核心知识概念为依托,开展综合化程度更高的深度学习,避免跨学科主题学习流于"跨而拼凑""跨而不精"等浅层学习层面。作为课程板块,跨学科主题学习,除了与学科主题学习交融互渗,还需要考虑跨学科的协同组团式教学安排,不同科目的任课教师可以分工合作,协同教学,避免跨学科主题学习的重复或雷同。①

3. 跨学科主题学习的设计思路

跨学科主题学习的牛鼻子是"一大一小"。所谓"一大",是指"大观念",即学科(包括跨学科)面向现实且具有一定普遍性的观念;所谓"一小",是指"小问题",即运用"大观念"去解决现实生活中的真实问题。吃透"大观念",探究"小问题",同时聚焦学校、学科特色,丰富学生课程体验,那么跨学科主题学习中的主题选择、资源整合、知能贯通的策略方向也会逐渐清晰起来。此三者也可以视为跨学科主题式学习的三大要点,每一个要点都可以从"一大一小"中不断深入探索、追问现实情境和真实问题。这种探索和追问是陶行知式的,总是以生活实践为出发点和落脚点,而核心素养导向下的跨学科主题学习其实也正是对这些探索和追问的"教学做合一"的响应。

最理想的情况是从由学生提出的蕴含学科大概念的真实问题出发。强调由学生提出的问题,会让学生有主体性意识,让学生学会主动承担责任。如果由教师布置,学生的自主性会受到一定影响。当然,由学生提出问题来开展跨学科学习,是需要阶梯的,前期需要训练学生慢慢学会提问,学会提出高质量的问题。在这个基础上不断优化,多轮筛选更好的问题。

---

① 吴刚平.跨学科主题学习的意义与设计思路[J].课程·教材·教法,2022,42(09):53-55.

跨学科主题学习的设计,可能因为主题性质和类型的不同而存在差异,但主题设计的技术和思路却基本相同,主要有以下几个步骤:明确预期目标——提出关键问题——注重探究体验——组织有效评价。①

(1)明确预期目标。跨学科主题学习的有效性最终取决于预期目标的达成度。预期目标是学生在学习结束后,应该知道、理解和实践的相关内容,并能够在行为和作品中加以体现。教师在设定预期目标时应有所依据。一是要遵循国家颁布的各学科课程标准,课程标准规定了学生应该知道哪些内容、具备哪些技能、形成怎样的情感态度价值观,这为跨学科主题学习提供了基本框架。二是必须考虑大多数学生和不同层次学生的实际需求,包括学生的学习基础、兴趣差异、发展水平等,并且能够兼顾多种学科,尽可能地让学生调动所学知识和技能参与其中。三是预期目标必须清晰明确,可界定、可理解、可评、可测。教师在教学过程中所使用的方法和材料,都取决于对预期结果的清晰界定。只有明确了预期目标,知道如何实现预期目标、应该采用哪些材料或开展哪些活动,以及如何证明是否达成了预期目标,教学才能做到有章可循,教师和学生才能专注于最有可能实现这些结果的内容、方法和活动。

(2)提出关键问题。既然设定预期目标旨在帮助学生掌握和运用所学知识,那么教学设计就必须能够连接所有离散的知识和技能,并为学生提供运用知识和技能的空间及平台,提出关键问题并围绕关键问题组织教学活动。然而,并非任何问题都是合适的,"对于特定主题或特定概念,我们很容易问一些无价值的问题……也很容易问一些无法回答的困难问题,关键是要找到一些可以解答的、有启发性的、起到媒介作用的问题"。首先,关键问题必须是能够激发学生调动所学知识和技能进行思考与探究的问题,而不是借助书本知识即能回答的问题,也不应将学生的探究局限于标准答案。其次,关键问题要能够打破学科边界、超越知识界限,尽可能地联结更多学科的知识和技能,不仅能够促进学生对某一学科知识的理解,也能促进知识间的联系和迁移,加强学生的已学知识、生活体验与当前学习内容之间的意义关联。最后,好的问题不只是关注结果的"对"与"错",更应要求学生关注发现和得出答案的过程,"它们像一条过道,通过它们,学习者可以探索内容中或许仍未理解的关键概念、主题、理论、问题,在借助启发性问题主动探索内容的过程中加深自己的理解"。

(3)注重探究体验。跨学科主题学习的关键在于"跨学科",在引导学生对真实问题进行探究时,教师应预先对涉及的相关学科知识进行梳理,形成跨学科主题学习活动知识图谱,这既便于相关学科教师开展合作教学,又能够为学生运用所学知识解决真实问题提供参考。在跨学科主题学习中,引导学生解决关键问题是核心和主线。学生探究的过程必定是从浅到深、循序渐进的,因此,教师要对关键问题进行拆解,根据学生情况和教学实际,设计基于关键问题的学习任务和实践活动,引导学生一步步进行研究,并将课堂学习与实验、户外考察、设计制作、

---

① 孟璨.跨学科主题学习的何为与可为[J].基础教育课程,2022(11):4-9.

社会服务等实践过程相联系,打破教学时间、地点固定的传统教学模式,促进学生开展自主学习;引导学生在真实情境下,结合生活经验,充分借助网络、图书等不同学习工具和载体,综合运用不同学科的知识和方法解决实际问题;重视学生获取知识的经历,关注学生学习经验的积累,有效提升其综合素养。教师在引导学生参与跨学科主题学习时,必须跳出传统教学的两个误区,一是学生"只动手不动脑",只是一个被动的参与者;二是教师单向"灌输",学生只是一个被动的接受者。要在趣味性与科学性、生活化与专业化之间做好平衡,既要规避跨学科主题学习的游戏化、肤浅化,又要避免因跨学科主题学习难度过大、过于晦涩,给学生带来过重的心理压力和学业负担。

(4) 组织有效评价。学生是否真正理解和掌握了所学知识,需要通过其表现来揭示,尤其是开展具有明显实践性和探究性的跨学科主题学习时。当学生将知识和技能用来解决各种真实情境中富有挑战性的任务时,就显示了学生的理解。正如戴维·帕金斯(David Perkins)所言:"我们通过灵活的表现来确认理解……当人们能够灵活地思考和运用所学知识时,理解就显现出来了。相反,当学习者通过死记硬背进行学习,不能跳出常规的思维模式和行动准则时,则表示缺乏理解……理解意味着对知识的灵活应用。"可见,有效评价的关键是学生在跨学科主题学习活动中的真实表现。因此,作为评价者,第一,需要考虑什么样的表现能够说明学生真正掌握了所学知识,即需要什么类型的证据表明学生达到了教学目标和对知识的真正理解,这是评估的标准和依据,任何形式的评价都离不开对这一根本问题的思考。第二,评价者理解了有效评价的实质后,就可以根据跨学科主题学习的关键问题、不同任务、学生的实际情况等选择和设计合适的评价方式,毕竟很多评价方法都有可取之处,关键在于是否能够与具体的教学活动相匹配。因此,选择合适的评价方法,可以提高评价的针对性和有效性。第三,需要强调的是,无论是否针对跨学科主题学习,任何有关教学的有效评价,其目的都应是改进教师教学和学生学习,而不只是评价本身。评价的意义在于改进,最终是为了促进学生核心素养的培育,帮助学生实现综合发展。

(六) 表现性评价,促进学生素养的养成

在基于核心素养课程改革的新时代,教育评价亟待从传统标准化测试占主导地位的桎梏中脱离出来,走向一个更加综合平衡的多元评价体系。表现性评价是素养本位课程体系的主要评价方式,主要指向两个方面:一是深度学习,促进改变学生浅层、重复、被动的学习,促进学生核心素养的养成;二是更为复杂的学习结果,尤其是高阶思维、问题解决能力、创造力等体现核心素养的品质,同时纳入更加多元的评价方式。表现性评价作为一种适合检测高阶、复杂学习结果的新型评价方式,为推动素养导向的学习变革提供了可能的路径。

1. 表现性评价是素养本位课程体系的主要评价方式

表现性评价的内涵。表现性评价是在尽量合乎真实的情境中,运用评分规则对学生完成复杂任务的过程表现(结果)作出判断。它通过"任务"引发学生相应的表现,由于这样的任务

不存在唯一正确的答案,因而需要基于评分规则对学生的表现作出判断。尽管表现性评价关注的是学生的"表现",比如写作、唱歌或者做实验等,但是不能认为只要是让学生写作、唱歌或做实验,就是引入了表现性评价。因为学生的写作可能只是在概括小说情节,唱歌可能变成程式化的表演,做实验也可能简化为执行规定好的步骤。如果任务没有要求学生运用和展示他们的批判性思维、创造力等复杂的学习结果,那么它们并不构成真正的表现性评价。判断一个评价是不是表现性评价,不能只看评价任务的形式,关键还要看"任务"所要评的是什么。

因此,完整的表现性评价应包括三个核心要素:一是目标,即希望学生达成什么样的学习结果,往往是那些居于课程核心的、需要持久理解的目标。二是表现性任务,即学生需要完成的任务或作业,用于引发学生的相关表现,为目标是否达成提供直接证据。三是评分规则,即判断和解释学生对目标的掌握程度的标准,往往呈现了描述性的不同水平的期望,为学生的学习提供参照,而不仅仅只有二元的对错评分。

表现性评价的功能。从表现性评价的内涵来看,这一评价方式弥补了传统纸笔测试的局限,不仅能够检测素养,而且有利于促进素养的养成。大量的证据表明,表现性评价更适合于检测高水平的、复杂的思维能力,且更有可能促进这些能力的获得;同时能支持更具诊断性的教学实践,促进课程与教学。

首先,表现性评价是直接对学生"能做什么"的行为表现进行评价,对于核心素养的测评有着天然的适用性。不同于纸笔测试,表现性评价关注的就是学生知道什么和能做什么,通过客观测验以外的行动、作品、表演、展示、操作、写作等更真实的表现来展示学生的口头表达能力、文字表达能力、思维能力、创造能力、实践能力及学习成果与过程。选择题等标准化测验的价值,主要在于它是其他有价值的表现的征兆或相关因素,而表现性评价则绕过了作为预测或征兆的中间地带,能够直接对素养的行为表现进行评价。

更重要的是,表现性评价能够将课程、教学、评价三者相整合,一致地指向高阶复杂的学习目标,从而促进学生核心素养的养成。嵌入课堂的表现性评价,不仅能测评学生不断达成标准的进阶过程,而且以天衣无缝的方式将基于标准的课堂教学与评价实践连接起来,两者不断互相渗透,从而改善教与学。在表现性评价的引领之下,学生主动地深度参与到基于真实情境的任务中,并通过评分规则获取有效反馈,明晰期望的素养目标、现阶段的素养水平以及如何进一步发展等问题,最终通过自我反思实现核心素养的形成。

表现性评价促进素养养成的机制。表现性评价不仅能检测素养目标,更重要的是能够促进素养的养成。表现性评价促进素养的养成,主要是由其要素及其特性决定的。从表现性评价三要素的特性来看,除了目标与素养一致,创造在真实情境中解决问题的机会、引起学生的积极投入与主动建构、支持学生的自我调节学习,也是其促进素养养成的关键机制。

首先,表现性评价为学生创造了在真实情境中解决问题的机会。传统纸笔测试通常仅要求学生回忆信息、事实、定义和术语或执行简单的任务,学生在这一过程中所运用的只是常规或机械的思考。而表现性评价为学生提供参与到更具挑战性的活动之中的机会,从而让学生展示一系列技能,包括问题界定、设计、探究和更为全面的口头或书面的回答。这样的机会是素养养成过程中不可或缺的。完成表现性评价的过程,也是学生经历问题解决的过程。表现性评价的任务是开放而复杂的,不提供答案,甚至连问题的边界也是模糊的,需要学生自己发现问题、界定问题、生成解决方案。通过经历完整的问题解决过程,学生更有可能知道如何面对充满不确定性的现实世界,以及在什么条件下运用何种知识去解决问题,提升解决真实而复杂问题的能力,即形成核心素养。

其次,表现性评价能引起学生的积极投入与主动建构。学生的学习动机和投入程度对于核心素养的养成有着重要作用。表现性评价的任务是真实的、复杂的、开放的,学生完成任务的方式也是多元的。学生面对的是具有新鲜感的任务情境,能够感受到任务具有的现实意义,可以更专注于任务提出的问题本身,尝试不同的解决方案,甚至采用自己喜欢的方式进行展示。这有利于引起学生对学习的积极投入和对知识的主动建构,从而促进相关素养的发展。

最后,表现性评价支持学生的自我调节学习。核心素养的养成与学生的自我调节学习能力密不可分。一方面,自我调节学习能力本身就是重要的核心素养之一,有助于适应终身发展的需要。另一方面,学生的自我调节学习能力对其他核心素养的发展具有引领和触发作用,这一能力促使学生经常且有效地使用各种学习策略,进行批判性反思,以及调节自身的内部、外部动机实现自我驱动,进而更为深刻地认识到其他关键能力的重要价值并进行自我培养。而表现性评价中的评分规则,正是支持学生自我调节学习的关键,在自我调节学习的每一阶段都扮演着重要的角色。评分规则增加了教师期望和表现标准的透明度,使得学生的学习目标更加清晰;学生使用评分规则开展自我评价,有利于提升自我效能感;学生还可以参照评分规则进行自我监控,运用评分规则指导和管理自己的学习过程;根据评分规则所得的反馈还可以支持学生的自我反思。评分规则能够提供详细的描述性反馈,有助于加深学生对如何改进的理解,从而帮助学生成功。在评分规则的支持下,学生更容易使用自我调节的学习策略,进而形成良性循环,促进其他核心素养的持续发展。

2. 表现性评价的设计

表现性评价评的是居于课程核心的、需要持久理解的目标,这些目标需要通过真实情境中的任务来落实并检测,传统的标准化测验对此无能为力。表现性任务是真实世界中的任务,具有情境性、复杂性,评价的是复杂的学习结果。学生在完成任务时必须进行建构反应,而不是简单的选择反应。复杂的任务、建构性的反应,使得传统的二元对错评分没有用武之地,反而需要基于评分规则的判断。因此,持久理解的目标、真实情境的任务和评分规则,就构成了表现性评价的基本要素。同时,这也为指向深度学习提供了要素保障。表现性评价指向深度学习,其关键是学生经历真实情境中的任务解决过程,并利用评分规则来引导和反思学习。它在真实情境中实施指向关键能力的任务,让学生面对真实的问题解决情境,综合运用已有的知识和经验来解决问题。就此而言,评价的过程实际上相当于一个学习过程。好的表现性评价设计需要整合课程、教学与评价。

第一,确定与课程标准匹配的素养目标并将其具体化。表现性评价必须指向复杂的核心素养目标,而不是简单的知识或技能。然而,核心素养是高度概括的课程目标,其养成是一个长期的过程。对于具体的教学与评价而言,这样宏大复杂的目标无法在单一课时里达成,甚至也不能仅仅依赖一个学期的一门课程。因此素养目标需要进一步具体化和层级化,即"采用专业的技术路径,如分学段或学科或时间或类型,在教育目的与学生学习结果之间设置一定的层级,并对每一层级的目标作出可理解、可传播、可实施、可评价的陈述"。

教师需要依据学科课程目标,结合学情制定相对具体、清晰的学习目标,从学科课程标准、学期课程纲要再到单元,形成层层落实的素养体系。在实际的课堂教学中,将想要评价的素养具体化到适合在单元中落实的程度比较合适,因为单元是课程的最小单位,代表着一个完整的学习事件。教师在设定目标时可以从以下四个方面检查自己叙写的目标陈述:一是目标陈述在多大程度上与学科课程标准中的核心素养内涵一致。二是目标陈述在多大程度上反映了持久性概念(包括原理、概念间的关系以及可迁移到现实生活情境中的技能)。三是目标陈述在多大程度上促进了知识的深度运用。四是目标陈述在多大程度上给了学生展示学习证据的机会。

第二,设计能够引发素养的表现性任务。表现性任务是表现性评价的核心要素之一,它是紧扣学习目标而设计的特定任务,旨在引发学生的表现行为,从而收集学生表现的证据,作为评价学生的依据。表现性任务需要为学生提供真实或模拟真实的情境,要求学生在具体的问题情境下展示其对所学知识和技能的运用,旨在引发核心素养的相关表现。一个完整的表现性任务主要包括五大要素:一是真实或模拟真实的情境,为知识和技能的运用提供了条件;二是挑战,即指出学生在任务中需要达成什么目的、完成什么挑战;三是学生的角色,即指出学生在任务中代表着什么身份,现实生活中的不同角色都可以为学生所扮演;四是作品或表现,用于展示学生对素养目标的掌握程度,构成了评估学生素养水平的证据;五是受众,即学生的作品或表现是给谁看、为谁而完成的。

其中,提供真实或模拟真实的问题情境是表现性任务设计的关键,但并不是越贴近现实生活越好,而是要"为了真实",即关注什么样的活动能使学生形成未来解决现实世界中的问题的专业素养。具体而言,真实性任务可以选择以下四种方式之一或同时结合多种方式进行设计:首先是满足课堂之外的世界的真实需求,或者让学生创造的产品被真实的人使用。其次是聚焦于有关学生生活的难题、议题或话题,或学生即将迈入的成人世界里会遇到的难题和议题。再次是假定一种具有现实意义的场景,即使它可能是虚拟的。最后是涉及成年人在生活环境中或专业人士在工作环境中使用的工具、任务、标准或流程。无论表现性任务是何种类型,都应要求学生投入一种全新的、复杂的思考过程,使学生拥有充足的机会进行练习、评价、完善和反思,以达到所要求的表现标准。

除了真实性,表现性任务的设计还应当遵循以下几点原则:一是与所设定的素养目标保持一致,聚焦课程或单元中的大观念、核心概念或技能。二是尽可能地对学生个体具有意义和吸引力,能够让学生既感受到挑战,又愿意投入其中。三是尽可能地对具有不同背景的学生保持公平,任务中的信息材料对于性别、家庭经济条件不同的学生来说都是熟悉的,所有学生都能获得完成任务所需的资源。四是任务指导语清晰、易于理解,符合学生的认知水平。

第三,开发基于学习进阶的评分规则。在设计表现性任务之后,还需要开发能够对学生表现做出判断和解释的评分规则,旨在为学生提供反馈以及自我调节学习的支架。从其构成上看,评分规则的开发主要包括两大部分:一是建立评价学生表现的不同维度,不同维度之间互相独立不交叉,并且均指向所评价的素养目标。二是在每个维度下划分不同的表现水平,并描述每一个表现水平的特征。要确定这两个部分的内容,大致有两种开发程序:一种是自上而下的思路,从素养目标和任务本身的要素出发,界定各要素的特征,根据专业经验描述各要素的不同水平。另一种是自下而上的思路,从分析学生的表现实例或作品入手,将学生的表现实例或作品划分成不同等级,明确分类的依据和要素,在此基础上归纳不同水平的特征。

在具体的实践中,评分规则的开发不必严格按照某一种程序执行,而是可以综合两种思路,但无论采取哪种思路和程序,都需要体现素养目标是沿着怎样的轨迹发展与形成的,学生的表现是如何一步步从生疏走向精通的。也就是说,评分规则的开发需要结合学习进阶的理念,深刻理解所要评价的素养从简单到复杂的发展过程。尽管学习进阶理念首先应用于科学学业评价,但是相关理论现已拓展到教育的各个领域,描述了学生在关键概念、过程、策略、实践或心智习惯等各个方面所发生的质的改变。学习进阶是一系列基于经验数据的可检验的假设,表明了学生对核心概念、学科实践等内容的理解和运用是如何在恰当的教学之下随着时间发展、成熟的,描述了学生在掌握核心概念时可能遵循的路径。基于这一理念,评分规则将不再停留于学生表现或作品的表面特征,而是能够更深入地为核心素养的养成提供方向。

3. 表现性评价的实施

首先,将表现性评价嵌入课程与教学。表现性评价指向的素养目标就是课程中的学习目标;创造在真实情境中解决问题的机会的表现性任务,既是评价任务,也是学习任务;评分规则在用于判断学生素养水平的同时,也是反馈的工具、学习的支架。因此,必须在设计课程与教学的同时设计评价,将表现性评价与课程教学统整起来。

表现性评价与课程教学的统整,要求课程组织方式从基于知识点的课时走向素养本位的大单元,具体包括学期课程纲要和单元学习设计两个层面,大致遵循下列步骤:(1)提炼本课程本学期的关键目标或者本单元学生需要掌握的关键学习结果,同时关联核心素养;(2)设计能检测这些关键目标和素养的表现性评价;(3)选择课程内容并在表现性任务的引领下设计学生学习经历(重要学习任务)。其中,表现性任务往往被分解成一系列循序渐进的子任务,聚焦不同的知识、技能或能力,作为学习任务的一部分镶嵌于学习过程中。

其次,确保学生深度卷入评价的全过程。核心素养是学生通过各门课程的学习逐步养成的,而不是教师通过讲授传递的。在实施表现性评价的过程中,需要确保学生的深度参与。

一是让学生知道并理解良好表现的内涵。教师不能直接向学生布置表现性评价,要求学生做什么事,而是要告诉学生做这件事的目的,也就是教师期望学生达成什么样的表现目标,展示出怎样的素养。学生只有清楚他们所要达到的表现标准及其意义,才可能最大程度地付诸努力。帮助学生理解良好表现的内涵的方式是多样的,如使用学生易于理解的语言进行解释、提供不同水平的表现样例、与学生共同建构评分规则等。

二是给予学生掌控学习的自主权。首先,学生在完成表现性任务的过程中有机会做出各种选择,如自主确定研究什么问题、使用哪些资料、如何展示结果等。其次,学生有机会评价自己和同伴的表现或作品,这也有助于提升学生对表现内涵的理解。最后,在课程开始前就与学生分享或共建评分规则,学生通过评分规则来了解自己的学习进程,把握自己的学习步调,评估自己的表现成果,进行自我监控和自我管理。

三是考虑不同水平学生的需求。在同一个班级中,每位学生的认知水平、学习方式或多或少存在差异。有研究发现,嵌入表现性评价的课程有时不能成功地吸引和激励有学习困难的学生。因此,在实施表现性评价的过程中,教师也需要提供一些脚手架以支持所有学生都能进入评价,避免有学习困难的学生面对复杂的任务望而却步。如果表现性评价要求学生分析不同来源的数据并将其作为证据进行论证,那么教师可以提供一些思维工具来帮助学生组织他们的数据分析过程。

最后,收集并充分利用学生素养表现信息来促进教与学。尽管我们强调表现性评价与课程教学的一体化实施,但是仅仅做到嵌入学习过程、调动学生的深度参与是远远不够的,更重要的是收集并充分利用学生在完成任务过程中所展现出来的素养表现信息,为学生素养的进一步发展和教师的教学改进提供依据。

一是收集素养表现信息。在收集信息的主体上,不仅包括教师,还包括学生自己或者同伴。如果将学生分成小组,由同一小组的同学彼此互相记录素养表现信息,那么这就属于同伴收集。在收集信息的内容和时机上,既应收集学生完成表现性任务后的最终表现或作品,也应包括任务完成过程中体现出来的信息,尤其是在评价学生的必备品格和价值观念时,因为过程数据比结果数据更能凸显个体的意愿、习惯和倾向。在收集信息的手段上,可以是直接观察,也可以借助信息技术记录。像批判性思维这类内隐的高阶认知能力,往往很难通过直接观察获取有效信息,而依托信息技术将有利于记录学生完成任务过程中的注意力分配、行为轨迹、停顿时间等数据,从而帮助教师更细致地理解学生的思维过程。

二是充分利用素养表现信息。一方面,教师要根据评分规则对收集的信息做出评价,进行教学决策。评分规则的开发是基于学习进阶的,因此教师可以根据学生所处的素养水平,参照评分规则的内容,安排下一步教学,如继续类似任务的练习来改进不足,或者实施更复杂、更有挑战性的任务以帮助学生进入下一发展阶段。另一方面,教师要将评价结果反馈给学生,引导学生利用这些信息开展自我反思。反馈的形式不是简单的分数或等第,而应借助评分规则生成个性化的评估报告,描述学生的优势和不足具体是什么,下一步可以在哪些方面改进。在引导学生反思时,有效运用评分规则是关键,这建立在学生深刻理解评分规则、充分练习评分规则的基础之上。具体可以采取以下五步教学法:(1)解释评分规则,比如对"少许"或"较少"等词的理解要加深;(2)范例点评,即用以前学生的作业作为范例,分别对应不同水平,为现在正在学习的学生进行讲解;(3)结合同伴评价与教师评价;(4)自评与无分反馈,即在上交作业前自评,然后教师不打分,但对评分规则上的标准进行圈画,以表示学生目前的水平,并将结果反馈给学生,让学生对比自我评价与教师评价;(5)撰写日记或报告,即学生回顾使用评分规则打分的过程,重点在于描述自己如何调整学习,以及哪些方法和思路可以在未来的学习中继续使用。①

学习绝不是单向灌输,考试与诊断也绝不应朝向机械的试题公式,而应该是一场冒险穿越的故事,这故事里忙碌勇敢的骑士,应该是我们的孩子,他们听到召唤的号角,聚集到一起,在故事主题和真实任务的驱动下,团结一心、砥砺前行、解决问题、完成任务,获得成长的美好。

在素养本位课程改革的新时代,表现性评价是教与学的必需品而非奢侈品。每个学科、每个单元、每一堂课,都应该也都可以通过表现性评价中的真实任务建构真实学习,把机械的考试变成有意义的任务,把你考了个好分数变成你帮大伙儿解决了一个大问题;都应该也都能够在表现性评价的引领下,经由系统设计的教、学、练,变得有意思、有意义、有挑战、有成长,让学生在表现素养中发展素养,让表现性评价真正成为促进核心素养发展的教育性评价,为核心素养的真实落地,提供强而有力的支撑与保障。

三、让评价护航学生的健康成长

在教育教学中,评价的作用就像"北斗系统",具有引领发展、促进发展、实现发展的价值。评价既是一种价值追求,又是一种文化建设;评价既是育人的环节,又是育人的过程。基础教育的改革与发展,在走过了仅仅依靠分数指标、物质计量、工具价值来判断教育效益的阶段之后,已经进入了对学生全面发展、学校内涵建设、教育的人本价值的深度审视和实践突破阶段。课程、教学、评价是学校育人的核心要素,也是学校内涵发展、品质提升、本质彰显的关键环节。基于道德课堂的理论和实践,我们必须彻底走出"育人即育分"的误区,积极确立和践行"评价即育人"的理念,以评价为孩子们的健康成长保驾护航。

---

① 周文叶,毛玮洁.表现性评价:促进素养养成[J].全球教育展望,2022,51(05):94-105.

(一) 以镶嵌式课堂评价助力学生学得有效

"课堂评价"在本质上,是为了课堂教学活动的检点与修正;就其性质与功能而言,是一种不同于"选拔性评价"的"教育性评价"。课堂评价的改革与发展,在经历了"教与学的结果评价"阶段和"为了教与学的评价"阶段之后,已经进入了"作为教与学的评价"阶段。在此阶段,作为"教与学"的一部分,评价具有不可或缺的价值。镶嵌式课堂评价,是与学习同时发生的评价,即将评价融合于课堂学习的整个过程中。评价不再是学习的终结,而是改进学习方法、提高学习能力的载体,指向的是提高问题解决的质量和提升学生活动的效度。

1. 目标导向

理想的课堂学习一定是有目标引领的学习。学习目标是课堂学习的核心,是预期学生学习能够达到的目标,它指向课程标准,引导、驱动学生的课堂学习活动,它是课堂学习的终点,也是课堂学习的起点。在一个学习任务开始前,学生应该清楚他们将要学些什么,以及他们怎样才能知道自己已经学会了。当学生知道自己的学习目标是什么,以及如何知道是否达成目标时,学生的学习最有效。制定具体、适切的学习目标,首先要做好"三个分析":教师要基于学生的角度,从学生现有的知识结构、认知状态、学习动机等切入,把握学生的学习起点,准确判断学生的学情。通过上述三个方面的分析,保证学习目标"该学""能教""可学"。其次,规范叙述书写。课堂评价依据学习目标进行,判断学习目标是否达成。学习目标必须能够测量、利于评价,突出"学生能",表达"学生怎么做",表明"学生在什么条件下做",提出程度要求,即"学生学到什么程度"。最后,清晰呈现目标。学习目标是预期学生学习达到的结果,只有准确理解学习目标,学生才能向着目标前进。课堂伊始,教师的首要任务是呈现学习目标,引导学生理解目标要求。呈现的方式可以灵活多样,目的是让学生明白"去哪里"。

2. 伴随过程

课堂评价是教师对学习目标是否达成作出的判断,是连接教师"教"与学生"学"的桥梁,教师要随时关注学生"学到哪里了"。首先,紧扣学习目标。学习目标就是评价目标。教什么,评什么,这是课堂评价的基本逻辑,也是评价任务设计的基本遵循。在逆向教学设计中,评价设计前置,其目的在于保证评价目标与学习目标相匹配,在形式上会根据需要灵活设置,既有一个目标任务对应一个学习目标的,也有多个评价任务对应一个学习目标的,还有多个学习目标融合到一个评价任务中的。关键是教师要依据评价目标有效驱动学生的学习,引导学生积极主动地参与到合作、探究的学习过程中。同时,又要关注催生学生丰富的学习信息,通过成果展示、问题提出、作品交流等形式,让学生清晰地知道自己的学习历程"到哪里了",距离学习目标"还有多远",确保课堂评价能够帮助学生提升在学习目标旅程中对各种信息的鉴别力、诊断力,真正实现基于学习目标设计的评价任务的最大价值。其次,关注任务情境下的学生学习状态。评价任务依据学情进行设计,是让学生在一个全新的、相对复杂的情境中,面对新任务、新问题、新挑战,学会解决问题,"跳一跳摘桃子"。教师要根据任务情境里学生的学习状态及时给予方法指导、思路引领,指导学生"怎么做",引导学生持续向学习目标前进。

3. 即时评价

从学习目标设计走向达成目标的学习进程,评价任务由静到动,由文字变为教与学的理性导航,评价在"学习中"进行,全部嵌入课堂学习进程中,学生学到哪里,评价就评到哪里,学与评融合、同步。要实现评价任务对学习的导航功能,教师就要不断提升信息收集与目标判断的能力,及时收集、甄别学习信息,随时准确判断学习目标的达成情况。

第一,催生学习信息。学习活动告诉学生"怎样到达"学习目标,关键环节在于催生学习信息,评价学生学习。教师呈现评价任务,组织学生积极参与学习活动,通过启发、互动等教学方式,鼓励学生在多样化的情境任务中开展广泛、灵活的学习探究活动,激发学生思维,引导学生思考,让学生在一个自主的学习空间里经历真实学习的过程,产生足够多的有价值的学习信息,从而满足课堂评价的需要。

第二,收集学习信息。对于鲜活而丰富的学习信息,教师要及时准确收集,并将其作为评价学习目标达成的依据。教师要时刻关注学生在持续的学习过程中,围绕学习目标所产生的丰富真实的学习信息,形成一个比较完整的学习和信息反馈过程。教师要善于运用合适的工具,不放过学生的任何表现。学生的表情、回答、作品等都是学习信息。教师要认真观察、提问,在观看学生展示、观察学生操作、倾听学生对话的同时,用心捕捉有效的信息。

第三,判断目标达成。信息收集与评价的根本目的是判断学习目标的达成,这是"教—学—评"一致性课堂教学的追求。教师收集学生信息时,要及时甄别学习信息的有效性,保证收集到的信息的准确性。学习目标是学生课堂学习结果的表现,是具体的、可测量的、可观察的行为表现。因此,教师要依据学习目标,对收集到的信息随即进行分析、比较、判断,及时评估学生学习结果与学习目标之间的关系,准确判断学生学习目标的达成状态。由于学情具有多样性,难以逐一评价每位学生,因而教师要运用好评价工具,选择合适的评价方法,确保目标评价的准确度、覆盖面和即时性。

4. 反馈调整

好的反馈会舍弃无效环节,不断改善学习进程,保证学习更高效,目标达成度更高。从评价到反馈,再到改善,三者构成了一个指向有效学习的驱动链条,持续推进学生的学习走向学习目标。首先,及时进行反馈。学习信息鲜活生动、富有生命力,反映了学生真实的学习状况,保证了评价的准确性。那么,怎样基于评价做好反馈?反馈要及时、持续、清晰,保证学生有足够的改善学习的时间,让学生根据学习经历,理解、关注与学习目标相关的部分,吸收教师的反馈意见,持续追踪自己的学习,了解自己的进步。反馈重点要指向评价结果,评价结果不仅是为了判断,更重要的是作为反馈的依据,为学生改善学习提供真实有效的支撑。其次,改善学习进程。课堂学习就是一个始终向着学习目标前进、优化、再前进的过程,所有的反馈均应指向学习进程的改善。有诸多影响因素,尤其是学情的动态变化会在一定程度上影响目标的适切性,而反馈能够及时发现学习目标存在的缺陷,教师可以据此做出恰当的调整,进而促进课堂教学进程的优化。教师时刻将学习信息与预设目标进行对比,评价学生的学习状态,判断学生是否实现了预设目标,并据此适时调整学习节奏,改善学习进程。最后,灵活创设作业。学习进程的改善可以让更多的学生达成学习目标。在此基础上,教师还应善于依据学习目标,分层分类设计课外拓展提升作业,为学生提供一个完善学习目标的机会,帮助学生收获学习目标之外的精彩。比如,设计探究类作业,立足于学生学习拓展,通过探索研究习得知识,获得经验,形成创新力,推动学生在科学素养、创造力、实施力等方面的发展。作业是课堂教学的延伸与补充,每一份好的作业,都会给学生创造一个新的学习空间,激发学生的学习兴趣,培养学生的核心素养。①

日本教育实践家东井义雄说:"儿童是出错的天才。"在他看来儿童是根据一套法则出错的,把这些错误类型化、本质化,让学生去研究、发现、修正,是形成性评价的根本特征,也是素质教育的内涵所在。镶嵌式课堂评价,应着眼于人格的整体性、教学内容的层级性以及学习过程的连贯性,关注"我们正在做得如何",而不是"我们已经做得如何",打破那种机械固化的高利害的终结性评价垄断课堂教学的局面。应该先是在"评价即教学"的层面上进行实践,把课堂评价镶嵌在教学环节之中,运用课堂评价促进调节课堂教学;继而在实践中发现"评价即学习"的本质,利用师生共定评价规则开展探究性学习,将"教—学—评"一致性的教学,提升到培育核心素养的新高度。

(二) 以发展性综合评价助力学生全面成长

发展性评价是指依据一定的教育目标和教育价值观,评价者与学生建立相互信任的关系,共同制定双方认可的发展目标,运用适当的评价技术和方法,对学生的发展进行价值判断,使学生不断认识自我、发展自我、完善自我,不断实现预定发展目标的过程。它的核心思想在于促进学生的发展,一切为了学生的发展,评价标准、内容、过程、方法和手段都要有利于学生的发展。

1. 发展导向

教育的本质在于促进人的发展,培养德智体美劳全面发展的社会主义建设者和接班人,是党和国家赋予教育事业的根本任务,是党的教育方针的重要内容。因此,促进学生全面发展是教育评价改革应有的核心要义。人的社会关系的完整性、自主充分的发展应成为教育评价的关切,而核心素养和自我实现是全面发展的能力载体和动力需求。

首先,要全面理解和把握全面发展的内涵特征。全面发展的丰富内涵是"完整、自主、充分"。党的教育方针发展了马克思关于全面发展的教育有关论述,"五育"既是对人的素质要求,也是培养全面发展的人的途径,要求我们遵循自然、社会和人的发展规律培养人,应该把握

---

① 逄凌晖.增强教师"四力",让"教学评一体化"真实落地[J].中国教师,2023(02):44—47+58.

"人的发展的完整性、自由发展和充分发展"三个要点。发展的完整性是指人的社会关系的丰富性以及各构成部分和谐发展,自由发展是指人作为主体发挥自觉能动性的自由,充分发展是指人全面而自由地发展的程度。这三个要点应成为我们检视教育活动是否有利于全面发展的关键指标。全面发展的完整性内涵体现于学生社会关系的丰富性,由于既定的条件决定了人们活动的范围和水平并最终决定了其社会关系的丰富性,完整性内涵要求我们改革教育方式,进一步提高学生学习内容和空间的开放性,以及学习方式的参与性和实践性。自主充分发展则是全面发展的内在特质和必要条件,要求我们在教育方式上保障学生自主探索的时间和空间,让学生在社会实践活动和相关探究学习中塑造主体性,在因材施教的支持环境里发现和认识自己的潜能并自主选择发展方向与发展路径。全面发展的能力载体是"核心素养"。中国学生发展核心素养顺应新时代的新要求,对全面发展进行了价值观念、能力和品格维度的具体化表述,给"五育"的培养任务提供了操作性定义,推动了"五育"从并举走向融合,六大素养十八个要点是所有学科的教育任务,在不同情境下可以有所侧重但仍旧整体发挥作用。如交流表达能力可以通过以学科为基础的写作表达、数学表达、审美表达等的培养,最终形成学生整体的交流表达能力。全面发展的动力需求是"自我实现"。中小学生的自我实现包括以下几层含义:一是能力或者潜能得到充分发挥并实现理想的过程;二是将自身作为发展和改造的对象不断自我完善的过程;三是脱离了功利性需求的一种心理状态,基于内在动机努力追求自我发展,愿意接受和学习新经验,在接受挑战和创造中获得自我肯定与高峰体验。激发学生自我实现的需要、鼓励学生追求自我实现、培养学生自我实现的能力,是教育工作的重要任务。必须要明确的是:促进自我实现的教育不是知识的硬性灌输,而是生命潜能和主动的实践意识的唤醒。教育者要发挥自身主体性,灵活运用已有的环境和条件,激发学生发展自身能力的愿望。[①]

其次,要基于学校教育哲学明确学生发展目标。校长对学校的领导,首先是教育思想的领导,其次才是行政领导。合格的校长都会遵循校长办学的基本要求:确立办学理念,明确培养目标,抓好课程、课堂、评价三大建设,建构课程体系、评价体系两大体系,涵养学校学习生态。办学理念是校长教育理念的下位概念,是校长基于"办什么样的学校"和"怎样办好学校"的深层次思考的结晶,是学校生存理由、生存动力、生存期望的有机构成。它回答学校的全部活动所涉及的三个基本问题:为什么,做什么,怎么做。这三个问题的答案共同解决学校的终极问题。培养目标是根据国家教育方针和学校的实际确定的把学生培养成什么样的人的设想,是毕业生的画像、学校培养的学生的全面发展的模样。办学理念是学校的文化精神和灵魂,培养目标是学校教育的价值所在,两者都不应该是一句空洞的口号,而应该是学校师生共同的价值追求。学校的培养目标(学生发展目标)既要有方向性的目标描述,又要有操作性的目标叙写;既要有总目标,又要有子目标。目标要明确、具体、可操作、可达成、可监测和可评价。在落实

---

① 任春荣.促进学生全面发展的评价旨向与关键要素[J].人民教育,2023(07):40-44.

党和国家的教育方针、培育学生核心素养的前提下,学校的办学理念、培养(学生发展)目标与学校的课程体系、实施体系、评价体系应该建构在同一逻辑体系内,形成学校自己的逻辑体系。

2. 五育并举

立德树人是教育的根本任务,德智体美劳全面发展是党和国家的教育方针规定的人才规格。德育铸魂,智育赋能,体育强志,美育润心,劳育塑人,五育并举,为党育人,为国育才。每一种教育教学行为,都可能对孩子的生命成长具有综合影响,产生综合效应,各育的成长效应往往是相互贯穿、相互渗透和相互滋养的。在"五育并举"的前提下,走向"五育融合"是符合教育规律和人的成长规律的。通往育人质量提升的路径多种多样,其中从"五育并举"走向"五育融合"是当前及未来基础教育改革最重要的发展方向和路径之一。"五育并举"强调德智体美劳缺一不可,是对教育的整体性或完整性的倡导。"五育融合"则着重于实践方式或落实方式,致力于在贯通融合中实现"五育并举"。"五育并举"和"五育融合"是理想与实践、目标与策略的关系。"五育融合"彰显了一种实践形式,即"融合实践",这是一种独特且重要的"育人实践"。"五育融合"蕴含着一种新的教育理念或育人理念,即"融合理念",它与"融合实践"一样,直指以往制约育人质量提升的主要瓶颈和难题之一:各育之间的相互割裂、对立甚至相互矛盾。它带来的不是相互分离、割裂的德育论、智育论、体育论、美育论和劳育论,而是"五育融合论"。未来的诸育理论,都将会在"五育融合"的理念和体系内得以重建。从根本上讲,它是一种系统思维,包含了"有机关联式思维""整体融通式思维""综合渗透式思维"等。传统教育之所以存在不够融合的顽疾,根源在于思维方式的点状、割裂、二元对立、非此即彼等,从而导致各种教育之力的相互抵消、相互排斥,无法形成教育合力,难以产生叶澜教授所言的"系统教育力"。具有了"五育融合"的理念和思维方式之后,不仅各育之间的关联度、衔接度将有所提升,各育自身的推进方式、运行方式和发展方式也会随之发生革命性变化:从此以后,各育都将在"五育融合"的背景之下,重新建构自身的发展方向和发展机制。

以"五育融合"的理念和思维方式为基础,探究与建构融合机制,包括三个方面的核心机制:其一,"融合过程机制"解决"如何让五育融合真实日常发生",融合的阶段、步骤、载体和方式有哪些,为此需要对"五育融合"的过程进行"整体设计";其二,"融合评价机制"指向"如何整体评价五育融合的效果",这将是一种全新的评价教育质量体系,不再是孤立地评价德育成效、智育成效、体育成效、美育成效和劳育成效,而是以"五育融合度"为评价单位,进行整体评价;其三,"融合保障机制"致力于解决"如何保障五育融合真实、有效且持续发生",存在于宏观、中观、微观等不同层次的各级各类教育主体,各自承担什么融合责任,在学校教育内部,教育行政部门、学校和教师怎么办?在学校教育外部,家庭、社区以及博物馆、图书馆、科技馆、敬老院等各类校外机构,又该有何作为?由此要求的是整体保障。

"五育融合"是一种"育人挑战"。对于学生而言,这种挑战意味着今后的学习,不仅是线上线下混合式学习、人机交互式学习,也是"五育融合式"学习,形成基于融合、为了融合和在融合之中的学习兴趣、意识、方法、能力与习惯。对于教师来说,这种挑战带来的是新要求:要有"五育融合"的教学新基本功,既要善于在自己的学科领域充分发挥每一堂课、每一个教育活动的"五育效应",也要善于融合利用各育的育人资源,实现基于融合、为了融合和在融合之中的新型教学方式。校长需要具备的则是"五育融合"的管理新基本功:如何建构适应"五育融合"的体制机制、制度体系、课程体系、教学体系、班级建设体系以及整体性的学校文化体系,生成基于融合、为了融合和在融合之中的新型学校管理方式等。所有的这些都将构成前所未有的新挑战,它带来的是未来中国教育改革与发展的新希望、新道路和新时代。①

3. 评价引领

在实践过程中,过多内容、过度量化和标准统一等过度评价现象导致学生的发展碎片化、抽象化和片面化,评价从辅助和支持教学走向强控制,教师的教与学生的学都丧失了主体性。要克服上述评价实践中出现的异化现象,需要把全面发展的内涵特征作为辨析、审视、讨论并改进学生评价的根本依据。学生评价既要体现对全面发展状况的判断,也要从内容到方式都符合促进全面发展的需要,充分发挥评价引领发展的作用。

不同的学习活动采用不同类型的评价。不同的学习活动可以从不同的角度促进和体现学生全面发展,应有不同的评价类型与之相适应,选择标准要有利于实现学习活动的目标。评价类型包括正式评价和非正式评价,正式评价按照时间节点可分为过程性评价和结果性评价。全面发展的内涵特征提示我们,企图用一种类型完成对学生全面发展状况的评价是不科学、不现实的。每一种评价类型都有其适用性,一味提高评价的高利害性或者过度采用结果性评价,容易犯以考代评的错误,导致教育活动压力过大、考试负担过重,使学生丧失自主充分发展的机会。

全面、科学的评价,首先要加强面向日常教育活动的非正式评价和过程性评价的使用。这两者是经常发生且对教育活动覆盖面最广的评价方式,参与性、灵活性、动态性和个性化程度较高,是易于发现和发展学生潜能的评价类型,会对学生的发展产生深远影响。两种评价方式的使用重在诊断和激励而不是选拔,用好两种评价方式,一方面要提升师生的评价技能和公正评价品格,另一方面应加强评价工具的供给和学校评价文化的建设。其次要探索丰富的结果性评价。尝试基于人工智能的线上统一考试,采用人机互动、现实模拟等方式测评学生的高阶能力或综合素质,如在虚拟空间中考查学生合作解决问题的能力等。借鉴人事测评方法对学生的知识水平、能力结构、个性特征、职业倾向、发展潜力等方面进行综合测评或有选择的测评,有利于缓解应试教育压力,推动学生更多参加实践探究活动、艺体活动、社会公益活动等。最后,要不断优化过程性评价纳入结果性评价的方式。过程性评价纳入结果性评价应以有升学考试任务的学段为主。使用学生日常行为大数据进行综合素质评价正成为研究热点,但需

---

① 李政涛,文娟."五育融合"与新时代"教育新体系"的构建[J].中国电化教育,2020(03):7-16.

要注意学生数据的采集、使用和管理的伦理问题,需要对场景和时间进行抽样而不是进行全时段评价或者行为监控。探索学校开展过程性评价的质量,如从评价的真实性、公正性和一致性等维度进行评估和公示,逐步提升过程性评价在选拔招生中的效用。

打破量尺的单调性,满足多样化的个性需求。学生自主充分发展包含两个方面的含义,一是潜能有机会被发现并获得发展,二是学生自主选择的能力获得最大程度的发展。由于自然存在的个体差异,某个学生最擅长的方面即使获得最充分的发展也可能无法达到出彩的程度,但是发展一样可以给他带来自我实现的高峰体验。由于学生个体间的个性差异以及个体自身能力间的先天性差异,想要促进全面发展的评价则需要做到三个方面。一是要有多把量尺让学生选择,从而满足学生通过尝试更多领域以发现潜能的需要;同时量尺还要有足够的长度,让素养分布两端的学生都能找到自己发展的空间。二是评价方式应提高学生的参与性,如非选拔性评价的指标、方式、标准以及评价过程可以由师生协商确定,这样做有助于学生明晰发展目标、获得自我发展的掌握感和自主能力。三是评价内容还应关注学生的自主发展能力,如选择发展方向、规划发展、安排自由时间的能力等;保障充分发展的人格特质,如好奇心、坚韧性、尝试新事物的意愿和探究能力等。当然,这要求管理者具有尊重不同尺子价值、不把各种尺子合并成一把尺子的自觉,尊重人的成长规律和评价的科学规范。

以核心素养为统领,观照发展的完整性。综合素质评价源于重视学生发展的完整性和多样性,其在实践中变成先分科评分再汇总,认知发展领域过度的分科思维忽略了学科之间的关联,跨学科通用素养往往被限制在某个学科中进行考察,因为不属于本学科教学的主要任务被忽视。典型事件方法、表现性评价项目在学科之间缺乏统筹,带来重复评价或者师生精力分散等问题。为解决上述问题,完整性评价要求指标体系的建构能够将核心素养评价与学科评价紧密连接,树立二者互为一级指标的意识,即评价某素养的表现可以从各个学科中抽取该素养的评价结果,评价某学科的表现能够从各个核心素养的角度来表达。以核心素养统领的学生评价,还应不断丰富独立的、基于跨学科知识技能的测评,如问题解决能力、探究能力的测评等。不论按学科还是按核心素养呈现评价结果,都应重视真实性评价、表现性评价的应用,在真实世界或者模拟世界中设置系统性的问题背景,为学生提供综合实践各种能力的条件。

评价要激发学生终身发展的内驱力。知识技能的多样化和特长发展是全面发展的外在显性特征,在知识、技能支持下的自我实现是人区别于动物、区别于人工智能的本质特征。单纯用技能数量、知识面来评价某学生全面发展的程度是否更高,不仅容易掩盖师生自我实现的需求,走向追求机械训练的片面化、功利化发展道路,也将严重打击人工智能时代人类的自信心,并怀疑自我存在的价值。联合国教科文组织发布的《一起重新构想我们的未来:为教育打造新的社会契约》研究报告,建议教育目的要从现在重视创造体面工作的意义转向优先考虑学习者创造意义的能力,深刻揭示了人工智能时代创造意义对人的"活着"或者"存在"的价值。学生评价的终极目标是促进学生形成终身创造力和实现自己价值的动力,这是教育评价本体功能应包含的教育性所决定的,也是全面发展的社会目标所要求的。自我实现具有个体性和共性、瞬时性和持续性并存且个体性和瞬时性更为鲜明的特点。通过固定时间的、统一的外部评价对自我实现作出可靠判断是比较困难的,评价指标可能发挥引导作用,也可能成为限制和约束的硬性条件,不利于学生的自我实现。自我实现的评价更适合以学生自我评价为主与外部评价相结合的方式。评价方式应强调开放性——评价时间不固定,过程性评价重在及时反馈,结果性评价重在了解学生在任意时间发生的自我实现带来的个人突破和持续效应;采用质性研究方法应对时间的不确定和充分展示个体差异;评价指标宜粗不宜细,要以引导为目的,重在比较学生自己的变化和成长。①

4. 全程记录

发展性评价是一种成长性、过程性评价。学生成长记录袋是一种客观的、典型的、有意义的发展性、成长性、过程性评价方法,有学生自我评价、同学相互评价、教师评价、家长评价等。徐芬、赵德成等国内研究者在对相关实践进行总结的基础上,提出一个本土化的定义:"所谓成长记录袋,就是装着学生成长过程记录的文件夹或者文件袋,是根据教育教学目标,有意识地将学生的相关作品及其他有关证据收集起来,通过合理的分析与解释,反映学生在发展过程中的优势与不足,反映学生在达到目标过程中付出的努力与进步,并通过学生的自我反思激励学生取得更高的成就。"它的作用和价值在于记录学生成长过程中的点点滴滴,记录的过程就是评价的过程,评价本身就具有激励作用,在记录评价中会对学生进行横向和纵向的比较,横向比较学生就有了竞争力,纵向比较则增强学生的自信力,促进学生的自我反思与完善,有助于学生形成正确的情感态度价值观,有助于学生自我管理习惯的养成。学校要指导和帮助学生建立成长记录袋,完整地记录学生的成长经历,从而提高学生的自我监控、自我评价、自我反思、自我教育的能力,促进学生综合素质的全面发展,同时也为教师、家长能够客观认识、评价学生提供相对完整和真实的信息资料。

创建成长记录袋的过程就是评价的过程。学校可以把创建成长记录袋作为学生综合实践课程的重要内容,根据创建过程和结果给予评价评分。在创建成长记录袋的过程中,根据学校及学生的特点和要求,引导学生积极主动参与创建,在与学生平等协商的基础上,让学生能自主地创建一个理想的个人成长记录袋。在指导和帮助学生创建成长记录袋的过程中,首先要让学生充分了解建立成长记录袋的意义、目的和用途,提高学生的积极性,还需要和家长进行沟通,将创建成长记录袋的实施方案等告知家长,让家长了解成长记录袋对促进学生发展的重要性,取得家长的配合和支持。这个过程有助于提高学生与家长的沟通能力,提高学生自我管理的能力。其次教师要在学生建立成长记录袋的方法、步骤上给予具体的指导,让学生知道什么类型的作品适合放进成长记录袋、用什么标准来评价作品等。第三,需要明确学生成长记录

---

① 任春荣.促进学生全面发展的评价旨向与关键要素[J].人民教育,2023(07):40-44.

袋的评价方法。对独立性和自主性较强的学生来说,应是以学生自评、互评为主,教师、家长参评为辅。教师和家长要以激励性评价、形成性评价和发展性评价为主,以突出学生的个性、发掘学生的潜能为主。参与评价的教师必须随时随地对评价对象作观察记录,定期阅读学生成长记录袋里的作品,与学生进行交流和讨论,和学生共同开展基于成长记录袋的评价。

让成长记录袋充分发挥促进学生成长的作用。记录袋只是一种事物,袋中装些什么才是大学问。不同类型的成长记录袋,所能产生的评价效果是不同的,如果创建的目的是展示学生的最优成果,那么收集的内容应是学生认为的最满意的成果和最重要的作品。如果创建成长记录袋的目的是记录和描述学生学习与发展的过程,发现其优势和不足,那么收集的内容就不仅包括学生的最终作品,还要把过程性的东西也装进去。它既要记录学生的成长过程,还要激发学生的兴趣,更要避浮华而求真实,体现学生的真实自我。一般来说,学生成长记录袋的内容主要有四大板块:个性展示、成长足迹、综合实践和自我评价。在创建中既要有格式统一的部分,又要有自由发挥的部分,能展示学生的个性,这样既有利于评价标准的制定,还不会扼杀学生的创造性。比如"成长足迹"是非常重要的板块,其中"作品展示",不是单纯的展示作品,而是要描述一个作品的形成过程,如一篇作文,要包括灵感来源、构思经过、草稿、历次修改稿等,通过这些来体现学习提高过程;再如书法、美术等作品的形成过程,当中要包含相关的评价(自评、互评、师评等)。"作业展示"展示不同学科的作业,要有教师的批改和评语。可以选好的,也可选不好的,要写出展示的原因、存在的问题、心得体会等。"校园生活"展示所经历的丰富多彩的校园活动。学校尤其要重视学生的自我教育和自我管理,学校的各种文体活动能交给学生策划和组织的就都交给学生,让每个学生都有参与的机会,这样每个学生就会有不同的经历和感悟,这些材料都会成为成长记录袋中非常珍贵的信息资料。"心路历程"包括正面的和负面的,正面的如好人好事等,负面的如犯错违纪等,要体现做这个事之前是怎么想的,做的过程中感受如何,做过后有什么反思,等等。此外,学生还可以根据自己的实际情况添加内容,只要是体现成长转变的,都可以放入成长记录袋。

让成长记录袋充分发挥评价与反思的作用。在创建成长记录袋的过程中,尤其要重视学生的自我评价与反思,通过不同的方式,来提高学生的自我评价能力,培养学生正确的世界观、人生观和价值观。尤其是成长记录袋中一个非常重要的板块——自我评价。"自我评价"包含入学情况自我评价以及每个学年的自我评价,其中包含上学期的回顾总结与反思、本学期的自我评价、同学互评、辅导教师评价、班主任评价等。学科学习自我评价,每个学科一份,包括每个学期学习情况的自我评价、小组评价、任课教师评价和发展寄语等。单独性的自我评价和反思,如在竞选学生会、班委会过程中的个人想法、计划、总结、反思等。人生目标以及学段规划,包括近期规划、中期规划和远期规划,有规划内容、完成情况、未完成原因及改进措施。自主管理与自我教育评价以及学生基础素质评价,包括道德品质、公民素养、学习能力、交流与合作、创新与发现、运动与健康、审美与表现等七个方面的等级评价。要根据新课程的要求和自己的教育教学需要,合理高效地应用成长记录袋,充分发挥成长记录袋在学生综合素质评价中的作用,将成长记录袋的各种潜在功能落到实处,切实促进学生的全面发展与成长。①

成长记录袋作为对学生成长过程的评价,主要的功能是促进学生身心的健康发展,基本原则是促进学生全面发展与个性发展的统一。作为过程性评价需要考虑证据、判断和结论三种要素,这三者构成了一个完整的、系统的评价过程。"证据"必须真实且力求全面;"判断"要准确体现教师的专业能力与水平;"结论"要全面客观合理,切合实际,有明确的目的性和针对性,避免千篇一律、流于形式。要"强化"这种评价形式的地位与价值,就要秉持评价证据的多样化思路、主客观相结合的判断思路和建设性的结论思路。强化对学生成长过程的评价,不仅要认识它的含义与功能,明白它的基本思路,还需要有针对性。这种针对性对强化过程性评价是非常必要的。强化过程性评价的针对性,体现在不同的学生、课程与学科上。

就"不同学生的针对性"来说,缺乏对学生深入全面的认识,就没有科学准确的评价。赫尔巴特认为,为了获得对每一个学生可塑性的准确了解,在教育的过程中,教育者首先需要对学生的行为和个性特点进行观察,如学生大脑中"已有的观念群"、脾气秉性、人格气质、性格的敏感程度等。不仅需要认识学生的表征特点,包括他们的形象、外貌、言语、动作等方面的特点,这是认识和研究学生的重要入手之一,是教育评价的基本要求和"童子功";还需要认识不同发展阶段学生的成长需求与主要困难,不断识别学生发展中的各种"症状";更需要认识学生的生命核心,认识学生的最高境界就是找到学生生命的"痒处",这也是教育的最高境界。

就"不同课程的针对性"来说,不同的课程应该有不同的证据与结果,这是过程性评价针对性的一个难点。一是课程类型的针对性,表意性课程的评价强调标准的多样性,以达到殊途同归的效果;工具性课程的评价强调标准的统一性,以达到形成分化的效果。表意性课程主要是品格训练,其主要功能是整合与形成共识,德育或道法课等是这种课程的代表。工具性课程即各种学科或专业性的课程,它是一种形式性学习,希望传递给学生必要的事实、程序、练习与判断,以学习特定能力。二是作业与试题的设计,不同的作业与试题模式是过程性评价中实现课程针对性的具体方法。不同课程的过程性评价常常通过作业与试题得到实现,过程性评价必须重视作业与试题的设计。

就"不同学科的针对性"来说,这种学科的针对性有两层含义:一是德智体美劳五育的领域,尤其是学生在不同领域的表现方式。例如,在体育领域中关注学生对自己身体的认识(体育的认知)、对自己身体的运用(体育课的成绩)、对自己身体的控制(意志力的表现)等方面。二是阅读、数学、科学等学科。阅读认知能力被定义为理解、运用和反馈所学文本的能力,目的是让学生实现目标、发展知识和潜能以及有效地参与社会。这个定义表明阅读认知能力不仅仅是对材料的分析和理解,还包括运用文本信息完成目标的能力,以及运用文本信息有效参与

---

① 任尚义.成长记录袋在学生综合素质评价中的重要作用[J].青春岁月,2014(16):348.

复杂社会的能力。数学认知能力是指判定、理解和进行计算的能力,以及对于计算所起作用的有根据判断,这种作用体现在学生的个人生活中、事业中、社交活动中,等等。科学认知能力要求学生要有对科学概念的理解力以及支配科学观念的能力,目的是让学生对自然世界和人类行为带给自然世界的变化进行理解和做出决定。这并不意味着学生必须掌握大量的科学知识,而关键在于学生能否对事实进行科学的思考。总之,这是一种非常重要的评价形式,其本身就是一项综合性的评价,从本质上看是一种成长性的评价,需要认真研究实践,强化它的地位和价值,充分发挥促进学生全面发展和健康成长的作用。①

(三) 以表现性真实评价助力学生个性发展

全面发展与个性发展是有机统一的,而非对立的。学生的全面发展是指在德智体美劳等基本面上的相对完整性与和谐性,而个性发展是个体在需求、生活习惯、性格、能力、爱好、兴趣等方面形成的稳定的特殊性。就一个人发展的横向维度逻辑看,全面发展是学生个性发展的基础和前提。全面发展的基本标准体现在培养学生达到国家在德智体美劳方面的基本规定,所有受教育者都应实现身心和谐发展。学生的个性发展必须以尊重基本的道德价值规范、遵守国家法律法规为基础和前提。个性发展的重要内涵之一,是发现自己的最佳能力和最高兴趣所在。在促进学生德智体美劳全面发展的教育实践中,既要主动培养学生的能力,发展学生的综合素质,也要帮助学生认识自己,使学生成为更好的自己。② 表现性评价是根据既定的学习目标,对学生在真实或模拟真实情境中完成一个或一系列任务的过程表现及结果的评价。学生在真实或近乎真实的情境中将旧知向新知理解过渡,将元技能向新技能逐步转化,创造性地运用多种方法解决问题、展示自我、提升心智。与传统的纸笔测验或标准化测验相比,表现性评价更系统全面、真实,因此有时也被人们称作"真实评价"。

1. 多元导向

学习者的能力是多方面的,每个学习者都有各自的优势。学生在意义建构过程中表现出来的能力不是单一维度的数值反映,而是多维度、综合能力的体现。因此对学生的评价应该是多方面的。

在评价内容上,注重多元性、丰富性、灵活性、全面性和综合性,因适而定、因需而定。强调对学生在各个方面活动和各个阶段发展状况的全面关注;突出学生的主体性地位,学生是一个"完整的人",具有多元潜能和多种需要;强调从德智体美劳等各个方面去全面评价,要注重学生综合素质的考察,不仅关注学业成绩,而且要关注学生的创新精神和实践能力的发展,以及良好的心理素质、健康的体魄、浓厚的学习兴趣、积极的情感体验、和谐的人际关系、较强的审美能力等方面的发展。评价内容为学生的精神、知识、身体、个性、能力五方面素质的全面发

---

① 谢维和,过程评价的思路与针对性,"中国教育评价"公众号,2022年5月19日、20日、23日分三次发布。
② 窦桂梅,基于学生全面发展的评价改革,"校长派"微信公众号,2022年11月15日发布。

展。在评价标准上,体现多维、多元、灵活、立体等特点,提倡以绝对标准为主,绝对标准、相对标准和个体标准相结合的多元、立体结构。多维是指绝对标准分为多个维度,如分为知识与技能、过程与方法、情感态度价值观和能力发展等维度;多元是指每一个维度中的标准都有一个由低到高的渐进层次;灵活是指根据学生不同发展阶段的评价需要,灵活、合理、科学运用绝对标准、相对标准和个体标准;立体是指学生不同发展阶段的不同标准组合结构。全面发展性学生评价倡导在幼儿、小学阶段采用绝对标准;初中阶段采用"绝对标准+个体标准";高中阶段采用"绝对标准+相对标准+个体标准"。这种多维、多元、灵活、立体的评价标准,既能关注学生个体差异以及发展的不同需求,又能促进全体学生的全面素质的提高,保证学生个体的全面发展。

在评价主体上,首先树立学生的主体地位,实施多元主体评价,重视自我发展评价,强调评价主体的民主参与、多边互动、内外结合。评价者和被评价者都是平等的评价主体,双方是平等、互惠、协作的民主关系,评价过程是主体间的自愿选择、相互沟通和心理协商的互动过程。对于学生的主体地位要给予高度重视,关注他们的现状和需要,充分尊重个体差异,学生拥有密切参与的权利,有对评价方案提出意见和建议的资格,也有对评价结果提出申辩和辩解的权利。凡是有利于评价的言行都要给予支持,以充分调动学生的学习主动性和积极性。外部评价是他人评价,在这里指学校教育外部对学生的评价,包括教育部门评价、非政府评价、家长评价和社区评价。内部评价是指学校教育内部对学生的评价,包括学生自评、同学互评、小组评价、教师评价、管理者评价、学校评价。全面发展性学生评价观有一个重要目标就是实现自我发展评价,通过自我完善,实现自我全面发展的目的。多元评价主体的一个共同的指向性任务,是促使学生逐步学会自我监控、自我调整、自我改进和自我完善,不断提高自我发展评价能力。全面发展性学生评价把外部评价和内部评价、目标评价和主体评价有机结合起来,充分发挥多种评价主体的力量,让个体、同学、教师、管理者、家长、社会成员都积极参与到评价活动中,使学生评价成为一个全员民主参与、全体多边互动、全面促进发展的系统过程。

在评价方法上提倡多样、灵活、全面、有效。多样是指针对学生个体在不同发展阶段的个性差异、表现特征采用不同的评价方法和策略;灵活是指针对学生个体,对同一教育评价现象灵活选择不同的评价方法和策略;全面是指把质性评价和量化评价结合起来,以质性评价统整量化评价;有效是指针对学生个体不同发展阶段所采用的评价方法要连贯和持续,以提高评价方法的总体效益和质量。在操作上,强调多层多元化考试、综合素质评价和质性档案贯通,培养学生自我发展评价能力,促进全体学生全面发展。

2. 适性扬长

众所周知,做教育是选择适合学生的教育,而不是选择适合教育的学生,适合的教育才是最好的教育。"适性扬长"作为一种教育理念,其核心要义是:教育要适合学生的个性特征,帮助学生发展与其个性特点和智能水平相适应的才能,让学生人人得到全面而扬长的发展,个个都生机勃勃,生生都有自己憧憬的未来,成就每一个孩子成为最好的自己。"适性"教育,"适"是指"适应"(倡导教育应适应每一名学生的个性发展需求)、"适合"(倡导教育应适合每一名学生的发展)、"适度"(倡导学校教育应提供对学生的适度引导,以充分实现学生自主发展),"性"是指"天性、个性、社会性(涵盖理性、品性、德性三个范畴)"。"适性"教育强调保护天性、尊重个性、培养社会性,尊重学生的个性和潜力,挖掘其潜力,让学生在群体中展现自身优势和个体优势,促成学生个性化的发展目标,最终以"适性"教育实现人的不断自我超越性成长、扬长性成长。[1] "扬长性成长"即是绿色成长、主动成长、生动成长,"扬长的教育"才是绿色教育,才是符合教育规律和人的成长规律的教育,才是有道德的教育。基于"适性扬长"的教育理念,学校为学生提供的课程应该是"生本化"的课程,重在体现课程的全面性、多样性和个性化,以促进学生的差异发展、多元发展和扬长发展、扬长成长;在教与学的方式创新方面,重在体现教学的个体性和差异性,根据学生个体发展的差异,倡导因材施教、分层指导,促进学生的主动学习、深度学习和核心素养的养成。

在学生评价方面要促进全面发展的育人实践:素养的基本盘+个性的适性扬长。首先要改进结果性评价,指向基于全面发展的学科素养。考试是最常见的评价形式,也常常作为结果性评价出现,被认为是对知识学习最好的考查方式,然而学校应该更加注重的是如何进行具有价值考量的考试。要不断探索命题改革,使其指向问题解决,指向核心素养,并基于学科能力或素养进行合理的归因分析;充分利用现代技术手段,开展立体式考查,既评价那些外显的知识、能力,也评价内隐的、难以用符号表征的内在素养;从散点式的成绩记录转向全景式的数据采集;不仅对班级整体,还对个体进行针对性的诊断。通过一系列改进结果性评价的举措,引导教育教学指向儿童的德智体美劳全面发展。就发展导向而言,从分数导向转向能力素养导向,对学生的学业进行数据质量分析,从经验反馈到科学归因,再到个体学习的策略改进反馈,以达到精学精练的精准发力。质量监测的有效诊断与反馈,不仅有助于找到学生的学习卡点,也能发现教师教学的研究卡点。系统化、专业化、数字化、模块化诊断与反馈让学生和教师同频共振,让教与学同步走向深入。就评价的科学性而言,从班级整体到分层分类,从模糊描述到精准分析,从单一学科串联到多学科并联,对学生个体的成长进行画像,推进教学改进。学习能力包括学科能力与通识能力,通常我们在进行单一学科评价的时候,往往会掉到单一学科认知评价的窠臼里,更多地从学科的知识与能力、思维与方法等维度进行评价,而忽略了学生本体的复杂属性,不能从根本上发挥评价促进学生发展与改进的作用。就评价的维度而言,需要强化发展的"整体性"。学校要依据"学生成长报告书"一类的资料,对学生成长进行德智体美劳全面发展的画像。横向维度上,在品格素养、积极心理、体质健康、学习品质、审美意识与公益担当等方面进行质性与量化相结合的评价;纵向维度上,突出各维度的连续跟踪,并给出

---

[1] 谢嘉慧,刘盾."适性扬才"为每名学生的精彩人生奠基[N].中国教育报,2021-08-31(03).

分析和改进建议,形成成长评估的基本模型,促进学生全面、可持续发展。成长报告不仅为学生、家长,也为高一级学段学校更好地了解和促进学生成长提供第一手成长档案,为学段衔接做好数据支撑,为学生德智体美劳全面发展提供"宏观群体"成长数据图谱和"微观个体"成长刻画。

其次要强化过程性评价,明确全面发展的"个性"诊断是"关键中的关键"。从国家开设的学科内容来讲,对人的"不唯分数"的评价既要脱离分数的"表层意义",也要深度挖掘背后的"内部价值"。"内部价值"涉及儿童如何全面发展,这就需要关注每一个具体的儿童,帮助每一个儿童全面发展,而不是将全体儿童作为最大公约数的"平均发展值",这才是关键中的关键。一是过程性评价中的个体观照。在学生学习过程中,对学生的兴趣、思维、情感等进行过程性的实时跟踪、记录,在动态的学习过程中借助技术评价工具进行有效诊断与针对性反馈,从而促进学生的全面发展。创新评价工具,利用人工智能、大数据等现代信息技术,探索开展学生各年级学习情况全过程纵向评价、德智体美劳全要素横向评价。从精学精练到精准发力,让数据成为育人的支撑,让诊断过程成为育人的过程。二是过程性评价中的个性彰显。培养学生解决实际问题的能力,需要建立相应的评价体系,引导学生个性化发展。比如劳动教育,根据不同学段、不同年级的个性特点,劳动教育的内容应是什么、培育的重点应是什么,需要建立相应的劳动教育评价体系。三是过程性评价中的个性培养。每个人的自由发展是一切人的自由发展的条件,高质量教育应该是全面发展与个性发展的统一。学校要为不同个性特征的学生搭建不同的平台,鼓励教师发现、唤醒学生的个性,鼓励学生释放特长,利用各种非正式评价,激励每个学生都成为最好的自己。努力从"宏观经验"走向"微观个体"的结构性供给,实现人的全面发展的自我胜任力的自适应供给。

3. 科学评价

表现性评价在学科课程课堂学习评价、综合实践活动课程评价中有着不可替代的价值,提高表现性评价的结构效度,是确保评价科学性的关键。

表现性评价在运用的过程中存在的周期性长、类推性不够等局限性,不可避免地影响表现性评价的效度。作为真实评价对应该评价的内容所达到的程度指标,表现性评价的效度问题集中表现在表面效度、结构效度两个方面。表现性评价不仅可以采用形成性测验、诊断性测验、模块考试等多种笔试形式,还可以通过对学生的论文、调查报告、小制作、实验设计等日常作品进行评价,或者通过课堂观察和日常观察来了解学生的学习方式或结果,所以表现性评价拥有较高的表面效度。但是仅仅关注表面效度是远远不够的,因为真正决定评价效度的是评价本身对某一理论或特质评价的程度,即结构效度。因此,规避表现性评价的局限性、最大限度地提高其结构效度至关重要。

第一要确定科学合理的评价目标。目标内容要全面,包括学生能力结构的发展和知识结构的生长;与教学目标密切结合,在关注多元性的学习结果的同时,重视对复杂的高水平学习结果的评价;保障评价任务的测量是多层次、多侧面的学习结果,而非单一的学习结果。目标的结构要指标化、针对性强,目标描述得不能太笼统、太原则化、概括化;评价指标是评价目标的某个方面的具体化,具有行为化、可测量的特点,是直接而具体的评价内容,明确而易于学生理解和操作,并为学生的创造性留下了一定的空间。目标的确定过程要有开放性,需要各方面人员参与,尤其应征求教师、家长、学生的意见,并根据他们的建议和实际需求进一步完善,这是表现性评价区别于传统学生评价的重要特征。

第二是实现多元主体的评价功能。在学生自评、自我反思的基础上,结合教师、家长和同学的评价,对学生个体发展过程和结果做出综合评价,构成一种开放式、多主体的评价体系,从而将评价由单向变为多向;增强评价主体间的互动,建立学生、家长、教师、管理者、专家等共同参与、交互作用的评价制度,这样不但可以规避评价偏差,提高评价效度,而且可以让学生产生不同程度的压力,有助于调动他们内在的动机,促使他们自觉反省与反思。

第三是选择多样化的评价工具。包括纸笔考试、行为表现评价表、调查问卷、日常观察提纲等在内的评价工具,可以最大限度地突出评价的针对性和个性化。超越单一的评价手段,集中多元手段于广泛的能力范围之内,反映技能发展的多重维度,并根据需要与实际情况,以多重变通的方式来展现特定学习内容的表现,提示学生的成长状况,这样有助于保护学生参与表现的自主性和积极性,激发他们更强烈的表现欲望,真正地凭自己的个性意愿来表现自己的独特感受。

第四是收集正确的评价信息。要有周密的计划,保证步骤清晰,方法适当,不遗漏任何有价值的信息;收集信息的方式方法要多种多样;收集的信息要科学、合理、全面;要及时地对收集到的信息进行整理和分析,并在与学生协商的基础上制定详细的评价规则。

第五是有效运用评价结果。分析与反馈评价结果要及时,以增强评价的时效性。评价结果的呈现不仅要有定量化的分数信息,而且要有描述性的、质性的过程分析与改进建议。注重反馈对象的多样化,不仅针对学生,还包括家长、管理决策者、其他学科教师等,使所有反馈对象都能够客观、积极地看待评价结果,看到学生的优势和进步,都参与到促进教与学的改进中来。分析与反馈要体现正向激励原则,提供准确的评价结果,促使学生自我分析、自我发现问题,以扬长避短。多赞扬、少批评有助于强化他们的相应行为,从而使反馈评价信息成为促进学生发展的一种有效策略。[1]

课堂上,学生既是学习的主体,又是评价的主体。课堂评价要从只关注学生的基础知识与基本技能掌握情况,转向全面关注学生的情感、态度、个性、认知、能力等各方面的发展上来,要充分发挥学生在评价中的主体性,引导学生全员参与评价,全程参与评价,发现和发展学生的学习潜能,促进学生在原有水平上不断提高。

---

[1] 高鹏.提高表现性评价结构效度应把握五个关键环节[J].江西教育,2009(17):6-7.

欣赏评价，找他人之长。课堂上教师要为学生创设交流的平台，引导学生审视自我，找人之长，促进自我意识的形成，从而培养学生善于欣赏他人、学会欣赏他人的意识和能力。让评价的功能由"挑刺"转为欣赏、激励、挖掘潜能、促进学生的发展。当学生的这种评价意识的转变饱含课堂上的平等、自由、民主、尊重、信任、友善、理解、宽容、亲情和关爱，课堂上就会掀起更大的创造思维的火花。学生的指尖跳跃着的是智慧，充满欣赏的课堂是饱含人文关怀的课堂，是使师生享受教育幸福的课堂。欣赏，从学生发展的角度来说，是潜能的开发、精神的唤醒、内心的敞亮、独特性的彰显和主体性的弘扬；从师生共同生命历程的角度来说，是经验的共享、视界的融合与灵魂的感召。课堂上应当有师生之间、生生之间的真情欣赏。

相互评价，共同成长。学会倾听是进行有效的评价的前提，只有专注、耐心地听别人讲，才能了解别人所要表达的意思。没听清楚就发表意见或打断别人是不尊重别人的表现，培养学生的倾听能力尤为重要。教师要引导学生从多角度对同伴的学习进行评价，有对所掌握的知识技能的评价，有对学习习惯的评价……学生在"倾听、解读、评价"中真正互动、全体参与，课堂在"对话、沟通、交流"中焕发生命的活力。

自我评价，促进反思。平时，我们往往注重评价他人，而忘记给自己以中肯的评价。其实自我评价会比别人的评价更发自内心从而更有效果。学生的自我评价是学生对自己的学习过程进行自我观察，对学习结果进行自我判断与分析的过程，是一种自我审视的行为。引导学生进行自我评价，能使学生对自己的学习活动作出自我分析、自我调节、自我完善，从而积极进行学习活动。除此以外，可以在教室的墙壁上设一个小展台之类的展示空间，方便学生们随时把自己认为最好的作业、有创意的作品、数学日记等贴上去，他们可以在这个空间里自主取舍，独立思考，学会比较、反思，调整自己的学习行为。

总之，在课堂教学中倡导互动式多样化的评价方式，更有利于发挥学生的主体性作用，使每个学生在课堂上都能得到不同程度的发展和提高。①

综合实践活动课程中以学习成果展示为主要形式的评价活动，要围绕学期的评价目标，以综合素养培育为出发点，以一系列主题实践活动为载体，引导学生从动手实践、创意制作等方面进行成果展示和评价，让学生在交流与评价中相互借鉴、相互学习、共同成长；在自我评价、生生互评、小组评价、教师点评的过程中，提高学生的表达能力与合作能力，提升学生的综合实践能力，激发学生的想象力和创造力，让每一个孩子在评价中获得激励、获得自信、获得发展，享受成长的收获与幸福。

4. 激励成长

激励性评价是指在教育教学中，教师通过语言、情感和恰当的教育教学方式，不失时机地给不同层次的学生以充分的肯定、激励和赞扬，使学生在心理上获得自信和成功的体验，激发

---

① 刘慧.搭建评价舞台，促进学生发展[J].读写算（教育教学研究），2011（38）：93.

学生的学习动机,诱发其学习兴趣,内化其人格,促使学生积极主动学习的一种策略。激励性评价是学生评价的一种,是在充分把握学生心理、维护学生自尊的基础上,重视发掘学生的个性特点,以信任、鼓励和期待的语言或者行动对学生进行评价的过程。实施激励性评价需要遵循实事求是的原则和以激励为主的原则。教育的艺术,重在因人而异、因材施教。教师在对学生实施评价时,只有做到了客观公正、实事求是,才能发挥出评价的应有作用,帮助学生形成良好的自我概念,完善自我人格,形成良好习惯。苏霍姆林斯基说过,"学校的精神生活的意义就在于,要在每一个学生身上都唤起他个人的人格独特性"。每个人都有实现自身价值、获得较高评价的追求。学生学习的过程实质上是促进学生个性不断发展和完善的过程。对学生进行激励性评价,一方面要让学生充分感受到爱,肯定已有的成绩,意识到自身的优点;另一方面也要让学生看到自己的不足,但是又不能失去信心,引导学生认识自身与更高水平的差异,以激发学生心理的矛盾运动,激发其内在的潜能,激发学生张扬个性、实现自我发展。

教师对学生实施激励性评价时有几点需要注意。一是表扬和批评要适度。表扬和批评都能激发学生的学习动机,但就表扬和批评运用的次数对学生动机的激发效果而言,表扬应适当地多用。良好行为习惯有待养成的学生,对表扬的反应更积极,因为他们较难得到表扬。教师不仅要善于发现学生的优点,更应对那些好动的学生寄予希望,指导他们的行为。因为学生学习动机的激发,不仅可由内驱力来激起,更可由外在刺激引起。教师的鼓励和引导是驱使学生接近学习目标的动力,能让学生努力克服行为障碍,把教师的希望转变为自身的愿望,产生积极向上的力量,加强自己的学习动机,自我提高学习的内驱力,改变自己的行为。二是激励性评价要有针对性。对学生使用激励性评价应该适当、中肯、具有针对性,不可泛泛而论、过于笼统。激励性评价可以就事论事,可以针对学生学习活动中的具体行为表现或者学生的某一具体作品进行点评,也可以针对学生某一阶段、某一方面的学习和进展进行评价,但激励性评价语一定要有深度、广度,应该把"好"再说得具体一些,有针对性一些,究竟是语言"好"、表情"好"、见解"好",还是思维"好"等。教师对学生实施激励性评价时要出于感性和理性的思考,要有真挚的情感,及时发掘学生的闪光点,针对每位学生的特点进行真诚的评价,让学生从心里感受到教师的评价是诚心诚意、发自内心的,并不是在走形式,使学生从评价中受到鼓励、增强信心、明确方向。三是激励要以成功为导向。教与学是师生双方情感和思想交流的双边活动,教师的激励性评价要让学生领悟到教师对自己的鼓舞和信任,感受到教师与自己心灵的交流,这种激励性评价不仅能够促进民主、平等、温馨、和谐的教学氛围的生成,更能够促进学生的学业走向成功。对学困生更不能吝啬激励性评价语言,要给他们勇气和自信,激发学生的学习兴趣,促进学生在成长中认识自我,建立自信,帮助学生把握好自身发展方向。教师要把激励性课堂教学评价运用在课堂教学中,评价落实到每一个学生身上,落实到他们的每一次学习活动中,哪怕是很小的进步也不漏掉。人的内心深处都有一种根深蒂固的需要,那就是渴望被人赏识,而儿童这方面的需要更为强烈。无论何时何地,在发现孩子身上的闪光点时,一定要捕捉到这一瞬间,送上最温暖的评价,或用一个眼神、一个灿烂的微笑、一个亲切的抚摸等肢体语言,表达对学生的肯定与赞赏,帮助学生认识自我、增强信心,促进学生奋进向上的积极品质的养成,促进学生正确的人生观、价值观的形成,为学生的可持续发展注入无限动力。①

评价的目的是启动每个人的自我认识与自我方向感,是致力于推动建立学生个性化成长的"动力系统",而不是指向一个班级、一所学校外显行为的整齐划一。评价标准需要遵循三个原则:"关键维度,底线准则,容易办到",不能事无巨细,尤其不能过高标准。归根结底,我们不能用"无限的评价"去培养心智有限的人,而应该用"有限的评价",去推动心智无限的人。评价手段要以激励为主、做评一体、结果导向,促进学生自我评价,尽最大可能地将成长报告制作和评价的权利还给学生;可能的情况下,要借鉴"游戏化"的做法,即角色选择、通关规则前提下的自我进阶,并不断创建丰富高质量的表现性任务库和自主评价量规。评价者要学会对学生有信心——即便此刻未能达到,也要知道,他们只要找到了自己的目标、方向、兴趣点、展示台,我们希望学生达成的那些素养,就会开始自然生长。评价实施必须伴随师生良好的关系及对个体的充分了解,用评价结果为每个学生画像,指向自己的优势与可能性,比简单地分高低、论好坏更重要……归根结底,真正面向未来的教育,必须将评价系统导向学生自主成长的"动力学",而不是校园活力衰败的"控制论"。好的教育是"森林的样子",好的评价也必然是"生态的样子"。②

四、还原"听取蛙声一片"的生态之美

教育生态,影响着学生的成长和中国的未来。随着社会观念的不断变化和社会竞争的日益泛化,遍及社会各领域的"内卷"现象,使得教育系统的"内卷"不断被强化,导致教育的目的、结构、功能的失调和教育系统生态的恶化。我们所期望建设的美好社会,对教育而言,就是幼有所育、学有所教的生态系统。健康的教育生态的建构,势必需要对失衡的教育生态进行修复,"双减"行动,就是一个生态修复的过程,是建设高质量教育体系所必须的"清障"与"护路"行动。对校外培训的规范,对学校教育减负增效的新要求,对家庭教育的促进,都旨在使教育生态各要素逐步恢复其本身应有的功能,最终形塑一个健康的教育生态,进而达成高质量教育体系。③

(一)构建高质量教育体系背景下的观念变革

高质量教育体系是指能够满足人民群众日益增长需要的更高质量、更加公平、更有效率、体系更加完备、更加丰富多样、更可持续发展、更为安全可靠的教育体系。④ 从伦理与价值的维度讲,高质量教育体系至少应该包含公共的教育、公平的教育、以人为本的教育三层意义。从

---

① 郑艳萍.关于学生激励性评价的探究[J].新课程·上旬,2013(06):123-124.
② 李斌.新课标背景下,学校要善用评价,也要慎用评价[J].新校长,2023(05):前言.
③ 范国睿.高质量教育体系建设:价值、内涵与制度保障[J].南京师大学报(社会科学版),2022(02):5-13.
④ 周洪宇,李宇阳.论建设高质量教育体系[J].现代教育管理,2022(01):1-13.

本体的或专业的维度讲,高质量教育体系是一个健康的教育生态系统,是全面发展的教育和创新的教育。从技术的维度看,高质量教育是受智能技术影响、基于智能技术应用与发展的智能化教育体系与教育生态。① 基于此,高质量的基础教育应该更加注重以德为先,更加注重全面发展,更加注重面向人人,更加注重终身学习,更加注重因材施教,更加注重知行合一,更加注重融合发展,更加注重共建共享。

1. 牢固树立"育人当以德为本"的理念

著名的教育学家赫尔巴特认为,教育的唯一工作与全部工作可以总结在这一个概念之中——道德。道德,普遍地被认为是人类的最高目的,因此也是教育的最高目的。德育的意义与价值,怎么说都不为过。首先,道德对个人来说很重要,德育为个体的幸福完整奠基。教育就是要帮助学生意识到人生最高的境界就是幸福,整个人生旅程就是一个追求幸福的过程。如果你想真正得到幸福,那么你就要成为一个有道德的人。其次,对于社会来说,社会的和谐离不开道德。道德是规范人和人之间关系的契约,一个社会如果没有这样一个契约,这个社会就会无序。所以,德育是社会和谐的最重要的基础。再次,道德攸关国家尊严。一个国家有没有尊严,取决于这个国家的国民有没有道德,当一个国家走出去的国民都能够让人家心生尊敬,这个国家就是真正的强盛。最后,道德是人类理性的共同基础。"建设人类命运共同体"是我们的国家愿景,我们的孩子的道德境界要能够承担起这个责任,完成这一使命。② 古往今来,纵观东西,无论是哪个国家、哪个民族,纵然存在着文化和制度的差异,但是,"育人当以德为本"是教育的普遍共识。作为一个拥有五千年不间断文明史的古国,中国很早就意识到了道德教育的重要性,提倡"君子怀德""君子以果行育德",把道德教育放在教育的首位。德国大哲学家康德也曾经断言,人可以身体训育极佳,心理训育亦好,然而缺乏道德陶冶,依旧是坏人。中华民族能够几经兴衰而始终自立于世界民族之林,中华文化能够海纳百川而具有强大的生命力,其中重要的一个原因就是长期以来,传统道德中的精华积淀形成了维护社会稳定发展的内在力量。在社会上,公众也广泛存在着"要做事先做人"的朴素理念。因此,人要能踏上社会,接受道德教育是第一步。

当前,中国特色社会主义进入新时代,要培养造就新一代社会主义建设者和接班人,教育的基础性、先导性、全局性地位和作用就要更加凸显。"君子务本,本立而道生",教育之本就应该落实在"德"上,要把学习贯彻习近平新时代中国特色社会主义思想作为首要任务,全面落实立德树人根本任务,改进德育方式方法,大力弘扬社会主义核心价值观,增强德育的针对性与实效性,让践行社会主义核心价值观成为全社会的自觉,从而形成全社会重道德讲文明的大环境。"蓬生麻中,不扶而直;白沙在涅,与之俱黑",教育特别是德育不仅仅是教育部门一家的

---

① 范国睿.高质量教育体系建设:价值、内涵与制度保障[J].南京师大学报(社会科学版),2022(02):5-13.
② 朱永新,"德育的意义和价值在哪里,新德育的内涵、路径和方法是什么","守望新教育"公众号,2020年9月15日发布。

事,只有将学校教育、家庭教育乃至全社会的教育融会贯通,形成风清气正的教育大环境,才能培养出德才兼备的新人。①

2. 持续推动和实现人的全面发展

人的全面发展是人类社会千百年来的理想和追求。人的全面发展思想,是马克思主义哲学的一个重要问题,是马克思主义思想体系的重要内容。推动人的全面发展,是马克思主义的基本价值取向,是科学社会主义的重要价值目标。人的全面发展,不仅是社会发展的内在要求,也是社会发展的最终体现。我国社会主义现代化坚持以人民为中心的发展思想,根本不同于资本主义现代化。我国社会主义现代化能够超越资本逻辑,以鲜明的人民性推动人的全面发展。唯物史观认为,人类社会发展是一个从低级到高级、由简单到复杂的过程。作为人类社会发展的现代表现,现代化反映一个国家现代文明的发展过程。在这个过程中,人是最具有决定性和创造性的力量,是最活跃的要素。人的全面发展影响和决定着其他方面的现代化,是现代化的实质和核心。恩格斯指出:"我们的目的是要建立社会主义制度,这种制度将给所有的人提供健康而有益的工作,给所有的人提供充裕的物质生活和闲暇时间,给所有的人提供真正的充分的自由。"如何保持人的全面发展与社会现代化的平衡,是世界现代化史上的一大难题。一些国家和地区推进现代化的经验教训表明,精神文明建设滞后于物质文明建设,见物不见人,往往导致人文精神的迷失,最终拖延整个现代化的进程。中国式现代化坚持以人民为中心,是为了人民、依靠人民、成果由人民共享的现代化。改革开放以来我国脱贫攻坚战取得全面胜利,全面建成小康社会取得伟大历史性成就,人的全面发展取得新进步。但也应该看到,我国社会的主要矛盾发生了转化,人民对美好生活的向往总体上已经从"有没有"转向"好不好",呈现多样化、多层次、多方面的特点。这对我们推进社会主义现代化建设提出了新的更高的要求。青年学生是国家和民族的未来,是推进现代化的生力军。促进人的全面发展,需要全面贯彻党的教育方针,落实立德树人根本任务,健全学校、家庭、社会协同育人机制,增强青年学生的文明素养、社会责任意识、实践本领,培养德智体美劳全面发展的社会主义建设者和接班人。②

教育是推动和实现人的全面发展的重要途径,推动人的全面发展是社会主义教育的本质要求,也只有在社会主义和共产主义制度下,才能真正实现人全面而自由的发展。只有通过社会主义教育,才能实现人的智力和体力的统一,精神劳动、物质劳动和享受的统一,生存和发展的统一,使人的潜能和天资、兴趣和才能得到应有的充分发展,使人的身心、精神、才能、个性全面而丰富地发展,实现"人以一种全面的方式,就是说,作为一个总体的人,占有自己的全面的本质"。培养全面发展的人作为党的教育方针的重要内容,始终被置于重要的位置,指引着我国教育事业的发展方向,不断纠正着不时冒出的一些片面的教育价值观或教育现象,保障了整

---

① 冯源.新华时评:育人当以德为本[EB/OL].(2019-02-25)[2023-06-12]. https://baijiahao.baidu.com/s?id=1626407749944356738&wfr=spider&for=pc.
② 孙来斌.更加重视人的全面发展[N].人民日报,2021-04-02(09).

个教育事业的健康发展。"五育并举"是落实党的教育方针、推动人的全面发展的重要途径。只有"五育并举",通过德育、智育、体育、美育、劳动教育的共同作用,才能多方面、全方位地提高人的素质,开发人的潜能,促进人的全面而丰富地发展,成为社会主义的建设者和接班人,担负起实现中华民族伟大复兴的历史重任。①

3. 努力推进"面向人人"的教育公平实践

高质量教育体系下的"更加注重面向人人",是以人民为中心的发展思想在教育实践中的体现,是对教育公平更高层次的追求。面向人人,首先是"面向所有人"。"面向所有人",即努力使所有适龄公民不分性别、不分城乡、不分地域、不分贫富、不分民族都享有平等的教育权利和均等的教育机会,都能接受良好教育。高质量教育体系建设,必须在促进所有公民更好地享有教育权利和教育机会方面有更大作为。面向人人,还要"面向每个人"。"面向每个人",即要努力发展适合每一个人的教育,使不同性格禀赋、不同兴趣特长、不同素质潜力的人都能接受符合自己成长需要的教育。从"面向所有人"到"面向每个人",是教育公平理念的发展,是教育公平内涵的丰富,更是教育公平本质的回归。"面向所有人"的教育着眼于社会宏观层面,把教育公平作为社会公平的重要基础和表现,主张"有教无类",强调所有公民平等的教育权利、公平的教育机会,致力于消除教育差距,均等配置教育资源,促进教育均衡发展。"面向每个人"的教育则着眼于微观教育过程,把教育公平作为促进人的发展、实现人的价值的重要途径和手段,主张"因材施教",尊重受教育者的独特性和多样性,更关注教育过程公平和教育结果公平,重视每一个人对教育过程的有效参与和在教育过程中得到的应有发展,致力于发展"公平而又有差别"的教育、适合每一个人的教育。教育是培养人的事业,促进每一个人"充分而自由地发展"是教育的终极目标。每一个受教育者都具有独特性,其性格禀赋、兴趣特长、素质潜力各不相同,既强调统一性(基本标准),又强调差异性(多样性、选择性),使每一个受教育者都接受到适合自身特点的教育,实现自身最大限度的发展,这才是真正意义的公平教育。而这种教育过程和教育结果的公平必须建立在教育权利平等和教育机会公平的基础之上。解决入学机会公平、均衡配置教育资源、努力缩小教育差距,这些都是促进教育公平的重要举措,也是实现上述真正意义上的教育公平的前提。在教育事业不断发展的今天,我们必须进一步提升对教育公平的追求,致力于构建"面向每个人"的教育。注重"面向每个人",必须落实在学校教育教学过程中。一是把教育的目标及教育评价定位在促进人的全面发展上,树立"人人成才"理念,杜绝给学生"贴标签"、评等级现象。二是注重教育过程参与机会公平,学校和教师在课堂教学、课外活动以及班级管理中,要把有助于学生成长与发展的机会公平地给予所有学生。三是在保证基本教学规范和质量标准的前提下提供多样化的课程设置、教学模式、评价体系,为学生的多样化选择和自主发展提供条件、帮助和指导。注重"面向每个人",也必须落实在相关政策方

---

① 胡娟.推动人的全面发展是教育的时代使命[N].光明日报,2021-07-13(15).

面。践行"面向人人"理念,需要进一步巩固"面向所有人"的教育公平成果,加快推进"面向每个人"的教育公平实践,努力实现更高质量的教育公平。①

4. 积极做好学生"终身学习"的表率

终身学习的时代已经到来。当今世界正经历着百年未有之大变局,网络化、信息化、数字化发展日新月异,科技革命、产业变革浪潮正重构着人们的生活生产、学习形态和思维方式,并将导致学习方式的更新换代。因此,这是一个必须注重终身学习的时代,一个必须更加注重开发人类自身的资源、潜力与价值的时代。终身学习,既包括每一个人从婴儿到老年各个不同发展阶段所受到的各级各类教育,也指每一个人从学校、家庭、社会各个不同领域受到的教育。终身学习是实现人的全面而自由地发展的必然要求,也是实现人力资源强国和民族百年复兴梦想的根本基础,要突出社会主义核心价值观的引领,把社会主义核心价值观化为我们的日常行为准则。当下我国正处于实现中华民族伟大复兴的关键时期,作为教育者,我们当顺势而为,从学习开始。唯有持续不断学习、更新观念、升级知识、拥抱变革,才能增强与时代和发展同行共进的过硬本领。终身学习意味着任何人在任何时间和地点都可以开展学习。也就是说,今后的教育要面向每个人、适合每个人,要更具开放性、包容性、灵活性和多样性。终身学习强调学习者自觉利用各种学习资源和机会自主学习,为学习型社会建设提供更多的可能性,也为终身学习体系的打造奠定基础。② 教育信息化是教育现代化的显著特征。教育信息化正全面推动着教育现代化建设,全面推动着教育理念更新、模式变革、体系重构,从而开启加快教育现代化、建设教育强国的新征程。我们要用好新技术,建设智能化校园。要创新教育和学习方式,利用现代技术加快推动人才培养模式改革,实现育人方式与教育治理的变革。我们要重视网络环境下的学生特点,加快发展面向每个人、适合每个人、更加开放灵活的教育体系,实现规模化教育与个性化培养的有机结合。③ 从未来科技进步的趋势看,人工智能、机器人技术、虚拟现实等新技术的蓬勃发展,在深刻改变人类生产生活方式的同时,也对人类的学习方式提出了挑战。

在数字化、智能化时代,我们该学习什么,我们该如何学习,我们的教育应当关注什么,都具有崭新的意义。程式化、机械式的学习方式将没有优势可言,取而代之的会是基于复杂决策与分析、培养审美与创造性思维的学习活动。也正是基于这样的需要,我们要面对"技术如何赋能教育""个性化定制化教育如何设计"的新考题。庄子说过,"吾生也有涯,而知也无涯"。构建终身学习体系,最终要落在微观层面。我们一定要强化活到老学到老的思想,主动来一场"学习的革命",切实把外在的要求转化为内在的自觉,让学习成为自己的一种兴趣、一种习惯、一种精神需要、一种生活方式。为此,每个人都要树立终身学习的目标,促进全社会改变重文凭、轻能力的观念。唯有如此,我们方能不断增强本领、创造优势、取得主动、赢得未来。学习

---

① 王旭东.努力践行"更加注重面向人人"理念[N].学习时报,2019-06-14(A6).
② 张立迁.构建适应新发展格局的终身学习体系[N].中国教育报,2020-12-09(2).
③ 中国教育报评论员.构建服务全民终身学习的教育体系[N].中国教育报,2019-11-13(2).

是文明传承之途、人生成长之梯、政党巩固之基、国家兴盛之要。任何一个民族、任何一个国家都需要学习别的民族、别的国家的优秀文明成果。随着中国大步走向世界舞台的中央,每个中国人都需要按照"学习进行时"对表,以更加开放包容的姿态,虚心学习、不断进步,为实现中华民族伟大复兴的中国梦贡献自己的力量。① 每位教师都可能有自身的教学优势,要敢于"扬长",但也要敢于"不避短",善于向一切可以学习的人学习,当然也包括向学生学习。教师职业的使命,是让学生"学会学习"。因此,教师自己必须是真正善于学习的人,只有教师知道如何去学习,学生才有可能跟随他学习。承认自己需要学习,才可能有真正的学习。教师比学生更需要学习,教师只有比学生善于学习,才可能会"教",因而才可能是"师";教师也只有比学生更知道需要学习,"教"才可能是有价值的。教育不能仅仅凭借爱心,更需要智慧。教师要善于向一切人学习,包括自己的学生,学习产生智慧。

5. 坚定"把因材施教进行到底"的信心

"有教无类"是大爱,"因材施教"是智慧。"有教无类"和"因材施教"是中华优秀教育文化的集中反映。世界教育史包括现代教育史,就是追求有教无类和因材施教的历史,二者完美体现了人类社会对于教育公平与教育质量的理想追求。有教无类是指教育机会平等,体现的是平等性公平;而因材施教是指根据不同学生的不同发展水平与发展需要,施以差别化、个性化的教育教学,体现的是差异性公平。与有教无类相比,因材施教是一种更高层级的教育公平。不仅如此,因材施教旨在最大限度地发掘学生的潜力,实现学生发展的最大化,充分体现了教育高质量发展的要求。

首先,需要"识材"。因材施教包括"识材"与"施教"两步,即先识别学生的差异性特征与需求,再据此施加差别化的教育教学。在中小学的一所学校甚至一个班级里,大致可以把学生分为四类:极少数的英才儿童,极少数随班就读的残障儿童,少数的学习困难学生,大多数的普通学生群体。英才儿童有较高天赋,对于提升国家创新能力和国际竞争力具有战略意义。对英才儿童的因材施教,一般采取两种模式:一是加速模式,其典型特征是"学得快";二是充实模式,其典型特征是"学得多"。在实践中,两种模式可混合使用。随班就读残障儿童是指可以适应普通学校学习生活、进入普通班就读的特殊需要儿童,包括部分肢体残疾、轻度智力障碍、视力障碍和听力障碍的儿童。此类教育属于融合教育,旨在使特殊需要儿童能更好地融入社会。做好此类教育,一是要精准识别,善意接纳。二是要加强硬件与软件建设,让学生学有所获。三是要完善评价标准,精准评价随班就读学生的成长。学习困难包括轻度学习困难和重度学习困难,也包括单科学习困难与多科学习困难。学困生容易被歧视,他们自己也往往比较自卑。因此,转化学困生,首先要树立正确的学生观,以发展的眼光、信任的态度看待学生,要多鼓励和表扬他们的点滴进步,树立他们的自信心、自尊心。其次在教学内容上要查漏补缺、夯

---

① 杨博.以全民终身学习助力构建新发展格局[N].广州日报,2020-09-24(A04).

实基础,帮学生解决知识断层问题,不提出过高要求。最后要改进教学方式,培养与激发学生的学习兴趣,让他们由害怕、厌恶学习转化为喜欢学习。另外,还要加强家校协同形成合力,助推学困生的转化。普通学生是指上述三类学生之外的群体,他们是班级中、学校中的大多数。教师在教学中的难度与速度把握主要是针对这部分学生,似乎这样就做到了对大多数学生的因材施教。其实不然!把因材施教进行到底,需要落到每个学生身上。而且这些占大多数的学生,他们的家庭背景、知识基础、兴趣爱好也都各不相同,因材施教需要顾及这些差异。在学校和班级层面推进面向普通学生群体的因材施教,关键是采用个性化的教学方式,主要有分层教学和选课走班两种模式。这两种模式对于英才儿童、随班就读残障儿童、学困生也同样适用。分层教学是基于学生的学力进行的教学难度分层,一般以学科为单位进行,也称"学科分层",即按照学生在某一学科上的学业成绩或学习能力,将学生分成几个不同的层次,以提供差别化的教学。在组织形式上,班内分层效果更好。班内分层是在班级内部根据学生的学力,把学生分成不同的组,以组为单位开展难度不同的分层教学。班内分层是"隐性分层",是保密的而不是公开的,不仅有利于保护学生的自尊心,也有利于不同学习水平学生之间的合作互助,有利于全班学生的心理健康与社会情感发展。选课走班为把因材施教进行到底带来可能。分层教学是基于学生学力进行的教学分层,教学难度是不同的,体现了学生水平与教学难度的纵向差距。选课走班是指在学科教室和教师固定的前提下,学生根据自己的学力和兴趣愿望,选择适合自身发展的班级走班上课。选课走班除基于学力差异,还基于兴趣差异,亦即选课走班的结果可以体现为分层教学。选课走班在我国的实施还处于初级阶段,实施过程中会出现一些问题。我们要直面实践问题,有序有效推进选课走班。因材施教既体现了高水平的教育公平,又体现了高水平的教育质量,是教育高质量发展的必由之路,是"有质量的公平"的内在要求,应该大力推进。①

6. 坚持"知行合一"的中国文化和中国教育的自信

"知行合一"被确立为中国教育现代化的八大基本理念之一,这要求我们对"知行合一"的认识和实践,必须放到中华优秀传统文化的深厚背景下,进入现代化建设的宏大视野中,融入当代教育的丰富内涵里。在人与环境的诸多复杂关系中,存在着一种最为重要的关系,即知与行。前者是认识世界,解决怎么看的问题;后者是改造世界,解决怎么做的问题。两者相互缠绕,构成知行关系。知行关系是中华优秀传统文化中一个古老而常青的命题。从《尚书·商书·说命中》的"非知之艰,行之惟艰"开始,知行关系便贯穿了中国思想史的始终。孔子说的"君子欲讷于言而敏于行""敏于事而慎于言",奠定了中国知行观的基本走向。王阳明提出,"知是行之始,行是知之成。知之真切笃实处即是行,行之明觉精察处即是知",可以说,他第一次系统地论证了"知行合一"的命题。毛泽东同志提出:"实践、认识,再实践、再认识,这种形

---

① 储宏启.把因材施教进行到底:教育高质量发展的必由之路[J].中小学管理,2023(04):39-42.

式,循环往复以至无穷,而实践和认识之每一循环的内容,都比较地进到了高一级的程度。这就是辩证唯物论的全部认识论,这就是辩证唯物论的知行统一观。"习近平同志强调,"'知'是基础、是前提,'行'是重点、是关键,必须以'知'促'行'、以'行'促'知',做到知行合一"。与历史上对知行关系的静态考察不同,他们从动态的角度,揭示了知行合一的深刻内容。"知行合一"不仅是传统的,也是现代的,是教育现代化的应有之义。陶行知先生早年接受了王阳明的思想,之后又接受了杜威的实用主义教育思想,这使他能用中西两种视角来重新审视"知行合一"的命题。陶行知分析了王阳明格物失败的过程,指出:"故欧美之所以进步敏捷者,以有试验方法故;中国之所以瞠乎人后者,以无试验方法故。"那么,科学实验方法的本质是什么?杜威分析了实验探究的三个特征:第一,有外表的行动,它改变了人与环境的关系;第二,行动是有观念指导的活动;第三,实验(行动)的结果构成了新的经验情境(认知)。从哲学的意义上看,实验方法的本质就是"知行合一"。"知行合一"体现科学方法、科学思维、科学文化和科学精神(内含人文精神),而成为现代化的标志。"知行合一"作为教育的基本理念,其教育价值在于:第一,确立新型的知识观。"知识是要自己像开矿样去取来的。取便是行。中国学子被先知后行的学说所麻醉,习惯成了自然,平日不肯行,不敢行,终于不能行,也就一无所知。如果有所知,也不过是知人之所知,不是我之所谓知……先知后行学说的土壤里,长不出科学的树,开不出科学的花,结不出科学的果。"第二,确立新型的学习观。"如果我们知道认知不是一种外在旁观者的动作,而是参与在自然和社会情景之内的一分子的动作,那么真正的知识对象便是在指导之下的行动所产生的后果了。"学习不是旁观者式的学习,而是参与者式的学习;真正的学习者,不是学习的旁观者,而是学习的参与者。第三,确立新型的课程观。课程不仅是固定的"跑道",更重要的是沿着跑道奔跑的过程。从课程结构上讲,应当实现学科课程与活动课程、综合课程与分科课程、必修课程与选修课程的合理配比和统一。其中,要特别重视实验教学、综合实践活动,包含劳动教育的落实。第四,确立新型的教学观。"'教学做合一'是生活法亦即教育法","知行合一",是中国文化的自信,也必将是中国教育的自信。①

7. 以系统思维促进"融合发展观"的形成

"天地合一、万物一体"这一中国古代宇宙观,指的是人与自然的关系是一种和谐、平衡的关系,是一种相互促进、相互补充的关系。这种宇宙观不仅是一种哲学思想,也是一种生活方式,一种价值观,一种文化观。"融合发展观"自然是体现人与自然和谐关系的科学发展观。融合发展既是高质量发展的重要标志,又是推动高质量发展的主要途径,没有融合发展就谈不上高质量发展。这里的"融合",既有推动教育向社会开放、向产业开放,推动学校教育、社会教育、家庭教育有机结合;又有注重教育与技术的深度双向融合发展,逐步扩大优质教育资源的覆盖范围,缩小城乡差距,大力促进教育公平;还有"不同学段、不同类型、不同层次教育的融

---

① 陈履伟."知行合一"的当代教育价值[J].初中生世界,2021(08):1.

合",如"普职融合";更有"五育融合",实现"五育并举,融合育人"。推动基于"五育融合"的全面培养体系的建构,更需要"融合",它涉及多种维度、多个层面:既有发展目标上的"公平与质量的融合",走向"优质均衡",也有社会不同教育主体上的"家校融合",还有各种教育力,如"社会教育力、学校教育力和家庭教育力的三力融合",更有不同教育空间、场域和媒介,如"线上教学与线下教学的融合"。其中,线上线下的"双线混融教育"是智能时代的大势所趋,势必成为促进"五育融合"的基本路径。这些多角度、多样态的融合,构成了实现"五育融合"的多元路径。这同时也表明,全面培养体系的构建过程是一个基于并围绕"五育融合"的"全面融合"体系。"全面培养"来源于"全面融合"。我们要建构的全面培养体系是"全面融合的体系",这是新时代的中国基础教育高质量发展面临的最大挑战。① 信息技术与教育教学的融合发展,在经历了"将信息技术作为知识进行传授的阶段""工具与技术在教育教学中的应用阶段"和"教学模式的改变阶段"之后,已经进入了"学校形态的改变阶段",这个阶段将充分利用5G技术背景下教育资源获取的便利性、即时性、共享性特点,对现在的学校进行重构,打通学校与学校、学校与社会教育机构、学校与家庭的壁垒,创造"能者为师""课程为王"的新型学习环境和全新的学校形态。这是与教育现代化和高质量教育体系相适应的学校形态。信息技术与教育教学的融合发展,需要充分关注人工智能领域的新进展,研究其对教育教学过程带来的重大变革。伴随着智能设备在教师的教和学生的学过程中的充分运用,大量的数据被收集、处理和分析,我们能更加清晰地了解学生的个性特点,给他提供个性化的课程、采用个别化的指导、布置个性化的作业,让因材施教的教育理念真正落到实处。我们能描绘出学生个体的成长轨迹,绘制出学生个体以及学校群体的成长地图,帮助学生规划人生,发现他最擅长的事情和感兴趣的活动。教师的教学也因为有了更为丰富和全面的信息、数据,而实现了教学流程的再造。信息技术与教育教学融合发展,最迫切的是培养一批具有现代化教育理念、真诚热爱教育事业、熟练掌握现代信息技术的教师队伍。在教育现代化的场景中,教师的职责也会发生很大的变化,有相当一部分教师将要承担数据架构、数据分析等重任,善于收集多样化的教与学的数据,善于从浩瀚的数据海洋中挖掘出黄金和石油,让其助推教师的专业发展和学生的快乐成长。传统的班级授课制的课堂教学模式也将发生颠覆性的变化,远程视频教学、随时随地的学习和指导,将成为教学的新常态。②

8. 加快向共享教育理念的转化

共享发展是中国特色社会主义的本质要求,是创新、协调、绿色、开放、共享的新发展理念的最终目标。共享发展是全面保障人民生活各方面需求的发展理念,共享发展的客体是人民的各项合法权益。共享是人民群众对教育提出的根本要求。教育的共享发展,主要解决的是

---

① 李政涛."五育融合"推动基础教育高质量发展[J].人民教育,2020(20):13-15.
② 常生龙.把握教育现代化八大基本理念的实质[J].今日教育,2020(01):10-15.

社会公平正义问题。促进公平是提高教育质量的内在要求。共享发展就是要让人民共享教育改革发展的成果,让每个孩子都能接受公平的、有质量的教育,使全体人民在教育改革发展中有更多获得感;让人民享有公平的教育权利,经历平等的教育过程,获得公平的教育结果。①

以共享发展促进教育公平,必须建立包容性发展的理念。树立包容性发展理念,有助于消除隔膜、减少排斥、促进融合。我国教育公平的价值诉求应当是让全体儿童、全体教师和全体学校和谐相处、共享发展、共同发展。这意味着,无论是随迁子女、留守儿童、特殊儿童还是贫困儿童,都应享有与其他儿童平等的教育权和发展权;这意味着,无论城市教师还是农村教师,都有平等的社会地位和人格尊严,在工资收入与福利待遇方面享有与其付出对等的回报,在专业发展、生活质量方面享有同等的出彩机会;这还意味着,各级各类学校有同等的生存权利和发展机会。本质上,包容发展是承认差异、尊重差异、鼓励多元的发展。

以共享发展促进教育公平,必须扩大优质教育资源供给。实现教育公平,需要全面提高教育质量。改革开放以来,我国各级各类教育规模不断扩大,但优质教育资源短缺的矛盾也日益凸显。"择校热""学区房""城镇大班额"等热门教育问题,无不显现出老百姓对优质教育资源的热切期盼。以共享发展促进教育公平,不仅是"有学上"的问题,更是"上好学"的问题;不仅是入学机会公平的问题,更是追求教育过程和教育结果公平的问题;不仅是统一的学校教育问题,更是为社会各群体提供方便、灵活、个性化的继续教育培训服务的问题。全面提高教育质量,扩大优质教育资源供给,是实现教育共享发展的重大议题。扩大优质教育资源供给,除了依靠传统的校舍改造、教师流动等模式,还应拓展新路径,在课程资源、教学方式、学习环境、教育评价等方面深化教育内涵,提升教育品质,塑造教育的新生态。

以共享发展促进教育公平,必须有强有力的制度保障。近年来,党和政府高度重视教育公平问题,各地也结合实际探索多样化的教育均衡发展模式。"强弱学校捆绑发展""学区制建设""教育网络联盟""校长教师轮岗交流"等举措,为缩小区域、城乡和校际教育差距发挥了重要作用。但不少地方的学校"联合""捆绑"还浮于表面,流于形式,基于学校和教师内在发展需求的互帮互助、共享发展的局面尚未形成,中西部地区、困难群体、薄弱学校仍是短板。在教师之间、学校之间,以强带弱、共享发展的机制尚未真正建立起来。从制度变革的视角来看,在财政投入、教师配置、考核评价等方面构建起激励性制度体系,推动教育共享发展,并使之可持续,具有重要意义。当务之急是从教育评价制度变革入手,构建起包容性的、共享性的教育评价制度,切实推进教育公平,让共同发展成为教育改革的主旋律。②

从教育的共享发展到共享教育理念的提出,并不是教育对共享概念的简单跟风,共享教育

---

① 周洪宇.把新发展理念贯穿到教育理论和实践工作的全过程[EB/OL].(2021-03-10)[2023-03-23]. http://lianghui.people.com.cn/2021npc/n1/2021/0310/c435267-32047461.html.
② 中国教育报评论员.以共享发展促进教育公平——五论牢固树立新的教育发展理念[N].中国教育报,2016-01-22(2).

是面向现实与未来的教育。教育要跟上时代的潮流,从终身教育到终身学习,实施的主体变为个体;非正式学习促使无所不在的教育意识生成,它必将促进共享教育的发展并渗透入整个社会,且变得越来越重要;非系统知识的存在意味着我们要改变一个观念,即人的成长不仅仅在学校教育的范畴之内,我们如何在生活当中建立非系统知识及其经验获得的共享路径,其实比只知道在学校里面学习系统知识更重要,对每个人的人生也更有意义;非系统能力是基于日常生活经验的学习而形成的能力,有助于我们的经验成长和发展,并不断地丰富和改变着我们自己。面向未来,共享教育是非正式学习,以及非系统知识、非系统能力获得的重要途径。共享教育赋予个体经验和实践知识在学习型社会发展中的重要地位,是我们在教育面向未来的时候特别需要关注的。教育需要向共享教育的理念转化,应该努力思考共享教育的可能并创造共享教育的未来。①

(二)家庭教育的文化再造与价值回归

家庭教育是人类最早、历史最长、最持久的教育形态。从社会历史的变迁演进来看,家庭教育经历了"唯家庭教育是教""家庭教育为主、学校教育为辅""学校教育为主、家庭教育为辅""唯学校教育是教"的多个阶段。现在所处的"唯学校教育是教"阶段是一个很尴尬的阶段,未来需要进入学校教育与家庭教育共同发展、共建共育的新阶段。②

儿童发展的综合复杂性、家庭教育环境的复杂性、家庭教育者的复杂性等,都是我们应该去关注的。儿童常常把自己的父母当作一面镜子,而不是一个老师;他们常常走向镜子的反面,而不是镜子的"里面",更不会自己变成"镜子"。家庭,既是人的身体居所,更是人的心灵归宿。要让心灵回归家庭,首先要让教育回归家庭。家庭教育,是国家教育战略的重要组成部分,当前我国的教育体系中还远远没有真正落实家庭教育应有的战略地位,更没有形成家校协同的育人体系和育人模式。中国式教育现代化建设,必须真正落实家庭教育的战略地位,让家庭教育回归本源和本真,实现家庭教育的文化再造与价值回归。

家是教育的根,孩子是家庭美德的使者。一提起教育,人们都自然地想到了学校教育。人们常说要为孩子打好教育的地基,扎好教育的根,那么我们追问——教育的根到底在哪里?其实,教育的根不在学校,更不在社会上的辅导机构,教育的"根"就是"家"。"养不教,父之过",没有家长不重视孩子的教育。有些家长早早地就把孩子送进早教机构,希望能"赢在起跑线上"。他们将孩子送进最好的学校,承包一切家务甚至帮孩子整理书包,希望为孩子创造最好的读书环境……可是常常事与愿违,再好的学校、再优秀的教师,也不如父母的家庭教育重要。其实,孩子从呱呱坠地起,就欣喜地来到了他们的学校,也就是他们幸福的家,父母是他们的第一任老师,父母的言传身教就是孩子的人生课堂。家是培育孩子成长的土壤,教育的根是从家延伸

---

① 丁钢.教育需要向共享教育的理念转化[N].光明日报,2017-08-08(13).
② 曾瑞鑫,高书国.学习家庭教育品质,培养家庭文化[EB/OL].(2018-10-30)[2023-02-24]. http://edu.china.com.cn/2018-10/30/content_69033287.htm.

出来的,而家的经营关键在家长。家长是一种职业,养育孩子,不只是"养",更重要的是"育";养育孩子的另一副重担是家庭教育。① 作为父母要把"家"看作孩子健康成长的动力源,要从家庭生活的点滴细节中发掘孩子的天赋,并适时引导,这才是成就孩子的教育之道。从社会结构而言,家庭作为社会的最基本单元,营造良好的家风、弘扬家庭美德是构建和谐社会最为重要的基础,更是社会文明程度的重要标志。从人的发展序列而言,家庭是个体生命成长的最初始的场所。

家庭教育与学校教育最大的区别在于以下方面。首先,家庭教育是个别化的教育。针对孩子个体的关注、指导和教育,必须由家长来完成,学校无法替代。其次,家庭教育是终身性、示范性的教育。从生活时空来看,学校对于孩子来说只是人生的一小段,即便作为学生,多数时间孩子也是在家中与父母共同度过的,因此家庭环境对一个孩子成长的影响比学校要大得多、长得多。再次,从教育内容上看,与学校里主要是人类学科知识的学习不同,家庭教育的任务主要是生活教育、人格教育和行为养成教育。最后,从法律责任上看,孩子与家长具有天然的血缘关系,这是学校、教师无法替代的,故每一个家庭监护人都承担着教育孩子的责任。尽管家庭教育与学校教育有交叉重叠部分,但是家庭教育无法完全被学校教育替代。家庭教育作为一切教育的基础和重要组成部分,它在孩子成长、发展过程中承担着独特的、终身的教化功能。② 当孩子们到中年,或步入晚年时,他们会更多地想起双亲,感念父母对自己人生的影响,以至于在自觉或不自觉中,模仿着当年父母对自己的教育方式来教育自己的孩子。一个负责任的家长,不仅要做好孩子的"第一任老师",还要准备做好孩子的"终身老师"。家庭教育是一种最为综合的教育形态,从西周时期最早的家庭教育文献《姬旦家训》到三国时期诸葛亮的《诫子书》,再到清朝著名的《曾国藩家书》,中华家庭教育文化绵延数千年,源远流长。但是截至目前,我们对伴随人类共生共长数千年的家庭教育,还缺乏最基本的科学研究、科学理解和科学认识。当前,我国家庭教育中存在的"功利化、庸俗化、西方化、小学化"等问题,着实让人感到吃惊和深深的忧虑。

家庭教育理念的逻辑转换。家庭教育先于学校教育产生,校外的家庭教育和社会教育与学校教育同样重要。每个人成为父母是生物过程,而成为家长则是一个社会过程。从这个意义上讲,我们应该对家庭教育有更全面的认识,家庭教育首先是对"家长"的教育,新时代的家庭教育将呈现三大趋势。一是由单一逻辑转变为多维趋势。父母对子女教育的单一性是传统家庭教育的典型特征。一般而言,家庭教育通常是在家庭生活中,由家长(其中首先是父母)对其子女实施的教育,即家长有意识地通过自己的言传身教和家庭生活实践,对子女施以一定教育影响的社会活动。伴随着现代生活理念、方式和知识的快速变革,现代家庭教育中的成员角

---

① "家,是教育的根","光明社教育家"公众号,2023 年 05 月 28 日发布。
② "学校教育为何替代不了家庭教育","教育之窗"公众号,2023 年 05 月 30 日发布。

色发生了重要变化，家庭教育正在从父母单向教育模式向父母与子女双向教育模式转变，即在主干家庭和扩大家庭中，晚辈对长辈特别是祖辈的知识与技能传播，多子女之间的知识、情感与文化交流等多维的家庭教育成为常态。二是由子女逻辑转变为共同发展。传统的家庭教育以子女为对象，以子女的发展为目的。《中国大百科全书·社会学》认为："家庭教育包括父母教育子女和家庭成员之间相互教育两个方面，其中主要方面是父母教育子女。"由于血缘、亲情的纽带关系，家庭成为最为重要的紧密型学习共同体。家庭教育的目标不仅是要实现下一代的发展，更要实现上一代甚至上上一代与下一代的共同发展。三是由阶段逻辑转变为终身学习。传统的家庭教育缺乏终身学习的思想，将家庭教育的时间向度限制在儿童少年时期，忽略了家庭教育长期性、持续性的特点。进入知识经济时代，随着学习型家庭的出现，每个人特别是每个家庭成员都必须成为终身学习者。

家庭教育的新时代特征。习近平总书记明确指出："家庭是社会的基本细胞，是人生的第一所学校。不论时代发生多大变化，不论生活格局发生多大变化，我们都要重视家庭建设，注重家庭、注重家教、注重家风，紧密结合培育和弘扬社会主义核心价值观，发扬光大中华民族传统家庭美德，促进家庭和睦，促进亲人相亲相爱，促进下一代健康成长，促进老年人老有所养，使千千万万个家庭成为国家发展、民族进步、社会和谐的重要基点。"习近平总书记明确指出了家庭、家教和家风的重要性，也强调了家庭教育在培育价值观、光大家庭美德、促进家庭和睦等方面要发挥重要基础作用。

原生性、时代性、发展性和终身性可称为现代家庭教育的四大特点。第一是原生性。家庭教育不是"种瓜得瓜、种豆得豆"的自然过程，而是一个复杂的社会过程，家庭教育给每个人在生活习俗、地区文化和价值选择等方面带来的原生态痕迹，将深刻影响人的一生。对于健康、优秀与绿色的家庭原生文化，我们要给予大力扶持，对于落后、腐朽和不健康的家庭原生文化，要对其进行改变、改造和重构。第二是时代性。现代家庭教育理念提倡的是所有家庭共同参与、相互影响的一种深刻的学习过程。高品质的家庭教育文化应该成为一种时代追求。现代家庭教育理念提倡的是所有家庭成员共同参与、相互影响的深刻的学习方式，其目的、内容、原则、途径、手段与方法都要充分体现时代性的特点。我们要继承中华传统文化中的优秀家庭教育理念与模式，学习借鉴世界发达国家先进的家庭教育理论与模式，实现东西方家庭教育相互融合。伴随着现代信息技术、生物技术和脑科学的发展，教育技术会进一步走向家庭，"互联网+家庭"教育形态正在形成。家庭教育研究的专业化趋势为提高家庭教育研究水平、提高家庭教育质量提供了更多可能。要高度关注特殊类型的家庭教育，关心学习障碍儿童、留守儿童的教育和成长。第三是发展性。家庭教育是一种集体的共同学习，是一种共同成长的教育。家庭教育成员之间会形成双向甚至多向互动的教育生态环境。从传统的家长制教育转为家庭民主制教育给研究和制定家庭教育法带来新的挑战。要在家庭教育中冲淡我国家庭教育"父权领导"的传统风气，增加更多的平等、尊重、发展与互教互学的新鲜元素，通过全体家庭成员共同学习,促进家庭和谐、社会稳定和民族进步。第四是终身性。党的十九大报告提出,"推动建设学习大国",学习大国的建设必须推进家庭教育和学习型家庭的建设。家庭教育特别是家庭学习是一个持续和不间断的过程。经过几代人的努力,培养一种家庭文化甚至是家族文化,对于家庭和谐发展、可持续发展至关重要。在传统的认识中,家庭教育就是家长对孩子施加的教育影响,似乎在成人以后,家庭教育就中断了。其实,只要有家庭,家庭教育就始终存在。家庭教育特别是家庭学习是一个连续、持续和不间断的过程。我们特别主张经过家庭中一代又一代人的努力,培养一种家庭文化甚至是家族文化,使我们的家庭和谐发展、可持续发展。伴随着中国老龄化时代的到来,如何面对退休、面对疾病、面对死亡等问题成为家庭教育的重要内容。总之,原生性、时代性、发展性和终身性应该成为新时代家庭教育的四大特征,即原生性是新时代家庭教育的内在本质,时代性是外在表征,发展性是根本功能,终身性是时空特点。①

新时代涵养良好家风是当代中国家庭建设的价值追求。家是最小国,国是最大家。我国的"家文化"源远流长,家规、家训、家风等是"家文化"的核心内容,虽然具体到各个家庭有所不同,但归本溯源,都是以儒家的仁义礼智作为思想核心,以修身做人作为立身之本,将诚实做人、勤俭持家作为基本美德,经过代代传承,形成各个家庭的家规、家训、家风。宋代程颐说:"人生至乐,无如读书;至要,无如教子。"明代方孝孺也说:"爱其子而不教,犹为不爱也;教而不以善,犹为不教也。"这些经由历史积淀形成的传统家庭美德,已经铭记在中国人的心灵中,融入了中国人的血脉中,是支撑中华民族生生不息、薪火相传的重要精神力量,是家庭文明建设的宝贵精神财富。② 家风孕育和发展于家庭之中,在家庭教育中代代传承,彰显着一个家庭或家族的教育理念和为人处世、待人接物之道,以润物无声的教化方式进行着代际传承,协调着家庭成员之间的关系和社会的良性互动,是一个家庭的世界观、人生观、价值观的综合体现。自古至今,人们重视家风的培育和传承,不仅是家教理念、家庭文化传承和发展的需要,也是社会发展、民风培育的需要。"家"作为社会发展的基础单位,是推动社会进步的不可或缺的力量。家风是我国传统文化的重要组成部分,良好的社会风气离不开良好家风的熏陶。新时代的家风,呈现出双重性的特点,一方面随着社会的进步,逐渐赋予了传统优良家风"平等、民主、自由"等新理念;另一方面,家风的演变也出现了很多挑战——家庭结构的变化、家庭教育意识淡化、功利现象滋生等,这些因素阻碍了优良家风的弘扬,更影响了社会的和谐。

新时代家庭、家教、家风建设的理论价值与现实价值。家庭是国家和社会的基础,家庭建设事关国家长治久安、社会稳定和谐。新时代良好的家庭建设,要注重家庭、注重家教、注重家

---

① 曾瑞鑫,高书国.学习家庭教育品质,培养家庭文化[EB/OL].(2018-10-30)[2023-02-24]. http://edu.china.com.cn/2018-10/30/content_69033287.htm.
② 中华人民共和国教育部.重视家庭教育,涵养良好家风[EB/OL].(2018-09-15)[2023-03-23]. http://www.moe.gov.cn/jyb_xwfb/xw_zt/moe_357/jyzt_2018n/2018_zt19/zt1819_gd/wywy/201809/t20180917_349083.html.

风,使千千万万个家庭成为国家发展、民族进步、社会和谐的重要基点。新时代家风建设"理论化"对破解家风建设困境具有指导意义。新时代家风建设,将"马克思主义家庭观科学内核"和"中华优秀传统文化"相结合,熔铸了马克思主义家庭观和中华文明的共性,具有中庸和谐、崇德修身、慎独自律等独特的中华文化精髓。与此同时,又紧密结合中国实际、与时俱进,将新时代国家物质文明、精神文明发展要求和人民思想文化发展特征贯通于整个家风建设进程之中,在继承与发展马克思、恩格斯家庭伦理思想的基础上,开辟了新时代独具中国特色的家风文化。新时代家风建设"理论化"对社会关系的演变至关重要。结合新时代中国基本国情,顺应新时代中国社会经济基础的变迁,遵循社会主要矛盾变化规律,从国家、社会、家庭、个人四重维度出发,调整家庭与家庭之间、人与人之间全面的、动态的、发展的整个社会关系。这将成为中国社会家风建设的主流思潮,符合中国人民的切身利益。而家庭和睦、家风兴盛、民风淳朴、社风清正等人民权益也将得到更好的保障。因此,新时代家风建设"理论化"契合中国具体国情,丰富发展了中国家庭、家教、家风建设的理论需求。新时代家庭、家教、家风建设在文化传承、家庭教育、社会道德等方面具有深远的理论价值。正所谓"天下之本在家"。尊老爱幼、妻贤夫安、母慈子孝、兄友弟恭、耕读传家、勤俭持家、知书达礼、遵纪守法,家和万事兴等中华民族传统家庭美德,铭记在中国人的心灵中,融入中国人的血脉中,是支撑中华民族生生不息、薪火相传的重要精神力量,是家庭文明建设的宝贵精神财富。良好的家庭、家教、家风建设是马克思主义家庭伦理观、传统优秀家风文化与无产阶级革命家红色家风精髓传播的重要渠道,同时也是继承、弘扬传统家庭美德的重要途径;对青少年进行德育教育具有引领作用,既能丰富当代青少年德育教育的方法,又有利于完善当代家风教育理论,实现家庭教育理论的创新与发展;对社会思想道德素质整体发展具有基础性作用,是影响和决定社会未来德育发展的重中之重,对社会道德教育具有重要的启示和价值。

新时代家风是当代中国家庭建设的主流价值观,涵盖着国家对家庭文明、个人修养的理想塑造目标。新时代家风的精神追求转化为制度实践层面的价值原则,以法治规章、规范机制、道德规约等形式强化理论内化于心、外化于行的作用,对于保障新时代家风建设的稳定性、持续性和有效性具有重要实际意义。优良家风建设有利于个人全面发展,尤其有利于青少年成长成才。家庭功能和文明作用实现的主要载体就是家风。青少年时期是人生成长的关键时期,而此阶段的教育主要来自家风、家教,这就显得尤为重要。优秀的家风、家教可以转化为青少年的价值追求,引领青少年规范社会行为,养成良好品质,解决其在成长成才过程中遇到的困难和问题,促进其健康成长和全面发展。优良家风建设有利于社会和谐稳定。注重发挥家庭、家教、家风在基层社会治理中的重要作用。家风是一个家庭的精神核心,引导着一家人的行为作风。同时,家风"偏颇"对党风、政风以及社会风气都有着极大影响。"家风正则党风正",党员干部有廉洁自律、奉公守法的家风,才会有廉洁的工作作风,方能打造出一支忠诚、干净、有担当的好干部队伍。领导干部秉持正确的家风,保持谦逊有礼的言谈举止,保持中国共产党人的廉洁性和先进性,充分发挥领导干部的示范引领作用,以身作则、言传身教,有利于我国党风廉政建设的有效实施。实现引领社会家风风向标,弘扬良好社会风气,营造良好社会氛围的目标。优良家风建设有利于推动社会主义核心价值观在家庭落地生根。家风与社会主义核心价值观在内容、目的上具有相通性。家风教育,可以提高家庭美德、职业道德、社会公德和个人品德水平。有利于引导整个社会和谐安定、崇德向善,对进一步贯彻落实社会主义核心价值观提供了更加有力的科学支撑,从而为我国全面建成社会主义现代化强国奠定良好的社会基础。①《家庭教育促进法》明确规定:"家庭教育以立德树人为根本任务,培育和践行社会主义核心价值观,弘扬中华优秀传统文化、革命文化、社会主义先进文化,促进未成年人健康成长。"这不仅为当下家庭教育提供了根本指导和遵循,也为弘扬中华优秀传统文化提供了良好契机。

家庭是培养、引导未成年人人生观、世界观、价值观的重要场所,家庭教育是培养和塑造未成年人思想道德品质、行为习惯的重要途径,而中华优秀传统文化是中华民族的文化根脉,蕴含着丰富的价值理念、人文精神、道德风范,是中华民族历经五千多年的历史变迁而始终生生不息、薪火相传的文化基因;它积淀着中华民族最深层的精神追求,代表着中华民族独特的精神标识;它体现着中国人民世世代代在生产生活过程中形成的世界观、人生观、价值观、审美观等,是中国人民在修齐治平、尊时守位、知常达变、开物成务、建功立业过程中塑造的独特精神气质和精神风貌。中华优秀传统文化对未成年人的价值观念、道德品质、行为习惯具有潜移默化的影响和引导作用,是家庭教育最深厚的文化沃土和最直接的精神源泉。以中华优秀传统文化塑造良好家风,助力家庭、家教、家风建设,努力实现传统文化的创造性转化、创新性发展,使之与现实文化相融相通,共同服务以文化人的时代任务,为落实家庭教育的战略地位,形成家校协同的育人体系和育人模式助力。②

(三) 成长共同体视域下的课堂关系重塑

任何改革都有其核心价值追求,它决定着改革的目标和方向。起始于21世纪初的新一轮基础教育课程改革,就是一种教育的价值追求,是一种教育的文化建设,其核心在于课堂,其本质在于重建课堂文化。现代学校的文化建设,需要以物质文化做基础,也需要以制度文化做支撑,更需要以课堂文化做底蕴。课堂是一种生活,教师和学生都应该在课堂里寻到共同的家园。课堂是有故事的,这里有不断生成的事件,不断涌现的教育契机和教育机制。课堂是生命,是教师和学生延续与发展生命的地方,应将善待师生生命落实到课堂之中,让课堂生活鲜活而富于人性、充满着生命的活力。构建道德课堂,就是在改善学校课堂生态的层面上思考、设计和建构课堂文化,其目的是改善并提升师生课堂生活质量和生命质量。因此,课堂的改革就是要改善课堂关系、改善师生的课堂生活,重建师生高品质的美好课堂生活。

---

① 方琼,张航.新时代家庭家教家风建设的理论价值与实际价值[EB/OL].(2022-03-02)[2023-05-23]. https://m.gmw.cn/baijia/2022-03/02/35556533.html.
② 王善英.家庭教育离不开优秀传统文化[N].大众日报,2022-02-15(5).

课堂是师生生命成长与发展的共同体。教师和学生是学校的两大主体,教师和学生相随使教育生生不息;因此教师和学生的关系便成为教育活动中最为普遍与最为重要的关系。作为社会关系的一种特殊形态,师生关系与教育的发展和社会的进步紧密相连,并呈现出鲜明的时代特征。随着科技革命的快速发展和现代信息技术与教育的不断融合,学习的场域由于网络的广泛延展性和其他媒介的方便快捷,不再局限于教室、课堂;学生可以随时随地求教于教师,也可以自主学习,而教师在指导学生时也可以从中汲取到有利于自己成长的营养,甚至是在某些问题上向学生学习,或与学生一道学习、共同提高。因此在当下的师生关系中,学习合作者的因素在增长,教学相长、师生互动的学习成长共同体在形成。"师生学习成长共同体"逐渐成为现代教育教学领域中教师和学生关系的发展趋势。

在现代社会中,教师和学生是相互平等的两个主体,教师和学生以学习为中心任务,教师和学生的关系始于课堂,但又不止于课堂,它将课内的互动与课外的交流、线上的学习与线下的咨询等多种形式结合起来,以相互交流、彼此信任、联系紧密、互动频繁、友好和谐的师生关系,达成教师和学生共同进步、共同成长的目标。师生学习成长共同体是对传统的特别是师道尊严式的师生关系的扬弃与超越,是现代师生关系的集中表现,是现代教育教学过程的本质要求。教师是师生学习成长共同体的引路人,是学生成长的引领者,是学生潜能的唤醒者,是教育内容的设计者,也是教育实践的推动者,是影响和决定学生成长成才的主导力量。课堂是最圣洁的地方,是师生对话、心灵交流、思维共生、共同发展的生命舞台,师生学习成长共同体是教师和学生精神成长的家园。在这个家园里并不只是学生的学习过程与教师执教过程的融合,更是教师与学生之间精神和心灵的碰撞,情感、思想和智慧的交融。在这个家园里教师和学生在理解、信任、交流、互动中臻至完善,达成共识,增长智慧,体验生命,完善人格,这才是教育的真谛和教育的本真。①

教学相长,是教与学关系的本质所在。教与学是教育中一对最重要、最基本的关系。教与学分别是两件不同的事情,分别由两个不同的主体来实施。从"学习者"的角度来说,学生是学习的主体,教师的"教"是为学生的"学"服务的;从"教育者"的角度来讲,教师是教学行为的实施者,学生是教师教学的对象;"学生主体"与"教师主导",两者并行不悖。求知是人的本性。"学而时习之,不亦说乎。"古往今来,东西方的哲人和教育家都对学习的重要性有过深刻论述。中国古代很少提到教育这个词语,但类似意思的词语却很多,比如教、诲等。孔子把"诲人不倦"和"学而不厌"连在一起,说明孔子的思想是学教并重。再比如《学记》中的"教学相长",表明中国人早在两千多年前就认识到教与学是相辅相成、相互促进的。如果说学是学生的本分,那么教就是教师的天职。教学,就是教学生学,帮助学生更好地学;教和学,是两件相互独立而又密切相关的事情。当代西方著名哲学家哈贝马斯提出了人际交往中的"主体间性"概念。他

---

① 瞿振元.现代师生关系:学习共同体[N].中国青年报,2016-12-02(8).

认为，人与人之间的关系不应是主客对立，而应是互为主体。他以此理念为基础发展出的社会交往理论，在西方学术界和教育界产生了深刻影响。北京师范大学教授庞丽娟指出，过去人们多从主体和客体分离、对立这样一种思维模式来分析师生间的关系。"但实际上，在人与人的交往活动中，互动双方的活动是交互性的，而非对立性的，很难用主客体来简单地解释。教育则是在人与人的交往互动中展开的，因此互动中的师生之间不仅仅是简单的'主体—客体'的关系，或'手段—目的'的关系，而是互为主体间的'人与人'的关系。"庞丽娟认为，师生间应该是一种互相对话、包容和共享的互动关系，"要将师生互动理解为一个多方位、多层次的双边相互作用的综合系统。师生互动是存在于师生间，在师生间发生的一种人际互动。其互动主体是教师和学生，并且师生双方在互动中是同等重要、互为主体的"。

课堂改革对"教"的要求更高，"教"是教师的责任和尊严所在。早在数百年前，现代教育的奠基者夸美纽斯就在《大教学论》中指出，要"寻求并找出一种教学方法，使教师可以少教，但是学生可以多学"。我国教育家叶圣陶也指出，"教是为了不教"。在"教是为了不教"里，"为了"一词表明"不教"是一个理想的目标，是将来时。对于绝大多数学生，特别是在中小学阶段的学生，为了学生将来不需要教，现在教师还需要教，只是要"少教"，以让学生"多学"，"授人以渔"，最终达到"不需要教"。近年来，随着课堂改革的深入推进，越来越多的教育者认识到，要从关注教师的教，更多地转向关注学生的学。教师要围绕学生的"学"来设计教学，让学生在学习的过程中学会自主学习、自主发展。叶澜先生提出了课改理念"把课堂还给学生"，然而，有的学校往往把"教"和"学"对立起来，为了让学生更多地学，很多教师不敢教了。在一些课堂上，教师几乎不发一言，完全让学生"自导自演"，自己则完全隐退、袖手旁观，实施所谓"放羊式教育"。其实人的学习和成长绝不是像羊吃草那样简单。羊吃草是一个简单的生物本能，人的学习和成长却是一个复杂得多的社会化过程，需要人际互动，需要人的精神、思维、意志的参与和配合。从"满堂灌"到"大撒把"；从教师高高在上控制一切，到教师几乎完全丧失自己作为教育者的专业职责。这是从一个极端走向另一个极端，这两种极端，都远离了教与学的本质和初衷。事实上，把课堂还给学生，让学生做学习的主人，是针对过去传统旧课堂教学忽视学生的现象而提出的。这并不是不要教师教了，而是对教师的"教"提出了更高的要求。教师要从单纯的传授者变成学生学习的参与者、组织者和引领者。教师既不能"填鸭"，也不能"放羊"；既不可"越俎代庖"，也不可"退避三舍"。教师要察言观色，审时度势，灵活处理，该放则放，当讲则讲。在需要激发、质疑、点拨时，"该出手时就出手"，教师的适时介入必不可少。它一方面能促进学生的学，同时又能丰富教师的教，这就是"教学相长"。

因此，在强调"把学还给学生"的同时，不能忽视的是，还要"把教还给教师"。就是说，如果单纯地突出学、否定教，就会割裂教与学的关系，会把学习简单化，把学习者理想化。杜威认为，"从道德上和理智上对儿童的极端轻视和对他们过于热情的理想化，都有它们的共同错误的根源。两者都来源于把儿童的生长各阶段看成是某些不相联系的和固定的东西"。在《学校与社会》中,杜威强调,"教育上的问题在于怎样抓住儿童的活动并予以指导","儿童是通过模仿、提示、直接的教导甚至更间接的、无意识的教诲,来学习估量和应付种种赤裸裸的物质刺激的","指导并不是从外部强加的,指导就是把生活过程解放出来,使它最充分地实现自己。从外面强迫儿童,或者让他完全自流,都是同样的根本性的错误"。因此,"教"是教师的责任和尊严所在。如果不需要教,教师的存在就没有任何意义,学校本身也就可以取消了。人类数千年的发展历史表明,学校教育不仅从无到有,而且不断发展壮大,儿童的入学率一直在不断地提升。可以预见,随着社会经济和科技的飞速发展,学校教育这一人类最艰难也最伟大的事业,不仅不会消失,而且会越来越重要。①

课堂教学的动机、行为与结果的关系,应该是最为和谐一致的关系。现实中,一些学校、一些教师一直没有达到我们所期望的那种关系状态,甚至可以说还相去很远。我们所期望的是事半功倍,可是效果有时候总是事倍功半,甚至是"南辕北辙",其症结在于行为与动机的不相一致。道德课堂要求教师运用合规律的方式,以达到道德的目的。每一位教师的课堂教学的出发点和动机都是好的,但只有选择适合的方式方法才会收到所期望的效果。我们不能一直满足于"我是好心办坏事"这种"自我安慰""自我欺骗"。说得再难听一点,我们不能再用这种"自我安慰"和"自我欺骗"来掩盖自己的无能和不负责任。我们需要按照崔允漷教授所倡导的用课程思维的方式来思考,实施"教—学—评"一致性教学,用专业的方式来改善最重要的课堂关系。

课程是教育走向专业化、科学化的标志,是用"科学的方法"取代"理性的思辨"来思考"学生学会了什么"的产物,是从"应然思考"走向"实然思考"的结果。崔允漷教授说得好:真正的教育永远伴随着灵动的生命、不确定的情境、复杂的关系等因素,因此,普适的或应然的豪言壮语只是在确立理念、指引方向、变革之初时的鼓动需要,一旦理念确立、方向明确、变革进入深化时期,人们就需要用科学的思维解决"如何落实""落实得怎样"的问题。这样的区分标志着教育思维与课程思维的分野。从教师的视角看,课程思维需要一致性地思考"为什么教""教什么""怎样教""教到什么程度";从学生的视角看,课程思维需要一致性地思考"我要到哪里去""我怎样去、需要什么样的资源""我真的到那里了吗"。课程视域下的"教—学—评"一致性,需要一致性地思考在目标统领下的教学、学习、评价的问题,所有单一或点状的思考都不是课程思维,而是人们常说的教学思维。因此改善课堂,提高课堂教学的动机、行为与结果之间关系的和谐程度,我们需要"像专家一样思考"课程的一致性问题,即思考"教—学—评"的一致性。

作为有效教学的一个基本原理,"教—学—评"一致性既反映了课程思维的本质要求,也为我们在推进有效教学中顺应课程视域的这种专业化诉求,建立以目标为灵魂的"三位一体"的关系,进而矫正种种偏差、建立专业自觉提供了依据和可能。"教—学—评"一致性的含义描述

---

① 翟晋玉.正确认识教与学的关系——兼与雷祯孝、雷霆、谢小庆先生商榷[J].决策与信息,2017(09):39-45.

如下：第一，清晰的目标是"教—学—评"一致性的前提和灵魂。没有清晰的目标，就无所谓"教—学—评"的活动；没有清晰的目标，也就无所谓一致性，因为判断"教—学—评"是否一致的依据就是，教学、学习与评价是否都是围绕共享的目标展开的。也正因为这个原因，崔允漷教授没有说"目标—教学—评价"的一致性，而是称之为"教—学—评"一致性，以表明目标是"教—学—评"的灵魂。第二，"教—学—评"一致性涉及两种理解。一是针对教师而言，二是针对教师与命题专家而言。前者是指在特定的课堂教学活动中，教师的教与学生的学、对学习的评价应该具有目标一致性；后者是指教师的教、学生的学与命题专家的命题应保持目标的一致性。第三，"教—学—评"一致性指向有效教学。有效教学不是理性的思辨，而是基于证据的推论。教学"有效"的唯一证据在于目标的达成，在于学生学习结果的质量，在于何以证明学生学会了什么。第四，"教—学—评"一致性的实现取决于教师的课程素养与评价素养。课程素养表现为坚持素质教育的理念、确定和叙写清晰的目标、选择和组织合适的素材或活动、采用与目标相匹配的方法、实施基于目标的评价。评价素养则表现为坚持育人理念、确定清晰的目标、设计与目标相匹配的评价任务、获取与目标达成相关的学习信息、解释这些信息并做出反馈或进行指导。①

根据崔允漷教授提出的"教—学—评"三位一体的理念，"教—学—评"一致性指的是整个教学系统中，教师的教、学生的学以及对学习结果的评价之间的协调配合程度。从构成要素来说，包含"学—教""学—评""教—评"三组关系的一致性。"学—教"一致性，或者说所学即所教，是指在目标的指引下学生的学习与教师的教学之间的匹配程度。"教—评"一致性，或者说所教即所评，它是指教师的教学与对学生学习评价的匹配程度。"评—学"一致性，也就是说所学即所评，它是指学生的学习与对学生学习的评价之间的匹配程度。理解"教—学—评"一致性的内涵，至少要把握三个核心要点。其一，目标是"教—学—评"一致的核心。目标在整个教学过程中有"导学、导教、导评"的作用，后续所有的课堂环节都要以它为中心。"教—学—评"一致性体现为三者的目标保持一致。其二，持续性评价是"教—学—评"一致的关键。在课堂学习进程中，围绕学生达到什么水平，离目标有多远，教师需要发挥"质量监测员"的作用，根据目标设计真实的评价任务，使用各种方法收集学生达成学习目标的证据，从而了解教与学的效度，为下一步的教与学提供调整和改进的依据。其三，结构化的学习活动是"教—学—评"一致的保障。目标达成的过程是一个解决问题的动态过程，需要结构化的学习活动保证学生围绕目标，逐步理解、掌握、内化语文知识，促进学习迁移。"教—学—评"三位一体的课堂实践程序是："教—学—评"一致性以学习目标为起点与核心，先确定评价标准和评价任务，再设计学习活动。开展学习活动的过程是围绕目标即学、即评、即教的过程，教学评交织融合。教师在活动中认真收集评价信息，分析评价结果，然后依据评价结果审视目标达成情况。这既是上一轮

---

① 崔允漷，夏雪梅."教—学—评一致性"：意义与含义[J].中小学管理，2013(01)：4-6.

教学实践的尾声,又是新一轮教学实践的开始。教师根据反馈的学习信息,调整学习目标,形成新评价、新活动。"教—学—评"三位一体,循环反复,不断改善教与学,让学习真正发生。①

落实"教—学—评"一致性教学,回答好课堂三问。在课堂上,每一次启迪生命的道德之旅,都要回答好三个问题:(1)你要把学生带到哪里?即确定什么样的学习目标,学什么,学到什么程度;(2)你怎样把学生带到那里?即采用什么样的学习策略,怎样优化学习过程;(3)你如何确信已经把学生带到了那里?即怎样进行学习效果的评价。理想的课堂学习是一种有目标的学习。先有了"目的地",再选择去的方式,才有可能产生路程。首先,要精准确定课堂学习目标,保证学与教的方向。要针对课标要求,把握逻辑起点;立足学情视角,了解现实起点;关注学习策略,完善过程方法。在叙写目标时要避免出现对课程标准、教材及学情的综合性考虑不够,喜欢罗列知识点,缺乏操作策略等错误。其次,要逆向设计,落实评价任务。逆向教学设计与传统教学设计的区别在于确定目标后,先确定评价任务,再安排学习活动,保证了教、学、评的深度融合,让课堂教学有始有终、清晰可测。评价任务对应学习目标,但又不等同于学习目标。教师要进一步厘清和细化学习目标,形成一定的评价标准,再根据评价标准确定评价任务。评价任务的形式可从三个角度思考:一是问题链的角度,每个问题相互关联,富有层次;二是学习项目的角度,把学习任务浓缩成一个高度整合的学习项目,融合听说读写等语文学习活动;三是课堂作业的角度,可以设计针对课堂核心内容,有利于学生发展高阶思维的作业,让作业撬动课堂学习。将评价任务嵌入学教全程,引导学生在完成任务的过程中利用评分规则进行反思、学习,作为学生学习的"检测仪"和"推进器"。最后,要优化学习活动,助力思维发展。如何优化课堂学习活动?布鲁纳指出:"掌握事物的结构,就是以允许许多别的东西与它有意义地联系起来的方式去理解它。简单地说,学习结构就是学习事物是怎样关联的。"因此,课堂上应该以一种整体、关联的方式组织和构建学习活动,形成结构化的学习路径,使其成为助力思维发展、达成学习目标的重要载体。"教—学—评"一致性要求教师以专业化的方案来统整教、学、评三要素,以过程性的评价体系和结构化的学习路径来实现三者的和谐统一,从而构建高质量的课堂,培育和涵养学生的核心素养。②

教育学首先是关系学,没有关系就没有教育。如果你不喜欢这个孩子,你的教育还没有开始,就已经结束了。一个孩子不会去相信、认可他不喜欢的一方说的任何观点。很多孩子能够学好一门学科,首先是因为他喜欢这个老师。现代的教育已经不是知识教育,更多是一种情感的影响。这种情感就是把人区别于聊天机器人的特性。有这样一句话,过去的工作与肌肉有关,现在的工作与大脑有关,但在未来,工作将与心脏有关。学校里、课堂里的关系很多,但最重要的一定是师生关系,和谐师生关系是教师的第一要务。只有有了尊重、关爱、民主、和谐的

---

① 崔允漷,雷浩.教—学—评一致性三因素理论模型的建构[J].华东师范大学学报(教育科学版),2015(04):15-22.
② 涂晓锋.教学评一致性的含义、实践困境与突围之策[J].教学月刊:小学版(语文),2022(04):4-8.

师生关系,学生才有可能喜欢老师、喜欢学校、喜欢上学、喜欢课堂、喜欢学习。教育是一项道德事业,要求教师敬畏使命,德性配位,要与学生"道德的相遇"。

教师要真正走进课程。教师需要拥有"课程知识",这是毫无疑问的。课程就是一种有目的的、有计划的、有技术的教育专业实践。课程知识就是能够满足课程实践合目的性、合计划性、合技术性的最起码的知识基础。课程知识应包括以下三类知识:一是促使教师形成正确的教育信念的知识,包括对教育的目的、目标、价值的认识,对学生的学习与发展的理解,对教师自身的身份、职业、专业发展的认识,以及对学科课程本身的认识等知识;二是编制科学的课程方案的知识,在基于国家统一学制、统一课程方案、统一课程标准的前提下,教师要对学科课程教学方案进行二次开发,编制每个学期的"课程纲要"和单元、学时的学历案;三是学会专门的课程技能的知识,即课程的规划与设计、实施与评价。具体地说,课程的专门技能包括:(1)澄清学校的育人目标;(2)识别学生的课程需求;(3)确定与陈述目标;(4)选择与组织内容;(5)采用多样化的实施技巧与策略;(6)使用基于目标的评价手段;(7)实施基于证据的课程改进;(8)善用可得到的课程资源。没有这一类知识的支撑,上述两种知识有可能变成虚假的知识,没有实际意义。需要关注的是:关于课程知识领域中专门技能的最新进展,已经涉及如何思考课程标准、学材、教学、评价一致性的问题,特别是关于基于课程标准的教学与评价以及课程视域的"教—学—评"一致性问题。例如:如何将课程标准中的内容标准分解为学习目标,如何基于学习目标开发评价方案,如何基于该评价方案设计学习活动。很显然,这就要求教师要像专家一样思考,并能综合应用上述三种知识。作为教师应该关注的远远不只是课堂教学行为、有效的教学策略、课堂教学模式等问题,而更应该关注我们为什么需要教育?为什么要开设语文、数学、科学、艺术等课程?为什么要强调课程的综合化?为什么要倡导发展性的教育评价?为什么要开发校本课程?等等。教师确立了课程意识,拥有了课程知识,形成了课程能力,才能真正走进课程。

教师要创生和发展课程。道德课堂要求教师不再是教材(学材)的忠实执行者。教师要用自己的观念、态度和意识去解读课程,用心去理解和领悟课程的基本框架、基本理念、培养目标,还要理解与领悟课程标准的目标、基础知识、技能和能力。理解并解释课程是教师专业生命的存在方式,而教师参与对课程文本的解读是课程意义生成的基础,教师在对学科的理解和感悟中即生成了学科课程。经过教师的"课程运作"之后转化为现实的教育效果,即被学生内化为自己的东西。经过教师实践操作与反思后的课程又将成为新的课程,这将使得课程和教学实现意义上的整合。课程不再是特定知识符号的载体,而是教师与学生共同探求新知的过程,教师不再孤立于课程之外,而是有机地构成课程。在经历了课程实践与反思的过程后的教师也即发展和创生的课程。真正的课程是教师与学生联合创造的教育经验,教师与学生互动的过程即一种创生的课程。在这个"课程过程"中,通过师生、生生之间不断地对话达成在学科上的共识与互识,生成意义,在这种意义上教师即创生的课程本身。教师是一种理解与领悟的课程,一种反思与实践的课程,教师又是一种创生与发展的课程。

教师要充分彰显自身的课程意义和价值。教师是重要的课程资源,教师本身就是一种资源载体。之所以这么说,是因为教师是教学的执行者,是教材的实施人,教师的专业素养决定了课程资源的识别范围、开发与利用的程度,以及发挥效益的水平。教师的生活世界,特别是他们的经验、智慧、理解、感悟、问题、困惑、情感态度价值观等素材性课程资源,能够与学生要获得的文本知识和解题技能等一道进入课程。进入教学过程的时候,教师和学生才会真实地感受到教学过程是他们的人生过程,是他们生命的有机组成部分。教学才有可能真正地促进学生的健康成长和健全发展,才有可能不断地提高教师的专业发展水平,才有可能彰显它应有的生机和活力。

教学,教师教学生,一教做人,二教学业;学生跟老师学,一学做人,二学学业;教学质量,就是学生的做人质量、学业质量。从《说文解字》对"教育"的精辟解释,我们会感悟到教师"所施"的重要性;从"使人为善,使人向上"这一教育的道德目的,我们会感悟到教师"为善、向上"的重要性;从"教育不是'工作',而是'目的'"这一观点,我们会感悟到教师群体共同承担教育责任的重要性。孔子说:"其身正,不令而行;其身不正,虽令不从。"由此可见,教师示范作用的重要性。教师的人格水平越高,其榜样作用也就越强。"欲齐其家者,先修其身。"作为教师,应该经常反思自己在学生心目中的形象。苏联教育家马卡连柯曾对儿童教养院的老师说:"不要以为只有你们在同儿童谈话、教训他、命令他时才是教育,你们在生活中的每时每刻,甚至你们不在场的时候,也在教育儿童……"马卡连柯的这段话,强调的是"行为"和"榜样"在教育中的作用。教师不仅仅是"传道者",还是学生效仿的楷模。教育学生不能依靠灌输、说教,而应当靠教师身教、潜移默化。只有具有高尚人格的教师,才能培养出有健康个性的学生。一名优秀的教师,除了必须以满腔的热情对待事业、对待学生,还必须自觉地、高标准地去塑造自身的人格,从而促进学生健康人格的养成。古语说:"善歌者,使人继其声;善教者,使人继其志。"一句话,教师要想不愧为"人类灵魂工程师"的光荣称号,就必须在人格塑造上勇于履行"以身立教、为人师表"的道德要求,真正做到学高为师,身正为范。随着道德课堂建设的深入推进,会有越来越多的教师发出这样的感叹:我就是语文、我就是数学、我就是课程……

(四)智能时代学校教育的挑战与应对

教育数字化是数字中国战略的重要组成部分,数字化转型是世界范围内教育转型的重要载体和方向。数字化和智能化革命对社会各行业劳动者的素质提出了更高要求,创新能力、沟通协作能力、复杂问题解决能力、人机协作能力等将成为面向未来的关键能力。人才需求的变化,倒逼教育进行全面、彻底的转型和升级,其核心是能力的塑造。正如联合国教科文组织发布的《教育中的人工智能:可持续发展的挑战与机遇》认为的那样,教育须确保学生获得人工智能驱动社会所需的能力。在中国这样的经济大国、人口大国,只有充分运用人工智能的新技术,构建网络化、数字化、个性化、终身化的教育体系,才能实现"人人皆学、处处能学、时时可学"的学习型社会，为社会各领域输出合格人才。因此，以人工智能驱动未来教育变革，转换教育发展动力结构，促进教育理念重塑、结构重组、流程再造、内容重构、模式重建，打造更加公平、更有质量、更加美好的未来教育，是我国实现教育强国、科技强国、人才强国建设目标的必然选择。

生成式人工智能的迅速崛起对教育的冲击。生成式人工智能是基于算法、模型、规则自动化生成文本、图片、声音、视频、代码等多模态内容的技术，主要依托大语言模型进行强化训练，获得了类似人类的自然语言理解和生成能力。人工智能的发展，在经历了起步阶段、繁荣期之后，已经进入了蓬勃发展期，引起了全社会的持续关注。智能技术链式突破所带来的不确定性、模糊性与风险性引发社会对教育系统变革的普遍担忧，迫使人们对人才定位、教育诚信、核心素养、科技伦理与技术治理等问题进行深刻反思。ChatGPT是目前最受瞩目的生成式人工智能应用之一，它引起的海啸正在全球掀起新一轮的人工智能浪潮。ChatGPT在教育、科研、医疗、金融、法律、艺术创作等诸多领域显现出巨大的应用潜力，将改变知识的生产与传播方式，大幅提高企业生产效率，并对劳动力市场形成巨大冲击。"通用人工智能"技术引发社会对教育系统变革的普遍担忧。第一，批量工作岗位的消失将引发人才观的骤变。人类的工作机会可能因人工智能而大批消失，随着这项技术的发展，全球有四分之一的人类工作将被AI替代，这引发了人们对职业前景和就业问题的普遍担忧，以及对现有人才观和人才培养体系的反思。智能时代的教育要培养全面发展的、个性化的、具有创新能力的高素质人才，以应对科技高速发展、社会急剧转型所带来的各种模糊性、不确定性和复杂性。第二，作业"作弊"与学术"剽窃"将带来教育诚信危机。一方面，学生可以用ChatGPT快速完成家庭作业和测试，用它获取论文大纲或让它代写整篇论文，获得虚假成绩，破坏教育公平，干扰正常教学秩序；另一方面，研究工作者可以用它生成论文、参考文献、研究报告等，这种隐蔽的"学术剽窃"将颠覆学术伦理。第三，智能时代的"生存"能力诉求引发对学生核心素养的重新思考。人工智能在分析决策、科学研究、艺术创作等方面展现出惊人的潜力，有可能全面挤压人的生存发展空间，使人面临一种整体性的生存危机。人类必须思考如何适应智能时代，同时彰显人的智慧、保持人性尊严、获得存在的意义，这也是教育必须回应的时代命题。为了更好地适应未来社会，学习者除了要有基本的生存发展能力和社会担当，还要具备数字化思维能力、创新能力和伦理安全意识。ChatGPT融入教育，为学生核心素养的培养提出了一些新的思考角度：一是提升高阶思维能力，二是具备更强的信息甄别能力，三是高效使用智能工具的能力。第四，人机协同"生活"将形成新的科技伦理与技术治理格局。人工智能大模型的诞生使AI获得了接近人的智能，人机协同、人机共生将成为未来人类普遍的生存境遇。

新一代智能技术将全面引发教育观的改变。新一代人工智能的迅猛发展正在加速社会的智能化转型。作为最复杂的社会子系统之一，教育也正在经历全方位的结构性重组和流程再造，教育观也随之而变，呈现出一系列新特征，包括众创共享的知识观、智联建构的学习观、融通开放的课程观与人机协同的教学观等。

第一，众创共享的知识观。知识观是指我们怎样理解知识，对知识抱有怎样的态度，即人们关于知识问题的总体认识和基本观点，包括知识的本质、分类、生产与传播等。知识观不是知识本身，而是对知识的反思。从知识的本质看，智能时代的知识是人和人工智能通过与所处环境的交互而获得的信息或进行的生成性意义建构，人不再是知识生产的唯一主体，大量的知识由人机协同方式生产出来，甚至有些知识还难以被人类了解和把控，被称为"暗知识"。智能时代的知识可以分为事实性知识、程序性知识和元认知知识，即"是什么"的知识、"怎么做"的知识和"如何理解知识"的知识。事实性知识的获取将越来越容易，而程序性知识的习得将愈发重要，元认知知识有助于学习者高效地完成知识学习，提升学习效果。从知识的生产方式与传播方式看，知识的生产方式是基于互联网平台的大规模用户协作，知识传播是基于智能算法推荐的人机协同和多向交互。未来，人与人、人与机器将共同进行知识的生产与传播，进行决策并解决问题。

第二，智联建构的学习观。学习是指主体在认识和行动等方面稳定而持久的改变。智能时代的学习是在人工智能技术营造的智慧学习环境下进行的支持个性发展、特色发展、全面发展、终身发展、内驱发展、创新发展的学习。从学习的发生机制看，智能时代的学习是学习者在由智能工具、互联网、物联网和智联网构成的智能环境中，通过与同伴、教师等人类参与者以及互联的智能体的协同建构活动获取知识、技能和态度的过程。人工智能并不能改变学习过程，但是能够打破输入系统、加工系统、输出系统和反馈系统的单一形态，提供多样化的方式来选择学习内容、设计学习路径等，人机协同智能不仅可以满足个性化学习需求，还能提供实时的个性化评估。从学习的目的看，学习者将更多地从自身生存与发展的需要出发，从外在服从转向内在激发，从维持生活转向全面发展和精彩生存。学习者还应肩负起社会责任，将个人的理想与人类发展紧密结合，为推动世界文明进步贡献力量。从学习方式看，智能技术为各种学习情境的创生提供了无限可能，智能时代将更加注重学习者的个性化学习与体验式学习，要求学习者能够通过自主学习来规划和管理学习过程。未来，人机协作学习与智能技术调节的合作学习将更加盛行，依赖于人独特自然属性的具身认知学习将成为人类区别于智能机器的独特学习方式。

第三，融通开放的课程观。课程即"学习进程"，是实现学校教育目标的基本保证，是运用特定媒介促进学习者全面发展的重要中介。智能时代的课程将呈现一系列新特征，表现为课程目的、课程内涵、课程形态和课程资源等要素的变革。从课程目的看，智能时代的课程将更加关注人的智慧发展以及运用智慧解决问题的能力，使人的智慧在教育场域中得以充分地绽放。从课程内涵看，智能时代的课程不再是知识的单方面呈现或传输，而是师生通过对话、会谈、研究、共享、批判等多维度的互动所进行的知识建构过程。从课程形态看，智能时代的课程将由封闭走向开放，由碎片化走向网络状、结构化，从分科课程走向融合式、情境化的课程。从课程资源看,在智能化学习空间和教育环境中,资源服务将更加精准、适时和个性化,可以为学习者提供有针对性的学习路径导航和资源推送。课程的来源将更加丰富,跨国界、跨区域、跨时空的课程将成为常态,课程资源在更大范围的共享将使不同国家和地区、不同社会和生活背景的人都能够享有优质教育的机会,从而增强教育的包容性和公平性。

第四,人机协同的教学观。教学观是指教师对教学中根本问题的总体看法和概括性认识,它反映了教师相信教学应该是什么样的,以及它对学生和社会的发展能起什么作用。智能时代,教师将能够以人机协同的形态,在虚实融合的智慧学习环境中,利用多元学习资源开展教学。从教学理念看,智能时代的教学将是在智能技术充分赋能的教育环境下,利用精准、适时、个性化的学习资源,充分发挥学生主体地位,帮助学习者全面发展,重点提升思维能力和价值观念的活动。从教学目标看,智能时代的教学将围绕适应智能时代的核心素养,在学习知识技能的基础上,培养学生的数字智能、可持续发展能力、自我认同与自我整合能力。从教师角色看,智能时代的教师主要以育人为主,人工智能将补充、增强和延伸人类教师的能力。人类教师将从知识的传授者变为学习情境的建构者、学习的组织者和引导者,更多地承担学习设计、督促、激励、陪伴的工作,更多地与学生进行情感交流,成为学生的学习伙伴和人生导师。从教学模式看,智能时代的教学是综合多种知识形式、多种教学媒介、多时空、多场景要素的创造性活动。智能时代的教学模式具有多场景融合、强连接与互动的特点,生生、师生间多维度的交流以及人机互动能帮助学习者有效提升对知识的理解水平和学习效果。

利用新一代智能技术创新学校教育的重要举措。面对我国教育现代化的宏伟目标和教育改革发展的核心问题,学校应该深入思考如何变革传统的教育教学模式,持续推进教育数字化转型,面向未来培养德才兼备、全面发展的创新型人才。ChatGPT等新一代智能技术的深度应用将对学校教育产生重大影响,人工智能有望助力解决教育现代化进程中面临的重大问题,通过改变学习、赋能教学、改善教育教学环境,助力实现规模化教育与个性化培养的有机结合。

着力提升学生数字素养与技能,培养智能时代的学习能力。促进学生适应社会转型期的复杂性与不确定性,核心在于提升学生在智能时代的学习能力。第一,优化学生数字素养与技能的培育机制。数字素养与技能和信息科技学科核心素养的内涵具有内在共通性与相同指向性,体现数字时代所需的正确价值观、必备品格与关键能力,对促进学生在数字世界与现实世界的健康成长具有重要意义。一是学校要有效落实义务教育信息科技课程标准,为学生配备专业信息科技人才作为专任教师,提供多样化、可复用的学习资源与工具,优化信息科技课程开设的学习环境,如专用教室和实验室;二是在各学科教学中渗透相关内容,强化教研与引导,将数字素养的培养融于各学科、贯穿至各学段;三是建立数字素养与技能测评体系,持续监测本校学生数字素养与技能的发展,为数字素养薄弱的学生提供专项的支持辅导。第二,提升学生的自主学习能力。自主学习能力将成为智能时代学习能力的核心，是学习者应对复杂不确定的教育未来的必备条件，也是迈向未来教育的基本动力。培养学生的自主学习能力，学校需要鼓励和引导教师在平时的课堂教学中引入主动学习圈方案，通过动机激发、目标设定、机会获得、迁移应用、可视分享等环节，培养学生自主学习的习惯，包括自我规划、自我监控、自我评价等。① 第三，强化学生利用智能技术进行学习的效果与效益。在支持学生个性化学习方面，ChatGPT等新一代人工智能将帮助学生便捷地获取知识、高效地开展自主学习，成为学生的学习伴侣。

鼓励教师积极拥抱智能技术，发展人机协同教学的能力。新一代智能技术的兴起及在教育中的应用，改变了以知识灌输和标准化人才培养为目标的教学观。未来的教师将在智能机器的辅助下，充当学生的"启发者"和"引路人"，促进学生的个性化成长，提升他们在智能时代的生存和发展能力。首先，要鼓励教师积极探索与应用智能技术。教师先要学会基本的人工智能知识和原理，从知晓原理到赋能学习，学会利用人工智能来学习，提升学科能力和教学能力；再到优化教学，尝试利用人工智能开展教学，以发现人工智能对教育教学的实际作用；最后是交流分享、共同提升，适时开展关于ChatGPT的主题教研活动，分享应用经验，挖掘其教育效益，以达到共同提高的目的。其次，要增强教师角色转变的自觉意识。未来教师需更专注于培养学生的必备品格、高阶思维及复杂问题解决能力，成为学生成长的人生导师。一方面需要持续提升教师的人机协同教学能力，保持人类教师的主体性价值与角色能动性；另一方面，教师需要特别关注对学生的情感补位，为学生提供真诚的陪伴与个性化的辅导。最后，要开展精准教研助力教师成长。智能技术能够采集并分析多类型、多来源、多维度的教育教学数据，如教师课堂教学的行为数据、班级知识图谱、学生成绩数据等，并生成有关教育教学过程的诊断结果和分析报告。这些报告可作为"证据性"支持，协助教师开展人机协同式的精准教研，这种教研方式不仅能够协助教师更好地了解课堂教学过程，还能精准诊断教师在教学法、学科知识、技术应用等方面的不足，帮助教师反思教育设计与实践，促进教学能力的提高。

开展学校人工智能社会实验，营造智能时代教育教学环境。智能时代学校教育环境建设关注数据融通、家校互联与泛在智联。一是利用智能技术赋能校园，实现校内数据的智联融通。二是利用智能技术增强家校互联，构建系统化、常态化的家校联动育人模式。三是利用智能技术提供真正以学生为中心的跨越时空且开放融合的泛在教育环境，实现物理空间、网络空间、社会空间融合，为学习者创建更加真实、更加多样、更加丰富的学习体验。

为顺应智能时代变革趋势，学校应扎实开展人工智能教育社会实验。教育社会实验研究是在教育教学实践的基础上，研究人员能动地探究教育教学实践活动，发现和认识教育教学规律的过程。其具体含义是：从某一社会现象出发，采用循证学的理念探寻一类特殊的、隐形的、

---

① 黄荣怀.人工智能正加速教育变革：现实挑战与应对举措[J].中国教育学刊,2023(06)：26-33.

动态的社会实践活动,旨在通过背景分析和语境界定,设计循证目标、方法和途径,收集案例、数据和证据,发现隐形的社会活动进程,并审慎解释这类活动的信息和资源输入、触发进展的关键事件和操手、影响其他社会活动的普遍或长期效应特征,进而提出相应的应对方法或干预措施。迈向智能时代,学校一方面需改变课堂教学中数字设备及教学资源的机械性应用模式和教育教学管理中数字技术简单叠加式应用的工具性思维,超越当前的"表象式"改革诉求,系统推进改革与发展;另一方面,需积极参与教育社会实验的相关研究,配合相关研究主体,扎实推进人工智能社会实验,通过介入式观测人工智能对"教、学、管、评、测"环节的革新、优化及重塑模式,运用系统化循证手段观察人工智能对学生、教师、家长及学校的综合影响,总结智能时代教育变革规律,以共同塑造有益学生成长、健康、韧性、可持续的未来教育生态。①

教师要勇敢地拥抱未来,实现能力迭代。现代学校从诞生之日起,在走过了传统校园阶段、数字校园阶段之后,从智慧校园迈向未来学校正蓄势待发,这是学校教育数字化转型的必然趋势。未来教育不是"教育"与"数字化""智能化"的简单叠加或组合,而是一种以实现人的全面发展为根本遵循、将技术嵌入能力塑造的自驱型教育模式,满足未来社会对劳动者创新能力的素质要求。课堂里满座的都是"数字原住民",如果我们用过去的方法教育现在的学生,就是在剥夺孩子们的未来。未来的教育形态一定是"人工智能+教育",这已经被广泛认可。面对这样的未来,教师要做的不是去担忧是否会被人工智能取代,而是如何培养学生使其更好地生活在充满人工智能的世界,以及如何运用人工智能进行更智能而不是更努力的教学。

准确把握未来教育变革的主要特点。20世纪80年代,著名科学家钱学森就曾提出,未来教育必将是"人机结合、人网结合、以人为主",旨在培养"集大成、得智慧"的新人类教育。人工智能的发展及其与教育的深度融合,给教育的改革创新带来了更多选择与挑战。

第一,从固定式转向泛在化。现行教育体系以以学校教育为代表的固定正规教育为主。伴随着人工智能在教育领域的深度渗透,未来教育的泛在化趋势日益显著。一是教育主体的泛在化。数字教育资源的在线传播、集成与共享为主体间关系赋予了更多可能性,每个人既可以是教育资源的消费者,也可以是教育资源的生产者。弥散式、泛在式、自助式、互助式的学习形态,催生出"能者为师、愿者为生"的新格局。二是教育场域的泛在化。任何人随时随地获取到需要的学习资源是未来教育变革的一个重要方向。人工智能拓展了教育边界,学校不再是传道授业解惑的主要场所,自觉自发的无组织、无系统的非学校教育将成为能力塑造的重要渠道。

第二,从"教的效率"转向"育的本质"。规模化和标准化是传统教育的关键特征,它强调在工具维度上力争实现教学资源利用效率的最大化。但就教育的价值理性而言,"学会如何有效地学习"远比"学会一项本领"更加重要,它重在培养认知能力,具有可持续性。美国心理学家

---

① 黄荣怀.人工智能正加速教育变革:现实挑战与应对举措[J].中国教育学刊,2023(06):26-33.

加德纳开创的多元智能理论主张人类大脑中分布着多个不同类型和水平的智力中心,这也正是"因材施教"的逻辑起点。利用人工智能技术,可以最大限度地识别出不同阶段人的发展特征、成长需求和智力水平,精准刻画认知结构画像,发挥每个人的智力长板优势,构建以学习者为中心的主动型学习机制,释放学习的创造力与活力,使个性化学习、精准化教育成为可能。

第三,从知识传承转向知识创新。传统教育理论认为,人是知识生产的唯一能动因素。随着深度学习、智能计算等新技术的发展,人类知识的生产、访问、利用方式都在发生颠覆性的创新。人工智能技术会从浩如烟海的数据海洋中提取隐含的、未知的、潜在的、有用的信息,使人类知识的增量呈指数级上升。更为重要的是,广泛的人机智能协同会形成创新群落,通过深度学习的内在结构从大量原始数据中学习、抽象出规律,帮助人类在相关领域了解更详细的专业知识,进一步挖掘潜在的理论机制,扩大创新知识图谱,进而形成新的知识形态,这种人机共创将是未来社会知识的主要生产方式。在知识传承的基础上,促进学习者在人机交互中实现知识更新与创造,是未来教育的重大挑战。

第四,从单一知识场景转向虚拟仿真生态。传统教育生态以知识传授为主要场景。人工智能技术的迅速普及,极大地拓宽了新兴未来产业、新型服务行业的发展空间,创新型人才、复合型人才在劳动力结构中的需求激增,传统教育生态中知识与实践相脱节的矛盾越来越突出。"互联网+人工智能+教育"的跨界融合,打破了知识传授的单一场景。借助虚拟现实(VR)、增强现实(AR)、混合现实(MR)技术,通过创建人、物、环境数字孪生体,可以对传统知识的呈现方式进行重构,促进现实空间与虚拟空间的交互融合,进而形成全新的育人环境。这种临场式、沉浸式、交互式的"在场化"新型虚拟仿真教育生态,能够更好地与社会实践领域衔接,从而为职业教育、素质教育提供适应未来生活和工作的创新场景。①

未来教师必须拥抱七个趋势。未来,将是人工智能、生物科技的新时代。我们这一代人将亲历多个时代,我们的学生也是如此。如何拥有符合新时代的学习能力,甚至具备跨时代迁移的能力与品格,成为当今教师必须面对的重大挑战。面向未来,回归教育本质,未来教师正在形成七个趋势,值得我们共同关注。

第一,和学生一起拥抱新技术。我们的学生并不和我们出生在同一个时代,他们一出生就在数字化时代,拥有智能设备、互联网、虚拟现实等一系列数字化环境。他们自然而然会觉得那些数字化工具就是生活的一部分,不可分割。因此,我们需要换一个视角,可以和孩子们一起拥抱新技术,将新技术运用到学习中来。有的时候,当教师觉得新技术难以在课堂内外使用的时候,不妨问一问学生们的想法,说不定他们可以给你很多不同的方案。可能是一个个不同的学习平台或应用程序,也可能是他们运用互联网探索新知的经验,这些都可以融合到你的教学设计中。当然,不仅仅是用学生们熟悉的新技术,也需要大胆地面向真正具有变革性的技

---

① 朱世强.人工智能驱动未来教育变革[N].中国社会科学报,2023-05-26(A04).

术。学生们真正需要的是与他们无穷的想象力相契合的技术。未来教师需要和学生们一起拥抱新技术。

第二，借助互联网成为终身学习者。未来教师是一个终身学习者，不断学习是未来教师唯一不变的属性。面对层出不穷的新领域、新观点，面对与时俱进的新思维、新工具，教师如果不学习，那又怎么理解学习本身，怎么设计学习任务与学习评价？教师的学习不仅仅是让自己知识丰富，更是让自身处于一种学习、创造、探索的状态，这种状态会感染每一个学生，自身也会更懂得设计学习。我们将面对一种"老师好好学习，学生天天向上"的新现象。与此同时，未来教师不再是孤立的个体，而是拥有更多的协作与合作，教师将跨班级、跨学校开展更多的合作。有研究表明，高创意的专业群体正在形成一种在面对面合作之前就已彼此了解的状态。这表明了未来合作的新趋势，就是每一个学习者都在不断分享，成为终身分享者。

第三，构建多元的渠道与空间。未来教师是能够构建与定义多个空间，开展混合学习，关注学生个体差异的教师。未来校园是一个混合学习的地方。混合式学习旨在重新思考课堂时间，发挥线上与线下学习的不同优势，将线上与线下的教学时间进行整合设计。混合学习打破了时空限制，未来教师在课堂内熟练地使用各种技术，尝试基于技术的新教学。让学生们通过智能设备，开展自主、合作、探究学习。随着空间的扩展，培养学生们数字化学习的能力与习惯也将备受关注。随着渠道的多元化，一种新的师生关系正在形成。未来教师更像一位随时就在身边的学习陪伴者与未来引路人。

第四，设计学习，构建多元化课程。未来教师从关注教转向关注学，从关注知识的回忆与再现，技能与概念，学生面对问题、解决问题的综合能力的培养，到关注学生核心素养的培养。未来教师更像学习的设计师，构建多样化的丰富课程，设计学习的过程，定义学习的目标，开启核心的问题与内容，激发学习者的内动力，引导一个个学习任务与活动，在过程中识别学习的状态，评价学习的过程。设计学习让未来教师更具应对挑战的能力，也更专业、更懂学生、更具有创造力。

第五，在虚实之间探索世界，找到自我。无论是增强现实、虚拟现实还是混合现实，各种各样的新兴技术都在为我们营造一个真实与虚拟相互交融的世界。未来教师需要和学生们一起在虚实之间，观察世界、认知世界、创造世界。这种新的融合也正在模糊虚拟与现实的界限，创造出全新的学习体验。在真实的世界中，可以通过增强现实、叠加虚拟的信息，让虚拟的信息与现实紧密关联，让生活与学习联系起来。而沉浸于虚拟现实中，学习到的知识与技能，过程与方法，甚至情感态度价值观也将迁移到现实的世界中。未来教师要把握学生在虚拟世界和现实世界中新身份的融合与分离，帮助学生在虚实之间探索世界，找到自我。

第六，引导学生多维度解决问题。在未来，学生将更加快速便捷地找到各种问题的答案。不要说简单的知识概念题，就连大量的程序性知识也能够快速找到答案。这个时候，教师更应该关注，如何引导学生多维度地探索问题，如何让学生真正深入地理解问题。当一个学生在互联网上找到答案越来越容易,提问就显得越来越重要。未来教师要不断引导学生多维度地解决问题。有些问题来自周遭的真实生活情境,有些问题来自学科探索的典型抽象情境,无论面对哪类问题,学生都要真正构建起自己的认知,阐述自己的理解。未来教师在引导学生解决问题的同时,还要引导学生像科学家一样做科学,像艺术家一样做艺术。

第七,多样化分享与创造成为新常态。如今,我们不断强调创造力的重要性,但是,当我们回到课堂中,我们有多少时间在创造?当我们反思用于创造的时间的占比时,我们仍然会觉得非常低。用相同的仪器,参照科学的步骤,遵循老师的要求,得出一样的结果,仍然是现在的常态,那么如何跳出这个定式寻找新常态?学习者不仅是知识的消费者,也是知识的生产者与分享者。体验学习的最大挑战在于如何迁移所学的知识,并在应用中不断加深对知识的理解,甚至重构知识本身。未来教师越来越鼓励学生拥有不同想法,并把这些想法和创意进行产品化。这种学习不仅注重学习者在学习过程中的多次自主"输入",更强调学习者在学习过程中不断地进行有创意的"产出"。这些趋势虽然被冠以"未来",却也是部分教师的现在——未来已来,只不过尚未普及。①

尤瓦尔·赫拉利(Yuval Noah Harari)在《未来简史:从智人到智神》一书中提出:"当以大数据、人工智能为代表的科学技术发展日益成熟时,人类将面临着从进化到智人以来最大的一次改变……拥有大数据积累的外部环境将比我们自己更了解自己。"每当读到这里,对未来学校的美好憧憬与规划蓝图逐渐在心中清晰起来。未来学校,顾名思义,就是为培养人才所专设的教育场所。它可以用最前沿的理念、最先进的技术、最契合的方式去培养未来人才。理想中的未来学校仿佛是一个全新的教育生态系统,在这个系统里,大树可以生长,小草也有它的空间。这是一个充满温度的生态系统,既发挥着技术的赋能、增能、使能优势,以满足教育的功用性追求,更坚守着教育的育人初心和使命,传递人文性价值,让教育回归"人人全面发展、人人皆可成才"的本质。面对这样的时代,面对这样的未来,教师更需要拥有与时俱进、迭代更新的自我意识;及时拥抱新技术的愿望和能力;具有强大的共情力与洞察力。

未来世界,瞬息万变,随着人类想象力与认知力的无限发展,科技与创新必将创造未来人类的多元生活方式。正如电影《头号玩家》及各种赛博朋克电影中对未来场景的描述,人类将极大程度地依托网络与科技而生活,从数字时代到全息时代的进程将会被大大缩短。一名教师如果不具备对未来各种生活方式的认知与体验,就很难成为一名合格的教育工作者。如今,00后的教师已开始踏上工作岗位,他们和10后、15后的学生一样,都属于"数字原住民",对时代潮流与特征的把握更趋于一致,这是一种优势。当教育者与被教育者在同一种成长环境中长大,教师显然更懂学生,包括他们的需求与思维方式。这样的"同辈"师生关系或许在当下是

---

① 杨晓哲.未来教师必须拥抱7个趋势[EB/OL].(2023-07-08)[2023-08-01]. https://mp.weixin.qq.com/s/MElRoMBkab2-RwUhacnB_Q.

短暂的,但在未来应该是一种常态。①

"同辈"师生关系这种未来教育的常态,应该就是学校生活的原生态,一种高品质的生活状态,师生都获得了享受高品质学习生活的权利。通过教师的指导、引导,学生迸发着学习的激情与活力,通过个体或群体之间的良性互动,学生实现智力碰撞,共同成长。学生品尝到学习过程的幸福,乐于高高兴兴上学,带着满心期望回家,保持着孩子那宝贵的童真与天性。在学生享受高品质学习生活的同时,教师也追寻到了自己职业的幸福与快乐。教师享受着幸福完整的教育生活,体验教育的快乐与责任,在职业生涯中充实自我,完善自我,成就自我。在这个全新的教育生态系统里,在校园中、课堂里,我们看到的是一张张笑脸,这才是学校最自然、最美丽的图景。在这里,你既能感受到"稻花香里说丰年,听取蛙声一片"的自然和谐,又能体会到"鱼戏莲叶东,鱼戏莲叶西"、生命潮涌的生态之美。

道德课堂的理念已经成为郑州市基础教育发展的底色、灵魂、标志,在一批批教育人的共同努力下,郑州市教育将始终把"教育要合乎道、至于德"的要求作为课堂教学的标尺,将发挥学生学习的主体性作为教学的常态。通过道德课堂建设,改善教师的教学生态,改善学生的学习生态,让教师和学生在课堂生活中享受到幸福和快乐,以提升教师和学生的生命质量与生命境界。郑州市教师和学生将在道德课堂的指引下,打造基础教育领域人人满意的教育新样态,成就学生的未来和教师的现在。

应该看到,道德课堂的理论研究与实践创新,仍有待完善之处:一方面,课堂变革需要提升校长的课程领导力;另一方面,道德课堂的践行,不可避免地受到社会教育价值取向的影响,尤其是受考试评价改革进程缓慢的制约。我们会不懈努力,既研究理念,又探索实践,让道德课堂建设这一"合乎道、至于德"的教育生态文明之路,载着郑州市基础教育走向未来,打造"学在郑州,学有未来"区域教育名片。

---

① 张园勤.课堂坐满"数字原住民",未来教师如何实现能力迭代?[N].文汇报,2023-02-24(8).

后 记

时序更替，华章日新。自20世纪80年代以来，中国大地教学改革实验百花齐放、百家争鸣。在春潮澎湃之中，郑州教育人以勇立潮头的担当，持续进行了近20年的素质教育实践探索，形成了"调节教学"的基本理念和教学模式。无论是调节教学的10条要求（面向全体学生，全面提高素质，教会学生自学，优化训练操作，强化反馈矫正，合理分配时间，控制课外作业，更新教学手段，发展学生个性，培养创新精神），还是调节教学的4个基本环节（自学释疑，训练操作，反馈矫正，迁移延伸），抑或是调节教学的5条实施要领（教学目标明确具体，充分发挥主体作用，课堂完成反馈矫正，基本不留课外作业，教学效果达标过关），都体现了素质教育的要求，因而在全国产生了广泛的影响。

进入21世纪，基础教育课程改革开启了全面深化素质教育的新征程。众所周知，教育改革最终发生在课堂上，从一定程度上说，课堂是教育改革成败的关键所在。作为基础教育课程改革的实践者，我们既要满怀着自己的教育理想，又要冷静地审视课堂的现状。在通往理想的道路上，要一直站在为学生一生负责的高度，深深地思考一个永恒的命题：课堂，究竟该拿什么献给学生？道德课堂正是在新课程理念下对"调节教学"的继承、创新和发展，是郑州市全体教育人在课堂育人新探索中教育信念、教育智慧和教育行动的结晶。

一路走来，道德课堂的研究与实践得到了诸多帮助。在此，感谢原教育部基础教育课程教材发展中心、华东师范大学课程与教学研究所、北京师范大学中国基础教育质量监测协同创新中心、福建师范大学教育部基础教育课程研究中心、大连现代学习科学研究院、上海市未来青少年创新发展中心等单位对郑州市基础教育课程改革的专业支持，感谢《人民教育》《中国教育报》《中国教育学刊》《基础教育课程》《课程·教材·教法》《中国德育》《中国教师报》等专业媒体对郑州市基础教育课程改革的促进与推动。

打开教学黑箱是教育人的梦想。在逐梦的道路上，我们对于课堂的理解和认识还很肤浅，实践的效果还有相当大的提升空间，要解决好"既在课堂的现场，又抵达课堂的本质"这一重要课题，还有很长的路要走。我们把有限的理解与认识、实践的感悟与生成和盘托出，期望继续得到大家的批评指正和支持帮助，让"道德——课堂上空的这面旗帜"继续引领我们风雨兼程、一直前行，让教师和学生的每一次学习之旅都成为"道德的相遇"！